Supervisão em Hospitalidade

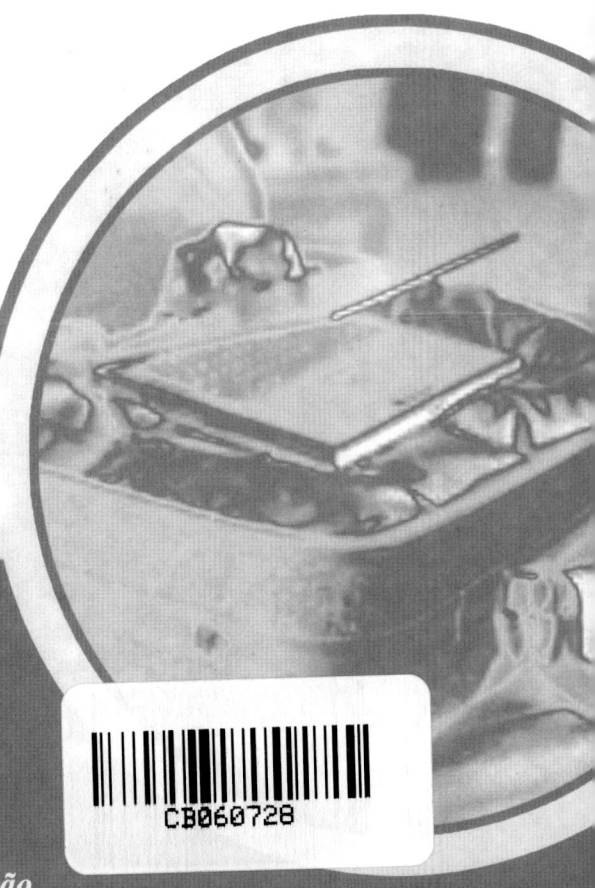

Tradução
Bazán Tecnologia e Lingüística

 **H**Instituto de
ospitalidade

Guarde este livro. Você vai precisar
dele ao longo de sua carreira.

Supervisão em Hospitalidade

RAPHAEL R. KAVANAUGH
JACK D. NINEMEIER

HInstituto de
Hospitalidade

Nota de esclarecimento

Esta publicação tem o objetivo de fornecer informações precisas e especializadas sobre o assunto em pauta. Sua venda não significa que os editores estejam prestando serviços de ordem jurídica, contábil ou de qualquer outro tipo. Um profissional especializado deve ser consultado caso haja necessidade desses serviços.

– *Da Declaração de Princípios adaptada pela American Bar Association e pelo Committee of Publishers and Associations.*

Os autores, Raphael R. Kavanaugh e Jack Ninemeier, são inteiramente responsáveis pelo conteúdo desta publicação. Todos os pontos de vista aqui expressos são inteiramente dos autores e não necessariamente refletem as idéias do *Educational Institute of the American Hotel & Lodging Association* (AH&LA) ou do Instituto de Hospitalidade.

Nada contido nesta publicação representa uma marca, um endosso ou uma recomendação do Instituto de Hospitalidade ou do *Educational Institute of the AH&LA*. Estas instituições se eximem de qualquer responsabilidade pelo uso de qualquer informação, produto ou procedimento adotado por membros do setor de turismo.

Copyright 1984, 1991, 1995
By the Educational Institute of the American Hotel & Lodging Association
2113 North High Street
Lansing, Michigan 48906
http://www.ei-ahma.org

Direitos exclusivos em língua portuguesa adquiridos pelo
INSTITUTO DE HOSPITALIDADE
Rua Frei Vicente, 16
Centro Histórico – 40.025-130
Salvador – Bahia – Brasil
http://www.hospitalidade.org.br

O Instituto de Hospitalidade e o *Educational Institute of the American Hotel & Lodging Association* são instituições educacionais sem fins lucrativos.

Todos os direitos reservados. Nenhuma parte desta publicação pode ser reproduzida de forma eletrônica, fotocopiada, gravada ou de qualquer outra maneira sem autorização prévia.

CIP-Brasil. Catalogação na Fonte
Sindicato Nacional dos Editores de Livros, RJ.

K32s
    Kavanaugh, Raphael R.
    Supervisão em hospitalidade/Raphael R. Kavanaugh, Jack D. Ninemeier; tradução Bazán Tecnologia e Lingüística. – Rio de Janeiro: Qualitymark; Salvador, BA: Instituto de Hospitalidade, 2003
    Tradução de: Hospitality supervision
    ISBN 85-7303-397-5
    1. Indústria da hospitalidade – Administração de pessoal. I. Ninemeier, Jack D. II. Título.

02-2017
    CDD 647.940683
    CDU 640.4:658.3

Título do Original em Inglês: *Supervision in the Hospitality Industry* – ISBN 0-86612-098-X
Produção e Publicação da versão em português: INSTITUTO DE HOSPITALIDADE
Coordenação Geral: Lavinia M. Medrado

Coordenação Editorial: QUALITYMARK EDITORA
Rua Teixeira Júnior, 441
São Cristóvão – 20921-400
Rio de Janeiro – RJ – Brasil
http://www.qualitymark.com.br

Revisão Técnica: Prof. Ricardo Montenegro
r.montenegro@openlink.com.br

PUBLICAÇÕES DO INSTITUTO DE HOSPITALIDADE/EDUCATIONAL INSTITUTE

INTRODUTÓRIOS
THE LODGING AND FOOD SERVICE INDUSTRY
Fourth Edition
Gerald W. Lattin
HOSPITALITY TODAY: AN INTRODUCTION
Fourth Edition
Rocco M. Angelo, Andrew N. Vladimir
DIMENSIONS OF TOURISM
Joseph D. Fridgen

HOSPEDAGEM
GESTÃO DOS SERVIÇOS DE RECEPÇÃO EM HOSPITALIDADE
Michael L. Kasavana, Richard M. Brooks
GESTÃO DE SERVIÇOS DE GOVERNANÇA EM HOSPITALIDADE*
Segunda Edição
Margaret M. Kappa, Aleta Nitschke, Patricia B. Schappert
MANAGING COMPUTERS IN THE HOSPITALITY INDUSTRY
Terceira Edição
Michael Kasavana, John J. Cahill
HOSPITALITY FACILITIES MANAGEMENT AND DESIGN
Second Edition
David M. Stipanuk
GESTÃO DE SEGURANÇA E PREVENÇÃO DE PERDAS EM HOSPITALIDADE
Segunda Edição
Raymond C. Ellis, David M. Stipanuk

PESSOAL
SUPERVISÃO EM HOSPITALIDADE
Raphael R. Kavanaugh, Jack D. Ninemeier
TRAINING AND DEVELOPMENT FOR THE HOSPITALITY INDUSTRY
Debra F. Cannon, Cathy Gustafson
MANAGING HOSPITALITY HUMAN RESOURCES*
Third Edition
Robert H. Woods
INTERNATIONAL HUMAN RESOURCE MANAGEMENT IN THE HOSPITALITY INDUSTRY
Sybil Hofmann, Colin Johnson, Michael Lefever

MARKETING E VENDAS
CONTEMPORARY HOSPITALITY MARKETING
William Lazer, Roger Layton
HOSPITALITY SALES AND ADVERTISING
Third Edition
James R. Abbey
CONVENTION SALES AND SERVICES
Fifth Edition
Milton T. Astroff, James R. Abbey
MARKETING IN THE HOSPITALITY INDUSTRY
Third Edition
Ronald A Nykiel

CONTABILIDADE E FINANÇAS
ACCOUNTING FOR CLUB OPERATIONS
Raymond S. Schmidgall, James W. Damitio
UNDERSTANDING HOSPITALITY ACCOUNTING I*
Fourth Edition
Raymond Cote
ACCOUNTING FOR HOSPITALITY MANAGERS*
Fourth Edition
Raymond Cote
HOSPITALITY INDUSTRY FINANCIAL ACCOUNTING
Second Edition
Raymond S. Schmidgall, James W. Damitio
HOSPITALITY INDUSTRY MANAGERIAL ACCOUNTING
Fifth Edition
Raymond S. Schmidgall
FINANCIAL MANAGEMENT FOR THE HOSPITALITY INDUSTRY
William Andrew, Raymond S. Schmidgall

ALIMENTOS E BEBIDAS
MANAGEMENT OF FOOD AND BEVERAGE OPERATIONS
Third Edition
Jack D. Ninemeier
GESTÃO DA QUALIDADE SANITÁRIA DE ALIMENTOS E BEBIDAS
Ronald F. Cichy
THE ART AND SCIENCE OF CULINARY PREPARATION
Jerald W. Chesser
GESTÃO DOS SERVIÇOS DE ALIMENTOS E BEBIDAS
Anthony M. Rey, Ferdinand Wieland
PURCHASING FOR HOSPITALITY OPERATIONS*
William P. Virtis
GESTÃO DE BARES E BEBIDAS
Lendal H. Kotschevar, Mary I. Tanke
CONTROLES PARA ALIMENTOS E BEBIDAS
Jack D. Ninemeier

GERÊNCIA GERAL
QUALITY LEADERSHIP AND MANAGEMENT IN THE HOSPITALITY INDUSTRY
Second Edition
Robert H. Woods, Judy Z. King
CONTEMPORARY CLUB MANAGEMENT
Joe Perdue
INTERNATIONAL HOTEL MANAGEMENT
Chuck Y. Gee
UNDERSTANDING HOSPITALITY LAW
Fourth Edition
Jack P. Jefferies
RESORT DEVELOPMENT AND MANAGEMENT
Second Edition
Chuck Y. Gee
RESORT CONDOMINIUM AND VACATION OWNERSHIP MANAGEMENT
Robert A Gentry, Pedro Mandoki, Jack Rush

* Também em espanhol

INSTITUTO DE HOSPITALIDADE
Rua Frei Vicente, 16 – Centro Histórico – 40.025-130 – Salvador – Bahia
Tel.: (0xx71) 3200700 – Fax : (0xx71) 3200701 – Home Page: www.hospitalidade.org.br

Sumário

Dicas de Estudo XV
Parte I – Visão Geral da Supervisão em Hospitalidade 1

  1 O Supervisor e o Processo de Gestão 3

        Definição de Gestão 4
           Níveis Gerenciais · Princípios Básicos de Gestão

        Os Componentes da Gestão 7
           Planejamento · Organização · Coordenação · Composição do Quadro de Pessoal · Liderança · Controle · Avaliação

        Habilidades de um Supervisor Eficaz 14
           Técnicas · Interpessoais · Cognitivas · Por que os Supervisores Fracassam

        Responsabilidades de um Supervisor 17
           Seu Chefe · Funcionários · Hóspedes · Outros Profissionais · Você Mesmo

        Os Segredos do Sucesso Profissional em Supervisão em Hospitalidade 19

  2 Comunicação Eficaz 25

        Alguns Paradigmas Sobre Comunicação 26

        O Processo de Comunicação 27
           Uma História Ilustrativa

        Barreiras a uma Comunicação Eficaz 33
           Distrações · Diferenças na Formação Pessoal · Falta de Senso de Oportunidade · Emoções · Diferenças de Personalidade · Preconceito · Diferenças de Conhecimento e Pressuposições

        Barreiras Peculiares a Situações Específicas de Supervisão 36
           Primeira Impressão · Estereótipos · Tal-Como-Eu · Efeito Anjo ou Demônio · Efeito Contraste · Efeito Tolerância/Severidade

        Desenvolvendo Habilidades de Comunicação Eficazes 38

Falando 39
Volume, Tom, Entoação e Cadência · Variando seu Linguajar/Discurso · Falando no Trabalho

Ouvindo 41
Obstáculos ao Ouvir · Desenvolva Habilidades Eficazes de Ouvir · Modelo de Quatro Estágios · Técnicas do Ouvir Ativo

Comunicação Não-Verbal? Expressão Corporal 50
Expressão Facial · Olhos · Postura · Gestos · Movimentos Corporais · Usando a Expressão Corporal no Trabalho

Escrevendo 54
Dicas e Exemplos de Redação Comercial · Use Linguagem Específica e Ativa · Como Lêem os Gerentes e Funcionários do Setor de Hospitalidade · Use Linguagem Simples e Frases Curtas · Pirâmide Invertida · Frase de Tópico · Escrevendo Memorandos · Duas Versões para um Memorando · Conclusão

Parte II – Responsabilidades da Supervisão 67

3 Rotinas de Recrutamento e Seleção 69

O Supervisor e o Departamento de Pessoal 69
Trabalhando com o Departamento de Pessoal

Procedimentos Gerais de Recrutamento e Seleção 71

Fontes de Recrutamento 71
Promoção de Funcionários Atuais · Amigos/Parentes de Funcionários Atuais · Outras Fontes de Recrutamento

O Papel do Supervisor no Recrutamento 72
Recrutamento Interno · Recrutamento Externo · Tornando as Vagas mais Fáceis de Preencher · Aprendendo com a Rotatividade (Turnover) de Funcionários

Entrevistando Candidatos 78
Analisando os Formulários de Recrutamento e Seleção Preenchidos pelo Candidato · Começando a Entrevista · Conduzindo a Entrevista · Técnicas de Entrevista · Concluindo a Entrevista

Seleção – Qual o Próximo Passo? 87

A Decisão sobre a Seleção 88

O Supervisor e o Planejamento de Pessoal 89
Abordagem de Curto Prazo · Abordagem de Longo Prazo · O Papel do Supervisor

Administração de Pessoal: Uma Chave para o Controle de Mão-de-Obra 90

Avaliando as Rotinas de Recrutamento e Seleção 91

4 Orientação e Treinamento 97

Orientação Geral sobre o Estabelecimento 98

Orientação Específica para Ocupações/Cargos Específicos 100
Lista de Verificação da Orientação: Uma Ferramenta Útil no Planejamento

Treinamento 106
Benefícios do Treinamento · Tipos de Treinamento

Princípios de Aprendizagem de Adultos 111
Faça Perguntas · Listas das Tarefas de uma Ocupação e Descrição das Tarefas · Treinando para Atingir Padrões · Método de Treinamento de Quatro Passos

5 Administrando a Produtividade e Controlando os Custos de Pessoal 129

Padrões de Produtividade 130
Determinando Padrões de Produtividade · Equilibrando Qualidade e Quantidade

Planejando as Necessidades do Quadro de Pessoal 133
Quadro de Pessoal Fixo e Temporário · Desenvolvendo um Guia de Preenchimento de Quadro de Pessoal

Prevendo o Volume de Negócios 139
A Natureza das Previsões · Previsões de Curto Prazo · Previsões com Base no Ajuste de Dados · Previsões com Base na Média Móvel

Programando Horários de Trabalho para os Funcionários 144
Avaliando o Processo de Programação

Monitorando e Avaliando os Níveis de Produtividade 149
Aumentando a Produtividade

6 Avaliação e *Coaching* 157

Benefícios da Avaliação de Desempenho 158

Obstáculos a uma Avaliação de Desempenho Eficaz 160
Habilidades Insuficientes do Supervisor · Formulários Ineficazes · Procedimentos Incorretos · Avaliação Irregular ou Esporádica · Receio de Ofender os Funcionários · Falha no Uso das Informações da Avaliação de Desempenho · Falha no Acompanhamento · Preocupação com Erros · Receio de Ser Injusto

Dinâmicas para Avaliação de Desempenho 162
Métodos Comparativos · Método do Padrão Absoluto · Método da Administração por Objetivos · Método do Índice Direto

O Papel do Supervisor na Avaliação de Desempenho 166
Padrões de Desempenho e o Processo de Revisão

Etapas no Processo de Avaliação de Desempenho 167
Antes da Sessão · Durante a Sessão · Depois da Sessão

Coaching 172
Preocupações Comuns · Os Princípios do Coaching · Ações de Coaching

O *Coaching* Informal no Trabalho 175
    Use Reforço Positivo · Reafirme as Expectativas · Permaneça Envolvido

O *Coaching* Formal 176
    Preparativos para as Sessões Formais de Coaching · A Condução das Sessões Formais de Coaching · O Acompanhamento das Sessões Formais de Coaching

7 Disciplina 183

Os Mitos da Disciplina 183

Observando de Perto Regras e Regulamentos 185
    Reforço Positivo · Reforço de Regras

Causas de Problemas Disciplinares 187

Administrando a Disciplina 188
    Pequenas Correções · Quando a Gravidade Aumenta

Programas Progressivos de Disciplina 196

8 Preocupações Especiais de Supervisão 201

A Escassez de Mão-de-Obra 201

O Papel Legal do Supervisor 202
    Leis de Igualdade de Oportunidades de Emprego · Assédio Sexual

Segurança e Proteção 205
    Gerenciamento de Risco

Supervisionando uma Força de Trabalho Multicultural 208

Ética 209

Abuso de Drogas 210
    Funcionários · Clientes

Sindicatos 216
    Estrutura dos Sindicatos · Impacto dos Sindicatos sobre a Gerência · Acordos Coletivos · Campanhas de Organização de Sindicatos · Trabalhando com o Sindicato

Parte III – Ferramentas de Supervisão 227

9 Formando uma Equipe Eficaz 229

Grupos de Trabalho Formais 230
    Tipos de Grupos de Trabalho Formais · Comunicação entre Grupos de Trabalho Formais

Grupos de Trabalho Informais 231
    Tipos de Grupos de Trabalho Informais · Comunicação entre Grupos de Trabalho Informais

Estágios de Desenvolvimento de uma Equipe 235

O Supervisor como Líder de Equipe 238
    Os Papéis Desempenhados pelos Indivíduos nos Grupos

	Gerenciando Reuniões Eficazes	243
10	Motivação por Meio de Liderança	253
	Conheça Seus Funcionários	253
	Estratégias Motivacionais	255
	Identificando Problemas de Motivação	257
	Estilos de Liderança e Motivação	259

Liderança Autocrática · Liderança Burocrática · Liderança Democrática · Liderança Laissez-Faire · Fatores que Afetam os Estilos de Liderança

	Aumentando a Participação dos Funcionários	263
11	Gerenciando o Conflito	269
	Benefícios do Conflito	269
	Fontes de Conflito	271
	Tipos de Conflitos Pessoais	273

Conflitos Internos de um Indivíduo · Conflitos entre Indivíduos

	Gerenciando Conflitos Pessoais	274

Resultados · Estilos de Gerenciamento · Transformando Estilos em Estratégias

	Dicas para Negociar Conflitos Pessoais	277

Mediando Conflitos entre Funcionários · Resolvendo Conflitos entre Supervisor/Funcionário · Aceitando Críticas do seu Chefe

Parte IV – Aperfeiçoando a sua Eficácia como Supervisor **289**

12	Gerenciamento de Tempo	291
	Mitos Relacionados ao Gerenciamento de Tempo	291
	Análise Temporal	292

Ladrões de Tempo

	Ferramentas de Gerenciamento de Tempo	295

Listas de Coisas a Fazer · Guias de Planejamento Semanais · Calendários

	Delegação	297

Barreiras à Delegação · Passos para a Delegação Eficaz

13	Gerenciando Mudanças	305
	As Forças de Estabilidade e Mudança	306

Forças Externas de Mudança · Forças Internas de Mudança

	Um Modelo para Mudanças	308

Descongele a Situação Existente · Trabalhe em Direção às Mudanças Desejadas · Recongele a Situação Revisada

Superando a Resistência às Mudanças 311
Analise as Mudanças do Ponto de Vista dos Funcionários · Estabeleça Confiança · Envolva os Funcionários

O Supervisor como um Agente de Mudanças 315
Avalie a Resposta dos Funcionários às Mudanças · Planeje a Implementação das Mudanças · Avalie as Mudanças

14 Desenvolvimento Profissional e Tendências Futuras 325

Certificação de Supervisores 326

Programas de Desenvolvimento Gerencial 327
Etapas do Programa

Programas de Mobilidade Funcional 329
Nem todo Mundo Escolhe o Mesmo Caminho · Implementando um Programa de Desenvolvimento Profissional

O Desenvolvimento Profissional em Ação 333
Etapas no Planejamento do seu Futuro

Preocupações Específicas nas Decisões de Gerenciamento de Carreira 338
Networking: As Associações Auxiliam na sua Aprendizagem

Tendências e Supervisores no Setor de Hospitalidade 339
A Força de Trabalho do Futuro · As Necessidades Variáveis dos Hóspedes · Assuntos Relativos à Qualidade · Técnicas de Supervisão

Conclusão 344

Glossário 347

Índice Remissivo 363

Mensagem do Instituto de Hospitalidade

O Brasil tem condições de realizar seu potencial em turismo ao longo desta década, tornando-se um dos principais destinos do planeta e um exemplo de turismo que promove o desenvolvimento sustentado. Isto significa gerar pelo menos mais quatro milhões de postos de trabalho, dobrar a participação do setor no Produto Interno Bruto e, sobretudo, impactar significativamente na melhoria da qualidade de vida dos brasileiros. Para tanto, é fundamental a elevação da qualidade dos serviços prestados aos turistas e aos cidadãos locais e, simultaneamente, a promoção do desenvolvimento social e econômico, com total respeito ao meio ambiente.

Esta consciência estava presente desde a criação do Instituto de Hospitalidade (IH), em dezembro de 1997, pelo reconhecimento do potencial do Brasil como destino turístico, pela riqueza e diversidade de atrações de um "país continental", somadas à alegria e ao calor humano de seu povo hospitaleiro. Porém, como a competição entre os destinos turísticos se faz em nível mundial, para atrair um maior número de turistas é preciso empreender transformações profundas, que requerem a constelação de forças e talentos de um considerável número de organizações e pessoas motivadas pela causa. Foi fundamental, portanto, que o Instituto já nascesse como um espaço de interlocução, integração e ação das partes interessadas.

Ao longo desse período, o Instituto de Hospitalidade firmou importantes parcerias com renomadas instituições nacionais e internacionais, dentre essas o *Educational Institute of the American Hotel & Lodging Association*. Dessa forma adquiriu o direito exclusivo para a produção em português e comercialização no Brasil de todos os produtos e processos educacionais desenvolvidos por aquela instituição e mundialmente utilizados em escolas de turismo e hotelaria e em programas de capacitação profissional em empresas.

Esta publicação integra o programa editorial do Instituto – livros, vídeos, cd-roms interativos e guias de treinamento – que abrange as áreas de alimentos e bebidas, governança, recepção, segurança e manutenção, gerência e supervisão, pessoal, marketing e vendas. Foram feitas adaptações e revisões ao texto no sentido de adequá-lo às necessidades e realidade do mercado brasileiro. Sugestões ao conteúdo serão bem-vindas e avaliadas para utilização na próxima edição.

O apoio institucional do Banco Interamericano de Desenvolvimento – BID e do Serviço Brasileiro de Apoio às Micro e Pequenas Empresas – SEBRAE viabilizou esta publicação.

Instituto de Hospitalidade
Agosto 2003

Dicas de Estudo

Aprender é uma habilidade como muitas outras. Embora você já conheça muitas das seguintes dicas de estudo, queremos reforçar sua importância.

Sua Atitude Faz a Diferença

Se quer aprender, você seguramente aprenderá. Sua atitude é fundamental para que você seja bem-sucedido ou não. Queremos ajudá-lo a ter sucesso.

Planeje e Organize o seu Processo de Aprendizagem

- Determine hora e lugar adequados para estudo. Assegure-se de que não será perturbado ou interrompido.
- Decida antecipadamente quanto vai querer aprender em cada sessão de estudo. Lembre-se de que essas sessões devem ser breves e regulares. Não tente estudar tudo de uma só vez.

Leia o Texto para Aprender

- Antes de ler cada capítulo, leia os tópico e os objetivos de aprendizagem. Se houver resumo ao final do capítulo, leia-o para saber do que se trata.
- Volte ao início do capítulo, leia *cuidadosamente* os objetivos e pergunte-se:
  – Estou entendendo o assunto?
  – Como posso usar essas informações agora e no futuro?
- Faça anotações nas margens e sublinhe ou marque os pontos mais importantes.
- Tenha um dicionário à mão para o caso de aparecer uma palavra desconhecida que não conste do glossário do livro.
- Leia o máximo que puder. Quanto mais leitura, melhor o aprendizado.

Teste seu Conhecimento

- Os testes de revisão ao final dos capítulos o ajudarão a saber se estudou bem o assunto e onde há necessidade de estudo adicional.
- Revise:
  – objetivos da aprendizagem;
  – notas;
  – tópicos;
  – questões para discussão.

Esperamos que essa experiência o estimule a empreender outras atividades educacionais e de treinamento que contribuam para o seu crescimento e desenvolvimento profissional.

Instituto de Hospitalidade

Entidade de direito privado, sem fins lucrativos, o Instituto de Hospitalidade (IH) foi criado pela iniciativa de 32 organizações empresariais, governamentais e do terceiro setor que atuam nas áreas de educação, trabalho, cultura e turismo. Atualmente, são cerca de 200 entidades e 300 voluntários que estão diretamente engajados nos seus Programas e Projetos.

Missão: promover a educação e a cultura da hospitalidade, visando aprimorar o setor de turismo como contribuição ao desenvolvimento social e econômico do Brasil. Para tanto, o IH desenvolve iniciativas estruturantes de uma nova forma de ver, pensar e agir no setor, que estabelecem referências conceituais e geram soluções integradas que produzem efeitos práticos para os meios educacional e empresarial, para os processos de apoio ao desenvolvimento sustentado e para embasamento de políticas públicas.

Por um movimento permanente de mobilização e articulação, o IH está presente em todo o país através de redes de multiplicadores, que atuam como catalisadores de entidades e voluntários, gerando e disponibilizando conceitos, metodologias e conhecimento.

Estratégia de Atuação:

Pessoas – com a implantação do Sistema Nacional de Certificação da Qualidade Profissional para o Setor de Turismo (normas de ocupações e competências e processos de avaliação), em sintonia com as políticas educacionais de formação profissional baseado em competências para o trabalho e alinhado com o sistema nacional e internacional de normalização e de certificação.

Estabelecimentos – o Sistema Nacional de Certificação em Turismo Sustentável (normas de gestão e processos de avaliação que contemplam as dimensões econômicas, ambientais e socioculturais), em construção, visa estimular a competitividade e promover internacionalmente as empresas de Turismo, fortalecendo o destino Brasil.

Destinos – o programa de Apoio ao Desenvolvimento Sustentado de Áreas Vocacionadas para o Turismo visa à promoção da revitalização de sítios históricos urbanos e a integração entre o Turismo e outros setores da economia. Os destaques são o programa Portal da Misericórdia, de revitalização do Centro Histórico de Salvador, e o programa que atende à região da Costa dos Coqueiros, no litoral norte da Bahia.

Soluções Integradas Educação Profissional e Empresarial – desenvolvimento de Produtos e Processos Educacionais destinados a Pessoas, Estabelecimentos e Destinos Turísticos, para instrumentalizar as suas ações.

Fundação educacional criada em 1952 pela *American Hotel & Lodging Association*, com o objetivo produzir recursos educacionais que atendessem à crescente necessidade de formação de profissionais qualificados e competentes para o setor de hospitalidade americano.

Com sede em Orlando, na Flórida, o *Educational Institute* tem atuação internacional através de quase 100 afiliados em 20 países e possui uma linha de mais de 200 produtos, sendo vários deles disponíveis também em espanhol, francês e agora em português, com as publicações do Instituto de Hospitalidade.

Os produtos do *Educational Institute*, inclusive programas acadêmicos para instituições de ensino, são desenvolvidos tendo por base pesquisas e informações de uma vasta rede de consultores do setor de hospitalidade e da área acadêmica. Além da larga utilização pelas empresas e profissionais do setor, os produtos e processos educacionais do *Educational Institute* são também fonte básica nos currículos de renomadas escolas e universidades em todo o mundo.

Parte I

Visão Geral da Supervisão em Hospitalidade

Tópicos do Capítulo

Definição de Gestão
   Níveis Gerenciais
   Princípios Básicos de Gestão
Os Componentes da Gestão
   Planejamento
   Organização
   Coordenação
   Composição do Quadro de Pessoal
   Liderança
   Controle
   Avaliação
Habilidades de um Supervisor Eficaz
   Técnicas
   Interpessoais
   Cognitivas
   Por que os Supervisores Fracassam
Responsabilidades do Supervisor
   Seu Chefe
   Funcionários
   Hóspedes
   Outros Profissionais
   Você Mesmo
Os Segredos do Sucesso Profissional em Supervisão em Hospitalidade

Objetivos da Aprendizagem

1. Definir gestão e identificar três níveis gerenciais.
2. Definir autoridade, responsabilidade e delegação.
3. Relacionar e descrever os sete componentes de gestão.
4. Definir planejamento, organização, coordenação, composição do quadro de pessoal, direcionamento, controle e avaliação.
5. Identificar as três qualificações necessárias para uma supervisão eficaz.
6. Descrever as três razões mais importantes para o fracasso dos supervisores.
7. Descrever as responsabilidades da supervisão.
8. Identificar os segredos do sucesso da supervisão.

1
O Supervisor e o Processo de Gestão

O termo **supervisor** geralmente se refere a alguém que gerencia funcionários iniciantes ou outros funcionários que não possuem responsabilidades de supervisão. Por exemplo, um chefe de cozinha supervisiona os auxiliares de cozinha; os supervisores da governança são responsáveis pelas camareiras.

Os supervisores sofrem pressões de muitos grupos (veja o Quadro 1.1). Eles se defrontam com demandas não somente de seus funcionários, como também de órgãos governamentais, de níveis gerenciais mais altos, dos hóspedes, de departamentos administrativos internos e, se o

Quadro 1.1 – Demandas sobre o Supervisor

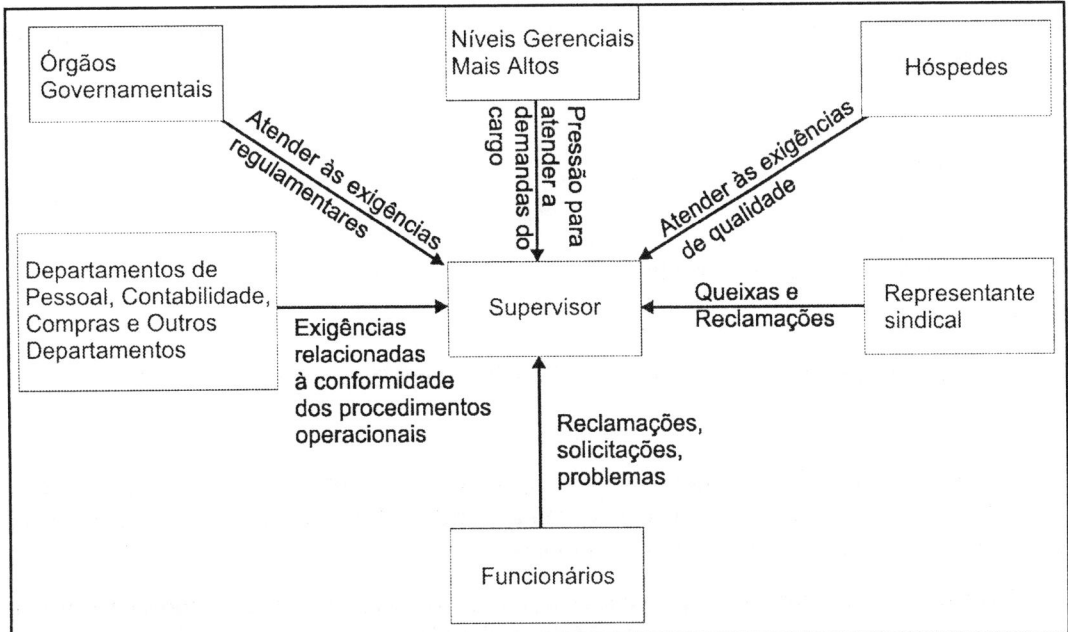

estabelecimento for sindicalizado, de dirigentes sindicais. "Exigente" certamente pode ser adicionado à descrição de cargo de um supervisor!

Como supervisor em hospitalidade, você precisa conhecer e compreender os princípios básicos da **gestão** e aplicá-los ao mesmo tempo em que gerencia os recursos de uma operação de serviços de hospedagem ou alimentação. O processo gerencial é essencialmente o mesmo em qualquer tipo de negócio e em todos os níveis gerenciais de uma organização, mesmo que as metas organizacionais e os ambientes de trabalho das empresas sejam diferentes. Embora este livro concentre-se somente em direcionar o trabalho dos funcionários, você vai poder compreender que direcionar é apenas uma das tarefas gerenciais que os supervisores executam.

Como supervisor, você precisa ter a maioria das habilidades técnicas ou, pelo menos, estar familiarizado com elas. Entretanto, grande parte do seu tempo e esforço será despendida no gerenciamento do trabalho dos outros, efetivamente lidando com os seus funcionários nos níveis pessoal e profissional, assim como tomando decisões. Este capítulo definirá gestão, descreverá os princípios básicos da gestão e também discutirá os componentes da gestão. Ele discutirá os aspectos técnicos, interpessoais e intelectuais da sua ocupação e detalhará as suas responsabilidades como supervisor. As três razões mais importantes pelo fracasso de supervisores são mostradas para que você possa reconhecê-las e evitá-las. Afinal de contas, os supervisores são formados; não nascem prontos.

Definição de Gestão

Gestão é o processo de usar aquilo que você tem para fazer aquilo que deseja realizar. O que você tem são os recursos; o que você deseja fazer é alcançar objetivos organizacionais.

Recursos são os ativos das operações de serviços de hospedagem e alimentação. Há sete categorias básicas de recursos:

1. Pessoas

2. Dinheiro

3. Tempo

4. Políticas e métodos de trabalho

5. Energia

6. Materiais (produtos de alimentação e bebidas, roupa de cama etc.)

7. Equipamento

Todos os recursos são limitados. Nenhum supervisor tem todos os recursos dos quais necessita. Portanto, a sua função passa a ser determinar a melhor forma de utilizar os seus recursos disponíveis para atingir as metas organizacionais.

As metas organizacionais ("o que você deseja fazer") descrevem o que a empresa deseja realizar e indicam por que a empresa existe. Metas típicas incluem:

- Aumentar os lucros (no que se refere às operações comerciais) ou diminuir os custos (no que se refere às operações institucionais).
- Definir e atingir padrões de qualidade para produtos e serviços.
- Manter ou criar uma boa imagem pública.

As metas organizacionais gerais variam de estabelecimento para estabelecimento. Ainda assim, é importante que em todos os estabelecimentos os supervisores e gerentes, em todos os níveis, saibam o que devem realizar. Quando eles têm uma idéia clara das metas da organização, podem desenvolver estratégias visando realizá-las.

Níveis Gerenciais

Há três níveis gerenciais na maioria dos estabelecimentos: alta gerência, média gerência e supervisão (veja o Quadro 1.2). O fato de um cargo gerencial estar no nível da alta gerência, da média gerência ou da supervisão varia entre os estabelecimentos. Por exemplo, num hotel particular, o gerente geral e talvez o gerente assistente ou o gerente residente sejam considerados como sendo da alta gerência. Os chefes de departamento podem ser vistos como médio gerentes. Quaisquer outros membros da equipe cujas tarefas, em parte, envolvam a liderança de funcionários, poderiam ser classificados como supervisores. Mas num grande grupo do setor de hospitalidade, com muitos estabelecimentos, pode haver um Conselho de Diretores, um Presi-

Quadro 1.2 – Níveis Gerenciais

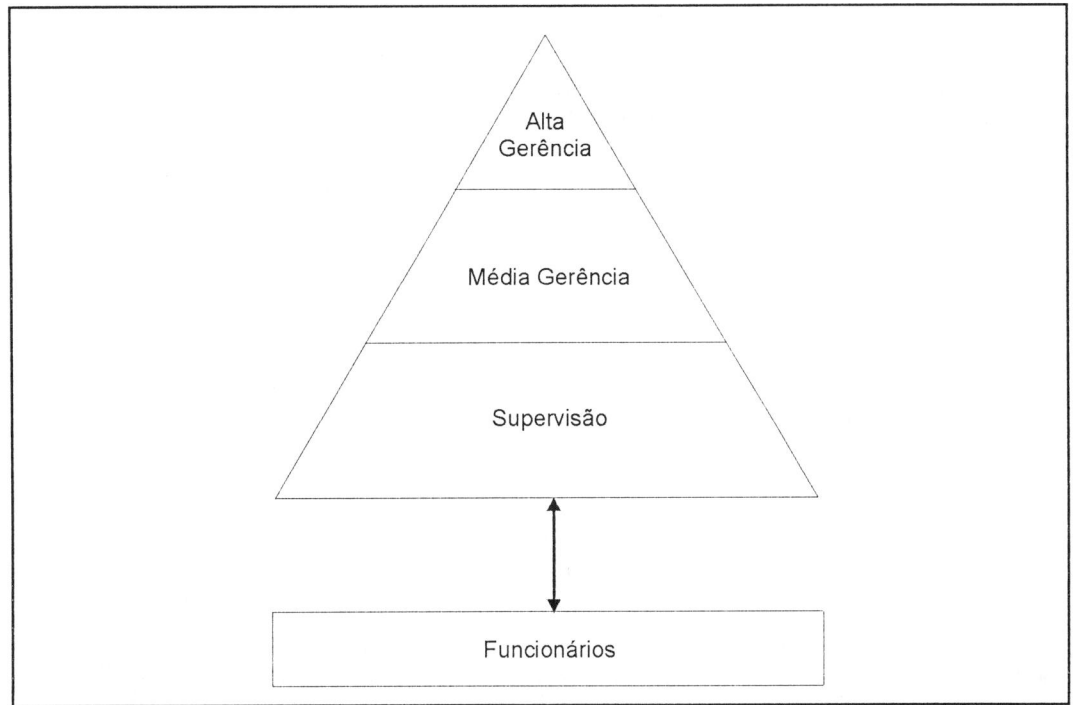

dente ou Diretor Executivo e gerentes nacionais e regionais que seriam considerados como pertencentes à alta gerência. Nesses casos, os gerentes gerais, assim como os chefes de departamento em cada um dos estabelecimentos, podem ser considerados médios gerentes.

Para os nossos propósitos, consideraremos os níveis gerenciais partindo da perspectiva de um estabelecimento. Levando-se em conta um único estabelecimento, o gerente geral e o gerente geral assistente são considerados como alta gerência. Os chefes de departamento são classificados como médios gerentes. Todos os outros membros do quadro de funcionários, cujas tarefas envolvam o gerenciamento de funcionários, são classificados como supervisores.

Como supervisor, você é fundamental para o sucesso da organização. Você representa os gerentes dos níveis alto e médio perante os seus funcionários. Por outro lado, você também representa os seus funcionários perante os gerentes mais altos. Como pode ver, você é um elemento de ligação e, de uma certa forma, controla o fluxo de comunicação para cima e para baixo dentro da organização.

Princípios Básicos de Gestão

Muitos dos princípios básicos de gestão que os supervisores usam são conhecidos há muitos anos. Embora alguns desses princípios tenham sido modificados para atender às necessidades de mudanças ocorridas nas organizações, os alicerces fundamentais desses princípios têm permanecido estáveis com o passar do tempo. Henri Fayol, um dos pioneiros da pesquisa gerencial, estudou a gestão há mais de 60 anos. Entre os seus princípios de gestão, estão muitos daqueles que ainda são relevantes hoje em dia:

- *Conceito de autoridade* – os gerentes devem ter poder para dar ordens.
- *Hierarquia organizacional* – a linha de autoridade deve correr partindo da alta gerência até os níveis organizacionais mais baixos.
- *Disciplina* – os funcionários devem respeitar as regras e as políticas que regem a organização.
- *Unidade de comando* – cada funcionário deve ter apenas um chefe.
- *Unidade de liderança* – apenas um plano deve ser usado para atingir um objetivo.
- *Bem comum* – os interesses da organização são mais importantes do que os interesses de qualquer funcionário ou grupos de funcionários específicos.
- *Remuneração* – devem ser usados planos justos de salários e de administração de salários.
- *Centralização* – muitos processos gerenciais devem ser centralizados.
- *Divisão de trabalho* – os funcionários devem se especializar em tarefas funcionais específicas.
- *Adequação* – os funcionários devem ocupar posições adequadas ao seu perfil.

- *Estabilidade no quadro de funcionários* – altos índices de *turnover* – rotatividade no quadro de pessoal levam à ineficiência.

- *Iniciativa do funcionário* – os funcionários devem ter alguma liberdade para desenvolver e implementar planos.

- *Espírito de equipe* – quando os funcionários trabalham juntos, como uma equipe, pode ser desenvolvido um sentido de unidade que beneficia a organização.[1]

As próximas seções discutirão três princípios de gestão – autoridade, delegação e responsabilidade – em maior detalhe.

Autoridade. A autoridade é o poder que uma organização dá a um supervisor para fazer algo ou para fazer com que algo seja feito. Por exemplo, um supervisor da recepção tem a autoridade de planejar e designar tarefas aos seus funcionários; um supervisor do departamento de compras tem a autoridade de comprar produtos e serviços para a organização dentro dos limites estabelecidos pela alta gerência.

Há dois tipos de autoridade: formal e informal. A **autoridade formal** vem com o cargo que a pessoa ocupa na organização. A **autoridade informal**, ou pessoal, é o poder que você tem em virtude de sua capacidade e de suas características pessoais. Se você é um supervisor com excelentes qualificações técnicas, carisma, excelentes idéias ou outras características extraordinariamente boas ou atraentes, então, você pode ter uma autoridade pessoal para acompanhar a sua autoridade formal.

Delegação. A delegação é o ato de designar uma tarefa a outra pessoa. Às vezes, delega-se também autoridade, se ela for necessária para a realização do trabalho. Já que você não pode fazer todas as tarefas que são designadas ao seu departamento ou à sua área funcional pessoalmente, a delegação, obviamente, é uma parte importante da sua ocupação. Normalmente, as tarefas devem ser designadas para o nível mais baixo no qual os funcionários tenham a capacidade e as informações necessárias para realizá-las.

Responsabilidade. Aqueles que têm autoridade formal são responsáveis pelo uso dessa autoridade. Quando você aceitou a sua promoção a supervisor, você também aceitou a responsabilidade que acompanha o cargo. Os supervisores são avaliados pela forma como executam as tarefas a eles atribuídas. Algumas tarefas você pode executar sozinho; para outras, você precisa da ajuda dos seus funcionários. Você pode delegar uma tarefa, ou partes de uma tarefa, para os seus funcionários. Mesmo quando você delega uma tarefa, você é, em última análise, responsável pelo desempenho dos seus funcionários. Se eles deixarem de executar uma tarefa que você tenha delegado para eles, será sua culpa também, já que a tarefa não foi realizada da maneira necessária. Ser responsável ou responsabilizado pelas ações dos seus funcionários é uma das difíceis realidades na vida de um supervisor ou gerente.

Os Componentes da Gestão

Discutiremos a gestão separando-a em componentes. Os componentes básicos da gestão são planejamento, organização, coordenação, composição do quadro de pessoal, liderança, controle e avaliação. Cada componente (às vezes chamado de função ou atividade) define o que um gerente deve poder fazer. O Quadro 1.3 ilustra a natureza seqüencial desses componentes. Na prática, os componentes estão interligados. Discutiremos cada um desses componentes separadamente. Quando você observar o Quadro 1.3, repare no seguinte:

- O planejamento leva à organização, à coordenação e à composição do quadro de pessoal.

- Quando as tarefas de planejar, organizar, coordenar e contratar terminam, as atividades de liderar e controlar podem começar. Às vezes, ocorrem mudanças nos procedimentos de organização, coordenação e composição do quadro de pessoal devido a descobertas feitas durante o processo de liderança e controle.

- A última tarefa, avaliação, analisa a forma pela qual os objetivos foram atendidos. Depois da avaliação, você pode fazer novos planos para alcançar novos objetivos ou traçar um planejamento diferente do anterior, caso você não tenha alcançado o primeiro objetivo.

Quadro 1.3 – O Processo de Gestão

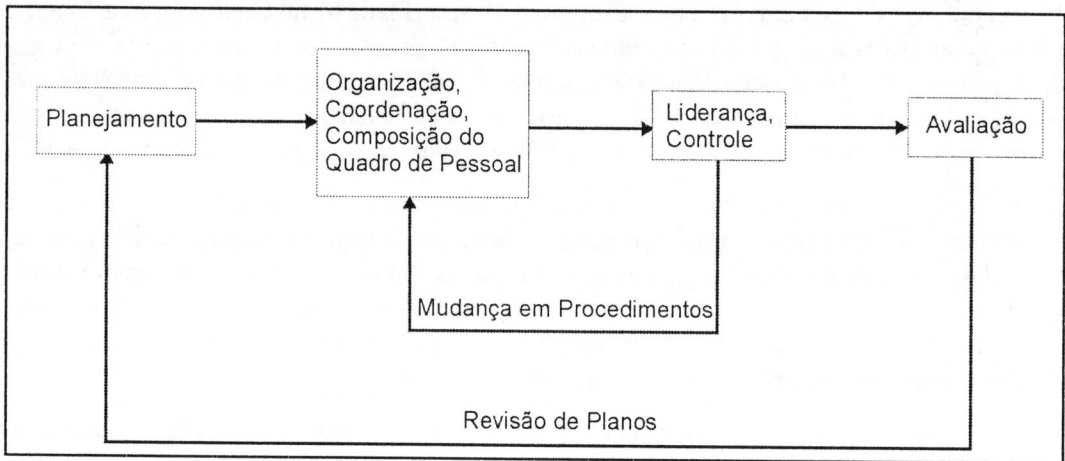

Planejamento

O processo de **planejamento** começa com os integrantes da alta gerência, que devem criar amplas metas organizacionais que ajudem os gerentes e funcionários a se concentrarem no que o estabelecimento está tentando realizar. Os integrantes da alta e média gerências, então, criam objetivos específicos que se tornam responsabilidade de diversos departamentos. Por exemplo, a alta gerência, ao trabalhar com os chefes de departamento, pode desenvolver um orçamento operacional que exija um aumento substancial nas vendas. Os departamentos geradores de receita, como os que lidam com hospedagem, alimentos e bebidas, devem, então, desenvolver estratégias para aumentar as suas vendas.

Um segundo nível de planejamento ocorre quando são estabelecidos procedimentos operacionais de rotina. Situações recorrentes, como limpeza e arrumação de quartos ou serviço de alimentos e bebidas, requerem planos-padrão que possam ser usados freqüentemente. Esses planos geralmente são elaborados pela média gerência – chefes de departamentos, por exemplo – que trabalha junto com os supervisores.

As atividades diárias requerem um terceiro nível de planejamento. Por exemplo, as escalas dos funcionários devem ser escritas. Também podem ser gerados planos para eventos especiais, novos programas de treinamento e outras atividades. Os supervisores são responsáveis por grande parte desse tipo de planejamento.

Um planejamento eficaz incorpora os seguintes princípios:

- As metas devem ser estabelecidas antes que os planos possam ser desenvolvidos.

- Você deve separar regularmente uma hora para o planejamento. Isso deve ser feito como uma parte importante do seu trabalho, não apenas quando houver disponibilidade de tempo.

- Todas as informações necessárias devem ser coletadas antes que os planos sejam desenvolvidos.

- O planejamento deve ser feito no nível organizacional apropriado. Por exemplo, não é boa prática usar o tempo da alta gerência para escrever as escalas dos funcionários. Por outro lado, somente a alta gerência pode desenvolver planos estratégicos de longo alcance.

- Você deve ter permissão para dar a sua contribuição aos planos que afetem o seu trabalho. Em troca, deve permitir que os seus funcionários contribuam para os planos que afetem o deles.

- Você deve ser flexível quando estiver fazendo um planejamento. Deve reconhecer que as situações mudam e que outros planos devem ser levados em consideração.

- Os planos devem ser implementados. Na ocasião apropriada, você deve agir conforme o melhor plano disponível.

Organização

A **organização** envolve estabelecer o fluxo de autoridade e comunicação entre as pessoas e os níveis organizacionais. Além disso, ela especifica os relacionamentos entre os cargos dentro do estabelecimento. O modelo de macroestrutura no Quadro 1.4 mostra cada cargo num hotel de 350 quartos e de que forma cada cargo se relaciona com os demais.

Os princípios gerais e as responsabilidades da organização incluem o seguinte:

- A autoridade deve seguir uma linha reta de cima para baixo na organização.

- Cada funcionário deve ter somente um supervisor.

Quadro 1.4 – Modelo de Macroestrutura para um Hotel de 350 Quartos

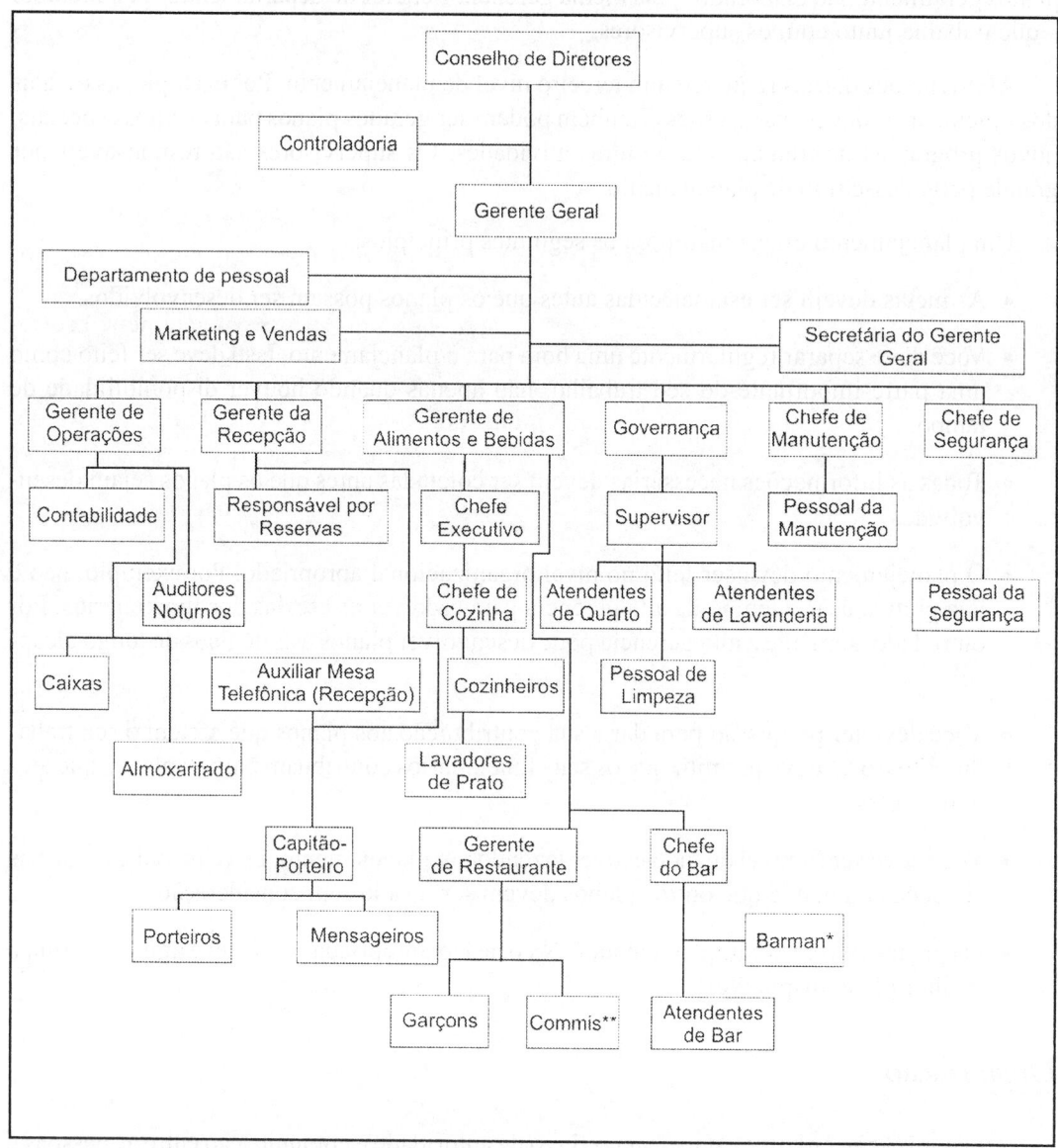

* Barman (singular de barmen) – funcionário que serve e mistura bebidas no balcão do bar.
** No Brasil, denomina-se o ajudante de garçom pela palavra francesa *commis*. Alguns autores utilizam corruptelas dessa expressão, como "cumim", "comim" etc.

- Os relacionamentos entre departamentos na organização devem ser levados em consideração. Os eventos em um departamento geralmente têm impacto sobre outros departamentos. De alguma forma, um departamento sempre depende de outros departamentos.

- Atividades semelhantes devem ser agrupadas para estruturar os departamentos dentro do estabelecimento. Por exemplo, as atividades relativas aos quartos de hóspedes podem ser categorizadas nas áreas de recepção e governança.

- Tarefas semelhantes devem ser agrupadas para criar uma ocupação dentro de um departamento. Uma ocupação ou um cargo é um grupo de tarefas desempenhado por uma pessoa.

- Gerentes de linha, como o gerente geral, os chefes de departamento e os supervisores estão na cadeia de comando. Eles têm autoridade no processo decisório. Por outro lado, os gerentes de áreas de apoio não têm autoridade no processo decisório. Eles aconselham os gerentes de linha. Exemplos de gerentes de áreas de apoio incluem os gerentes de contabilidade e de pessoal.

- A estrutura de um negócio está sempre mudando. A macroestrutura da empresa e os documentos relativos devem ser revisados a fim de refletirem essas mudanças.

Coordenação

A técnica gerencial de **coordenação** envolve a capacidade de usar os recursos com eficiência a fim de atingir os objetivos da organização. Você deve estar preparado para coordenar os esforços dos seus funcionários através de um bom planejamento e de uma organização eficaz. Um departamento ou uma equipe de trabalho bem coordenada executa as suas tarefas corretamente e a tempo.

Os princípios da coordenação incluem os seguintes:

- Os supervisores devem ter a autoridade de fazer cumprir as tarefas, as ordens e as decisões.

- Não só você deve coordenar os seus recursos e funcionários para realizar as tarefas designadas, como também deve fazer a sua parte para ajudar a coordenar os esforços da organização como um todo. Isto significa comunicar-se e cooperar com outras áreas e departamentos.

Composição do Quadro de Pessoal

A **composição do quadro de pessoal** envolve recrutar candidatos e contratar aqueles que forem mais bem qualificados. Em operações pequenas, um gerente ou supervisor pode recrutar e contratar candidatos. Em estabelecimentos grandes, a composição do quadro de pessoal normalmente é realizada por um departamento de pessoal, embora os gerentes de linha ainda sejam envolvidos nas entrevistas e nas decisões a respeito das contratações. Todos os estabelecimentos utilizam princípios básicos de composição de quadro de pessoal, como os seguintes:

- Os cargos devem ser definidos de acordo com as tarefas específicas a serem desempenhadas. As tarefas dos cargos são relacionadas nas descrições de cargo.

- As qualidades pessoais necessárias para executar adequadamente as tarefas do cargo também devem ser levadas em consideração. Elas são registradas em especificações de cargo.

- Todas as fontes possíveis de candidatos ao cargo devem ser consideradas.

- Devem ser usados formulários de recrutamento e seleção para coletar informações a respeito dos candidatos.

- Os candidatos devem passar por um processo de seleção. Pode-se usar testes para avaliar as qualificações dos candidatos. Entrevistas preliminares e verificação das referências também ajudarão a eliminar os candidatos não qualificados.

- Programas de orientação, treinamento e avaliação de funcionários devem ser desenvolvidos e implementados.

- As decisões a respeito de transferências, promoções e reclassificações[2] também são parte do processo de composição do quadro de pessoal.

Liderança

A **liderança** inclui todas as atividades necessárias para inspecionar, motivar, treinar, avaliar e disciplinar os funcionários. A maior parte dos capítulos remanescentes deste livro se concentra em algum aspecto de liderança dos funcionários. A liderança incorpora os seguintes princípios:

- O número de funcionários que cada supervisor dirige deve ser cuidadosamente determinado. Não há uma fórmula para se calcular o número ideal de funcionários para cada supervisor. O número certo de funcionários depende de muitas variáveis, incluindo a experiência do supervisor, a complexidade do trabalho e a freqüência com que os problemas possam ocorrer. Não se deve dar a qualquer supervisor mais pessoas do que ele possa controlar.

- Os funcionários devem saber o que se espera que eles façam.

- As metas organizacionais são mais fáceis de atingir quando se entrosam com algumas das metas pessoais dos funcionários.

- A delegação – o ato de dar autoridade organizacional formal a um funcionário – é uma técnica de liderança.

- Liderar inclui motivar os seus funcionários. Tenha em mente que a sua atitude afeta as atitudes e o desempenho dos seus funcionários.

- Os procedimentos para disciplinar um funcionário devem incluir um reforço positivo e uma variedade de ações que você pode utilizar para ajudar os funcionários a corrigirem um comportamento inadequado. Essas ações vão desde o aconselhamento informal até a demissão.

- Não se relacione com todos os funcionários da mesma maneira. O seu estilo de liderança deve variar de acordo com as necessidades do funcionário.

- É importante ganhar a cooperação do funcionário. Você deve tratar os funcionários com justiça e honestidade.

- Solicite idéias dos seus funcionários e, sempre que possível, use-as.

- Mostre a sua aprovação aos funcionários que executarem bem as suas tarefas.

Controle

O **controle** ajuda a garantir que você atinja os seus objetivos. O processo de controle começa com o estabelecimento de padrões de desempenho, continua com a avaliação do desempenho de fato e, depois, faz uma comparação entre os padrões de desempenho e o desempenho propriamente dito para determinar se – e até que ponto – uma ação corretiva é necessária. O controle é baseado em vários princípios:

- Os orçamentos operacionais são as ferramentas mais importantes do controle.

- Os controles preventivos são mais eficazes do que os controles impostos depois que as coisas dão errado.

- Não se pode conseguir controle até que restrições orçamentárias ou padrões de desempenho tenham sido estabelecidos.

- O controle depende do estabelecimento de prazos ou metas intermediárias para ajudá-lo a saber se você está no caminho certo. Se você deixar de cumprir um prazo ou uma meta intermediária, identifique e solucione qualquer problema ou situação que esteja sendo um empecilho.

- Uma ação corretiva é necessária quando o desempenho de um funcionário não atende aos padrões da organização.

- Os piores problemas ou obstáculos para o cumprimento dos seus objetivos devem ser resolvidos primeiro.

Avaliação

Avaliar significa ver o quanto você e os seus funcionários atingiram seus objetivos. Muitos supervisores avaliam de maneira casual ou negligenciam totalmente esta tarefa gerencial. Os princípios da avaliação incluem o seguinte:

- Deve-se regularmente reservar tempo para fazer avaliações.
- A avaliação ajuda a determinar novos objetivos.
- Os comentários recebidos dos hóspedes e de pessoas externas ao estabelecimento são úteis no processo de avaliação.
- A avaliação ajuda nas disposições dos recursos organizacionais.

Habilidades de um Supervisor Eficaz

Um supervisor precisa de três tipos básicos de habilidades: técnicas, interpessoais e cognitivas. O Quadro 1.5 mostra a quantidade de qualificações técnicas, interpessoais e cognitivas necessária para todos os níveis gerenciais. Observe que, embora os supervisores necessitem de mais qualificações técnicas e de menos qualificações cognitivas do que os integrantes da alta gerência ou da média gerência, eles precisam da mesma quantidade de interpessoais. Isso porque gerentes em todos os níveis devem cumprir com os seus objetivos através de um trabalho eficaz com as outras pessoas.

Quadro 1.5 – Importância das Habilidades Técnicas, Cognitivas e Interpessoais

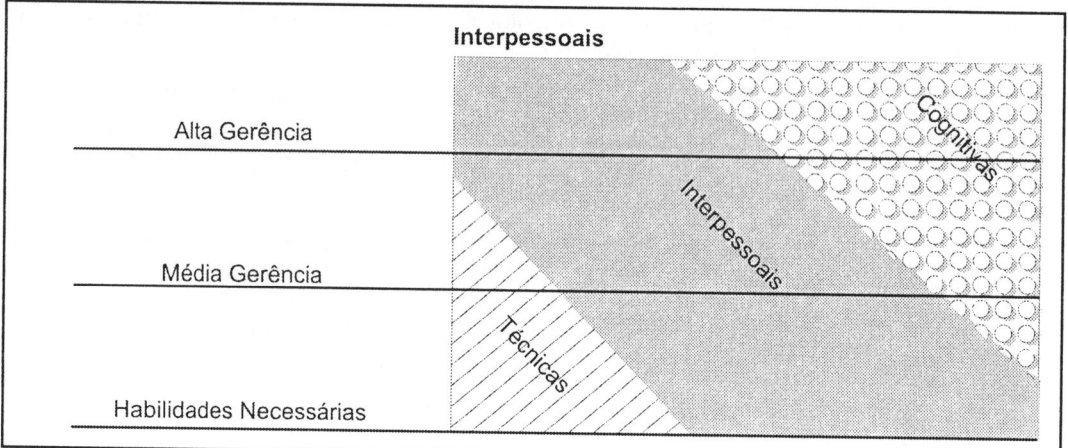

Técnicas

As **habilidades técnicas** são as qualificações que você precisa para desempenhar a sua função e supervisionar eficazmente o trabalho dos seus funcionários. Embora as qualificações técnicas não sejam o principal fator na determinação do sucesso de uma supervisão, elas são necessárias. Para treinar funcionários e dirigi-los no seu trabalho, você precisa saber como fazer o trabalho e como reconhecer quando ele está sendo feito corretamente.

Entretanto, os supervisores não precisam ter a capacidade de executar as tarefas dos funcionários tão rápida ou eficientemente quanto eles. Algumas pessoas afirmam que os supervisores precisam saber somente dos componentes básicos das tarefas de seus funcionários, compreender os padrões de desempenho do cargo e ser capaz de reconhecer até onde os seus funcionários estão satisfazendo esses padrões. Entretanto, geralmente é mais fácil impor respeito aos funcionários se você for capaz de executar bem a maioria de suas tarefas, se possível todas. Conforme mencionado, esse conhecimento pode somar à sua autoridade pessoal.

Interpessoais

Quando se considera a lista das **habilidades interpessoais** que um supervisor deve ter, fica fácil compreender por que é difícil ser um bom supervisor. A arte de lidar com funcionários começa com a compreensão da sua responsabilidade como supervisor e prossegue com seu domínio dos tópicos abrangidos nos capítulos seguintes deste livro. Não é de surpreender que muitos supervisores no setor de hospitalidade tenham mais dificuldade em adquirir e aplicar habilidades interpessoais do que adquirir e aplicar as habilidades técnicas. As habilidades interpessoais incluem comunicação, liderança, compreensão de como as pessoas trabalham em grupo etc.

Cognitivas

Você tem que compreender todos os componentes gerenciais e saber como eles se relacionam ao seu trabalho e como o afetam. Você tem que formar conceitos de problemas, assim como das maneiras possíveis para solucioná-los. Para fazer isto, você tem que coletar e estudar uma grande quantidade de informações, relacionar uma situação a outra e lançar mão de suas próprias experiências pessoais e das experiências de outros. Grande parte do trabalho de um supervisor, portanto, envolve **habilidades cognitivas**.

Processo Decisório. A capacidade de tomar uma decisão é uma das habilidades cognitivas mais importantes de um supervisor. Algumas decisões são relativamente fáceis de tomar. Por exemplo, se você tem um guia para a composição do quadro de pessoal que lhe diga quantas camareiras escalar para uma determinada taxa de ocupação, fica fácil decidir quantas camareiras escalar quando, por exemplo, for prevista uma taxa de ocupação de 80%. Outras decisões são mais difíceis de tomar. Por exemplo, de que forma os custos com mão-de-obra na sua seção poderiam ser reduzidos a fim de satisfazer a um novo e rígido orçamento operacional? Para cumprir o orçamento, será necessário um grande esforço de pesquisa e reflexão, envolvendo uma reavaliação dos padrões das normas operacionais, dos padrões de desempenho, das práticas de escala de trabalho, dos programas de treinamento e de outras áreas.

Quando você tiver que tomar uma decisão, faça diversas perguntas a si mesmo:

- *Sou eu que tenho que tomar esta decisão?* Geralmente, quanto mais perto de sua origem um problema for resolvido, melhor tende a ser a decisão. Uma regra geral é transferir o menor número possível de decisões para cima e o maior número possível de decisões para baixo.

- *Esta é uma decisão fácil de tomar?* Os supervisores inteligentes economizam tempo para dedicar a assuntos mais importantes, delegando a autoridade para tomar decisões fáceis a outra pessoa. Se você não puder delegar, você deve, pelo menos, tomar as decisões fáceis rapidamente e continuar o seu trabalho.

- *Quais são as conseqüências da decisão?* Geralmente, quanto mais importantes as conseqüências, mais recursos você deve comprometer para investigar a situação e tomar uma decisão.

- *Será que reservei uma quantidade razoável de tempo na tomada de decisão?* Decisões feitas apressadamente podem causar problemas. Levar o tempo necessário para estudo e análise cuidadosos geralmente resulta em alternativas melhores.

- *Será que estou buscando a solução perfeita?* Geralmente, existem soluções apenas satisfatórias para os problemas do mundo em que vivemos, não soluções perfeitas. Os supervisores, às vezes, gastam muito tempo tentando encontrar a fugidia solução "perfeita", quando uma solução satisfatória poderia resolver.

Os supervisores podem tomar decisões (e resolver problemas) usando dois métodos diferentes. O **método decisório programado** envolve o uso de manuais de procedimentos, guias para composição de quadros de pessoal e descrições de cargo já desenvolvidos para lidar com situações ou problemas rotineiros ou repetitivos, como o número de funcionários que deve ser escalado para um banquete, como registrar um hóspede que chegou sem reserva etc. Há poucas opções, se é que há alguma, e guias aos quais podemos recorrer, de forma que essas decisões são fáceis de tomar.

Os **métodos decisórios não-programados** são usados para tipos não-rotineiros de decisões ou problemas. Esses métodos pedem a utilização de lógica, julgamento, criatividade, intuição e experiências passadas. Entretanto, problemas novos ou fora do comum pedem uma abordagem não-programada à tomada de decisões.

Por que os Supervisores Fracassam

Você talvez fique surpreso em saber que a incapacidade de desempenhar os aspectos técnicos do cargo não está entre as três primeiras razões do fracasso de supervisores. A razão principal do fracasso de um supervisor é sua incapacidade de gerenciar eficazmente e de se relacionar com os seus funcionários.[3] Quando um supervisor não se dá bem com os seus funcionários, é provável que ocorram a baixa produtividade, a diminuição do entusiasmo e a alta rotatividade de funcionários. Nessas circunstâncias, o trabalho provavelmente não é feito em tempo hábil, nem satisfaz aos padrões de qualidade. Isto afeta a reputação profissional do supervisor e o relacionamento entre o supervisor e seu chefe. Se você não estiver desempenhando as suas funções conforme as expectativas, é provável que não seja considerado para uma promoção e eventualmente pode se ver à procura de um novo emprego.

Os supervisores também fracassam por causa do seu temperamento e personalidade. Os supervisores preconceituosos, que têm baixa auto-estima ou têm outros problemas de personalidade, talvez não consigam lidar com as responsabilidades e pressões associadas ao cargo.

Finalmente, a incapacidade de executar tarefas gerenciais básicas – planejamento, organização, coordenação, composição de quadros de pessoal, liderança, controle e avaliação – pode causar sérios problemas para o supervisor. Mais uma vez, a história é a mesma. Se você executar mal qualquer uma dessas tarefas gerenciais, ou todas elas, o seu desempenho na ocupação, o seu relacionamento com os seus funcionários e seu chefe e a quantidade e qualidade do seu trabalho e do trabalho dos seus funcionários sofrerão com isso.

Todos os supervisores podem aperfeiçoar as suas habilidades. Os supervisores são formados; não nascem prontos. Você pode aprender como gerenciar funcionários e desempenhar outras atividades gerenciais de forma mais eficaz e eficiente aplicando os princípios básicos da supervisão e da gestão descritos neste livro. Além disso, você pode aprender muito imitando o comportamento de gerentes e líderes bem-sucedidos na sua organização. À medida que a sua competência for crescendo, também crescerá a sua confiança em estar ajudando a sua organização a atingir as suas metas.

Responsabilidades de um Supervisor

Os supervisores não trabalham num vácuo. Eles têm responsabilidades para com diversas pessoas dentro e fora da organização. As mais importantes dessas pessoas incluem seu chefe, seus funcionários, seus hóspedes, outros profissionais e você mesmo.

Seu Chefe

Todo mundo tem um chefe. O seu chefe se reporta a alguém. Até o(s) proprietário(s) do seu estabelecimento deve(m) se reportar a um grande número de órgãos governamentais e, possivelmente, a acionistas.

Você tem responsabilidades perante o seu chefe pela execução das tarefas funcionais designadas. Você ajuda o seu chefe e a organização a atingirem os objetivos cumprindo prazos, padrões de qualidade e outras expectativas; operando dentro dos limites do orçamento; seguindo as políticas da empresa; mantendo registros; escrevendo relatórios oportunos etc.

Você deve ter respeito pelo seu chefe e aceitar desafios razoáveis sem reclamação. Pense na forma pela qual você gostaria que os seus funcionários tratassem você. Você deve tratar o seu chefe mais ou menos do mesmo jeito.

Como você precisa implementar os planos e procedimentos do seu chefe e dos outros gerentes de níveis mais altos, você deve aprender a cooperar. O ditado, "se você não é parte da solução, é parte do problema", é um dos ditados que os supervisores deveriam ter em mente. Se você constantemente discute com o seu chefe a respeito de seus planos, resiste a mudanças necessárias ou de alguma outra forma não coopera, você não está cumprindo com as suas responsabilidades como membro de equipe para a realização do trabalho.

Funcionários

Você tem responsabilidades para com os seus funcionários, tanto quanto para com o seu chefe. Primeiro, você deve reconhecer os funcionários como seres humanos independentes com diferentes formações, interesses e necessidades. À medida que você faz isto, está ajudando a organização, os funcionários e a você mesmo. Os funcionários que são tratados como seres humanos, e não apenas como "viventes", normalmente têm entusiasmo e produtividade maiores. Outras responsabilidades para com os funcionários incluem:

- Proporcionar um ambiente de trabalho seguro.
- Representar adequadamente os funcionários perante os gerentes mais altos.
- Disciplinar de uma maneira positiva e justa.
- Ser consistente e justo em todas as decisões que afetem os seus funcionários.
- Dar oportunidades para desenvolvimento de carreira. Isto inclui qualquer assistência necessária para ajudar um funcionário merecedor a crescer.

Hóspedes

Você tem a obrigação de ver a organização como um todo, o seu trabalho e o trabalho dos seus funcionários da perspectiva dos seus hóspedes. Você deve se perguntar coisas como: "Se eu fosse um hóspede, que tipo de produtos e serviços eu desejaria? Em que nível de qualidade?" À medida que você responder essas perguntas e melhorar não só o seu próprio desempenho como também o desempenho dos seus funcionários, você estará cumprindo suas responsabilidades com os hóspedes.

Outros Profissionais

Geralmente, à medida que supervisores galgam a escada organizacional, eles se beneficiam das experiências e do auxílio de outras pessoas. Chega uma hora na carreira de todo supervisor em que um pouco desse auxílio pode ser retribuído. Sempre que for apropriado, você pode auxiliar outras pessoas, através de *coaching*[4] ou servindo como mentor. Você também pode se engajar a associações profissionais e atividades de aprendizagem contínua.

Você Mesmo

Finalmente, você tem responsabilidade para com você mesmo. Ser um bom supervisor não só ajuda a organização, mas ajuda você também. A maioria de nós se sente bem consigo mesmo quando sabe que está fazendo um trabalho da melhor maneira possível. Quando você faz bem o seu trabalho, provavelmente também é promovido. Para ser justo consigo mesmo, você deve ter um plano de carreira, estabelecer metas de carreira de curto e longo prazos e desenvolver estratégias para atingir essas metas.

Os Segredos do Sucesso Profissional em Supervisão em Hospitalidade

Durante muitos anos, os especialistas em gestão buscaram características comuns encontradas nos bons supervisores. Achava-se que, através da pesquisa, os fatores do sucesso poderiam ser identificados em áreas como educação, experiência, inteligência e personalidade. Porém, assim como os supervisores são diferentes, também são diferentes os ambientes de trabalho dentro dos quais eles atuam. Com tantas variáveis, foi impossível chegar a conclusões concretas. A principal descoberta foi que cada situação pedia certas qualificações e habilidades. Como resultado, os líderes bem qualificados também precisam ter como ajustar a sua abordagem às necessidades singulares de cada situação e aos recursos disponíveis.

É possível identificar alguns dos segredos do sucesso na supervisão? Parece que existem algumas características gerais que a maioria dos bons supervisores possui.

Antes de tudo, o supervisor bem-sucedido é um bom comunicador. A importância de saber falar, ouvir e escrever bem não pode deixar de ser declarada. O Capítulo 2 discutirá essas qualificações em profundidade e ajudará você a se tornar um comunicador mais eficaz.

Os supervisores bem-sucedidos aceitam os deveres e as responsabilidades de suas funções e colocam o bem da organização em primeiro lugar. Eles não só suportam as pressões do dia-a-dia; eles as usam como elementos de motivação para fazerem melhor o seu trabalho. A Parte II deste texto – Responsabilidades da Supervisão – pode ajudar você a cumprir as exigências da sua ocupação mais eficazmente. Ela cobre o papel do supervisor no recrutamento, na seleção, na orientação, no treinamento, no gerenciamento, na avaliação, no *coaching* e na disciplina dos funcionários. Os tópicos incluem como entrevistar candidatos, tipos de treinamento (incluindo os princípios de aprendizagem para adultos), padrões de produtividade, cronogramas e previsões, obstáculos a uma avaliação de desempenho eficaz, os mitos da disciplina e o relacionamento do supervisor com os sindicatos dos funcionários.

Os supervisores bem-sucedidos também têm uma boa auto-imagem e uma personalidade positiva que os ajuda a moldar o ambiente de trabalho. Eles têm entusiasmo pelo que fazem e gostam de liderar. Essas qualidades ajudam a manter elevados o entusiasmo e a motivação dos funcionários e ajudam a transformar um grupo de pessoas numa equipe de trabalho. A Parte III pode ajudá-lo no aperfeiçoamento de sua capacidade de motivar os funcionários e construir espírito de equipe. Os tópicos incluem grupos formais e informais, o supervisor como líder de equipe, estilos de liderança, conhecendo os seus funcionários, identificando problemas de motivação, encorajando a participação de funcionários, tipos de conflitos pessoais e dicas para gerenciar conflitos.

Os supervisores bem-sucedidos sempre buscam o próprio aperfeiçoamento. Embora o texto inteiro seja projetado para ajudar você a se tornar um supervisor mais eficaz, a Parte IV – Aperfeiçoando a sua Eficácia como Supervisor – fornece informações que podem ajudá-lo a melhorar em duas áreas que freqüentemente preocupam os supervisores: o gerenciamento de tempo e o gerenciamento de mudanças.

Por último, porém não de menor importância, um supervisor bem-sucedido estabelece um plano de carreira e o segue. Como mencionado antes, você deve estabelecer metas de carreira e criar estratégias para atingi-las. O Capítulo 14, "Desenvolvimento Profissional e Tendências Futuras", dá a você algumas idéias a respeito de como crescer profissionalmente. Contém conselhos a respeito do que você pode fazer agora para galgar o próximo degrau para ascensão na sua carreira e também examina as tendências futuras.

Notas

1. Henri Fayol, *Industrial and General Administration*, trad. J. A. Coubrough (Genebra, Suíça: International Management Institute, 1930).

2. No Brasil, a legislação trabalhista não permite *demotion* (rebaixamento). Portanto, substituímos por reclassificação, que difere de promoção e é uma das modalidades de mobilidade funcional no Brasil.

3. W. Richard Plunkett, *Supervision: The Direction of People at Work*, 2ª ed. (Dubuque, Iowa: Brown, 1979), p. 131.

4. O termo *coaching*, usual no setor de hospitalidade brasileira, refere-se a uma técnica de orientação de funcionários.

Termos-chave

habilidades cognitivas

controlar

coordenar

liderar

avaliar

autoridade formal

habilidades interpessoais

autoridade informal

gestão

métodos decisórios não-programados

organizar

planejar

método decisório programado

composição de quadro de pessoal

supervisor

Perguntas para Debate

1. O que é gestão?
2. Quais são as sete categorias básicas de recursos?
3. Quais são alguns dos princípios gerenciais de Henri Fayol?
4. De onde o supervisor obtém a sua autoridade?
5. Como é realizado o planejamento em uma organização?
6. Cite alguns dos princípios básicos da composição do quadro de pessoal.
7. Quais são as três habilidades básicas que os supervisores têm que possuir?
8. Por que supervisores fracassam?
9. Que responsabilidades os supervisores têm para com os seus funcionários?
10. Cite alguns dos segredos para o sucesso em supervisão.

Exercício de Revisão

Quando você achar que compreendeu todo o conteúdo deste capítulo, responda estas perguntas. Escolha a *melhor* resposta. Verifique suas respostas comparando as respostas corretas encontradas ao final deste livro em *Respostas aos Exercícios de Revisão*.

Verdadeiro (V) ou Falso (F)

V F 1. Os chefes de departamento são classificados como médios gerentes.

V F 2. Os componentes básicos da gestão incluem a composição do quadro de pessoal e avaliação.

V F 3. Os dois tipos de autoridade são a formal e a informal.

V F 4. Os princípios de avaliação incluem todas as atividades necessárias para fiscalizar, motivar e treinar os funcionários.

V F 5. Um supervisor precisa compreender todos os componentes gerenciais e saber como eles se relacionam ao seu trabalho.

V F 6. A incapacidade de executar tarefas da ocupação está entre as três primeiras razões para o fracasso de supervisores.

V F 7. A incapacidade de executar tarefas básicas de gestão pode causar sérios problemas para os supervisores.

V F 8. A responsabilidade de um supervisor consigo mesmo é galgar a escada da carreira o mais rápido possível, não importando o quanto custe.

V F 9. Os segredos básicos do sucesso em supervisão *não podem* ser identificados.

V F 10. Considera-se egoísta e desnecessário que os supervisores busquem o seu próprio aperfeiçoamento e a promoção de suas carreiras.

Múltipla Escolha

11. Os três níveis gerenciais são:

    a. alta, média e de supervisão;

    b. alta, média e organizacional.

12. O gerente geral e os gerentes gerais assistentes são considerados como alta gerência no:

    a. nível nacional ou regional;

    b. nível do estabelecimento.

13. Os três princípios de gestão são:

    a. autoridade, delegação e responsabilidade;

    b. delegação, autoridade e organização.

14. Quais das seguintes afirmativas a respeito de direcionamento é verdadeira?

    a. Os supervisores devem supervisionar mais funcionários do que eles podem lidar com conforto;

    b. A atitude do supervisor raramente afeta as atitudes e o desempenho do funcionário;

    c. É importante solicitar as idéias dos funcionários e usá-las sempre que possível;

    d. O supervisor deve se relacionar com todos os funcionários da mesma forma.

15. Os supervisores têm responsabilidades para com:

    a. o chefe, si mesmos e os funcionários;

    b. si mesmos, os funcionários, os hóspedes e outros profissionais;

    c. os hóspedes, si mesmos, outros profissionais, os funcionários e o chefe;

    d. os funcionários, si mesmos, a organização e os hóspedes.

Capítulo 2

Tópicos do Capítulo

Alguns Paradigmas Sobre Comunicação
O Processo de Comunicação
   Uma História Ilustrativa
Barreiras a Uma Comunicação Eficaz
   Distrações
   Diferenças na Formação Pessoal
   Falta de Senso de Oportunidade
   Emoções
   Diferenças de Personalidade
   Preconceito
   Diferenças de Conhecimento e Pressuposições
Barreiras Peculiares a Situações Específicas de Supervisão
   Primeira Impressão
   Estereótipos
   "Tal-Como-Eu"
   Efeito Anjo ou Demônio
   Efeito Contraste
   Efeito Tolerância/Severidade
Desenvolvendo Habilidades Eficazes de Comunicação
Falando
   Volume, Tom, Entoação e Cadência
   Variando Seu Linguajar/Discurso
   Falando no Trabalho
Ouvindo
   Obstáculos ao Ouvir
   Desenvolva Habilidades Eficazes em Ouvir
   Modelo de Quatro Estágios
   Técnicas do Ouvir Ativo
Comunicação Não-verbal – Expressão Corporal
   Expressão Facial
   Olhos
   Postura
   Gestos
   Movimentos Corporais
   Usando a Expressão Corporal no Trabalho
Escrevendo
   Dicas e Exemplos de Redação Comercial
   Use Linguagem Específica e Ativa
   Como Lêem os Gerentes e Funcionários do Setor de Hospitalidade
   Use Linguagem Simples e Frases Curtas
   Pirâmide Invertida
   Frase de Tópico
   Escrevendo Memorandos
   Duas Versões para um Memorando
Conclusão

Objetivos da Aprendizagem

1. Descrever os paradigmas mais comuns sobre comunicação e seus aspectos principais.
2. Identificar a ocorrência de comunicação bem-sucedida e discutir o que Molly e Joe aprenderam, na história ilustrativa do capítulo.
3. Identificar algumas barreiras à comunicação eficaz.
4. Descrever algumas das barreiras a situações específicas de supervisão.
5. Descrever as três partes essenciais de uma palestra organizada, tanto perante um grupo quanto em uma conversa pessoal.
6. Explicar como falar eficazmente no trabalho.
7. Explicar a importância de desenvolver sua habilidade em ouvir.
8. Identificar os fatores que podem prejudicar um ouvir eficaz.
9. Descrever técnicas para melhorar sua habilidade em ouvir.
10. Identificar os quatro estágios do ouvir apresentados no capítulo e discutir seus aspectos importantes.
11. Descrever como o conhecimento da comunicação não-verbal pode ajudá-lo no trabalho.
12. Explicar a importância da boa redação e identificar como você pode tornar sua redação comercial mais eficaz.

2
Comunicação Eficaz

A comunicação no trabalho pode ser formal ou informal. Geralmente, existem três tipos diferentes de comunicação comercial:

1. **Comunicação de cima para baixo (vertical descendente)**, que se refere à passagem de informações de um nível hierárquico mais alto da organização para níveis hierárquicos inferiores.

2. **Comunicação de baixo para cima (vertical ascendente)**, que se refere à passagem de informações de um nível hierárquico mais baixo da organização para níveis hierárquicos superiores.

3. **Comunicação lateral**, que se refere à passagem de informações entre colegas ou membros de mesmo nível hierárquico.

Para efeito de comunicação, pode ser útil visualizar os diversos níveis hierárquicos interligados por elos, formando uma rede. O funcionário de linha, por exemplo, é ligado ao gerente de departamento através do supervisor, enquanto o gerente de departamento serve como o elo que liga o supervisor ao diretor da área. Os colegas de organização são ligados uns aos outros. Assim, como supervisor, você desempenha um papel importante ao ligar os funcionários de linha à gerência – a qual liga você aos demais supervisores da organização. Essas ligações são fortalecidas quando há uma boa comunicação e enfraquecidas quando a comunicação é ruim.

Obviamente, quanto mais eficazmente você se comunica, melhor você desempenhará seu trabalho. Sua posição como supervisor em hospitalidade exige boa habilidade de comunicação. Se você deseja ter sucesso como supervisor, aperfeiçoe o máximo possível suas habilidades em comunicação.

Uma comunicação bem-sucedida é aquela em que a pessoa que fala ou escreve envia a mensagem e a pessoa que ouve ou lê recebe a mensagem e ambos entendem e agem de acordo com a mensagem. Praticamente, todos nós temos hábitos de comunicação que podem ser aperfeiçoados. Este capítulo vai ajudá-lo a aprender como. Começa pelo exame de diversos paradigmas sobre comunicação e aponta para barreiras específicas à comunicação, incluindo diferenças de personalidade e preconceitos. O final do capítulo explora como desenvolver habilidades eficazes de comunicação. Essas habilidades incluem a fala, o ouvir, a compreensão, a comunicação não-verbal e a escrita.

Alguns Paradigmas Sobre Comunicação

Antes de discutirmos como funciona o processo de comunicação, examinaremos alguns mal-entendidos que afetam a comunicação. Esses mal-entendidos podem envolver os seguintes paradigmas de comunicação comumente aceitos:[1]

1. *Nós nos comunicamos somente quando desejamos nos comunicar.* Isto não é verdade. Nós nos comunicamos o dia inteiro, todos os dias, muitas vezes sem que o percebamos. Por exemplo, suponha que você esteja ouvindo um funcionário falar sobre um relatório que ele apresentou. Como seu bebê manteve-o acordado até muito tarde ontem à noite, hoje você está cansado. Sem perceber, você boceja e olha inúmeras vezes para o relógio imaginando se este dia de trabalho não vai acabar nunca. Como seu funcionário não tem conhecimento de sua noite mal dormida, ele conclui que você não está interessado em seu relatório e no que ele está dizendo. Inadvertidamente, você enviou a ele uma mensagem errada.

2. *As palavras têm o mesmo significado para quem fala e para quem ouve.* Na verdade, as palavras apresentam diferentes significados para pessoas diferentes, com base na diversidade de suas experiências e percepções. Por exemplo, suponha que você diga a um funcionário que seu trabalho é "acima da média" . Para você, isto significa que ele é um bom funcionário, com grande potencial e você assume que ele está entendendo suas palavras da forma que você imaginou. Entretanto, para seu funcionário que sempre buscou alto desempenho, "acima da média" significa pouco mais do que o aceitável. Assim, seu moral e desempenho podem ser afetados se ele pensar que não tem o perfil adequado para o trabalho.

3. *Nós nos comunicamos principalmente por palavras.* Na realidade, comunicamos a maioria das vezes de um modo não-verbal. Nós podemos dizer uma coisa, mas revelamos nosso sentimento verdadeiro pelo tom da voz, expressão facial, contato visual, gestos, ou pela maneira como sentamos ou andamos. Por exemplo, imagine que você encontra uma colega na sala dos funcionários e pergunta como ela está. Ela responde: "Bem, obrigada", mas desaba em sua cadeira, olha para o chão, transpira e parece angustiada. Ao observá-la, você acredita mais nas suas ações do que em suas palavras. De fato, todos nós sabemos que é mais difícil mentir com nosso corpo do que mentir com palavras.

4. *A comunicação não-verbal é uma comunicação silenciosa.* Alguns de nós pensam que a **comunicação não-verbal** pode ser vista mas não pode ser ouvida. Isto é falso, pois podemos ouvir certos tipos de comunicação não-verbal, como risos, choro ou tom de voz. Se você ouve um funcionário assobiando quando faz seu trabalho, você pode presumir que seu dia está sendo bom.

5. *A comunicação é uma via de mão única entre quem fala e quem ouve.* O paradigma sugere que você fala *a* quem ouve em lugar de falar *com* ele. Na verdade, entretanto, a comunicação eficaz é intensificada quando ambas as partes participam ativamente. Isto acontece quando a pessoa que escuta dá um retorno a quem fala. O *feedback*[2] é a reação da pessoa que ouve a comunicação verbal e não-verbal de quem fala. Se você dá a um funcionário alguma instrução, provavelmente você busca algum retorno que assegure que você foi perfeitamente entendido. Exemplos de *feedback* não-verbal incluem balançar ou inclinar a cabeça e franzir a testa. Seu funcionário pode dar um *feedback* verbal dizendo algo como: "Certo", "Entendido" ou "Não compreendi".

6. *A mensagem que comunicamos é a mensagem que quem ouve receberá.* Freqüentemente, todos nós presumimos que as pessoas que nos ouvem receberão nossas mensagens exatamente como as imaginamos. Suponha que numa segunda-feira seu chefe peça para você fazer um relatório e diga que deve ficar pronto "breve". Você olha em sua programação e decide que pode fazê-lo na quinta à tarde. Entretanto, na terça de manhã seu chefe pede o relatório pronto. Você percebe que houve uma falha de comunicação: "breve", na experiência de seu chefe, significa imediatamente, enquanto para você significava "nesta semana".

7. *Não existem informações em excesso.* Certamente muito pouca informação não é bom, mas informação demais também não é. Por exemplo, podem ocorrer problemas quando os funcionários estão sobrecarregados de trabalho burocrático. Além disto, você desperdiçará o tempo de todos se passar a seus funcionários informações sobre assuntos que nem os afetam nem lhes interessam. Poucos de nós precisamos conhecer todos os detalhes sobre as mínimas coisas. Ainda que dispuséssemos de acesso a todas as informações disponíveis, simplesmente não haveria tempo para ouvi-las, lê-las ou prestar atenção a elas. É comum encontrarmos uma sobrecarga de informações nas organizações. É importante que nos preocupemos mais com a qualidade da comunicação do que com sua quantidade. Mais não é necessariamente melhor.

O Processo de Comunicação

A comunicação é bem-sucedida quando a pessoa que fala ou escreve envia uma mensagem e a pessoa que ouve ou lê recebe-a e a mensagem é compreendida, gerando a ação desejada de ambas as partes. O Quadro 2.1 mostra um modelo de comunicação interpessoal. Na seção subseqüente usamos uma história para explicar cada etapa do modelo. Tenha em mente que a história é um pouco exagerada. Os exageros, entretanto, ajudam a tornar clara cada etapa do processo de comunicação, que é mais complexo do que a maioria imagina. O Quadro e a história ajudam a ilustrar a questão.

Quadro 2.1 – Um Modelo de Comunicação Interpessoal

1. Quem fala começa por: Pensar sobre a mensagem que se prepara para enviar →

2. Quem fala classifica e seleciona entre:
- Conhecimento
- Experiência passada
- Sensibilidade
- Atitudes
- Emoções

→

3. Quem fala coloca a mensagem em:
- Palavras
- Ações
- Sinais
- Símbolos

→

4. Quem fala envia a mensagem a quem ouve:
- Falando
- Agindo
- Escrevendo

→

5. Quem ouve: Recebe a mensagem

↓

6. Quem ouve inicia por: Pensar sobre a mensagem e reagir a ela

↓

7. Quem ouve classifica e seleciona entre:
- Conhecimento
- Experiência passada
- Sensibilidade
- Atitudes
- Emoções

←

8. Quem ouve coloca a mensagem e suas reações em:
- Palavras
- Ações
- Sinais
- Símbolos

←

9. Quem ouve envia um retorno a quem fala:
- Falando
- Agindo
- Escrevendo

←

10. Quem fala: Recebe o retorno de quem ouve

↓

11. Quem fala começa novamente por: Pensar sobre o retorno que recebeu de quem ouve

→

12. Quem fala classifica e seleciona entre:
- Conhecimento
- Experiência passada
- Sensibilidade
- Atitudes
- Emoções

→

13. Quem fala responde ao retorno de quem ouve, colocando uma mensagem em:
- Palavras
- Ações
- Sinais
- Símbolos

→

14. Quem fala envia a mensagem a quem ouve:
- Falando
- Agindo
- Escrevendo

→

15. Quem ouve: Recebe a resposta de quem fala

↓

16. Quem ouve começa novamente por: Pensar sobre a resposta de quem fala ao seu retorno

↓

17. Quem escuta classifica e seleciona entre:
- Conhecimento
- Experiência passada
- Sensibilidade
- Atitudes
- Emoções

←

18. Quem ouve responde ao retorno de quem fala colocando a mensagem e suas reações em:
- Palavras
- Ações
- Sinais
- Símbolos

←

19. Quem ouve responde a quem fala:
- Falando
- Agindo
- Escrevendo

↓

20. Quem fala: Recebe a resposta de quem ouve

Uma História Ilustrativa

José é *commis* no restaurante do hotel. Ele sabe que hoje o restaurante está com falta de garçons, pois, pouco antes de começar o movimento do almoço, dois deles avisaram estar doentes. Ele se aproximou de Rita, supervisora do restaurante, e ofereceu-se para ajudar.

Passo 1

1. Rita começa por: Pensar na mensagem que ela vai enviar.

Rita considera a oferta feita por José e como responderá a ela.

Passo 2

2. Rita classifica e seleciona entre: Conhecimento, experiência, sensibilidade, atitudes, emoções, percepções.

Rita tem dois garçons a menos e o movimento do almoço está para começar. Ela sabe que sua equipe estará ocupada com um banquete extra, além da quantidade usual de hóspedes. Ela teve a sorte de José haver oferecido ajuda nesse momento crítico. Tendo ele trabalhado como *commis* por quase três meses, compreende a importância do serviço para os hóspedes.

Passo 3

3. Rita coloca a mensagem em: Palavras, ações, sinais, símbolos.

Rita organiza a mensagem em sua mente.

Passo 4

4. Rita envia a mensagem a José: Falando, agindo, através de expressão corporal.

Rita sorri, dá um suspiro de alívio, e diz: "Com certeza hoje podemos usar um par de mãos extras. Por que você não toma conta das mesas 11 e 12 para começar, e veremos como você se sai?"

Passo 5

5. José: Recebe a mensagem.

José ouve e faz um sinal afirmativo com a cabeça para mostrar que compreendeu o que Rita lhe disse.

Passo 6

6. José inicia por: Pensar sobre a mensagem e reagir a ela.

Ele também começa a pensar no significado de servir aos hóspedes.

Passo 7

7. José classifica e seleciona entre: Conhecimento, experiência, sensibilidade, atitudes, emoções, percepções.

José nunca serviu mesas, mas, por ter observado os garçons, acha que pode servir tão bem quanto eles. Acha que limpar e arrumar as mesas não é tão diferente de tomar os pedidos e servir a comida aos hóspedes. Como *commis,* ele tem mantido muito contato com os hóspedes. Ele também acha que todos os atendentes devem perguntar aos hóspedes o que eles desejam e atendê-los. "Isto vai ser canja", ele diz para si mesmo.

Passo 8

8. José coloca a mensagem e suas reações em: Palavras, ações, sinais, símbolos.

José organiza a mensagem em sua mente.

Passo 9

9. José envia um retorno a Rita: Falando, agindo, através de expressão corporal.

José responde: "Claro Rita. Farei isto imediatamente." Então, vai em direção à cozinha.

Passo 10

10. Rita recebe o retorno de José.

Rita sorri. Ela diz: "Obrigada, apreciei de fato!"

Passo 11

11. Rita começa novamente por: Pensar sobre o retorno que recebeu de José.

Como José demonstrou confiança em poder dar conta do trabalho, Rita acha que ele fará um bom trabalho. Ela não tem muito tempo para se preocupar com isto, pois os convidados para o banquete começam a chegar. Além disto, a área principal do restaurante está enchendo rapidamente. Rita está atarefada com os hóspedes e com outros funcionários. Quando José disse "Farei isto imediatamente", Rita voltou sua atenção para outros problemas, aliviada porque o problema de falta de pessoal parecia haver sido solucionado.

Vamos acompanhar José para ver como ele se sai em sua primeira experiência como garçom.

Primeiro, José entrou em uma acalorada discussão sobre o campeonato de basquete com outros *commis*. Ele esqueceu de levar para seus clientes o cesto de pães recém-assados, tradicional do restaurante. Quando finalmente se lembrou de tomar os pedidos, acabou a tinta de sua caneta – em qualquer hipótese, José acha que pode lembrar dos pedidos.

Retornando à cozinha, localizou outra caneta e preencheu as comandas. Entretanto, os pedidos que José acha que lembra não estão corretos. Os clientes de José estão prestes a ter uma surpresa desagradável.

José comete outros erros, incluindo não fazer um bom contato visual com os clientes, não se preocupando em saber quais as recomendações do dia e respondendo às perguntas dizendo apenas "Eu não sei". Ele é muito lento em servir os clientes, em anotar seus pedidos, em trazer seu pão e finalmente sua comida, que vem errada.

Para os clientes, já descontentes, foi a gota d'água. Furiosos, levantam-se para deixar o restaurante, exigindo, em altos brados, a presença do gerente. Os outros hóspedes se voltam para olhar.

Quando Rita chega, os hóspedes relatam o péssimo serviço prestado por José. Rita tenta acalmá-los, mas eles não querem ouvir mais nada. Falam do serviço horrível e, prometendo nunca mais retornar, saem batendo os pés.

Rita fica possessa. Ela entra furiosa na cozinha onde José está "outra vez" discutindo basquete.

"José, quero vê-lo em meu escritório. Agora!"

Passo 12

12. Rita classifica e seleciona entre: Conhecimento, experiência, sensibilidade, atitudes, emoções, percepções.

Rita compara seu conhecimento de atendimento a clientes e em servir mesas com o que ela ouviu sobre o desempenho de José. Ela explode: "Este foi o pior serviço de garçom que este restaurante já viu! Eu pensei que você tinha conhecimento de atendimento a clientes!"

Os sentimentos, atitudes e emoções de Rita eram absolutamente claros para José. Ele parecia atônito.

Passo 13

13. Rita responde ao *feedback* dos hóspedes, colocando uma mensagem em: Palavras, ações, sinais e símbolos.

Rita organiza a mensagem em sua mente.

Passo 14

14. Rita envia uma mensagem a José: Falando, agindo.

Rita, mal se controlando, diz a José que está muito zangada. E parece zangada. Descarrega em José seu aborrecimento por ele ter ignorado os hóspedes, por haver tomado os pedidos errados, por não ter sido cortês com eles. Ela lhe diz que por culpa dele alguns clientes jamais retornarão ao restaurante, além do que, este tipo de situação arruína a reputação de um restaurante de hotel, tido como de primeira classe.

Passo 15

15. José: Recebe a resposta de Rita.

José está imóvel, os olhos arregalados. Não consegue entender por que toda essa confusão.

Passo 16

16. José começa novamente: Pensando sobre a resposta de Rita a seu *feedback*.

José pensa que Rita está realmente fora de controle. Ele pensa também que todos a estão ouvindo, ainda que a porta esteja fechada.

Passo 17

17. José classifica e seleciona entre: Conhecimento, experiência, sensibilidade, atitudes, emoções, percepções.

José compara seu conhecimento, experiência, sentimentos, atitudes e emoções relativos ao serviço, com aquilo que pensa ser o conhecimento, experiência, sentimentos, atitudes e emoções de Rita. É verdade que ele misturou os pedidos, mas resolveu este problema jogando a culpa no pessoal da cozinha. Mas, do jeito que Rita estava agindo, parece que aquilo era o fim do mundo.

Passo 18

18. José responde ao retorno de Rita colocando suas reações em: Palavras, ações, sinais, símbolos.

José decide como responderá a Rita.

Passo 19

19. José responde a Rita: Falando, agindo, através de expressão corporal.

Ele cora, mostra-se surpreendido e dá de ombros. Decide que, no futuro, será mais fácil abandonar a cidade do que oferecer auxílio novamente a Rita. Diz com amargura: "Está bem Rita, isto nunca acontecerá de novo."

Passo 20

20. Rita: Recebe a resposta de José.

Rita acena com a cabeça e abre a porta de seu escritório, evidenciando que José deve sair. Ela bate a porta assim que ele sai. Fica andando dentro de seu escritório por alguns minutos e, então, começa a se acalmar. Sente-se mal por haver perdido a cabeça com José. "Ele estava apenas tentando ajudar", diz para si mesma. Rita se espanta com o que ela mesma pudesse ter pensado, quando permitiu que José servisse as mesas sem qualquer instrução, treinamento ou supervisão direta. Ela decide: "Precisamos conversar."

Ao final do turno de trabalho, Rita pediu a José que voltasse a seu escritório. Eles conversaram sobre como as expectativas dela para o serviço diferiram das dele. Também discutiram a importância do relacionamento e serviços de hóspedes, a importância de dar atenção aos hóspedes, de tomar os pedidos por escrito e de trabalhar seriamente em lugar de ficar de conversa com os amigos.

Rita concluiu que deveria ter deixado claras suas expectativas antes de José iniciar o trabalho. Ela também acha que José poderá se tornar um bom garçom, se receber um treinamento adequado.

Rita e José conversam algum tempo sobre como evitar tais mal-entendidos no futuro. Eles decidem que o melhor caminho para se comunicar mais eficazmente é assegurar que a mensagem seja integralmente recebida, entendida e gere a ação de ambos – de quem fala e de quem ouve.

Como Rita e José descobriram, é muito mais fácil nos concentrarmos em nossas próprias mensagens e reações do que nas de outras pessoas. Ambos presumiram que a outra parte os havia entendido completamente. Em razão do processo de comunicação ser tão complexo, é fácil esquecer que os outros poderão não reagir a partes de nossa mensagem da mesma maneira que nós. Como Rita e José descobriram, todo o processo de comunicação merece que lhe dediquemos maior reflexão e atenção.

Barreiras a uma Comunicação Eficaz

Muitas barreiras podem reduzir sua habilidade em comunicar de uma forma eficaz, aí se incluindo distrações, diferenças na formação e experiência, falta de senso de oportunidade, emoções, diferenças de personalidade, preconceitos e diferenças em conhecimento e pressuposições.

Distrações

As fontes de distração no ambiente de trabalho incluem muito barulho, calor ou frio excessivos, interrupções ou desconforto físico. Para ajudar no processo de comunicação, escolha ambientes, tanto quanto possível, livres de distração, tanto para quem fala como para quem ouve.

Suponha que Luciana, uma de suas melhores funcionárias, traga a você um problema pessoal que está tendo com um colega. Como você garantiu a seu pessoal que sua porta está sempre aberta para eles, Luciana se sente à vontade para falar-lhe. Entretanto, você deixa a porta entreaberta, e um bocado de barulho externo é ouvido na sala. Além disto, atende a duas chamadas telefônicas, e diversos colegas seus batem à porta e falam brevemente com você. Mesmo quando estão a sós, você remexe nos seus papéis ou tamborila seus dedos na mesa. Como acha que Luciana se sentirá para confidenciar seus problemas?

Diferenças na Formação Pessoal

Diferenças na formação pessoal incluem educação, experiência e conhecimento de quem fala e de quem escuta. Se um lavador de pratos recém-admitido tentar estabelecer amizade com o chefe de cozinha, com certeza será rejeitado. Um recém-formado em administração, vindo de uma escola de hotelaria, pode tentar mostrar a um "velho" gerente como conduzir as coisas. A pessoa que fala pode enviar uma mensagem baseada em conhecimento pessoal, mas isto será de pouca valia, se a pessoa que a escuta não tiver conhecimento similar.

Por exemplo, imagine que Vanda, recém-contratada como governanta assistente, acredita saber tudo que é possível fazer para aumentar o número de quartos que uma camareira pode limpar por dia. Ela estabelece o novo procedimento quando Aline, que é a governanta executiva, tira uma semana de férias. Quando Aline retorna, ela toma conhecimento do que Vanda fez. Furiosa, Aline interpreta a ação de Vanda como uma trama para tomar a posição de governanta executiva.

Falta de Senso de Oportunidade

Um senso de oportunidade inadequado pode fazer com que as pessoas digam coisas que elas na realidade não pretendem dizer. Por exemplo, alguém diz alguma coisa em um momento de raiva, para depois arrepender-se. Ou a pessoa que está ouvindo se mostra distraída ou sem disposição para ouvir. A melhor comunicação acontece quando quem fala e quem escuta estão prontos para isto.

Por exemplo, você chama Eduardo, um de seus funcionários, para discutir a convenção que iniciará na próxima quinta-feira. Você deseja repassar o papel dele para assegurar que a convenção transcorra sem problemas. Entretanto, Eduardo se mostra distraído. Sendo geralmente um ouvinte atento, hoje parece perdido em seus pensamentos e não lhe dá o *feedback* esperado. Também "esquece" rapidamente coisas que você lhe falou há poucos minutos. Questionando-o, você fica sabendo que ele está preocupado com um problema familiar. Por essa razão, você transfere a discussão, dando tempo suficiente para que Eduardo equacione seu problema. Alternativamente, você pode discutir primeiro o problema dele e, então, dar seguimento à reunião programada.

Emoções

Tanto as emoções de quem fala quanto as de quem ouve podem criar barreiras à comunicação. Por exemplo, suponha que você chame um funcionário valorizado para discutir seu desempenho recente, que vem se deteriorando. A reunião, que você prefere conduzir de uma maneira formal, objetiva ser informativa. Ou seja, você irá expor de modo objetivo o problema, de seu ponto de vista, esperando que o funcionário aceite seu aconselhamento e comece a seguir as políticas e os procedimentos da empresa. O que você não espera, entretanto, é que o funcionário responda irado. A raiva dele faz com que você fique zangado e a reunião acaba aí. O funcionário sai de sua sala pisando duro deixando-o só com sua ira.

Diferenças de Personalidade

As personalidades, tanto a de quem fala quanto a de quem ouve, também podem ser uma barreira à comunicação. Freqüentemente, somos tão influenciados pela personalidade de outras pessoas que aceitamos ou rejeitamos sua comunicação tão logo ela se inicia. Por exemplo, suponha que você participe de uma reunião de um dia inteiro em sua empresa. Você dará atenção completa a um orador que é um de seus colegas favoritos. Entretanto, se o orador seguinte for um colega de quem você nunca gostou e com quem já teve sérios desentendimentos, quase certamente sua atenção vai se perder. Na verdade, você provavelmente desprezará inteiramente a mensagem.

Preconceito

Opiniões preconcebidas podem nos afetar positiva ou negativamente. Se você usa um determinado método de limpeza porque esta é a forma pela qual sempre fez limpeza, você tem uma idéia preconcebida positiva em relação a tal método. Em contrapartida, se favorece uma funcionária dando a ela os melhores projetos, você estará sendo parcial em relação a ela e negativamente predisposto em relação aos demais funcionários. Finalmente, suponha que você é garçom no restaurante de um hotel de alto padrão. Seus amigos são todos garçons e *barmen*. Você evita os lavadores de pratos como grupo porque acha que eles representam uma classe mais baixa de funcionários. Em todos estes casos, você pode estar desperdiçando oportunidades simplesmente por não considerá-las.

Qualquer tipo de preconceito representa uma barreira à comunicação. Para salvaguardar contra o preconceito, procure ver cada um como indivíduo, e dê a cada pessoa a oportunidade de demonstrar seus talentos. Além disso, mantenha sua mente aberta a novas pessoas e oportunidades, e considere todas as evidências disponíveis.

Diferenças de Conhecimento e Pressuposições

A comunicação pode ser impedida se a pessoa que a recebe não possuir conhecimento e experiência para entender sua mensagem. Isto poderá acontecer, por exemplo, quando você envia apenas partes das mensagens, tal como acontece quando você pressupõe que a pessoa que vai recebê-la possui o mesmo nível de conhecimento que o seu. Para prevenir-se contra este problema, questione seu interlocutor para descobrir se sua mensagem foi inteiramente compreendida e dê tempo suficiente para esclarecer eventuais questões.

Barreiras Peculiares a Situações Específicas de Supervisão

Algumas das principais barreiras a uma comunicação eficaz, encontradas tanto por quem envia quanto por quem a recebe, incluem:

- Permitir interrupções por outras pessoas.
- Interromper outras pessoas.
- Falar demais.
- Discutir.
- Fazer afirmações muito genéricas ou exageradas.
- Culpar os outros.
- Comentar ou julgar com precipitação.
- Usar sarcasmo em excesso.
- Hábito de ouvir desatentamente.
- Pouca habilidade para falar, escutar ou escrever.
- Escolher tempo, lugar ou método errados.
- Quem envia a mensagem está muito atarefado para se comunicar bem.
- Atitude negativa em relação à mensagem ou a quem ela se destina.

As barreiras também podem aparecer na extremidade receptora do processo de comunicação. Tais barreiras incluem:

- Antipatia pelo remetente.
- Falta de interesse na mensagem.
- Pensar na resposta antes que o remetente acabe.
- Distrair-se com outra coisa.
- Uma mensagem desorganizada ou confusa.
- Hábitos de ouvir insuficientes.
- Fingir que entendeu.
- Recusar-se a escutar uma mensagem desagradável.
- Emoções (medo, raiva, tensão).
- "Saber" qual será a mensagem e desligar-se.

Existem barreiras adicionais que interferem com a comunicação eficaz em certas situações de supervisão. Isto inclui predisposições resultantes de confiar de modo acentuado em estereótipos e primeiras impressões, e fontes de predisposição, tais como "tal-como-eu", auréola, contraste ou tolerância a erros.

Primeira Impressão

Quando encontramos alguém pela primeira vez, temos a tendência de fazer um julgamento imediato, baseado em fatores superficiais como aparência, sotaque, idade etc. Entretanto, mais tarde, nossa primeira impressão pode mostrar-se incorreta. Procure mais informações, especialmente ao entrevistar candidatos e orientar novos contratados.

Estereótipos

Podemos formar uma opinião geral sobre certos grupos e, então, aplicá-la a indivíduos desses grupos. Se o membro de um grupo se comporta de maneira diferente dos padrões que associamos ao grupo, podemos desconhecer tais diferenças ou atribuir-lhes indevidamente valor positivo ou negativo. Considere cada funcionário como um indivíduo, não apenas como membro de um grupo, quando for treiná-lo ou avaliá-lo.

Tal-Como-Eu

Temos a tendência de gostar daqueles que se comportam ou pensam do mesmo modo que nós, ou que apresentam origens ou características similares às nossas. Isto pode nos levar a favorecer aqueles que apresentam tais similaridades, descartando os que diferem de nós. Seja especialmente cuidadoso quando estiver entrevistando candidatos ou realizando a avaliação de funcionários.

Efeito Anjo ou Demônio

Às vezes, favorecemos alguém por uma característica particularmente valiosa, fechando os olhos para as demais características da pessoa (efeito anjo). Ou podemos detestar alguém em razão de uma característica (efeito demônio). Em qualquer dos casos, nossa visão, inteiramente positiva ou negativa, obscurece nossa percepção da pessoa como um todo. Evite essa forma tudo-ou-nada de pensar, principalmente quando você estiver treinando ou avaliando funcionários.

Efeito Contraste

Nós erramos ao comparar indivíduos e classificá-los de acordo com nossa percepção das qualificações necessárias. Sempre que possível, julgue cada indivíduo usando os mesmos padrões absolutos para o trabalho. Isto é especialmente importante no treinamento e na avaliação de pessoal.

Efeito Tolerância/Severidade

Alguns de nós vemos o mundo positivamente, enquanto outros o vêem sempre toldado pelo pessimismo. Da mesma forma, podemos ver os outros muito positivamente ou muito negativamente, dependendo de nossa visão geral do mundo. Se os vemos muito positivamente, poderemos ser demasiadamente tolerantes no trato com as pessoas. Ao contrário, se vemos muito negativamente, nosso julgamento tenderá a ser demasiadamente severo.

Este efeito pode variar no dia-a-dia. Quando tivermos um dia particularmente bom, poderemos relevar a falha de um funcionário, seja na violação de políticas da empresa ou na falta de cumprimento de suas obrigações. Temos que trabalhar para avaliar desempenhos de uma maneira consistente.

Você deve se esforçar para avaliar claramente os pontos fortes e as fraquezas de cada um, sem predisposição. Isto é especialmente importante ao treinar, avaliar e disciplinar funcionários.

Desenvolvendo Habilidades de Comunicação Eficazes

Se você observar outros supervisores e gerentes de sua empresa, verificará que os supervisores eficazes são também comunicadores eficazes. De fato, os supervisores e gerentes de maior sucesso são aqueles que melhor se comunicam em todas as direções – para cima, para baixo ou através da empresa (lateralmente). A habilidade em se comunicar bem pode parecer natural para eles. Entretanto, as aparências são quase sempre enganosas. A maioria de nós precisa se empenhar para conseguir uma boa comunicação. O falar, o ouvir, a compreensão da comunicação não-verbal e a escrita são, todas elas, habilidades que você pode adquirir.

Falando

A fala eficaz, seja ante um grupo, seja na conversação com um indivíduo, geralmente contém uma *introdução*, o *corpo principal* e uma *conclusão*. Neste capítulo, nos concentramos basicamente na comunicação entre indivíduos. (O Capítulo 9 contém informações sobre a condução de reuniões eficazes.)

A *introdução* de sua conversa informal ou palestra deveria:

1. chamar a atenção de quem ouve;

2. alcançar o interesse de quem ouve;

3. transmitir o propósito da conversa.

Antes de começar a falar, planeje e organize o que vai dizer. Isto envolve identificar os pontos principais e certificar-se de que sejam mencionados. Atenha-se ao assunto.

Chame a atenção de seu interlocutor anunciando suas intenções no início de sua fala. Inclua sobre o que você deseja falar, por que isto é importante e o que espera como resultado. Alcance o interesse de seu interlocutor explicando o significado de sua mensagem e como isto o afetará.

No *corpo principal* de sua apresentação, mostre os pontos-chave em seqüência lógica. Isto vai requerer planejamento e organização. Use deixas para induzir seu interlocutor a entender o que é importante. Por exemplo, você pode dizer: "A idéia central é...". Além disso, mantenha contato visual com o interlocutor, variando seu tom de voz e resumindo ou esclarecendo pontos importantes. Fazer perguntas a seu interlocutor é um meio eficaz de verificar até onde você está sendo compreendido.

Resuma suas mensagens em ocasiões apropriadas. Um enfoque é o de resumir ao final. Ou você pode desejar resumir em pontos-chave durante sua palestra. Isto manterá seu interlocutor interessado e também lhe permitirá organizar o que está lhe dizendo. O resumo final deverá repetir suas principais idéias. Da mesma forma, você deverá repetir o que espera que seu interlocutor faça como resultado da conversa.

Volume, Tom, Entoação e Cadência

Se o *volume* de sua voz for muito alto, seus interlocutores podem entender que você os está pressionando ou sendo autoritário. Ao contrário, se você falar muito baixo, as pessoas podem não ouvi-lo direito. Além disto, uma voz baixa pode indicar aos outros que você é tímido, nervoso, ou indeciso ou, talvez, que você deseje falar de modo confidencial. Tente usar um volume médio, nem muito alto, nem muito baixo.

O *tom*, ou nível sonoro de sua voz, é mais eficaz quando produzido naturalmente. Em outras palavras, use sua voz normal. Se você tentar usar um tom mais agudo ou mais grave, isto soará artificial.

Provavelmente, você irá variar a *entoação* de sua fala de acordo com a situação presente. Por exemplo, utilizará um tom severo quando advertindo um funcionário pela terceira vez (para maiores detalhes sobre disciplina, por favor, veja o Capítulo 7). Você provavelmente falará de um modo suave com um funcionário nervoso e amedrontado. Em geral, se falar muito calorosamente, pode soar pouco sincero. As pessoas se esquivarão devido a sua aparente falsidade. Se falar de uma forma muito fria, ofenderá praticamente a todos. Evite os extremos.

A *cadência* de sua fala também pode ser reveladora. Por exemplo, se falar muito rápido, as pessoas poderão não entender o que você está dizendo ou entender que está ansioso, envergonhado ou simplesmente muito atarefado. Se falar muito devagar, as pessoas podem pensar que você acha que elas não têm capacidade para acompanhar seu raciocínio, ou que é indeciso ou não está à vontade.

Variando seu Linguajar/Discurso

Varie seu linguajar para se adaptar à situação presente. Pese cada circunstância, considerando diversos fatores, aí incluindo o linguajar e o humor de seu interlocutor, a formalidade da ocasião e qual será o intercâmbio previsto. Por exemplo, se alguém fala em voz baixa em função da confidencialidade do assunto, sua resposta deve ser de igual forma. Ou, se um convidado demonstra ser reservado ou tímido, iguale seu estilo, falando mansa e cordialmente. Não o sufoque com uma resposta inadequadamente forte.

Falando no Trabalho

Se falar em uma reunião ou em qualquer outro contexto, você pode desejar seguir algumas regras gerais. Primeiro, planeje e organize o que tem a dizer. Atenha-se ao assunto, sem divagar ou introduzir informações desnecessárias. Em adição, forneça informações precisas suficientes para sustentar sua posição.

É uma boa idéia direcionar sua fala a seu interlocutor. Ou seja, use uma linguagem que ele entenda e torne sua mensagem fácil de ser acompanhada. Ocasionalmente, faça pausas para permitir-lhe fazer perguntas. Na verdade, você pode querer fazer perguntas a seu interlocutor para verificar sua compreensão. Sempre que possível, mantenha contato visual direto; isto é crucial em grupos e quando se fala com apenas uma pessoa. Ainda mais, é importante acompanhar a expressão corporal de seu interlocutor que indicará como ele está recebendo sua mensagem. Você pode fazer perguntas para confirmar se você está interpretando corretamente o que a expressão corporal indica.

Aprender a falar de uma maneira eficaz vai ajudá-lo em seus deveres como supervisor. Da mesma forma, você deverá desenvolver sua habilidade de ouvir.

Ouvindo

Todos os dias você é bombardeado por sons de toda espécie, vindos de todas as direções. Nós não podemos evitá-los, ainda que tenhamos desenvolvido uma audição seletiva (ou seja, damos atenção a alguns sons, descartando outros). Ouvir é uma atividade essencialmente passiva. Em outras palavras, normalmente não temos que fazer qualquer esforço para ouvir alguma coisa. Podemos apenas sentar, ficar em pé ou deitar sem fazer nada e os sons virão até nós sem serem chamados. Nós ouvimos automaticamente. Mesmo dormindo nós ouvimos.

Entretanto, escutar não é a mesma coisa que ouvir. Para ouvir bem, você tem que se envolver. Nós também temos que *decidir* ouvir. Portanto, ouvir é algo que podemos controlar. Nós podemos querer nos tornar bons ouvintes. Se nós já formos bons ouvintes, podemos nos tornar ainda melhores. Isto é uma habilidade que pode ser desenvolvida, da mesma maneira que podemos aprender as habilidades de falar em público ou escrever. Como supervisor, você terá necessidade de exercitar sua habilidade de ouvir em seu trabalho diário. Deverá ouvir atentamente seu gerente e pessoas de outras divisões e mesmo algumas que não sejam de sua empresa. Você verá, entretanto, que, na maior parte do tempo, estará ouvindo seus funcionários.

Provavelmente, poderíamos dizer com segurança que praticamente a metade do dia de um funcionário do setor de hotelaria é empregada em ouvir outras pessoas. Por exemplo, o pessoal da cozinha precisa ouvir os pedidos, as instruções etc., durante todo o seu turno de trabalho. Se seus funcionários tiverem muito contato com os hóspedes, provavelmente despenderão a maior parte do seu tempo ouvindo-os e se comunicando com eles. Como a satisfação dos hóspedes é primordial, é necessário que os funcionários dos hotéis aprendam a ouvir bem.

Dentre ouvir, falar, ler e escrever, o ouvir deve ser a habilidade de comunicação mais usada. Você aprendeu a falar quando ainda era muito criança. Mais tarde, foi para a escola e aprendeu a ler e a escrever. À medida que você foi crescendo, foi estudando mais e adquirindo maiores conhecimentos, aperfeiçoou sua habilidade em escrever e, talvez, até tenha feito um curso para aprender a falar em público. Entretanto, é muito pouco provável que você tenha estudado como ouvir. O primeiro e segundo graus não o incluem no currículo. Tampouco nas faculdades encontraremos um curso que ensine a ouvir.

A despeito dessa falta de preparo formal no ensino do ouvir, você pode agora dedicar algum tempo a aprender a ouvir de um modo eficaz. Isto exige que você passe a desempenhar um papel ativo quando está ouvindo. O papel ativo é inteiramente diferente do comportamento passivo que você adota ao ouvir alguma coisa. Você terá que se dedicar a isto, mas os benefícios que ganhará com certeza valem o esforço e o trabalho que você terá.

Por exemplo, sua empresa sairá ganhando quando você obtiver a informação correta na primeira vez que ouvi-la. Seu gerente apreciará seu esforço em ouvir e colocar em execução suas instruções. Seus funcionários apreciarão o fato de você ouvir, realmente ouvir, suas preocupações. Com habilidades de ouvir adequadas, você se tornará conhecido como um funcionário, supervisor ou colega eficaz. Resumindo: aprendendo a ouvir bem, você realçará sua reputação de comunicador eficaz.

Obstáculos ao Ouvir

Os obstáculos a um ouvir eficaz são criados por muitos dos maus hábitos da própria pessoa que ouve. Por exemplo, você pode permitir que sua mente divague quando seus próprios pensamentos ou idéias parecem mais interessantes do que os da pessoa que fala. Em reuniões ou palestras, você pode "desligar" porque a informação é maçante ou difícil. Às vezes, sua atenção se perde quando você preferiria estar em outro lugar ou está preocupado com milhões de outras coisas que tem a fazer. Talvez você se distraia com uma palavra ou idéia que chama sua atenção e não acompanha quando o orador passa a outro assunto. Também pode acontecer que você prejulgue a pessoa que fala ou o assunto e forme uma opinião antes de dar-lhe uma oportunidade ao ouvir com atenção. É possível, também, que você se dedique a anotar detalhadamente e perca o espírito da mensagem. Novamente, seu problema pode ser que você se distrai facilmente, seja com os papéis na sua mesa, com a conversa de outras pessoas ou com ruídos externos. (Algumas causas de maus hábitos de ouvir estão listadas no Quadro 2.2.)

Quadro 2.2 – Causas dos Maus Hábitos ao Ouvir

> Ambiente impróprio para ouvir: muito ruído ou muitas distrações.
>
> Permitir sua mente vaguear.
>
> Pensar em outra coisa.
>
> Focalizar em uma palavra ou idéia, em detrimento da mensagem como um todo.
>
> Reagir negativamente a maneirismos, aparência, roupa, sotaque ou outro detalhe ligado ao seu interlocutor.
>
> "Desligar-se" porque a mensagem é difícil ou boba.
>
> Não prestar atenção.
>
> Fazer anotações em excesso.
>
> Falar com outras pessoas do grupo ou audiência.
>
> Falta de vontade ou determinação de ouvir.

Muitos de nós somos bons em fingir que prestamos atenção. Talvez tenhamos aprendido na escola primária a fazer parecer que estamos prestando atenção, quando realmente não estamos. É fácil fazer de conta, basta balançar afirmativamente a cabeça, olhar para quem fala e murmurar "hum-hum" quando parece adequado. Entretanto, seguidamente as pessoas percebem quando não estamos prestando atenção. Talvez seja pelo olhar perdido ou pelos bocejos mal-escondidos. Se os funcionários notarem que você não está completamente atento, acharão que você está fazendo pouco caso deles. Não lhe trarão mais seus problemas – nem suas idéias e soluções.

As dificuldades em ouvir também podem resultar da diferença entre a velocidade com que falamos e a velocidade com que ouvimos e pensamos/compreendemos. Em média falamos 125 a 150 palavras por minuto. Entretanto, nossa capacidade de escutar e compreender é de mais do que o dobro disso.

Ponha essa diferença de tempo para trabalhar para você. Em lugar de ficar sonhando de olhos aberto, envolva-se ativamente com a mensagem. Use esses momentos extras para revisar o que você escutou. Antecipe que pontos adicionais serão levantados. Faça qualquer coisa, menos deixar que sua mente se afaste do tópico da comunicação.

Desenvolva Habilidades Eficazes em Ouvir

A maior responsabilidade pela escuta eficaz repousa nos ombros da pessoa que ouve. Você tem o poder de decidir o nível de qualidade que deseja para sua habilidade de ouvir. Mantenha sua mente aberta a qualquer pessoa que lhe fale ou a qualquer mensagem. Decida desde o começo que você vai ouvir. Julgue quem fala pelo que disse, não pelo que você gostaria que dissesse. Usando linguagem não-verbal, mostre que está escutando ativamente. Use muito seu poder de concentração.

Esta seção sugere algumas técnicas do ouvir ativo que você pode adotar, tais como espelhamento, livre interpretação, resumo e questionamento. Além disso, o Quadro 2.3 lista algumas dicas para aperfeiçoar a eficácia de sua habilidade de ouvir. Primeiro, entretanto, vamos discutir um modelo de quatro estágios para desenvolver o ouvir ativo.

Modelo de Quatro Estágios

Neste modelo de escuta, o ouvinte ativo se move através de quatro estágios da escuta. Eles incluem concentração, interpretação, avaliação e resposta, exatamente nesta ordem. A etapa de concentração é a mais importante, e a ela o ouvinte deve dedicar a maior parte de seu tempo e atenção.

Concentração. A concentração consiste em voltar toda a atenção ao interlocutor, colocando de lado qualquer outra coisa. Significa concentrar-se em receber a mensagem. Os quatro aspectos desta etapa incluem a decisão de escutar, a criação da atmosfera propícia, a concentração no interlocutor e a demonstração de que você está atento à mensagem.

Decida que vai ouvir. Mantenha sua atenção focalizada e evite divagar. Coloque de lado suas próprias idéias. Concentre-se nas palavras e na mensagem de seu interlocutor, e não em sua idade, sexo, cargo, imagem ou modos. Escute sem cair na defensiva. Mantenha-se aberto a novas idéias e conceitos.

Crie um clima propício. Facilite o ouvir diminuindo as distrações externas. Escolha um local adequado. Vá para uma sala privativa ou seu escritório e feche a porta. Peça a alguém para anotar as chamadas telefônicas e elimine, tanto quanto possível, as interrupções.

Quadro 2.3 – Dicas para Ouvir Eficazmente

- Relaxe.
- Deixe a pessoa falar sem interrupções.
- Mostre interesse na pessoa que fala.
- Mantenha contato visual ou olhe diretamente para a pessoa que fala.
- Observe a linguagem não-verbal.
- Mantenha uma postura de escuta ativa; incline-se para frente, olhos no orador.
- Use o tempo livre de ouvir para revisar e antecipar.
- Focalize sua atenção na pessoa que fala e na mensagem.
- Use a autodisciplina: concentre-se no que o orador está dizendo.
- Afaste ou ignore distrações.
- Evite formular respostas antes que a pessoa que fala tenha completado sua mensagem.
- Seja paciente; dê à pessoa o tempo que ela precisar.
- Mantenha sua mente aberta; não prejulgue.
- Escute a mensagem completa, não apenas palavras isoladas ou frases.
- Tenha empatia para com quem fala. Coloque-se no seu lugar.
- Mantenha suas emoções sob controle.
- Faça perguntas.

Concentre-se no interlocutor. Estabeleça e mantenha contato visual com o interlocutor. Dê-lhe tempo suficiente para falar, antes que você comece a fazer perguntas ou comentários. Concentre-se. Ouça o conteúdo da mensagem. Evite pensar sobre como você vai responder assim que ele terminar de falar. Se precisar fazer anotações, mantenha-as sucintas.

Mostre que está atento. Use a linguagem não-verbal – ou expressão corporal – mais adequada à demonstração de que está recebendo a mensagem e prestando atenção. Espelhe as emoções de seu interlocutor. Faça perguntas para obter mais informações, quando isto for necessário. Peça a seu interlocutor que repita as partes que você não tenha ouvido bem ou que não haja compreendido.

Interpretação. Essencialmente, este estágio é usado pelo ouvinte para identificar por que seu interlocutor está enviando a mensagem. É importante abster-se de julgamento. Então, conclua qual a intenção de seu interlocutor, confirme o que você entendeu e demonstre seu entendimento.

Abstenha-se de julgamento. Mantenha seus preconceitos fora do caminho. Não use suas emoções ou padrões pessoais para julgar seu interlocutor.

Determine a intenção de seu interlocutor. Pergunte a si mesmo qual o objetivo de seu interlocutor. Decida quanto à razão básica de ele estar falando com você. Ele pode simplesmente estar conversando de modo informal, expressando uma idéia, pode desejar trocar informações com você ou pretender persuadi-lo de alguma coisa. Tente entender por que seu interlocutor escolheu esse momento para discutir esse assunto em particular.

Confirme o que você entendeu. Verifique se seu interlocutor realmente pretende o que você pensa que ele pretende. Faça isto formulando perguntas ou **parafraseando** a mensagem (refazendo-a com outras palavras). Prossiga no questionamento até você ter razoável certeza de que entendeu o conteúdo da mensagem.

Demonstre sua compreensão. Use palavras adequadas e expressão corporal (discutida mais adiante neste capítulo) para comunicar o que você entendeu.

Chegue a um entendimento comum. Finalmente, o ouvinte e seu interlocutor devem alcançar um ponto comum de entendimento, que é o objetivo da etapa de interpretação.

Avaliação. O objetivo desta etapa é verificar que o entendimento comum tenha sido alcançado. Você avaliará a mensagem enquanto tenta descobrir se ela é baseada em fatos ou na opinião de seu interlocutor. Para fazer isto, colete mais informações e, então, decida se a mensagem é genuína, faça sua avaliação e expresse sua opinião.

Colete mais informações. Concentre-se no tom de voz e expressão corporal de seu interlocutor. Concentre-se também no que ele diz e no que não diz. "Leia" nas entrelinhas. Peça detalhes se você receber apenas informações genéricas.

Decida se a mensagem é genuína. Tente separar fatos de opiniões e suposições. Novamente, julgue a mensagem, não o mensageiro.

Faça sua avaliação. Decida se você concorda ou discorda das informações ao ouvi-las. Forme sua própria opinião baseado no que ouviu e não em crenças ou atitudes que você trouxe consigo.

Expresse sua opinião. Quando você verbalizar sua avaliação, apóie-a usando também a expressão corporal. Por exemplo, se concorda com seu interlocutor, você deve inclinar-se em sua direção, demonstrando entusiasmo.

Resposta. O ouvinte responde à mensagem de seu interlocutor tanto enquanto ele fala, quanto após a conclusão da mensagem. Quando a mensagem é concluída, sua resposta depende da identificação da expectativa de seu interlocutor, considerando o que você ache mais adequado, em termos de oportunidade e da energia que você esteja disposto a empregar. E o que decidiu fazer.

A identificação da expectativa de seu interlocutor. Faça perguntas para descobrir exatamente o que ele deseja.

Considere o tempo e a energia que você está disposto a empregar. Decida se você pode conciliar seus planos ou planejamento com o que é solicitado por seu interlocutor. Lembre-se de levar na devida conta seus próprios objetivos e restrições de tempo ou de energia.

Decida o que fazer. Avalie a possibilidade de atender à expectativa de seu interlocutor. Decida como responder. Então, comunique seu plano ao interlocutor. Finalmente, encerre a discussão de uma maneira adequada, que consiste em uma declaração positiva que defina a ação a ser empreendida.

Algumas vezes a mensagem que você recebe pode ser uma diretiva vinda de seu chefe. Se for uma diretiva da qual discorde, você deve observar alguns passos especiais. Primeiro, esclareça se entendeu corretamente a ordem de seu chefe. Segundo, expresse claramente suas preocupações ou reservas em relação a ela. Assegure-se de fornecer suporte convincente a seu ponto de vista. Terceiro, busque retorno, em forma de uma resposta de seu chefe. Se ele aceitar suas observações, que determinarão um novo curso de ação, procure explorar com ele as novas opções.

Entretanto, se seu chefe insistir em manter o curso de ação determinado originalmente, demonstre seu suporte atuando de modo positivo na execução da ordem. Entretanto, se você entender que a ordem é moral ou eticamente errada, ou viola os regulamentos da empresa, sua ação deve ser outra. Nesta situação, você deve explicar novamente a seu chefe quais são suas restrições e comunicar a ele que deseja discutir a questão com um gerente de nível mais alto.

Técnicas do Ouvir Ativo

O ouvinte ativo usa diversas técnicas para ajudá-lo na tarefa de ouvir. Isto inclui o espelhamento, paráfrase, resumo e auto-exposição, questionamento ou esclarecimento e motivação ao orador para que ele continue falando. Cada uma dessas técnicas será discutida a seguir.

Espelhamento. O espelhamento (ou repetição) é feito repetindo-se exatamente as mesmas palavras-chave usadas por seu interlocutor. O primeiro efeito é o de mostrar a ele como essas palavras ou frases-chave soam para outra pessoa. Também indicam a ele que você está interessado nas palavras que ele usou e deseja entendê-las inteiramente. Mais ainda, o espelhamento permite a ambos determinarem a importância das palavras usadas pelo interlocutor. Identificar as palavras importantes pode ajudá-lo a examinar outras partes da mensagem. Veja esses exemplos:

INTERLOCUTOR:	Sem ajuda eu acho que não consigo acabar isto no prazo.
OUVINTE:	Você acha que não consegue acabar sem ajuda?
INTERLOCUTOR:	Nunca fui designado para um projeto que me desse tanta satisfação.
OUVINTE:	Você nunca foi designado para um projeto que lhe desse tanta satisfação? Que bom!
INTERLOCUTOR:	Eu sou a única pessoa da equipe que faz algum trabalho.
OUVINTE:	Você é a *única pessoa* da equipe que trabalha?

Tenha o cuidado de não abusar do uso do espelhamento, pois isto pode se tornar tedioso ou dar a entender que você está menosprezando seu interlocutor.

Paráfrase. Você parafraseia quando usa suas próprias palavras para repetir o que seu interlocutor está sentindo ou tentando dizer. Você diz a ele o que acha que ele está pensando ou sentindo. Parafraseando, você trabalha para refletir o conteúdo da mensagem, assim como os sentimentos que a motivaram. A paráfrase é útil por várias razões. Por exemplo, permite que você torne mais claro o que seu interlocutor está dizendo. Também o auxilia a revelar como a essência de sua mensagem está chegando a outras pessoas. Use-a para comunicar seu desejo sincero de descobrir o que seu interlocutor pensa.

Usando esta técnica, você auxiliará seu interlocutor a entender como você está recebendo a mensagem. Também ajudará quem fala a alcançar resultados adequados.

INTERLOCUTORA: O meu prazo acaba na próxima semana, o que significa que até lá tenho que fazer um bocado de horas extras. Minha babá acabou de ligar, dizendo que está doente e não poderá ficar com as crianças. Não sei o que vou fazer.

OUVINTE: Você está com receio de não conseguir completar o trabalho no prazo porque não tem quem fique com as crianças.

INTERLOCUTORA: Este trabalho não é nada divertido, porque todos me detestam. Eu tento ser amistosa, mas eles nem tomam conhecimento de minha presença. Eu simplesmente não me encaixo nele.

OUVINTE: Você se sente solitária aqui e isto faz com que não goste de seu trabalho. Você gostaria que as pessoas fossem mais gentis.

INTERLOCUTORA: Vanessa pode ser legal socialmente, mas é dureza trabalhar com ela. Ela é sempre irritadiça. Acha que trabalha mais que todo mundo. Está sempre olhando para a gente de cara torta e nem responde quando a gente cumprimenta. Não gosto nem de cruzar com ela no corredor e agora fui colocada para trabalhar com ela em um comitê.

OUVINTE Você não se sente à vontade com Vanessa porque ela não lhe parece amistosa no trabalho e isto a faz nervosa, tendo que trabalhar em conjunto com ela.

Quando parafraseando, é importante evitar frases que possam dar a idéia de que você está "humilhando" o interlocutor, tais como:

"O que você realmente quer dizer é..."

"O que você está tentando dizer é..."

Evite colocar suas palavras na boca de seu interlocutor ou forçar seu modo de ver as coisas.

Resumo e Auto-Exposição. São várias as razões para que o ouvinte use declarações que fazem um resumo ou uma auto-exposição. Quando ele faz um **resumo**, condensa partes do que foi dito pelo interlocutor, enfatizando os pontos principais. Você deve usar isto quando desejar (1) focalizar a atenção em um determinado tópico; (2) mostrar que concorda com pontos específicos; (3) dirigir seu interlocutor para outras partes do assunto; e (4) alcançar a concordância em pontos específicos, de modo a encerrar a conversação.

A seguir estão alguns exemplos de desse tipo de declaração:

"Se escutei corretamente, você deseja..."

"Nós concordamos em que..."

"Então, você acredita que acontecerá o seguinte,..."

"Segundo entendo, sua idéia central é..."

Declarações de Auto-Exposição mostram ao seu interlocutor como você se sente em relação ao que ele disse. Quando você relata experiências ou sentimentos similares, transmite a seu interlocutor a idéia de que ele não é o único a pensar daquela maneira. Isto ajuda seu interlocutor a se sentir compreendido e menos solitário.

"Isto me lembra algo que aconteceu comigo..."

"Você está se sentindo como eu me senti quando..."

"Outros funcionários têm notado a mesma coisa..."

A auto-exposição também pode ser usada para comunicar seu desacordo com os sentimentos ou declarações de seu interlocutor. Você pode ajudar seu interlocutor comunicando as discordâncias, para que ele minimize as áreas mais sensíveis ou os pontos que darão origem às discrepâncias.

Declarações de Questionamento ou Esclarecimento. Se você estiver ouvindo ativamente, identificará afirmações que parecem incompletas ou contam a história pela metade. Quando isto acontecer, faça perguntas para ajudar seu interlocutor a tornar claro seu pensamento. Às vezes, quem fala deixa de mencionar pontos importantes, porque se vê envolvido pela emoção do momento. Nessas ocasiões, quem fala pode usar palavras ou frases que parecem desconexas. Use declarações de questionamento ou esclarecimento para tornar as mensagens mais claras. Você pode escolher entre usar perguntas específicas ou em que deixa o final em aberto.

Perguntas com final em aberto dão a quem fala a liberdade de responder do modo que lhes parecer mais conveniente. Também induzem a que a resposta seja mais que um simples "sim" ou "não". Use uma pergunta com final em aberto quando você desejar (1) começar uma discussão; (2) entender a idéia de seu interlocutor; (3) examinar um assunto delicado; ou (4) evitar influenciar a resposta.

As perguntas com final em aberto freqüentemente começam de uma dessas formas:

"O que você pensa sobre..."

"Como você se sente em relação a..."

"Você pode me dizer..."

"Você poderia descrever..."

Por exemplo, você poderia perguntar: "Como você se sente em relação às alterações na programação de férias de verão?"

Perguntas específicas buscam informações adicionais sobre declarações que não estejam claras. Pedem detalhes específicos, quando a declaração feita foi de caráter genérico. As perguntas específicas tipicamente se iniciam pelas seguintes palavras:

"Quem..."

"Onde..."

"Quando..."

"Por que..."

"Qual..."

"Quantos..."

Por exemplo, você pode fazer a seguinte pergunta específica: "O que você acha que foi a origem da insatisfação do hóspede?"

Motivando Quem Fala a Dizer Mais. A idéia é encorajar a pessoa a continuar falando. Use palavras neutras, que não comuniquem aprovação ou rejeição. Seu propósito é mostrar que você está interessado e deseja saber mais. As palavras que você usa são equivalentes a acenos positivos com a cabeça:

"Isto é interessante."

"Entendo."

"Fale mais."

"Vamos falar mais sobre isto."

"Compreendo."

"Isto parece importante para você."

"Gostaria de ouvir seu ponto de vista."

"Realmente."

Você pode encorajar ainda mais seu interlocutor usando a **empatia**, que é a habilidade de ver as circunstâncias pelo ponto de vista do outro. Sua empatia mostra a quem fala que você é um ouvinte compreensivo que pode entender de uma forma pessoal suas experiências e sentimentos. Ela também mostra que você está atento e interessado. Use a empatia para mostrar que você aceita seu interlocutor e deseja estabelecer um bom nível de relacionamento com ele. Além disso, use a empatia quando você desejar que a pessoa continue falando. Encoraje ainda mais quem fala, usando palavras que excluam qualquer tipo de julgamento. Se estiver sentindo empatia, você vai usar frases como as mostradas a seguir. Note que elas têm palavras muito parecidas com as que você usou na auto-exposição.

"Sei o que você quer dizer; eu tive uma experiência similar..."

"Isto também seria muito difícil para mim..."

"É muito legal quando acontece algo assim..."

"Isto também me aborreceria..."

"Que bom para você..."

Comunicação Não-Verbal – Expressão Corporal

A comunicação não-verbal, ou expressão corporal, é também muito importante em nossas interações[3] diárias. Como um supervisor, você vai interpretar os sinais físicos que os funcionários, colegas e gerentes enviam quando interagem com você ou com outras pessoas. Embora seja verdade que você responde às mensagens que as pessoas lhe passam com o uso de palavras, você também recebe muitas mensagens observando suas expressões faciais ou ações físicas. A palavra falada não é o único meio de expressão humana. Alguns até dizem que nem é a mais importante. O velho ditado "As ações falam mais alto que as palavras", é uma comprovação disto.

Suponha que você diga a Cecília, que é ajudante de cozinha, que hoje você está com falta de lavadores de pratos. Quando você pede a ela que cubra essa falta, ela sorri e diz: "Claro. Sem problemas." Entretanto, quando ela enche a máquina de lavar pratos, ela bate com as panelas e potes, jogando-os no balcão. Ela também quebra diversos pratos e molheiras.

O que é que Cecília está tentando lhe dizer?

Se você estiver atento a sua expressão corporal, você vai concluir que Cecília ficou muito aborrecida por estar cobrindo a falta do lavador de pratos. Embora ela lhe tenha dito que ajudaria com prazer, sua ação transmite a você uma mensagem totalmente diferente. Cecília é uma excelente ajudante de cozinha e você não gostaria de perdê-la. Você também não tem interesse em ver pratos quebrados desnecessariamente. Você sabe que tem que falar com Cecília. Sua reação hostil pode estar relacionada a algo estranho ao trabalho, mas ela tem que ficar sabendo que esse tipo de comportamento é inaceitável. Você tem que lidar com isto antes que o incidente tome proporções maiores. Você tem que se aproximar de Cecília e mostrar a ela a inconsistência entre o que ela disse e o que está fazendo. Por exemplo, você pode dizer: "Cecília, você me disse que lavaria os pratos 'sem problemas'. Entretanto, agora você me parece muito aborrecida. Qual é o problema?"

Como a história ilustra, as palavras que usamos não contam necessariamente a história completa. Nós nos comunicamos mais do que simplesmente com palavras faladas. Nosso comportamento não-verbal, ou expressão corporal, pode trair a intenção de camuflar sentimentos ou atitudes. Ainda que nossas palavras possam dizer outra coisa, os sentimentos reais podem ser revelados pela nossa expressão facial, olhos, postura, gestos ou movimentos corporais.

Expressão Facial

A expressão facial é, de longe, a comunicação não-verbal que usamos com maior freqüência. As expressões em nossas faces revelam muito sobre nossas atitudes. Muitas pessoas olham para a face de seu ouvinte enquanto conversam, especialmente para os olhos e para a boca, que são as partes mais expressivas do rosto. É possível que você já tenha se sentido desconfortável falando com alguém que esconde os olhos com óculos escuros. Você se sente como se estivesse falando para uma parede. Pense, além disso, como é mais fácil entender as pessoas quando você pode ver suas faces. Simplesmente observando a expressão facial, podemos saber se alguém está alegre ou triste, zangado ou confuso.

Entretanto, nem sempre a expressão facial é confiável. A maioria das pessoas aprende a falsear a expressão facial de acordo com sua conveniência. Os jogadores de pôquer, por exemplo, devem apresentar aquela face inexpressiva, ou impassível, independente de haver recebido cartas tão boas que o tornem imbatível naquela rodada. Algumas pessoas colocam uma "face feliz" apenas para agradar os pais, o gerente ou outras autoridades, como Cecília fez na história anterior.

Ainda que um sorriso normalmente indique felicidade, nem sempre é assim. Ele pode indicar raiva, nervosismo, autoproteção ou embaraço. Podemos ainda sorrir pedindo desculpas, como quando pisamos acidentalmente no pé de alguém, em um lugar muito lotado.

Olhos

Quanto mais uma pessoa consiga captar seu olhar e mantê-lo, tanto mais provável será que você preste atenção a ela. Por exemplo, é provável que o orador que mantém contato visual com sua platéia seja considerado um bom orador. O inverso também é verdadeiro. Um orador que olhe para o chão, ou focalize seus olhos acima das cabeças da platéia, parecerá estar nervoso ou, possivelmente, não confiável.

Geralmente, desconfiamos das pessoas que evitam o contato visual, achando que não estão à vontade, ou que estão nos mentindo. Alternativamente, poderão estar desinteressados ou nervosos. Uma pessoa positiva e confiante provavelmente nos olhará nos olhos, enquanto uma pessoa passiva ou negativa evitará o contato visual.

Postura

Uma pessoa com os ombros caídos normalmente transmite a idéia de depressão ou desalento, ainda que temporários. Uma pessoa ansiosa tende a se mover de uma forma rígida e tensa. Além disso, apresentará uma expressão facial dura, com os lábios apertados e o cenho franzido. Uma pessoa tensa tende a evitar seus olhos e a ficar em pé ou sentada com os braços dobrados, apertados sobre o peito. Seus gestos tendem a ser bruscos e rápidos. Uma pessoa relaxada, por outro lado, senta ou fica em pé à vontade, gesticulando naturalmente.

Gestos

Ainda que não tomemos muita consciência deles, os gestos muitas vezes são reveladores de nossos sentimentos e atitudes. Por exemplo, se um funcionário fica passando a mão nos cabelos, morde os lábios ou as unhas ou repetidamente dobra e desdobra um lenço, você pode com certeza concluir que ele não está à vontade. As pessoas podem revelar seu nervosismo com movimentos repetitivos, tais como balançar os pés ou tamborilar com os dedos. Outra forma de demonstrar nervosismo é fumar um cigarro atrás do outro. Os gestos repetitivos podem indicar impaciência ou incerteza, bem como nervosismo.

Quando uma pessoa, consciente ou inconscientemente, procura manter sua expressão corporal sob controle, isto pode significar que ela esteja fazendo a mesma coisa com as informações verbais que produz. Entretanto, é importante considerar o contexto em que isto ocorre, bem como a personalidade e os antecedentes da pessoa.

Suponha que você esteja discutindo com um colega. Quando você começa a convencê-lo, nota que ele cobre a boca com os dedos. Isto é tanto um movimento de proteção, como uma indicação de que seu colega está indeciso. Ele pode também esfregar a nuca com a palma da mão, que é também um gesto típico de proteção. Esses gestos podem sinalizar que ele está entendendo que estava errado, mas é possível que ele ainda nem tenha se conscientizado disto, ou dos gestos que está fazendo.

Cruzar os braços sobre o peito é, provavelmente, o sinal mais comum de expressão corporal. Podemos usar isto para nos isolarmos do resto do mundo, formando um escudo entre nós e um ambiente hostil. Por exemplo, você notará que um funcionário, ao ser advertido por você,

Nossos gestos geralmente são reveladores de nossos sentimentos e atitudes.

dobrará os braços cruzando-os apertados sobre o peito. Os braços cruzados podem indicar ansiedade, desacordo ou o desejo de se proteger. Mais uma vez, é importante considerar o contexto global; seria tolice fazer um julgamento precipitado. A pessoa pode simplesmente se sentir mais confortável com os braços cruzados.

Movimentos Corporais

Balançar a cabeça positivamente normalmente indica concordância, mas, quando estamos escutando uma pessoa falar, podemos usar o mesmo movimento para dizer: "Ouvi o que você disse" ou "Estou prestando atenção". Novamente, é importante considerar o contexto global.

A forma de uma pessoa caminhar pode nos dar pistas sobre sua forma de ser. Por exemplo, uma pessoa determinada caminhará firmemente, enquanto uma pessoa impaciente, agressiva ou ocupada usará passos apressados. Uma pessoa tímida ou indecisa caminhará de uma forma hesitante. Ao chegarem ao hotel, os hóspedes novos podem mostrar alguma hesitação ao entrar no saguão. Esses passos hesitantes dirão a você que sua assistência pode ser útil a eles.

Quando você estiver falando para um grupo, tal como em uma conferência, caminhe *em direção ao* grupo para enfatizar algum ponto em particular. Isto aumentará a tensão. Quando você desejar minimizar um ponto, ou reduzir a tensão, caminhe *afastando-se do* grupo.

Usando a Expressão Corporal no Trabalho

Sua escolha de expressão corporal também deve ser considerada quando você recebe visitantes em seu escritório. Suponha que você convoque um funcionário problemático a seu escritório para discutir pontos inaceitáveis de seu comportamento. Para realçar sua posição de autoridade, você pode escolher sentar-se em sua cadeira, atrás de sua mesa, enquanto ele toma assento em uma cadeira em frente à mesa. A mesa servirá como uma barreira entre vocês. Também mostrará ao funcionário que você está no comando. Esta configuração deve ser sua preferida quando você tiver discussões formais ou reuniões.

Entretanto, se você desejar a criação de um clima mais informal, você pode alterar essa configuração movendo a cadeira do visitante para o lado de sua mesa. Isto reduziria tanto a distância física quanto a psicológica entre vocês. Da mesma forma, colocaria seu visitante em situação de maior igualdade com você. Entretanto, se desejar estabelecer uma atmosfera ainda mais cordial, você deve sentar junto ao funcionário em frente à mesa. Isto derruba as barreiras e também coloca seu visitante mais à vontade.

De alguma forma, os funcionários sempre ficam intimidados ao serem chamados à sala do chefe. Pode ser uma boa idéia, então, ir a eles, seja em seus escritórios ou seus postos de trabalho e conduzir os assuntos informais em seu ambiente. Eles se sentirão mais à vontade desde o começo da conversa.

Não importa qual sua atitude, ela transparecerá em seu comportamento não-verbal. Se você está ressentido com um colega, será difícil esconder isto. Em vez de dedicar-se a esconder seus sentimentos, será mais proveitoso mudar sua atitude. Na medida do possível, procure encontrar aspectos que você possa admirar nesse colega. Sua apreciação autêntica dessa qualidade transparecerá em sua expressão corporal.

Coloque a seu serviço o conhecimento que você tem de expressão corporal. Isto vai ajudá-lo a entender as pessoas com mais facilidade, aí incluídos funcionários, colegas ou hóspedes. Isto também será útil em sua vida pessoal. Sua consciência da comunicação não-verbal o ajudará a aprender a controlar as mensagens que envia. Se você compreende como os outros interpretam seus gestos e ações, pode fortalecer a qualidade de sua comunicação pelo uso consciente e adequado da expressão corporal.

Escrevendo

A escrita é uma das formas de comunicação mais difíceis de dominar para qualquer pessoa. Entretanto, todas as pessoas que trabalham – em especial as que têm posição de supervisão ou gerência – precisam despender tempo e esforço escrevendo. A importância de sua habilidade em escrever aumenta quando você sobe na escala hierárquica. Por exemplo, se você é um supervisor novo, terá que aprender a escrever memorandos para os funcionários, colegas e para a gerência. Adicionalmente, seu chefe pode pedir que você investigue determinado assunto e, então, escreva um relatório resumindo o que constatou. Finalmente, quando avaliar o desempenho de um funcionário ou preencher formulários de ação disciplinar, você precisará escrever comentários claros e concisos.

É muito importante que você aprenda a se expressar eficazmente por escrito. As mensagens ou relatórios que você escreve o representam e, de alguma forma, sua habilidade como supervisor. Um texto claro e organizado é correlacionado à clareza e organização do processo de pensamento de seu autor. O oposto é igualmente verdadeiro. Uma comunicação mal escrita e desorganizada dirá a todos que você pensa de uma forma desleixada e desorganizada.

Na verdade, suas palavras escritas vão representá-lo por algum tempo no futuro. Por exemplo, os seus memorandos, arquivados nos arquivos do gerente geral, servirão como uma lembrança duradoura de você e de suas habilidades. Seus relatórios, se escritos com vigor, podem ser lembretes para a gerência superior de que você é uma pessoa articulada e tem demonstrado eficiência e organização, merecendo ser promovido. Isto posto, é evidente que será muito melhor se nos concentrarmos, desde o começo, em aprender a escrever bem e de maneira eficaz.

Dicas e Exemplos de Redação Comercial

A escrita de boa qualidade comunica a seu público-alvo informações ou idéias de uma forma tão concisa quanto possível. Ao mesmo tempo, obedece certas regras de gramática, ortografia, estrutura de sentenças e pontuação.

Antes de começar a escrever, é uma boa idéia planejar o que vai escrever. Não é fácil escrever eficazmente, mas você pode simplificar sua tarefa se fizer um bom planejamento. O planejamento também ajuda a disciplinar seu pensamento. Você deve (1) saber quem será sua audiência principal; (2) conhecer o seu objetivo; (3) decidir que informações são essenciais e devem ser incluídas; e (4) determinar como a informação deve ser apresentada. Estes quatro pontos são detalhados a seguir.

Saiba quem será sua audiência principal. É importante que você escreva tendo em mente sua audiência principal. Por exemplo, um memorando ao seu pessoal sobre a programação de férias de verão com certeza será muito mais informal que, digamos, um memorando ao chefe de seu chefe discutindo a previsão orçamentária para o próximo trimestre. Saiba para quem você está escrevendo e direcione seu tom, linguagem e nível de redação à sua audiência principal.

Conheça o seu objetivo. Saiba qual o seu assunto e não se afaste dele. A determinação de uma razão particular para escrever manterá seus pensamentos e sua escrita claros.

Decida que informações são essenciais e devem ser incluídas. Isto pode envolver alguma pesquisa. Por exemplo, você talvez tenha que consultar seus arquivos ou buscar a informação com outras pessoas. Entretanto, grande parte do que você escreve prescindirá de pesquisa. Em qualquer caso, seu trabalho irá se tornar mais fácil se você souber exatamente o que quer dizer.

Determine como a informação deve ser apresentada. A melhor forma de fazer isto é preparar um **resumo**, que é uma lista dos pontos significativos. Para fazer isto, escreva cada ponto principal, colocando abaixo de cada um deles os pontos secundários correspondentes que você deseja incluir. A forma de listá-los poderia ser a seguinte:

1. Título principal

    A. Subtítulo

        i. Subsubtítulo (se for o caso)

        ii. Subsubtítulo (se for o caso)

    B. Subtítulo

2. Título principal

    A. Subtítulo

    B. Subtítulo

Finalmente, ordene os pontos segundo uma ordem lógica.

Você verá que o uso do resumo tornará sua tarefa de escrever muito mais simples. Os resumos são ferramentas poderosas que tornarão a sua escrita muito mais eficaz. Eles obrigam você a organizar seus pensamentos antes de lançá-los no papel. Como conseqüência, tornam a tarefa de redação comercial mais rápida de ser completada.

À medida que sua habilidade aumenta, seus resumos se tornam mais curtos e fáceis de desenvolver. Você pode modificá-los para atender suas necessidades, à medida que ganha perícia em escrever, ou pode modificá-los para adequar-se a cada tipo de tarefa escrita. Você deverá continuar sempre a preparar algum tipo de resumo cada vez que começar a escrever, não importando quão habilidoso em redação comercial você tenha se tornado.

Use Linguagem Específica e Ativa

Substantivos concretos são mais específicos que gerais. Eles expressam seu significado de uma maneira mais forte que os substantivos abstratos ou gerais. Substantivos não-específicos, tais como *área, aspecto, fator, indivíduo* e *coisa* são especialmente desinteressantes. Por exemplo, é muito mais específico e interessante dizer: "O gerente geral encontrou-se com quatro supervisores de nosso novo hotel de Boise" do que "O gerente geral encontrou-se com quatro indivíduos de Idaho". Veja outros exemplos a seguir:

GERAL: A governanta executiva contratou três pessoas na semana passada.

ESPECÍFICO: A governanta executiva contratou duas camareiras e um valete na semana passada.

GERAL: Wilson, o novo supervisor, se interessa por muitas coisas.

ESPECÍFICO: Wilson, o novo supervisor de alimentos, se interessa por pescaria, artes marciais e *camping*.

Os verbos na **voz passiva** são menos vívidos porque seus sujeitos sofrem a ação; eles não agem por si. Na **voz ativa** o sujeito da sentença executa a ação. Sempre que possível, use os verbos na voz ativa. Eles dão vida às sentenças e, em conseqüência, a todo o texto. Ainda que a voz passiva seja gramaticalmente correta, a voz ativa normalmente tem mais força, por ser direta. Ainda mais, normalmente a voz passiva requer o uso de mais palavras, o que pode ser entendido como burocrático ou pedante.

PASSIVA: A decisão foi tomada pelo Marcos.

ATIVA: Marcos tomou a decisão.

PASSIVA: O manual dos funcionários foi revisado pelo comitê.

ATIVA: O comitê revisou o manual dos funcionários.

PASSIVA: O funcionário foi elogiado pelo supervisor.

ATIVA: O supervisor elogiou o funcionário.

Em alguns casos, quem recebe a ação é mais importante do que quem a executa. A voz passiva é mais indicada nesses casos:

O estilo gerencial de Renato é copiado por muitos supervisores novos.

O novo hotel foi inaugurado pela empresa em maio.

Como Lêem os Gerentes e Funcionários do Setor de Hospitalidade

Os gerentes de hotéis são pessoas atarefadas. Por exemplo, alguns gerentes recebem diariamente mais de 20 memorandos, relatórios e cartas. Assim, eles não podem despender muito tempo com cada mensagem escrita que chegue até eles. Assim, é importante que você seja tão claro e conciso quanto possa. As pessoas apreciarão seu esforço em simplificar o trabalho delas. Você pode alcançar isto relatando de modo claro, em linguagem inteligível, exatamente aquilo que deseja que eles fiquem sabendo.

Os funcionários e gerentes de hotéis lêem para coletar informações que sejam úteis em seu trabalho. À medida que uma operação hoteleira se desenvolve, aumentam as comunicações escritas. Com menos tempo e mais material para ler, os funcionários de hotéis descobrem que precisam ler mais rapidamente. Eles não têm tempo a perder com redações obscuras ou de difícil compreensão.

Uma operação do setor de hospitalidade não é orientada para a leitura. Os hotéis e restaurantes são locais movimentados e são muitas as distrações inerentes à atividade do lugar. Interrupções freqüentes, chamadas telefônicas e mesmo conversa fazem da concentração uma tarefa difícil. Alguns gerentes podem gozar de alguma privacidade, mas a maioria dos funcionários e supervisores, não.

Como, então, os funcionários e gerentes de hotéis lêem? Eles lêem enfrentando as dificuldades inerentes. Cada vez que começam a ler são interrompidos, o que provavelmente quebrará seu nível de concentração e seu envolvimento com o objeto da leitura. Torne sua mensagem fácil de ler e de entender. Se você reconhece as limitações que o ambiente de trabalho impõe a seus leitores, você pode adaptar seu modo de escrever.

Se você escrever bem, seus leitores terão a informação que buscam de um modo fácil e instantâneo. Esse tipo de habilidade em escrever não é adquirido tão facilmente, mas pode ser aprendido e aperfeiçoado, tal como mostrado a seguir.

Use Linguagem Simples e Frases Curtas

É mais fácil que seus leitores entendam sua mensagem se você usar palavras e sentenças simples. Adquira o hábito de usar palavras comuns ao vocabulário de seus leitores. Esteja certo de usar palavras que *você* entende. Se tiver dúvidas sobre uma palavra, use outra.

Algumas pessoas tentam impressionar os outros usando palavras complicadas. Não é uma boa idéia substituir palavras simples por palavras extravagantes. Use, ao escrever, as mesmas palavras que usa ao falar. Concentre-se em transmitir uma informação, não em impressionar as pessoas. A seguir, damos alguns exemplos de palavras complicadas e, entre parênteses, outras simples que devem ser preferidas:

aperfeiçoar (ajudar, melhorar)
certificar (descobrir, saber)
principiar (começar, iniciar)
componente (parte)
empenhar (tentar, procurar)
facilitar (ajudar)

impactar (afetar)
ótimo (melhor, mais fino)
perscrutar (ler, estudar)
anteriormente a (antes de)
utilizar (usar)

A importância de sua habilidade em ler e escrever aumenta à medida em que você atinge níveis mais altos de responsabilidade profissional.

Além disto, use sentenças curtas. Isto facilita a leitura e compreensão do texto. Entretanto, nem todas as sentenças podem ser curtas. O ideal é que se alternem sentenças mais longas com curtas.

Como regra geral, uma sentença deve ter um comprimento *máximo* de três linhas datilografadas. Frases mais longas são mais difíceis de entender. Como evitar frases longas? Comece por quebrá-las onde você costuma usar conjunções (*e*, *mas*). Com isto, você transforma uma frase longa em frase mais curtas e vigorosas. Veja o seguinte exemplo:

É mais fácil que seus leitores entendam sua mensagem se você usar palavras e sentenças simples.

Adquira o hábito de usar palavras comuns ao vocabulário de seus leitores e esteja certo de usar palavras que você entende e, se você tiver dúvidas sobre uma palavra, use outra.

Se você leu o texto com atenção, ele deve ter parecido familiar. Na verdade, é o parágrafo de abertura desta seção onde foram encadeadas frases que lá estão separadas. A adição de conjunções torna a frase mais longa e seu entendimento mais difícil. Leia novamente as duas e avalie a diferença. Você achou o texto original, com frases mais curtas, mais fácil de entender?

Pirâmide Invertida

Como seus leitores provavelmente terão pouco tempo para ler suas comunicações, você pode adotar o estilo **pirâmide invertida**. Este estilo de escrita é adotado por repórteres de jornal. Eles colocam a informação mais importante no início do texto, deixando as informações menos importantes para o final do texto. Os repórteres escrevem sabendo que os leitores podem saltar o final do texto ou que o editor pode cortá-lo em função do espaço disponível para publicação.

Da mesma forma, você pode partir do princípio de que talvez seus leitores não tenham tempo para ler integralmente seus memorandos ou relatórios. Assim, é importante que a mensagem central seja transmitida imediatamente. Coloque os pontos mais importantes nos parágrafos iniciais.

Frase de Tópico

Cuide para que cada parágrafo trate apenas de um assunto. Comece cada parágrafo com uma **frase de tópico** "ou ponto principal" que informa o assunto do parágrafo. Uma frase de tópico simples e curta será mais facilmente lembrada que uma longa.

De fato, uma frase de tópico muito longa diluirá a mensagem, reduzindo ou anulando sua eficácia. Uma frase de tópico não deve ultrapassar 1 1/2 linha datilografada.

O uso de uma frase de tópico curta é útil tanto para quem lê como para quem escreve. Para quem escreve a frase de tópico serve como guia para o desenvolvimento da idéia. Para quem lê, dá uma informação imediata do conteúdo e importância da mensagem.

Uma vez escrita a frase de tópico, desenvolva o restante do parágrafo. As frases seguintes deverão estar relacionadas à idéia central e dar suporte a ela. Geralmente, a frase de tópico dá uma idéia de cunho geral, que é detalhada nas frases seguintes. Pode ser útil pensar na frase de tópico como uma generalização que precisa de evidências que a suportem. As outras sentenças do parágrafo fornecerão tais evidências, fornecendo os detalhes ou o material de apoio.

Cada parágrafo será, então, estruturado da seguinte forma: Frase de tópico. Detalhe. Detalhe. Detalhe. Detalhe.

Escrevendo Memorandos

De um modo geral, os memorandos comunicam informações dentro da organização. Seu objeto pode ser uma comunicação do gerente geral para todos os funcionários, pode resumir informações de um supervisor sobre uma convenção ou pode ser um relatório semanal. O tamanho do memorando vai depender do seu objetivo. É importante, entretanto, que ele seja tão curto quanto possível.

Como em qualquer comunicação escrita, o memorando deve ser tão claro, conciso e objetivo quanto possível. (O Quadro 2.4 dá a você um exemplo de formato de memorando.)

Quadro 2.4 – Modelo de Formato de Memorando

Você pode usar o seguinte modelo ao escrever seus memorandos.

MEMORANDO

PARA: Seu Leitor

DE: Você

DATA: Hoje

REF.   Assunto

Parágrafo 1: Contém uma frase clara que define o tópico. Este parágrafo define por que você está escrevendo. Ele também pode explicar o que você quer que o leitor faça quando completar a leitura.

Parágrafo 2: Contém a prova ou argumento de suporte ao Parágrafo 1 que você achar mais importante. Alternativamente, poderá apresentar outro tópico inteiramente diferente, também iniciado por uma frase de tópico.

Parágrafo 3: Contém as evidências ou material de suporte de menor importância. Novamente, pode iniciar outro assunto.

Parágrafo Final: Agradece ao leitor pelo tempo que lhe deu. Solicita uma ação ou reforça uma solicitação de ação já feita acima.

Se o memorando for longo, você pode dividi-lo em seções, ressaltadas por títulos e subtítulos. Seu tom pode ser amistoso, informal ou sem cerimônia, quando você estiver escrevendo para colegas. Provavelmente, seu tom será mais formal quando você estiver escrevendo um memorando a seu gerente, encaminhando um relatório importante. (Veja no Quadro 2.5 uma lista de pontos importantes para ajudá-lo a escrever memorandos e cartas da melhor forma possível.)

Duas Versões para Um Memorando

Apresentamos, na pág. 62, duas versões para um memorando. Leia primeiro o memorando A, depois leia o memorando B. Quando ler, pense nos princípios que lhe foram apresentados nesta seção do capítulo. Decida qual versão é melhor.

Quadro 2.5 – Lista de Verificação: Sua Correspondência É Bem Escrita?

1. Ela está bem organizada?
- Escrevi pensando em quem é meu leitor?
- Determinei meu objetivo antes de começar a escrever?
- Decidi que informações importantes incluir?
- Fiz um resumo primeiro?
- Organizei minhas idéias em ordem lógica?
- Meu leitor saberá de imediato sobre o que estou escrevendo?
- Cada parágrafo contém uma frase de tópico?
- As frases seguintes suportam a frase de tópico do parágrafo?

2. Ela é clara?
- Ela comunica claramente minha mensagem?
- Uso uma linguagem simples?
- As minhas palavras são específicas? Elas significam o que eu penso que elas significam?
- Uso substantivos concretos em lugar de substantivos abstratos?

3. Ela é concisa?
- Uso verbos na voz ativa?
- Minhas palavras são fortes e objetivas?
- Uso palavras que meu leitor e eu entendemos?
- Incluo somente o que meu leitor precisa saber?
- Minhas frases têm limite de três linhas datilografadas?
- Eliminei o uso desnecessário de *e* e *mas*?
- Usei o estilo de redação de pirâmide invertida?

4. Ela é precisa?
- Todas a informações incluídas são corretas?
- Usei gramática, ortografia e pontuação corretas?
- Usei dicionário ou livro de gramática para tirar as dúvidas?

5. Ela é cortês e amistosa?
- Uso expressões positivas?
- Minha linguagem está livre de expressões burocráticas, pretensiosas ou formais?
- Uso palavras como "por favor" e "obrigado"?
- O meu tom é apropriado?

Memorando A – Original

PARA: Todos os funcionários

DE: Tiago Almeida

DATA: 15 de fevereiro de 1995

REF: Folhas de Ponto

Em janeiro, o Departamento de Contabilidade, em decorrência das dificuldades de processar os contracheques dos funcionários em tempo hábil, instituiu um programa aperfeiçoado objetivando melhorar o processo e emitir os cheques em tempo hábil. A Contabilidade deu muitos passos para alcançar a situação atual que é muito melhor. Esses passos incluíram um novo desenho para a Folha de Ponto que era um formulário de frente e verso, denominado Formulário T-300, e agora é um formulário somente de frente, denominado Formulário T-310. Como vocês sabem, as Folhas de Ponto deveriam ser entregues impreterivelmente às 15h de quarta-feira e, então, assinadas por mim e entregues à Contabilidade.

Tenho sido cientificado de que uma miríade de membros de meu quadro tem desconhecido o que está preceituado e ainda está utilizando os velhos formulários T-300, em lugar das novas Folhas de Ponto T-310. Não é extemporâneo explicitar que a persistência no uso do formulário impróprio terá desafortunadas repercussões. Indubitavelmente isto reverterá em procrastinação na adequada consolidação de dados, daí derivando que seus salários não sejam pagos em tempo.

Assim sendo, enfatizamos a conveniência de um judicioso interesse de todos em fixar-se no uso da nova Folha de Ponto, cópia da qual é anexada a este memorando. No futuro, esperamos ver uma maciça colaboração no uso do novo e aperfeiçoado formulário, que redundará no pagamento salarial ser propiciamente executado.

Memorando B – Melhorado

PARA: Todos os funcionários

DE: Tiago Almeida

DATA: 15 de fevereiro de 1995

REF: Folhas de Ponto

Por favor, lembrem-se de usar a nova versão da folha de ponto (cópia em anexo). Em janeiro a Contabilidade anunciou a introdução da folha de ponto revisada, que agora é um formulário só de frente e substitui a antiga folha de ponto em formulário de frente e verso.

O uso correto da nova folha de ponto garante que vocês receberão o pagamento no dia certo. Por favor, preencham totalmente sua folha de ponto semanal, assinem e me entreguem até às 15h, toda quarta-feira.

O que está errado no Memorando A?
- Inclui histórico e detalhes desnecessários.
- Usa muitas palavras difíceis, como *decorrência, tempo hábil, extemporâneo, desafortunado, repercussões* e *procrastinação*.
- Não é objetivo.
- Muito uso de voz passiva.
- O parágrafo mais importante é o último, não o primeiro.
- É muito longo.
- Soa muito formal e pretensioso.

O que está certo no Memorando B?
- O primeiro parágrafo é o mais importante.
- É objetivo.
- As palavras e frases são simples de entender.
- É claro, direto e compacto.
- Diz a funcionários atarefados exatamente o que fazer.
- O tom é apropriadamente informal e cortês.
- Usa uma linguagem que seu autor possivelmente usa ao falar.

Qual memorando você gostaria de receber: Memorando A ou Memorando B?

Conclusão

É boa idéia manter um dicionário e um livro de gramática em sua mesa. Acostume-se a consultá-los. Além disso, você pode participar de conferências e seminários sobre redação ou fazer cursos de aperfeiçoamento. Com certeza uma maior habilidade em escrever vai ajudá-lo na sua posição atual e nas que você venha a desempenhar no futuro.

Finalmente, você despenderá muito tempo reescrevendo seus memorandos, relatórios e cartas. O primeiro rascunho de qualquer comunicação servirá como base para seu produto final. Você poderá fazer diversas revisões até obter uma mensagem que o satisfaça. Isto é normal; mesmo os melhores escritores despendem muito tempo fazendo revisões. Seu tempo será bem recompensado pelos resultados.

Notas

1. Esta discussão é baseada em Richard C. Huseman, et al., *Business Communication: Strategies and Skills*, 2ª ed. (Chicago, Ill.: Dryden Press, 1985), pp. 27-32.

2. A palavra *feedback*, traduzida literalmente por realimentação, é um conceito de Teoria dos Sistemas adotada pela Administração e significa a reentrada ou o retorno ao sistema de parte de suas saídas ou de seus resultados.

3. Muito do material desta seção é baseado em Julius Fast, *Body Language* (Nova York: M.Evans and Co., Inc., 1970) e *The Body Language of Sex, Power & Aggression* (Nova York: M. Evans and Co., Inc., 1977).

Termos-chave

voz ativa

comunicação de cima para baixo

empatia

retorno (feedback)

pirâmide invertida

comunicação lateral

espelhamento

comunicação não-verbal

perguntas de resposta em aberto

tópico

parafrasear

voz passiva

declarações de auto-exposição

perguntas específicas

resumo

frase de tópico

comunicação de baixo para cima

Perguntas para Debate

1. Quais são alguns dos paradigmas comuns sobre comunicação?
2. De acordo com o capítulo, quando é feita uma comunicação bem-sucedida?
3. O que você aprendeu da história ilustrativa sobre Rita e José?
4. Quais são algumas das barreiras a uma comunicação eficaz?
5. Quais são algumas das barreiras específicas de situações de supervisão?
6. Quais são os três componentes essenciais de uma fala eficaz, tanto para um grupo como em conversação individual?
7. Que pontos importantes estão contidos em cada um dos três componentes essenciais de uma fala eficaz?
8. Como você pode usar a fala no trabalho de um modo eficaz?
9. Por que é importante melhorar sua habilidade em ouvir?
10. Que fatores podem prejudicar um bom ouvir?

11. Que técnicas você pode usar para ouvir de um modo mais eficaz?

12. Quais são as quatro etapas do ouvir que o ouvinte ativo deve verificar? Quais são os aspectos importantes de cada etapa?

13. Como o conhecimento da comunicação não-verbal (expressão corporal) ajuda no trabalho?

14. Como revelamos nossos sentimentos reais através da nossa expressão facial, olhos, postura, gestos e movimentos corporais?

15. Como você pode tornar sua redação comercial mais eficaz?

Exercício de Revisão

Quando você achar que compreendeu todo o conteúdo deste capítulo, responda estas questões. Escolha a *melhor* resposta. Verifique suas respostas, comparando com as respostas corretas encontradas ao final deste livro em **Respostas aos Exercícios de Revisão**.

Verdadeiro (V) ou Falso (F)

V F 1. Quando o ouvinte ou leitor recebe a comunicação e ela é entendida, e ambas as partes agem de acordo com ela, ocorre uma comunicação bem-sucedida.

V F 2. Senso de oportunidade nada tem a ver com a comunicação eficaz.

V F 3. Devemos comparar as pessoas e classificá-las de acordo com nossa percepção de sua capacidade.

V F 4. Se você fala muito rápido, as pessoas podem entender que acha que elas não têm capacidade para acompanhar sua mensagem e, então, elas não ouvem.

V F 5. Você tem o poder inato de decidir quão boa será sua habilidade de escutar.

V F 6. O objetivo da etapa de avaliação no ouvir é assegurar que seja alcançado um entendimento comum.

V F 7. Quando parafraseando, é importante colocar suas palavras na boca de quem fala, de modo a assegurar que quem fala vai aceitar seu ponto de vista.

V F 8. Fazer um resumo antes de começar a escrever torna sua tarefa de escrever mais fácil.

V F 9. Uma sentença de tópico deve ser colocada ao final do parágrafo.

V F 10. Bons escritores não necessitam consultar dicionários ou livros de gramática.

Múltipla Escolha

11. Quando não gostamos de alguém por causa de uma característica particular, isto é chamado de:

a. efeito demônio;

b. efeito anjo.

12. A seguinte sentença, "A torta de maçã foi feita pelo Sérgio", está escrita na voz _____.

    a. ativa;

    b. passiva.

13. Qual dos itens a seguir *não* é uma barreira à comunicação eficaz?

    a. distrações;

    b. semelhanças na formação e experiência;

    c. falta de senso de oportunidade;

    d. emoções.

14. Nós podemos ser _____ preconceituosos em nossa comunicação:

    a. positivamente;

    b. negativamente;

    c. ambos acima;

    d. nenhum dos acima.

15. Qual dos itens abaixo *não* é uma das partes principais de uma palestra formal?

    a. introdução;

    b. tema;

    c. corpo principal;

    d. conclusão.

Parte II

Responsabilidades da Supervisão

Tópicos do Capítulo

O Supervisor e o Departamento de Pessoal
    Trabalhando com o Departamento de Pessoal
Procedimentos Gerais de Recrutamento e Seleção
Fontes de Recrutamento
    Promoção de Funcionários Atuais
    Amigos/Parentes de Funcionários Atuais
    Outras Fontes de Recrutamento
O Papel do Supervisor no Recrutamento
    Recrutamento Interno
    Recrutamento Externo
    Tornando as Vagas Mais Fáceis de Preencher
    Aprendendo com a Rotatividade (*Turnover*) de Funcionários
Entrevistando Candidatos
    Analisando os Formulários de Recrutamento e Seleção Preenchidos pelo Candidato
    Começando a Entrevista
    Conduzindo a Entrevista
    Técnicas de Entrevista
    Concluindo a Entrevista
Seleção – Qual o Próximo Passo?
A Decisão sobre a Seleção
O Supervisor e o Planejamento de Pessoal
    Abordagem de Curto Prazo
    Abordagem de Longo Prazo
    O Papel do Supervisor
Administração de Pessoal: Uma Chave para o Controle da Mão-de-Obra
Avaliando as Rotinas de Recrutamento e Seleção

Objetivos da Aprendizagem

1. Descrever como os departamentos de linha e o departamento de pessoal trabalham em conjunto para recrutar novos funcionários.
2. Identificar várias fontes possíveis de novos funcionários.
3. Descrever o papel do supervisor no recrutamento de candidatos.
4. Identificar diversas técnicas internas de recrutamento que os supervisores podem usar para compor o quadro de pessoal de seus departamentos.
5. Descrever diversas técnicas externas de recrutamento que os supervisores podem usar para compor o quadro de pessoal de seus departamentos.
6. Explicar o que os supervisores podem fazer para tornar as vagas em aberto mais fáceis de preencher.
7. Descrever os preparativos que os supervisores devem fazer antes de entrevistarem os candidatos.
8. Explicar como conduzir uma entrevista de emprego eficaz.
9. Descrever técnicas de entrevista a serem usadas durante as entrevistas.
10. Explicar como concluir as entrevistas eficazmente.
11. Identificar fatores que devem ser considerados ao se tomar decisões sobre seleção.
12. Descrever o planejamento de pessoal e o papel que o supervisor desempenha nele.

Partes deste capítulo são baseadas no livro de David Wheelhouse, CHRE, *Managing Human Resources in the Hospitality Industry* (East Lansing, Michigan: *Educational Institute of the American Hotel & Lodging Association, 1989*).

3
Rotinas de Recrutamento e Seleção

As grandes operações geralmente têm **departamentos de pessoal** que prestam assessoria e assistência aos departamentos de linha. Entre outras tarefas, os especialistas em pessoal podem ajudá-lo a definir, identificar e recrutar o tipo de funcionário que o seu departamento necessita. Na verdade, a equipe do departamento de pessoal envolve-se em praticamente todos os aspectos do histórico funcional de cada funcionário no seu estabelecimento. Através do departamento de pessoal, você pode aprender sobre o pagamento de remunerações e salários, benefícios, relações com funcionários, programas de treinamento, revisões de desempenho de funcionários, políticas e rotinas da empresa e motivação do funcionário. Trate o departamento de pessoal como um patrimônio valioso do seu estabelecimento, pois é isso que ele é. Lembre-se sempre de que o departamento de pessoal desempenha uma função de apoio às operações da empresa.

Como supervisor, você dirige as atividades dos seus funcionários. Você deve selecionar os candidatos mais qualificados para determinadas posições e prestar muita atenção ao processo através do qual as pessoas ingressam em sua empresa. Isto pode parecer simples em teoria, mas, na prática, geralmente é difícil devido às diversas outras demandas diárias feitas no seu tempo.

O Supervisor e o Departamento de Pessoal

Se os integrantes do departamento de pessoal compreenderem exatamente o que você precisa, fica mais fácil para eles eliminar os candidatos que não se qualificam. Isto pode acontecer quando existem linhas abertas de comunicação entre o seu departamento e o deles. O departamento de pessoal irá, então, encaminhar somente os melhores candidatos para você entrevistar em seguida. Depois que você entrevistar os melhores candidatos, o departamento de pessoal pode ajudá-lo a tomar a decisão final sobre a contratação. O seu departamento, não o departamento de pessoal, deve fazer propostas de emprego a um candidato. O relacionamento funcionário-supervisor começa aqui.

Como supervisor, você está numa posição de **departamento de linha**. O departamento de pessoal, por outro lado, desempenha uma função de **departamento administrativo ou de**

apoio "isto é, são especialistas técnicos que desempenham um papel consultivo e fornecem suporte direto a você e a outros funcionários de linha".

Você precisa compreender as políticas e as rotinas básicas que o departamento de pessoal utiliza ao recrutar e selecionar candidatos a emprego. Se você compreender como o departamento de pessoal opera, provavelmente saberá como trabalhar com eles para satisfazer as suas necessidades.

Atitudes para com o departamento de pessoal, tais como: "Para que reclamar; eles me enviarão quem eles quiserem mesmo!"; "Eu é que sei? Os especialistas são eles!" e "Eles não se importam com os meus problemas!" são comuns em algumas operações. Você desempenha um papel muito crítico: você tem que fornecer ao departamento de pessoal detalhes pertinentes, como competências básicas necessárias para executar o trabalho com eficácia e como quer que seja o candidato ideal. Além de recrutar, o departamento de pessoal pode ajudar a fazer uma triagem de todos os candidatos, estabelecer registros de funcionários e dar a eles uma orientação geral sobre o estabelecimento. Além disso, eles podem ajudá-lo a desenvolver e implementar programas de treinamento adequados. Você deve trabalhar em colaboração com o departamento de pessoal a fim de desenvolver um departamento plenamente produtivo.

Trabalhando com o Departamento de Pessoal

O departamento de pessoal é responsável por ajudá-lo a encontrar os candidatos mais qualificados. Você, em troca, deve fornecer informações que auxiliarão o departamento de pessoal a fazer este trabalho. A seleção final de um candidato deve ser sua e do seu chefe no departamento de linha.

Você pode ajudar os integrantes da equipe do departamento de pessoal fornecendo-lhes descrições de cargo atuais e precisas assim como especificações de cargo. Às vezes, os funcionários do departamento de pessoal usam informações desatualizadas sobre o cargo ao realizarem o recrutamento porque o departamento solicitante deixou de submeter descrições de cargo atuais. Quando isto acontece, pode haver uma grande diferença entre a forma pela qual o cargo é descrito para os candidatos e o que a ocupação é na realidade. As especificações de cargo devem também ser precisas. Como os cargos, as obrigações relacionadas aos cargos e o equipamento necessário mudam, também mudam as competências necessárias para desempenhar a função eficazmente. O departamento de pessoal deve saber das mudanças a fim de fazer as melhores colocações possíveis.

O departamento de pessoal precisa de um **prazo** para recrutar os candidatos. Embora ocorram emergências de vez em quando, você geralmente sabe com antecedência a respeito das vagas esperadas. Forneça esta informação ao departamento de pessoal assim que for possível.

Talvez você possa sugerir onde e como recrutar possíveis funcionários. Ao trabalhar com funcionários, aprende-se muito sobre eles. Talvez você descubra que muitos dos seus melhores funcionários vêm de uma determinada escola ou programa de treinamento vocacional. Sugira essas fontes ao departamento de pessoal. Além disso, fale aos funcionários atuais a respeito das possíveis vagas. Talvez eles conheçam pessoas qualificadas que gostariam de se candidatar e eles também podem ter idéias a respeito de onde mais procurar.

Procedimentos Gerais de Recrutamento e Seleção

O **recrutamento** de funcionários é o processo pelo qual se busca e seleciona candidatos qualificados para ocuparem vagas em aberto no momento ou no futuro próximo. O processo envolve anunciar ou divulgar as vagas e avaliar os candidatos para determinar a quem contratar. Como vimos anteriormente, você deve estar diretamente envolvido no recrutamento e na seleção de sua equipe, já que tem um conhecimento de primeira mão sobre cada vaga no seu departamento. Além do mais, você terá que trabalhar estreitamente com os novos funcionários à medida que os treina e os supervisiona.

Fontes de Recrutamento

Há várias fontes de recrutamento para a sua operação. Pense na possibilidade de promover pessoas dentro do seu estabelecimento, contratar amigos e parentes de seus funcionários atuais e contratar candidatos de outras fontes de mão-de-obra.

Promoção de Funcionários Atuais

Pode ser possível desenvolver um programa de desenvolvimento de carreira no estabelecimento (veja Capítulo 14). Com este programa, um funcionário que constantemente satisfaça ou exceda os padrões de desempenho pode passar por um treinamento para ocupar cargos progressivamente mais responsáveis. Bons funcionários são difíceis de encontrar; encoraje-os a permanecerem na empresa oferecendo oportunidades de progresso. As **transferências laterais** (de um departamento ou seção para outro, no mesmo nível de responsabilidade) também são viáveis.

As vantagens da promoção ou da transferência interna incluem uma melhoria no entusiasmo e na produtividade dos funcionários. Ao verem que eles e outros estão sendo promovidos a níveis mais elevados de responsabilidade e melhores salários, a sua opinião sobre si mesmos, seu trabalho e seu patrão também melhora. A conseqüência disso é que os funcionários talvez permaneçam no estabelecimento por mais tempo.

Lembre-se de treinar bem os funcionários atuais, não apenas os novos. O treinamento é mais eficaz se for oferecido continuamente. A maior parte dos cargos/ocupações é complicada e os requisitos para o preenchimento das vagas podem mudar. Utilize programas de desenvolvimento contínuo de funcionários para melhorar as competências dos funcionários que mereçam promoção. Além do mais, é provável que os funcionários promovidos a novas ocupações venham a precisar de treinamento adicional para executarem as suas novas responsabilidades.

Amigos/Parentes de Funcionários Atuais

Há tanto vantagens quanto desvantagens de se empregar amigos e parentes de membros atuais da equipe. Uma das vantagens é que os funcionários atuais já compreendem as exigências do cargo e sabem como é trabalhar para o estabelecimento. Se os funcionários estiverem favoravelmente impressionados com o local de trabalho, eles podem recrutar seus amigos. Se os seus atuais funcionários forem bons, isto pode acabar provando ser uma vantagem a mais, pois esses funcionários podem ter amigos e parentes do mesmo calibre.

Uma desvantagem é que, se vários amigos ou familiares trabalharem para a empresa, o que afetar um poderá afetar a todos. Por exemplo, se um dos membros do grupo for suspenso sem pagamento, todo o grupo pode reagir negativamente.

Outras Fontes de Recrutamento

O seu estabelecimento pode ter como rotina anunciar a existência de vagas, nos jornais. As agências de empregos públicas e particulares podem ajudar a localizar candidatos. As faculdades, universidades, escolas profissionalizantes e escolas secundárias que trabalhem com programas de estudos são outras possíveis fontes de novos membros para a equipe.

Você talvez também queira contatar grupos que trabalhem com, e treinem, deficientes físicos e os menos privilegiados. Os estabelecimentos têm relatado sucesso na contratação de estagiários dessas fontes, principalmente para cargos de início de carreira.

O Papel do Supervisor no Recrutamento

Você deve definir as tarefas do cargo/ocupação para que você e os seus funcionários saibam o que esperar uns dos outros. Todos devem saber exatamente o que cada ocupação abrange. A ferramenta a ser usada para definir uma ocupação é chamada de **descrição de cargo**. Se você trabalha para um estabelecimento grande, o departamento de pessoal ajudará você a preparar descrições de cargo.

Uma **especificação de cargo** é uma ferramenta de seleção que relaciona as competências (conhecimentos, habilidades e atitudes) que os funcionários precisam ter para desempenharem uma função a contento. Por exemplo, se um cozinheiro tem que saber ler e interpretar receitas, a especificação de cargo deve incluir essas habilidades.

Descubra que rotinas básicas de recrutamento o seu estabelecimento utiliza. Por exemplo, você precisará saber de quanto tempo o estabelecimento precisa para preencher uma vaga em aberto. Seguindo todas as políticas e rotinas que o seu estabelecimento exige, você pode ter certeza de que as suas solicitações serão atendidas completamente e de uma maneira ordenada.

Se o seu estabelecimento não tem um departamento de pessoal, você talvez tenha que se envolver nas entrevistas e na verificação de referências iniciais. Se o seu estabelecimento tem um departamento de pessoal, você e talvez o seu chefe devam entrevistar os melhores candidatos que o departamento encaminhar para vocês. É extremamente importante conhecer os candidatos para discutir assuntos relativos ao cargo e para responder quaisquer questões que eles possam ter a respeito do local de trabalho em geral.

Recrutamento Interno

O seu estabelecimento pode utilizar diversas técnicas para recrutamento que permitam com que ele preencha vagas rapidamente com candidatos de dentro do estabelecimento. Uma dessas técnicas é o recrutamento interno. Os benefícios do **recrutamento interno** incluem melhoria no entusiasmo e na motivação dos funcionários e pronto acesso a uma variedade de candidatos qualificados que já estejam familiarizados com o estabelecimento. Isso dá a você uma oportunidade para recompensar bons funcionários com novas responsabilidades no cargo, enquanto que, ao mesmo tempo, abre novas vagas para atrair novos funcionários. A implementação de algumas dessas técnicas está ao seu alcance.

Colocando Anúncios de Vagas em Aberto. A colocação de anúncios de vagas em aberto pode reduzir a rotatividade do estabelecimento em alguns níveis. Alguns funcionários podem querer transferência para um outro departamento, ou para o seu próprio, ou desejarem galgar posições mais altas. Os funcionários que se candidatarem a outras vagas dentro do seu estabelecimento ou empresa merecem a mesma cortesia e respeito que você dá aos candidatos de fora. Se o cargo for para outra pessoa, explique sinceramente as suas razões para o funcionário que se candidatou. Tente compreender e responder às necessidades dos seus funcionários. Se os funcionários não se qualificarem para as vagas em aberto, ajude-os a desenvolverem competências (conhecimentos, habilidades e atitudes) que possam prepará-los para vagas futuras.

Há duas formas de colocar anúncios de vagas. Primeiro, coloque todas as vagas para todos os funcionários verem, disponibilizando a informação para todos. Selecione um local para colocar o anúncio que seja visível para todos os funcionários, como o quadro de avisos do departamento ou o refeitório do estabelecimento. Este método aumenta a conscientização dos funcionários para as oportunidades. Entretanto, isso também pode resultar em papelada desnecessária para o departamento de pessoal se as exigências do cargo não forem claramente definidas, porque funcionários não qualificados poderão se candidatar e terão que ser processados. Segundo, a gerência de nível mais alto pode informar os outros supervisores a respeito das vagas em aberto e pedir-lhes para fornecerem o nome dos funcionários qualificados ao departamento de pessoal ou ao departamento solicitante.

Os recrutadores internos devem colocar as vagas em aberto assim que souberem delas. Sempre que isso for prático, o estabelecimento deve manter os anúncios internos de vagas durante um certo período **antes** de disponibilizarem essas vagas para candidatos de fora.

Treinamento Cruzado. Sempre que possível, é uma boa idéia treinar os seus funcionários para executarem tarefas de outros cargos/ocupações no seu departamento. Tanto o seu departamento quanto os seus funcionários se beneficiarão do **treinamento cruzado**. Você terá uma oferta abrangente de funcionários que podem substituir outros quando você estiver com falta de mão-de-obra e os funcionários, por sua vez, podem adquirir novas competências valiosas. Isto aumentará o valor deles para você e para o estabelecimento. Além disso, os funcionários se sentirão mais estimulados e valorizados em virtude da expansão de suas competências. Com a falta de candidatos qualificados, o treinamento cruzado está se tornando cada vez mais crítico ao sucesso de muitos estabelecimentos.

Identificar as Outras Competências dos Funcionários. Durante as avaliações, pergunte aos funcionários se eles têm competências que não estejam usando. Talvez você consiga designar os funcionários para cargos em outro setor do seu departamento quando surgirem oportunidades para utilizar as suas competências. Se os funcionários não usam as suas competências profissionais e não estão realmente interessados no emprego, eles podem vir a abandonar o estabelecimento. Para evitar isto, notifique os outros departamentos, se achar que os seus funcionários ficariam melhor em outros cargos/ocupações dentro do estabelecimento.

Desenvolver uma Lista de *Call-Back*[1]. *Para facilitar os seus esforços contínuos com recrutamento, desenvolva uma **lista de call-back*** de todos os candidatos talentosos internos e externos que estejam interessados em ocupações no seu departamento. Mantenha uma outra lista de ex-funcionários que possam estar dispostos a colaborar temporariamente.

Recrutamento Externo

O seu estabelecimento também deve ter estratégias para o recrutamento de candidatos de fora. Os novos funcionários podem contribuir com novas idéias para o seu departamento. Com diferentes pontos de vista, eles ajudarão o seu estabelecimento a permanecer atualizado e podem introduzir maneiras criativas e melhores de se fazer as coisas.

Programas Profissionalizantes. A maioria das instituições de segundo grau oferece programas profissionalizantes, enquanto que muitas faculdades oferecem **programas de estágio**. Tais programas permitem que os alunos adquiram experiência prática funcional ao mesmo tempo em que ganham créditos escolares. Fazer parte de programas de estágio permite que você encontre bons funcionários temporários que possam ingressar para o seu departamento mais adiante. Muitos alunos gostariam de continuar a trabalhar para a mesma empresa assim que terminassem os seus estudos. Além do mais, se os estagiários satisfeitos relatarem boas experiências para as suas escolas, o seu estabelecimento talvez possa fazer uma seleção maior e melhor de uma variedade de candidatos no futuro. Mostra também o apoio do seu estabelecimento para com a comunidade.

Redes de Contatos. Sua rede de contatos pode fornecer outras fontes de recrutamento. Ela pode incluir seus amigos, ex-professores, contatos profissionais e pares em associações cívicas e profissionais, e em outras empresas. Você pode decidir cultivar relacionamentos com outras pessoas também. Por exemplo, os professores e orientadores do ensino médio e universitário podem recomendar alunos que gostariam de trabalhar no seu departamento. Além disso, consulte fornecedores ou prestadores de serviços que trabalhem com o seu estabelecimento. Eles geralmente conhecem muitas pessoas qualificadas que poderiam vir a ser bons funcionários. Muitas áreas têm associações de classe e sindicatos com os quais você poderia se associar para ampliar a sua rede de contatos.

O fortalecimento da sua rede de contatos exige esforço. Por exemplo, envolve uma comunicação regular com os seus contatos. Isto talvez signifique ter que visitá-los em seu trabalho ou mostrar a eles o seu estabelecimento. O importante é manter os contatos informados sobre você e seu estabelecimento.

Existem diversas estratégias que o seu estabelecimento pode utilizar para recrutar candidatos, como contatar agências de emprego, associações de classe, organizações civis e associações locais que representem os deficientes, os idosos e as minorias.

Tornando as Vagas mais Fáceis de Preencher

O seu departamento terá mais facilidade em localizar candidatos qualificados se fizer com que o trabalho no estabelecimento seja o mais atraente possível. Há certas providências que os supervisores podem tomar para colaborar, incluindo a criação de várias formas de escalas alternativas de trabalho. Esses programas precisariam satisfazer as necessidades tanto do departamento quanto dos funcionários para que pudessem ser opções funcionais ao seu estabelecimento.

As escalas alternativas diferem das escalas tradicionais de oito horas por dia. As opções incluem horários flexíveis, horários comprimidos e compartilhamento de cargos.

Horário flexível. O sistema de **horário flexível** permite que os funcionários variem as suas horas de chegada e de saída. Geralmente, há um período de tempo durante cada turno (horário principal) quando todos os funcionários precisam estar presentes. As outras horas podem ser flexíveis. Por exemplo, se o horário principal for entre 10h e 14h, o horário flexível de chegada poderia ser entre 7h e 10h. O horário flexível de saída poderia ser entre 15h30min e 18h30min, supondo-se que o seu estabelecimento exija um dia de trabalho de oito horas com 30 minutos para almoço. Com este arranjo, o dia de trabalho de cada funcionário terminaria oito horas e meia depois que começasse.

Assim, um funcionário poderia começar às 7h e ir para casa às 15h30min. Outro funcionário poderia começar às 10h e terminar às 18h30min.

Este arranjo pode aumentar o entusiasmo e o desempenho dos funcionários. Pode também beneficiar o departamento, pois este ficaria coberto durante aproximadamente 12 horas por dia, sem a necessidade de pagamento de horas extras. Entretanto, os supervisores têm que dedicar mais tempo ao planejamento para terem certeza de que cada hora do dia de trabalho seja coberta.

Horários Comprimidos. Os **horários comprimidos** permitem que os funcionários trabalhem o equivalente a uma semana-padrão de trabalho em menos tempo do que os cinco dias normais. Uma adaptação típica é uma semana de trabalho consistindo em quatro dias de 10 horas. Ao contrário das escalas no sistema flexível, os horários de trabalho reduzidos não mudam.

Entretanto, muitos funcionários preferem tirar um dia a mais num horário comprimido de trabalho do que trabalhar em horários flexíveis. Os benefícios dos horários comprimidos incluem um maior poder de recrutamento, menos faltas e maior satisfação do funcionário.[2]

Compartilhamento de Cargos. Quando se **compartilha cargos**, dois ou mais funcionários de meio expediente assumem as responsabilidades de um cargo de expediente integral. Os funcionários que compartilham cargos podem, cada um, se responsabilizar por todas as obrigações do cargo ou podem dividir as obrigações entre eles. Normalmente, trabalham em horários diferentes todos os dias ou em dias totalmente diferentes. Planeje uma superposição das horas de trabalho para que os participantes possam se reunir quando for preciso.

O compartilhamento de cargo pode reduzir estresse, faltas e rotatividade. Além disso, dá continuidade ao cargo. Se um participante tiver que se desligar, o outro pode substituí-lo e também treinar um funcionário recém-contratado. Além do mais, os participantes podem querer cobrir uns aos outros em decorrência de doenças ou durante as férias. Finalmente, ambos podem trabalhar horas extraordinárias quando o seu estabelecimento estiver muito movimentado.

Antes de você decidir adotar o compartilhamento de cargo para o seu departamento, há várias providências que precisará tomar. Isso inclui designar responsabilidade pela execução de tarefas específicas, decidir como avaliar os funcionários que estarão participando e ter certeza de que os funcionários que compartilham cargos têm padrões de desempenho compatíveis.

Finalmente, embora um programa de compartilhamento de cargos ofereça muitas vantagens, o estabelecimento deve considerar o efeito do programa nos custos dos benefícios sociais antes de adotá-lo.

Aprendendo com a Rotatividade (Turnover) de Funcionários

As rotinas eficazes de recrutamento e seleção ajudam a atrair os melhores candidatos para a vaga, e a utilização hábil dos princípios básicos de supervisão ajuda a manter esses funcionários. Entretanto, em vista da alta **rotatividade** (*turnover*) em muitos estabelecimentos, sempre haverá alguns membros da equipe que deixam o emprego por uma variedade de motivos diferentes. Além disso, o próprio estabelecimento pode iniciar o processo de demissão, talvez como conseqüência do desempenho de um funcionário.

Siga rotinas consistentes quando os funcionários saírem. Através de **entrevistas de desligamento** (também chamadas de entrevistas de demissão de funcionários), você ou outros podem vir a compreender por que os funcionários saem. Quando os funcionários sentem que não têm nada a perder, eles ficam muito mais inclinados a serem honestos a respeito de por que estão se demitindo. A entrevista de desligamento deve ser conduzida por alguém que não seja o supervisor imediato do funcionário. Um funcionário que esteja se demitindo pode ser mais honesto com o supervisor de terceiros. (Um modelo de formato para uma entrevista de demissão de funcionário é mostrado no Quadro 3.1.) Geralmente, você pode aprender muito neste processo para melhorar as condições de trabalho e reduzir as taxas futuras de rotatividade. Conduzidas adequadamente, as entrevistas de desligamento podem ajudar a identificar problemas organizacionais. As informações geradas dessas entrevistas podem levar a grandes melhorias na maneira como a sua organização lida com os seus funcionários.

Quadro 3.1 Modelo de Formulário para Entrevista de Demissão de Funcionário

ENTREVISTA DE DEMISSÃO DE FUNCIONÁRIO

A nossa empresa, como todas as empresas atualmente, preocupa-se com a taxa de rotatividade (*turnover*) dos funcionários. Quando qualquer funcionário é forçado a fazer uma mudança de emprego, isto representa uma despesa a mais para o empregador, além de uma certa quantidade de confusão no departamento do qual o funcionário saiu. Estamos trabalhando no sentido de tornar a nossa organização um lugar bom para se trabalhar e agradeceríamos sinceramente uma franca avaliação e respostas honestas às seguintes perguntas. Este relatório é confidencial e utilizado somente para fins de pesquisa.

Nome _____

Supervisor	Departamento

I. Favor indicar abaixo o motivo pelo qual você decidiu desistir do seu emprego conosco:

1. ☐ Outro emprego
2. ☐ Insatisfação com o supervisor
3. ☐ Mudança de cidade
4. ☐ Gravidez
5. ☐ Casamento
6. ☐ Dispensa
7. ☐ Temporário de curto prazo
8. ☐ Voltar a estudar
9. ☐ Insatisfação com a empresa
10. ☐ Salário
11. ☐ Transporte
12. ☐ Falta de oportunidades para ascensão profissional
13. ☐ Falta do que fazer (tédio)
14. ☐ Outros (explique abaixo)

_____
_____

II. 1. A sua ocupação foi corretamente explicada a você por ocasião da sua contratação? ☐ Sim ☐ Não

2. Você teve treinamento correto para a ocupação? ☐ Sim ☐ Não

3. A sua remuneração estava adequada ao trabalho que fazia? ☐ Sim ☐ Não

4. Quando surgiam problemas difíceis no seu trabalho, ou as coisas davam errado, você se sentia à vontade para fazer perguntas?

☐ Nem um pouco à vontade   ☐ Razoavelmente à vontade

☐ O supervisor imediato era de difícil acesso   ☐ Completamente à vontade

5. Qual é a sua opinião a respeito das condições gerais de trabalho da empresa?

☐ Boas   ☐ Regulares   ☐ Ruins

6. Você compreendia a importância do seu trabalho? ☐ Sim ☐ Não

7. Há quanto tempo você trabalha conosco? _____ Anos _____ Meses

8. Você se sente parte da empresa? ☐ Sim ☐ Não

9. Você poderia nos dizer o que acha do seu trabalho?

_____
_____

10. Como você avalia o seu supervisor?

☐ Faz um excelente trabalho   ☐ Abaixo da média

☐ Satisfatório   ☐ Ruim

11. Existe alguma coisa que a empresa poderia ter feito, fora salário, para que você ficasse aqui mais tempo?

_____

12. Tem mais alguma coisa que você gostaria de dizer?

_____
_____
_____

Assinatura do Funcionário _____

Entrevistador _____   Data _____

_____
_____

Entrevistando Candidatos

A entrevista de emprego deve dar ao candidato uma boa idéia do que seja trabalhar para a sua empresa. Assim que os novos funcionários estiverem efetivamente trabalhando, o seu entusiasmo geral e a sua produtividade serão afetados se o cargo e a operação não corresponderem às suas expectativas iniciais. Portanto, é muito importante que você dê ao candidato uma impressão confiável tanto da sua posição quanto do estabelecimento. Aqui, como em qualquer outro lugar, a honestidade é a melhor política.

Analisando os Formulários de Recrutamento e Seleção Preenchidos pelo Candidato

Se alguém da equipe de pessoal já tiver entrevistado o candidato, descubra que perguntas ele fez para que você não faça as mesmas perguntas. Compare anotações com o departamento de pessoal mais tarde.

Reserve tempo para analisar o que foi preenchido no formulário *antes* de encontrar-se com o candidato. Observe a caligrafia e a ordem no formulário. Busque também progressões normais de carreira e de salário. Considere o formulário como se fosse um registro do histórico de emprego do funcionário e preste bastante atenção a lacunas inexplicáveis. Observe que áreas você deseja explorar em maior detalhe (o Quadro 3.2 contém uma lista de perguntas a serem consideradas quando se está analisando um formulário de candidato a emprego). Utilize uma folha separada de papel para registrar as suas opiniões assim que a entrevista terminar. Não escreva no formulário, pois ele é um documento legal que pode vir a ser analisado por órgãos externos.

Quadro 3.2 – Análise Preliminar de um Formulário Preenchido: Observações Gerais

- O preenchimento está nítido e limpo – ou desordenado, com rasuras e erros de ortografia?
- O candidato seguiu as instruções?
- A caligrafia é aceitável para o cargo em questão? A escrita que é feita acima e abaixo das linhas pode indicar destreza, visão ruim ou escolaridade limitada.
- Há omissões? Isso pode indicar que o candidato tenha alguma coisa a esconder. As omissões devem ser exploradas cuidadosamente.
- A assinatura combina com a escrita? As pessoas que lêem e escrevem mal, ou não o fazem, ou, às vezes, recebem um formulário, levam-no para casa e pedem a outra pessoa para preenchê-lo.
- Quanto tempo a pessoa ficou empregada em cada emprego anterior? Se a duração do emprego for ficando mais curta com cada emprego, o candidato pode ter um problema que se intensifica.
- As responsabilidades do cargo ou os salários pretendidos indicam uma carreira em ascensão, estagnada ou em declínio?
- Os cargos escolhidos indicam fortes preferências por certos tipos de trabalho?

Fonte: David Wheelhouse, *Managing Human Resources in the Hospitality Industry* (East Lansing, Michigan: *Educational Institute of the American Hotel & Lodging Association*, 1989), p. 78.

Começando a Entrevista

Embora esta seção explique como conduzir as entrevistas de emprego *per se*, você talvez possa usar estas informações em outros tipos de entrevistas individuais de funcionários (como em rotinas disciplinares, avaliação de desempenho ou entrevistas de demissão).

Durante a entrevista, seja você mesmo e mostre a sua personalidade. Isto incentivará o candidato a fazer o mesmo. A entrevista propriamente dita deve ser descontraída e profissional. Também deve ser em particular. Selecione um lugar onde você não será nem distraído nem interrompido. Se você conduzir a sua entrevista num escritório, coloque o candidato à vontade sentando-se do mesmo lado que ele na mesa; não se sente tendo a mesa entre vocês. Entretanto, é uma boa idéia conduzir a entrevista numa área que seja perto do local onde o novo funcionário estará trabalhando. Mostre as instalações aos candidatos preferidos antes de terminar a entrevista para supri-los de uma melhor compreensão do local de trabalho.

Coloque o candidato à vontade. Cumprimente o candidato imediatamente; não o faça esperar. Apresente-se, sorria, olhe-o nos olhos e aperte a sua mão. Comece a conversa discutindo algo de interesse do candidato, talvez um *hobby*[3] mencionado no formulário; isso ajudará ambos a se descontraírem. Se o formulário relacionar os interesses da pessoa, converse sobre eles. Uma alternativa é perguntar a ele o que achou do lugar. Assim que vocês tiverem quebrado o gelo, passe para o assunto principal da entrevista que é o emprego.

Explique o propósito da entrevista. Se você estiver conduzindo uma entrevista de triagem de dez minutos, diga logo isso no início. Da mesma forma, se achar que a entrevista vai durar 30 minutos, diga isso. Além disso, relacione os tópicos que a entrevista abrangerá. Por exemplo, você pode explicar que começará a entrevista usando alguns minutos para se conhecerem. Depois, você analisará o formulário e discutirá o emprego. Finalmente, dará uma visão geral do estabelecimento, responderá às perguntas do candidato e descreverá o próximo passo no processo.

Conduzindo a Entrevista

Use um tom social durante toda a entrevista. Fale no nível do candidato sem menosprezá-lo. Você deve controlar tanto os tópicos discutidos quanto a direção da entrevista, mas permita que o candidato estabeleça o ritmo. Se o candidato for tímido ou falar devagar, o ritmo será mais devagar.

Se o seu estabelecimento não tiver um departamento de pessoal e você tiver que conduzir a primeira entrevista, verifique logo, no início da conversa, se o candidato preenche os principais requisitos para a ocupação. Depois, diga que dentro dos primeiros três dias de trabalho, todos os novos funcionários devem provar que têm permissão legal para trabalhar nos Estados Unidos.[4] Mencione quaisquer outras qualificações que devam ser verificadas no ato da contratação, como idade mínima para servir bebidas alcóolicas.[5]

Finalmente, assegure-se de que o emprego atenda às necessidades do funcionário com respeito à remuneração e aos benefícios, horário de expediente e condições, e tipo de trabalho desejado. Você pode cobrir esses tópicos rapidamente no início da entrevista ou lendo o formulário antes de tudo. Se as necessidades do candidato e o estabelecimento não combinarem, termine a entrevista polidamente. Lembre-se de que um candidato que esteja desesperado por um emprego pode concordar com qualquer coisa para consegui-lo, mesmo que isso não seja claramente do seu agrado. Esse candidato, se for contratado, provavelmente vai pedir demissão assim que algo mais adequado apareça.

Para iniciar as perguntas, pergunte a respeito das expectativas que o candidato tem em relação ao emprego. Por exemplo, você pode perguntar por que o candidato procurou o seu estabelecimento ou que tipo de trabalho ele quer. Encoraje-o com as suas próprias expressões faciais e linguagem corporal. Acene com a cabeça, mantenha contato no olhar, incline-se na direção do candidato.

Ouça cuidadosamente enquanto o candidato responde. Se hesitar antes de responder uma pergunta, pode ser que se sinta pouco à vontade com o tópico. Preste atenção a respostas vagas ou a mudanças de assunto, que podem indicar o desejo do candidato de esconder alguma coisa.

Ouça o candidato com sinceridade e interesse. Se o candidato fizer perguntas, seja honesto e direto nas suas respostas. Do contrário, você corre o risco de alienar o candidato ou de perder a credibilidade.

Faça as perguntas sobre uma área relacionada a um tópico principal de uma só vez. Por exemplo, discuta detalhadamente a experiência de trabalho do candidato, antes de discutir escolaridade ou histórico pessoal.

Técnicas de Entrevista

Uma das técnicas comuns de entrevista consiste em duas etapas. A primeira etapa pede informações específicas e normalmente começa com as palavras quem, o que, onde, qual ou quando. A segunda etapa segue a primeira e tem a ver com o mesmo assunto; ela pergunta por que ou como. Por exemplo, você pode perguntar: "Qual dos cargos/ocupações você mais gostou?" Depois que o candidato responder, pergunte: "Por que este?"

Alternativamente, peça uma lista em vez de uma única resposta. Isto permite que o candidato seja mais espontâneo ao responder. Você pode, por exemplo, fazer perguntas como: "Quais são as melhores coisas a respeito do seu trabalho no restaurante?" ou "Quais são as suas três melhores características?" Depois de ouvir a lista, pergunte qual das características é a mais forte.

Uma terceira técnica de entrevista pede ao candidato para fazer comparações. Por exemplo, em vez de perguntar como era trabalhar com um determinado chefe de cozinha, pergunte ao candidato: "Como trabalhar com este chefe de cozinha se compara a trabalhar com o chefe de cozinha no seu emprego anterior?"

Sejam quais forem as técnicas que você utilizar, é importante ouvir as respostas do candidato. Se elas parecerem ilógicas ou irracionais, peça mais informações. Se as respostas forem incompletas, encoraje o candidato a continuar reconstruindo a resposta como uma pergunta, ou seja: "Você realmente não gostava do seu emprego, gostava?" Use outras respostas para provocar o candidato, como "realmente" ou "entendo". Comentar, em vez de fazer perguntas, ajuda a manter um tom social. Finalmente, você pode simplesmente não dizer nada quando o candidato fizer uma pausa. É muito provável que o candidato compreenda que você deseja mais informações.

Por outro lado, a resposta insatisfatória de um candidato pode ser conseqüência da sua insegurança a respeito do que você está perguntando. Neste caso, talvez você deseje explicar a pergunta sugerindo algumas respostas dentre as quais o candidato possa escolher. Por exemplo, você pode perguntar: "Você abandonou esse cargo por causa do salário, dos benefícios ou porque você tinha que trabalhar à noite e nos finais de semana?"

Perguntas Abertas e Fechadas. As **perguntas abertas**, ou **indiretas**, permitem que o candidato responda de uma forma livre e não estruturada. Essas perguntas são amplas e pedem respostas que contenham mais do que apenas algumas palavras. Exemplos de perguntas abertas incluem:

"O que você gosta e desgosta a respeito do seu emprego atual?"

"Você pode descrever um dia normal no seu último emprego?"

"O que você procura num trabalho?"

Usar perguntas abertas oferece várias vantagens. Por exemplo, elas aumentam a sua oportunidade de obter informações significativas do candidato. Além disso, as perguntas abertas são mais fáceis de responder e não representam uma ameaça ao candidato. Finalmente, elas indicam o seu interesse no candidato. Entretanto, as perguntas abertas necessitam de mais tempo para serem respondidas.

As **perguntas fechadas**, ou **diretas**, por outro lado, são restritas e requerem respostas muito curtas. Use perguntas fechadas – que normalmente requerem sim ou não como resposta – quando você quiser verificar os fatos ou cobrir rapidamente muitos assuntos.

Aprender a fazer e analisar perguntas fechadas requer um pouco de prática. É necessário menos tempo para a pergunta e resposta e as respostas geralmente são fáceis de se anotar. Finalmente, você pode controlar melhor a duração da entrevista. Entretanto, as perguntas fechadas normalmente geram poucas informações e limitam as oportunidades do candidato de fornecer informações adicionais. Uma dependência muito grande em perguntas fechadas resulta em entrevistas com pouco diálogo, fornece menos informações do que você pode necessitar e pode levar a decisões infelizes acerca de contratações.

Perguntas Específicas. O Quadro 3.3 relaciona muitos modelos de perguntas que podem ajudar você a desenvolver um formato completo de entrevista. Qualquer pergunta pode dar-lhe uma visão geral a respeito do temperamento e da capacidade do candidato, dependendo de como o candidato responda. Certifique-se de que as suas perguntas sejam apropriadas e relevantes tanto para o candidato quanto para o cargo.

Quadro 3.3 – Modelo de Perguntas para Entrevista

Relevantes aos Detalhes do Cargo

- Você trabalhava regularmente 40 horas por semana? Quantas horas extras você trabalhava?
- Quais eram os seus rendimentos brutos e líquidos?
- Quais os benefícios que você recebia? Quanto você tinha que pagar por eles?
- Qual é o salário/ordenado que você deseja? Qual é o salário mais baixo que você está disposto a aceitar?
- Que dias da semana são melhores para trabalhar?
- Você alguma vez já trabalhou no final de semana? Onde? Quantas vezes?
- Em qual turno você prefere trabalhar? Em qual turno você não pode trabalhar? Por quê?
- Quantas horas por semana você gostaria de trabalhar?
- Como você chegará no trabalho?
- O meio de transporte que você usa é confiável para os turnos que você talvez venha a trabalhar?
- Quando você começou no seu último emprego, que cargo ocupava? Que cargo ocupa agora ou ocupava quando saiu?
- Qual era o seu salário inicial no seu atual emprego ou no último que teve?
- Com que freqüência você recebeu aumentos de salário no seu atual emprego ou no último emprego?
- Quais são as três coisas que você quer evitar no seu próximo emprego?
- Que qualidades você espera de um supervisor?
- Por que você escolheu este ramo de trabalho?
- Por que você tem interesse em trabalhar nesta empresa?
- Que experiência de trabalho mais influenciou as suas decisões de carreira?

Cultura e Inteligência

- Quando você estava na escola, que matérias você gostava mais? Por quê?
- Quando você estava na escola, que matérias você gostava menos? Por quê?
- Você acha que as suas notas são bons indicadores da sua capacidade geral?
- Se você tivesse que tomar as mesmas decisões com relação a estudos novamente, faria as mesmas escolhas? Por que ou por que não?
- Qual é a coisa mais importante que você aprendeu nos últimos seis meses?
- Que boas qualidades você encontrou nos seus melhores professores? Elas podem ser aplicadas também no trabalho?

Características Pessoais

Algumas das perguntas seguintes podem ser mais apropriadas para pessoas sem muita experiência profissional:

- O que você gosta de fazer nos seus momentos de lazer?
- Quantas vezes você se ausentou ou se atrasou no seu atual ou último emprego? Isso é normal? Quais as razões?
- O que a sua família acha de você trabalhar neste hotel?
- No seu último emprego, as políticas relacionadas a faltas ou atrasos sem justificativa foram claramente explicadas para você? Essas políticas eram justas?
- Como era o seu primeiro supervisor?
- Como você conseguiu o seu primeiro emprego? E o seu emprego mais recente?

Para as perguntas seguintes sobre características pessoais, os títulos dos cargos podem ser mudados para satisfazer as necessidades da entrevista:

- Quem tem maiores responsabilidades: um recepcionista ou um atendente de reservas? Por quê?
- Você alguma vez já teve que lidar com um hóspede mal-humorado que reclama de tudo? Caso afirmativo, como você lidou com o hóspede para resolver os problemas?
- Qual a razão que você considera principal para as pessoas na posição para a qual você está concorrendo pedirem demissão? O que você faria para mudar isto?
- Quais as responsabilidades mais importantes, na sua opinião, de um bom recepcionista?
- Suponha que o seu supervisor insistisse em que você aprendesse uma tarefa de um determinado jeito, quando você sabe que existe um jeito melhor. O que você faria?
- Você já teve um supervisor que mostrasse favoritismo para com certos funcionários? Como você se sentia a respeito disso?
- De todas as suas experiências de trabalho, qual a que você gostou mais? Por quê?
- De todas as suas experiências de trabalho, qual a que você gostou menos? Por quê?
- Quando você vai a uma loja comprar alguma coisa, que qualidades você quer do vendedor?
- Qual foi a sua maior realização no seu último emprego?
- O que você mudaria no seu último emprego se tivesse a oportunidade?
- Se surgisse a oportunidade, você voltaria para o seu antigo emprego? Por que ou por que não?
- Quanto tempo de aviso prévio você deu ao seu último empregador quando decidiu pedir demissão (ou planeja dar ao seu atual empregador)?

- Como o seu ex-supervisor e colegas descreveriam você?
- Que pontos fortes e fracos você traz para esta nova posição?
- O que frusta você no trabalho? Como é que você lida com esta frustração?
- Na sua última revisão de desempenho, que áreas o seu ex-supervisor mencionou precisam ser melhoradas? Por que você acha que este comentário foi feito?
- Quais as três áreas que você mais gostaria de melhorar em você?
- Qual foi a coisa que você fez da qual se orgulha mais? Por quê?
- Qual é a coisa mais engraçada que já aconteceu com você?
- O que é importante para você a respeito do cargo ao qual está concorrendo? Por quê?

Perguntas para Candidatos a Cargos de Nível de Gerência

- Que tipo de programa de treinamento você adotava para os seus funcionários? Quem o estabeleceu e quem o implementou?
- O que você fez no seu último emprego para melhorar o desempenho do departamento que você supervisionava? Como é que isto foi avaliado?
- Quais são as características mais importantes de um gerente?
- Quais eram os seus maiores concorrentes? Quais eram os seus pontos fortes e fracos?
- Como os seus funcionários descreveriam você como supervisor?
- Quantas pessoas você teve que disciplinar no seu último emprego? Descreva as circunstâncias. Como você se sente sobre ter que demitir funcionários?
- O que você fez para motivar os seus funcionários?

Várias categorias de perguntas devem ser totalmente evitadas, já que elas podem violar os direitos legais do candidato.[6] O Quadro 3.4 relaciona modelos de perguntas legais e ilegais de pré-contratação. Certifique-se de que você e o seu estabelecimento conheçam as leis vigentes na sua área, pois essas categorias geralmente variam de acordo com o estado. Além do mais, elas podem mudar de ano para ano.

De modo geral, procure evitar tópicos que produzam informações que, por lei, não devem fazer parte das suas decisões sobre a contratação. Esses tópicos incluem o local de nascimento do candidato, sua idade, religião ou credo, raça ou cor, altura e peso, estado civil, sexo, naturalidade, cidadania, associações em lojas e clubes religiosos ou étnicos e registros policiais. Entretanto, na maioria dos estados, é legal perguntar sobre antecedentes criminais ou se existe alguma pendência sobre acusações criminais contra o candidato.

É ilegal fazer perguntas especificamente relativas a um sexo, mas não a outro. Por exemplo, é ilegal perguntar aos candidatos do sexo feminino sobre seus arranjos, sobre quem cuida das crianças, se você não faz a mesma pergunta aos candidatos do sexo masculino. Se uma pergunta for legitimamente relacionada ao emprego, entretanto, você pode fazê-la tanto aos homens quanto às mulheres que estão se candidatando.

Quadro 3.4 – Guia de Perguntas Pré-Contratação

Assunto	Perguntas Pré-Contratação Legais	Perguntas Pré-Contratação Ilegais
NOME	Nome completo do candidato. Você alguma vez já trabalhou para a empresa com um nome diferente? É necessária alguma informação adicional relativa a um nome diferente para verificar o histórico profissional? Caso positivo, explique.	Nome original do candidato cujo nome tenha sido mudado por ordem de um tribunal ou por qualquer outro motivo. Nome de solteira da candidata.
ENDEREÇO OU TEMPO DE RESIDÊNCIA	Há quanto tempo é residente neste estado ou cidade?	
LOCAL DE NASCIMENTO		Local de nascimento do candidato. Local de nascimento dos pais, do cônjuge ou de outros parentes próximos do candidato. Exigir que o candidato apresente certidão de nascimento, registro de naturalização ou batismo.
IDADE	Você tem acima de 18 anos?*	Quantos anos você tem? Qual é a sua data de nascimento?
RELIGIÃO OU CREDO		Perguntar sobre a denominação religiosa do candidato, afiliações religiosas, igreja, paróquia, ministro ou feriados religiosos respeitados. Não se pode dizer a um candidato que "Esta é uma organização católica (protestante ou judaica)"
RAÇA OU COR		Tom ou cor da pele.
FOTOGRAFIA		Exigir que o candidato a emprego cole uma fotografia no formulário de candidato a emprego. Pedir ao candidato para submeter uma fotografia da sua escolha. Exigir uma fotografia depois da entrevista mas antes da contratação.
ALTURA		Perguntar sobre a altura do candidato.
PESO		Perguntar sobre o peso do candidato.
ESTADO CIVIL		Exigir que um candidato forneça qualquer informação referente a estado civil ou filhos. Você é solteiro ou casado? Você tem filhos? O seu cônjuge trabalha? Qual é o nome do seu cônjuge?
SEXO		Sr., Srta. ou Sra. Ou uma pergunta relativa a sexo. Perguntar sobre a capacidade de reprodução ou adoção de qualquer forma de controle de natalidade.

* A pergunta pode ser feita somente com o objetivo de determinar se os candidatos têm idade suficiente para serem empregados.

CIDADANIA	Você é cidadão dos Estados Unidos?	Você é cidadão de que país?
	Se não for cidadão dos Estados Unidos, o candidato pretende se tornar um cidadão dos Estados Unidos?	Se o candidato é naturalizado ou natural do país, a data em que o candidato conseguiu a sua cidadania.
	Se você não for cidadão dos Estados Unidos, você tem o direito legal de permanecer permanentemente nos Estados Unidos? Você pretende permanecer permanentemente nos Estados Unidos?	Exigir que o candidato apresente documentos ou protocolos sobre a sua naturalização. Se os pais ou cônjuge do candidato forem naturalizados ou nascidos nos Estados Unidos, a data em que os pais ou cônjuge obtiveram a sua cidadania.
ORIGEM NACIONAL	Perguntar sobre os idiomas que os candidatos falam e escrevem fluentemente	Perguntar ao candidato a respeito da sua (a) linhagem; (b) ascendência; (c) origem nacional; (d) descendência; (e) paternidade ou nacionalidade. Nacionalidade dos pais ou cônjuge do candidato. Qual é a língua nativa da sua mãe? Procurar saber como o candidato conseguiu aprender a ler, escrever ou falar um idioma estrangeiro.
ESCOLARIDADE	Perguntar sobre a formação acadêmica vocacional ou profissional do candidato e sobre as escolas públicas e particulares freqüentadas.	
EXPERIÊNCIA	Perguntar sobre experiência de trabalho. Pergunte sobre países que o candidato tenha visitado.	
REGISTROS POLICIAIS	Você já foi condenado por algum crime? Caso positivo, quando, onde e a natureza da transgressão? Existe alguma acusação criminal pendente contra você?	Perguntar sobre registros policiais.
PARENTES	Nome dos parentes do candidato, além de cônjuge, já empregados por esta empresa.	Endereço de qualquer parente do candidato (dentro dos Estados Unidos) além de pai e mãe, marido ou mulher e filhos menores.
AVISAR EM CASO DE EMERGÊNCIA	Nome e endereço da pessoa a ser notificada em caso de acidente ou emergência.	Nome e endereço dos nomes a serem notificados em caso de acidente ou emergência.
EXPERIÊNCIA MILITAR	Perguntar sobre a experiência militar do candidato nas Forças Armadas dos Estados Unidos, numa milícia estadual. Perguntar sobre o serviço do candidato em área particular do Exército e da Marinha dos Estados Unidos.	Perguntar sobre a experiência militar em geral do candidato.
ORGANIZAÇÕES	Perguntar sobre as organizações das quais o candidato é membro, excluindo organizações cujo nome ou caráter das quais indiquem raça, cor, religião, origem nacional ou ascendência de seus membros.	Relacionar clubes, sociedades e lojas aos quais pertence.
REFERÊNCIAS	Quem sugeriu que você concorresse a uma vaga aqui?	

Fonte: Departamento de Direitos Civis do Estado de Michigan, Lansing, Michigan.

Concluindo a Entrevista

Antes de concluir as entrevistas, pergunte aos candidatos se existe alguma coisa mais que eles gostariam de acrescentar. Isto permite que eles façam perguntas sobre o estabelecimento ou expliquem melhor suas qualificações e experiências. O que eles disserem vai dar a você uma visão maior da sua personalidade, requisitos e interesses.

Se surgir um bom candidato que deseje contratar, você pode se sentir tentado a reduzir o tempo de entrevista para economizar tempo. Entretanto, em vez de fazer isso, passe algum tempo falando sobre as metas do estabelecimento e do seu departamento. Fale sobre os produtos e serviços bem-sucedidos da empresa. Discuta a importância do cargo para o qual o candidato está concorrendo. Finalmente, represente a sua empresa como sendo muito seletiva a respeito de quem contrata. Todos querem ingressar numa operação bem-sucedida, mas ninguém valoriza um emprego que seja muito fácil de conseguir.

Se você estiver seriamente pensando em contratar um candidato, explique o trabalho de forma precisa e completa. Explique o que você espera do funcionário e por quê. Mencione também quais os aspectos indesejáveis da posição, como turnos oscilantes e trabalho no final de semana. Se você não discutir os aspectos negativos antes de contratar o candidato, você pode se lamentar mais tarde – e o candidato também. Se o candidato mostrar frustração com o que você disser, não faça uma oferta de trabalho.

Se você não fizer uma oferta de trabalho durante a entrevista, avise o candidato quando você entrará em contato com ele. Nas primeiras entrevistas ou nas entrevistas de triagem, diga que a decisão a respeito da contratação será tomada dentro de alguns dias. Assim que você decidir, é melhor notificar todos os candidatos, principalmente aqueles que passaram muito tempo em entrevistas ou gastaram muito dinheiro concorrendo ao emprego.

Entretanto, se você souber, durante a entrevista, que não pretende contratar o candidato, diga isso. É melhor do que ficar segurando-o. Suavize o impacto dizendo alguma coisa como: "Ficamos felizes em ver quantos candidatos qualificados concorreram." Depois, conclua a entrevista com firmeza. Explique por que o candidato não será levado em consideração. Depois que você tiver terminado a conversa, levante, aperte a mão do candidato e agradeça pelo seu interesse.

Seleção – Qual o Próximo Passo?

Após recrutar os candidatos que pareçam particularmente promissores, busque mais informações a respeito deles. Por exemplo, analise as informações que os candidatos fornecem nos formulários de solicitação de emprego e durante as entrevistas preliminares. É sempre uma boa idéia verificar pelo menos duas referências que os candidatos fornecem.

Você pode querer dar aos candidatos testes de seleção apropriados. Alguns testes são discutíveis, como aqueles relacionados à honestidade, aptidão ou problemas psicológicos. Eles podem ou não ser relevantes e, em alguns casos, os tribunais decidiram que esses testes são discriminatórios contra as minorias.

Outros testes de seleção relacionam-se às competências necessárias para desempenhar funções específicas. Por exemplo, se você está procurando um garçom experiente, você pode pedir que os candidatos demonstrem como eles carregam uma bandeja cheia ou como respondem às perguntas dos hóspedes. Da mesma forma, você pode pedir às camareiras experientes para demonstrarem como fazem para limpar adequadamente os banheiros ou como fazem as camas. Os supervisores de primeiro nível geralmente são mais bem qualificados para observar e analisar os resultados desses testes e de testes de seleção relacionados.

Finalmente, o seu estabelecimento pode exigir que os candidatos façam exames médicos antes de eles serem contratados. Se os novos funcionários tiverem que lidar com dinheiro na sua ocupação, o estabelecimento pode desejar afiançá-los (**fiança** é um tipo de seguro que reembolsa a empresa por roubos incorridos pelos funcionários que façam mau uso dos recursos da empresa).[7]

Você pode desempenhar outras tarefas úteis no processo de seleção. Por exemplo, você pode conduzir entrevistas de acompanhamento. Às vezes, os supervisores dizem que estão muito ocupados para entrevistarem muitos candidatos. Eles só querem que o departamento de pessoal "mande um ou dois dos melhores candidatos". Todo o processo de seleção funcionará em seu próprio benefício se você fizer do recrutamento e das entrevistas com os melhores candidatos uma de suas prioridades mais altas.

A Decisão sobre a Seleção

Ao decidir quem contratar, considere as informações fornecidas por todas as partes envolvidas, incluindo o departamento de pessoal. Isto pressupõe que há bastante tempo para recrutar vários candidatos à vaga. A provisão de bastante tempo para entrevistar muitos candidatos aumentará as suas chances de encontrar a pessoa certa para o cargo. Isto é muito melhor do que recrutar somente uma pessoa e depois modificar o processo de seleção numa tentativa desesperada de adaptar o cargo ao candidato.

O problema da escassez de mão-de-obra com o qual se defrontam os estabelecimentos em toda a indústria afetará significativamente o processo de seleção. Na verdade, o processo pode se tornar fácil demais por negligência. Se candidatos não qualificados concorrerem a estabelecimentos com alta rotatividade, muitos deles podem acabar sendo contratados simplesmente porque ninguém mais concorre. Em conseqüência disso, a orientação, o treinamento e a supervisão contínua – que deverão perdurar durante o tempo todo em que o funcionário estiver empregado – se tornará mais difícil.

Muitos funcionários pedem demissão nos primeiros meses de emprego. Isto pode indicar que as rotinas de seleção do estabelecimento ou as rotinas relativas à orientação e treinamento são inferiores. Em casos extremos, os dois podem ser inadequados. Entretanto, pode simplesmente significar que o candidato compreendeu que ele não gostaria de trabalhar no setor de serviços. Lembre-se, contudo, de que é parte das responsabilidades de todo supervisor certificar-se de que todos os candidatos e os novos funcionários tenham uma idéia exata a respeito do cargo e da organização.

O Supervisor e o Planejamento de Pessoal

Em virtude dos recursos econômicos limitados e da falta de planejamento prévio, o seu estabelecimento pode não considerar o recrutamento de candidatos até que surja uma vaga ou algum outro problema. Naturalmente, haverá ocasiões em que um funcionário pode pedir demissão sem dar aviso prévio ou quando as atividades aumentarem inesperadamente. Até que isto aconteça, você provavelmente não terá idéia de que precisa de mais membros de equipe. Nas emergências, as pressões de tempo podem inviabilizar o uso de muitas rotinas eficazes de seleção de pessoal. Quando abrir uma vaga sob circunstâncias de emergência, você pode acabar contratando literalmente o primeiro "vivente" que concorrer à vaga. Entretanto, isto não é recomendável e deve ser usado apenas como último recurso.

Entretanto, muitos dos problemas relacionados a pessoal na nossa indústria – como rotatividade, falta de treinamento e absenteísmo – resultam de uma falta de planejamento das necessidades de pessoal. Se você não é um supervisor de primeira linha, você talvez só tenha um pequeno papel, se é que tem, no estabelecimento de políticas administrativas de pessoal dentro do seu estabelecimento. Contudo, você pode ajudar os funcionários a se adaptarem ao cargo e a desempenharem suas tarefas de maneira eficiente e dentro do menor tempo possível se organizar bem as funções e projetar programas de treinamento eficazes.

Abordagem de Curto Prazo

Uma abordagem simples, de curto prazo, para solucionar problemas de recrutamento/seleção de emergência envolve manter um arquivo ativo de candidatos potencialmente qualificados, cuja triagem já tenha sido feita. Se as pessoas concorrerem às vagas quando não houver vagas disponíveis, peça-lhes que preencham os formulários e participem das entrevistas preliminares. Esta prática cria um arquivo de candidatos que forma a base para os esforços em recrutamento conforme as vagas forem sendo abertas. Por exemplo, se houver uma necessidade urgente de um funcionário experiente para a recepção, entre em contato com aqueles candidatos cujos formulários estejam arquivados, para descobrir se eles ainda estão interessados no cargo.

Abordagem de Longo Prazo

Os gerentes de alto nível podem preferir abordagens de longo prazo no planejamento das necessidades de pessoal. Os planos de longo prazo ajudam a garantir que um número adequado de pessoas qualificadas esteja disponível quando você precisar. Essas abordagens se tornam importantes quando pessoal-chave pede demissão, quando o estabelecimento empreende um programa de expansão agressivo ou quando o estabelecimento toma providências no sentido de cumprir com programas de ação afirmativa/de oportunidades iguais.[8]

O planejamento de pessoal deve ser contínuo. O seu estabelecimento deve modificar e atualizar os planos à medida que forem surgindo mudanças. Com a evolução das necessidades de pessoal da organização, ela deve avaliar o número e tipo de cargos necessários e também revisar as atividades de recrutamento, seleção, treinamento e avaliação. Quando usado eficazmente, o planejamento de longo prazo considera épocas de atividade intensa e períodos de alta rotatividade. Com informações como esta, podem ser feitos planos para contratar pessoal adicional antecipadamente para atender essas tendências previstas.[9]

O Papel do Supervisor

Os supervisores podem usar rotinas básicas para empreenderem o planejamento de pessoal em seus próprios departamentos. É importante, antes de tudo, compreender as metas de longo e curto prazos do departamento e as estratégias criadas para atingi-las. Depois, combinar isso com as competências dos seus atuais funcionários. Se você compreender as metas da organização, vai poder avaliar as necessidades futuras de funcionários. Pergunte a você mesmo quantos dos seus atuais funcionários estarão disponíveis nos próximos seis meses, um ano etc. E quantos novos membros de equipe você vai precisar. Reconheça que precisará consultar as pessoas no departamento de pessoal para obter colaboração no planejamento. Mantenha canais de comunicação eficazes com a equipe do departamento de pessoal. Você também deve compreender e avaliar as rotinas pelas quais é responsável. O seu departamento está cumprindo bem as suas metas de desempenho? As estratégias para atingi-las mudaram? Você precisa tomar ações corretivas para fazer com que o seu departamento fique mais alinhado com as metas e com os planos estabelecidos?

Lembre-se de que o seu trabalho começa muito antes que os funcionários estejam no local de trabalho e prontos para trabalhar. O desenvolvimento do trabalho básico para descobrir os melhores funcionários é difícil; ele não simplesmente acontece. Você deve olhar além do turno, mês e período orçamentário atuais e considerar de quanto em quanto tempo a organização faz planos de longo prazo. Quais são as metas da sua organização? Como é que elas afetam você e seus funcionários? Quando souber as respostas a estas perguntas e a outras semelhantes, você estará pronto para colaborar no planejamento das estratégias do departamento. Isto lhe preparará para lidar com os aspectos rotineiros do processo de administração de pessoal.

Administração de Pessoal: Uma Chave para o Controle de Mão-de-Obra

Este livro-texto concentra-se num aspecto do seu trabalho – o processo pelo qual os funcionários são dirigidos e controlados. O processo começa com a colocação de pessoal para a operação de hospitalidade.

É provável que os problemas de pessoal não fossem tão grandes se um funcionário, ou alguns deles, pudessem fazer todo o trabalho. Entretanto, já que há muito trabalho para o pessoal da gerência ou vários assistentes fazerem, é necessário dividir esse trabalho. Poucos funcionários podem ser bons em tudo. Portanto, a operação deve contratar especialistas, como pessoal de alimentos e bebidas, camareiras, funcionários de recepção e outros, para desempenharem pequenas parcelas de todo o trabalho necessário. Assim que começar a distribuição de pessoal, faça as seguintes perguntas:

- Que trabalho precisa ser feito?
- Quando o trabalho precisa ser feito?
- Quem deve fazê-lo?
- Quanto um especialista pode fazer?
- Qual é o relacionamento entre os especialistas?
- De quantos e de que tipo de especialistas precisamos?
- Qual é a remuneração razoável pelos seus esforços?

Quando você puder responder estas e outras perguntas semelhantes, poderá começar a desenvolver ferramentas eficazes de recrutamento, como descrições e especificações de cargo. Além disso, você poderá criar técnicas eficazes de recrutamento e seleção.

Avaliando as Rotinas de Recrutamento e Seleção

Como uma das pessoas diretamente afetadas pelos resultados do recrutamento e seleção, você pode ajudar a avaliar periodicamente as rotinas de recrutamento e seleção do seu estabelecimento. As suas idéias a respeito dos seguintes assuntos podem ajudar àqueles responsáveis pela seleção:

1. O estabelecimento está constantemente utilizando políticas e rotinas aplicáveis a todos os candidatos em todos os departamentos?
2. Quais são as melhores e as menos aproveitáveis fontes de candidatos a emprego?
3. Estão disponíveis descrições de cargo, especificações de cargo e organogramas atuais e precisos?
4. Dos funcionários contratados, quantos são dispensados durante o período de experiência? Quantos pedem demissão? Por quê?
5. Que volume de rotatividade de funcionários deve-se a más decisões de seleção? As previsões de um supervisor a respeito do sucesso de um novo funcionário costumam realmente ser boas com relação à rotatividade?
6. Os formulários de entrevistas e as ferramentas de seleção correspondentes fornecem uma boa visão dos candidatos e todas as informações necessárias para tornar possível uma decisão firme sobre seleção?

Notas

1. *Call-back* – Sistema pelo qual se arquiva os números de telefones dos candidatos interessados para ligar para eles depois, conforme novas vagas forem sendo abertas.

2. No Brasil, muitos hotéis utilizam a escala 12x36, ou seja, o funcionário trabalha 12 horas ininterruptas e folga as 36 horas subseqüentes. Essa escala é muito usada no setor de segurança.

3. Hobby – atividade de recreio ou de descanso, praticada, em geral, nas horas de lazer.

4. Para mais informações sobre a Lei da Reforma e Controle de Imigração, de 1986 (Immigration Reform and Control Act), veja Jack P. Jefferies, *Understanding Hospitality Law*, 3ª ed. (East Lansing, Michigan: *Educational Institute of the American Hotel & Lodging Association*, 1995).

5. De acordo com a legislação americana para o trabalho do menor.

6. De acordo com a legislação específica dos EUA.

7. Seguro de Fidelidade de Empregados.

8. No original, equal opportunity. Nos EUA, significa igualdade de oportunidade de emprego para minorias.

9. Para mais informações sobre planejamento de pessoal, veja David Wheelhouse, CHRE, *Managing Human Resources in the Hospitality Industry* (East Lansing, Michigan: *Educational Institute of the American Hotel & Lodging Association*, 1989).

Termos-chave

fiança
lista de *call-back*
perguntas fechadas (diretas)
horários comprimidos
recrutamento interno
programas de estágio
descrição de cargos
compartilhamento de cargos
especificação de cargos
transferência lateral
tempo de antecipação

treinamento cruzado
entrevista de desligamento
horário flexível
departamento de pessoal
departamento de linha
rede de contatos
perguntas abertas (indiretas)
recrutamento
departamento administrativo
rotatividade (*turnover*)

Perguntas para Debate

1. De que forma os departamentos de linha e os membros da equipe de pessoal trabalham juntos para recrutar novos funcionários?

2. De quais fontes de funcionários potenciais você pode se valer para fazer a colocação de pessoal no seu departamento?

3. Que papel o supervisor desempenha no recrutamento e na seleção?

4. Que técnicas de recrutamento interno e externo você pode usar quando coloca pessoal no seu departamento?

5. O que o seu estabelecimento pode fazer para tornar as vagas em aberto mais fáceis de preencher?

6. Como os supervisores aprendem com a rotatividade de funcionários?

7. Que preparativos você deve fazer antes de entrevistar os candidatos a emprego?

8. O que você deve fazer para conduzir adequadamente uma entrevista de emprego?

9. Que técnicas de entrevista você pode usar ao entrevistar os candidatos a emprego?

10. Como você deve concluir uma entrevista de emprego?

11. Que abordagens de curto e longo prazos o seu estabelecimento pode tomar ao planejar as necessidades de pessoal?

12. Qual é o papel do supervisor no planejamento de pessoal?

Exercício de Revisão

Quando você achar que compreendeu todo o conteúdo deste capítulo, responda essas perguntas. Selecione a *melhor* resposta. Verifique suas respostas comparando as respostas corretas encontradas ao final deste livro em **Respostas aos Exercícios de Revisão**.

Verdadeiro (V) ou Falso (F)

V F 1. O supervisor de um departamento de linha deve fornecer ao departamento de pessoal detalhes pertinentes, como as competências (conhecimentos, habilidades e atitudes) básicas necessárias para desempenhar a função eficazmente.

V F 2. O treinamento é mais eficaz se for oferecido continuamente.

V F 3. Sempre que for prático, o estabelecimento deve divulgar avisos internos de vagas existentes concomitantemente com a divulgação dessas vagas a candidatos externos.

V F 4. Treinamento cruzado é ensinar aos seus funcionários a realizar tarefas de outras ocupações no seu departamento.

V F 5. No compartilhamento de cargos, dois ou mais funcionários de meio expediente assumem as responsabilidades de um cargo de expediente integral.

V F 6. Durante a entrevista, o supervisor que estiver entrevistando deve mostrar a sua verdadeira personalidade.

V F 7. Nunca mencione os aspectos indesejáveis de uma ocupação a um candidato que você esteja seriamente considerando contratar.

V F 8. Na maioria dos casos, deve ser o candidato quem conclui a entrevista.

V F 9. A verificação das referências de um candidato geralmente é uma perda de tempo e deve ser evitada.

V F 10. O planejamento de pessoal deve ocorrer como e quando necessário. Planos de longo prazo são um desperdício.

Múltipla Escolha

11. Os programas de desenvolvimento contínuo de funcionários aumentam as competências de funcionários que:

    a. mereçam promoção;

    b. estejam sendo considerados para demissão.

12. Uma lista de *call-back* é uma lista de candidatos que:

    a. estejam interessados em posições no seu departamento;

    b. sejam ex-funcionários dispostos a colaborar numa base temporária.

13. A resposta insatisfatória de um candidato durante uma entrevista de emprego pode ser em decorrência de sua:

    a. falta de vontade de colaborar;

    b. insegurança a respeito do que você está perguntando.

14. Novos funcionários são importantes para um estabelecimento porque eles:

    a. contribuem com idéias novas para o departamento;

    b. ajudam o estabelecimento a se manter atualizado;

    c. trazem formas inovadoras de fazer as coisas;

    d. fazem tudo que está mencionado acima.

15. Se as respostas de um candidato a emprego parecerem ilógicas ou irracionais:
    a. balance a sua cabeça para que ele pare de mentir;
    b. ajude-o, fornecendo algumas respostas lógicas;
    c. peça mais informações;
    d. provoque o candidato fazendo de conta que está zangado.

Tópicos do Capítulo

Orientação Geral sobre o Estabelecimento
Orientação Específica para Ocupações/Cargos Específicos
    Lista de Verificação da Orientação: Uma Ferramenta Útil no Planejamento
Treinamento
    Benefícios do Treinamento
    Tipos de Treinamento
Princípios de Aprendizagem de Adultos
    Faça Perguntas
    Listas das Tarefas de uma Ocupação e Descrição das Tarefas
    Treinando para Atingir Padrões
    Método de Treinamento de Quatro Passos

Objetivos da Aprendizagem

1. Explicar o que vem a ser orientação geral sobre o estabelecimento e os seus benefícios.
2. Explicar as atividades que podem estar envolvidas na orientação para ocupações/cargos específicos.
3. Descrever os benefícios do treinamento para os funcionários, os hóspedes, o estabelecimento e o supervisor.
4. Identificar e descrever os diferentes tipos de treinamento discutidos no capítulo.
5. Descrever os princípios importantes de Aprendizagem de Adultos apresentados no capítulo.
6. Explicar por que os supervisores devem fazer perguntas ao orientar e treinar os funcionários.
7. Descrever como fazer perguntas aos treinandos quando se quer estimular a sua participação.
8. Explicar o que são listas de tarefas de uma ocupação e como usá-las.
9. Explicar o que são descrições de tarefas e como desenvolvê-las.
10. Identificar e explicar os quatro passos utilizados no método de treinamento de quatro passos.

4
Orientação e Treinamento

O dia mais memorável na vida de um funcionário em uma organização geralmente é o seu primeiro dia. As pessoas quase sempre conseguem se lembrar do que aconteceu a elas durante esse primeiro dia de trabalho. Assim que os funcionários começam a trabalhar, costumam estar muito entusiasmados e motivados. Eles querem fazer o seu trabalho corretamente e atender às suas expectativas. Você deve reconhecer esse entusiasmo inicial e ajudar os novos funcionários a desempenharem as suas tarefas.

Apesar do seu entusiasmo inicial, não raro alguns funcionários acham os seus primeiros dias de trabalho desagradáveis e um tanto desoladores. Grande parte da rotatividade (*turnover*) ocorre dentro dos primeiros meses de emprego. Essa alta rotatividade durante os períodos iniciais da contratação muitas vezes sugere que o processo de recrutamento, o processo de orientação, o processo de treinamento, ou todos os três processos, podem ser inadequados. Uma orientação e um programa de treinamento inadequados podem fazer com que os funcionários novos pensem que você não se importa com eles e que eles não escolheram um bom lugar para trabalhar. É esta perspectiva negativa que pode rapidamente sobrepujar as idéias positivas que uma determinada pessoa tenha com relação a um emprego novo, que um programa adequado de orientação e treinamento destina-se a combater.

Mesmo que você passe algum tempo com cada um dos candidatos durante o processo de seleção, o relacionamento do seu funcionário novo com os outros funcionários começa, de fato, durante a orientação e o treinamento. Este capítulo começa com uma discussão da orientação geral sobre o estabelecimento (conhecido, em alguns estabelecimentos, como orientação de novos funcionários) e continua com a orientação para ocupações/cargos específicos. Dessa forma, abrange treinamento para o cargo, incluindo treinamento em grupo, treinamento individual e treinamento no trabalho. O capítulo também discute as formas pelas quais os adultos aprendem e apresenta uma discussão detalhada do método de treinamento de quatro passos, um método de treinamento no trabalho muito utilizado no setor.

Orientação Geral sobre o Estabelecimento

A **orientação geral sobre o estabelecimento**, em muitos dos grandes estabelecimentos, começa com uma reunião conduzida pelo departamento de pessoal. Os novos membros da equipe se reúnem como um grupo e são cumprimentados pelo gerente geral ou por outro funcionário graduado do estabelecimento. O estabelecimento pode exibir fitas de vídeo ou *slides* para informar os novos funcionários a respeito da filosofia da organização e o papel que cada funcionário desempenha para o cumprimento da missão e das metas do estabelecimento. Depois, a equipe de pessoal pode distribuir manuais de funcionários e outros materiais, e rever políticas e rotinas importantes. Eles podem também discutir seguros e outros benefícios, relacionamento com hóspedes e funcionários, e formulários do departamento de pessoal. Além disso, podem convidar diretores dos principais departamentos para se apresentarem e dizerem algumas palavras. A equipe de pessoal deve percorrer todo o estabelecimento com os novos funcionários.

Os estabelecimentos menores, que não possuem um departamento de pessoal, podem dar aos novos funcionários informações gerais sobre a organização, sua filosofia e sua missão. Se for conveniente, percorrer todo o estabelecimento pode ajudar os novos funcionários a verem onde se encaixam dentro da organização.

O Quadro 4.1 relaciona diversos benefícios da orientação geral do estabelecimento para a empresa, o supervisor e o funcionário.

Orientação Específica para Ocupações/Cargos Específicos

Depois que a organização conduzir a sua orientação geral sobre o estabelecimento, é hora de conduzir uma **orientação específica para a ocupação/cargo**. Como supervisor, você deve estar mentalmente preparado para receber e trabalhar com o novo funcionário. É importante que ele tenha uma impressão favorável de você; por isso, seja pontual. Um dos seus primeiros deveres deve ser o de rever a ocupação/cargo com o novo funcionário. Explique como ela se relaciona às outras ocupações. Além disso, mostre ao funcionário o local de todos os equipamentos que ele vai precisar para realizar as suas tarefas. Finalmente, discuta o tipo e a duração de treinamento que o funcionário irá receber. Vários benefícios da orientação específica para ocupações/cargos são apresentados no Quadro 4.2.

Pode ser esta a hora de rever, com cada novo funcionário, o conteúdo do **manual do funcionário** do estabelecimento (veja Quadro 4.3 com uma lista de tópicos normalmente incluídos num manual do funcionário de um estabelecimento). Os manuais de funcionário analisam importantes políticas e rotinas e também discutem quando as folgas são tiradas, quando os funcionários recebem os pagamentos e se os funcionários podem comer no seu posto de trabalho. O manual deve ser escrito especificamente para o seu estabelecimento para que forneça informações pertinentes e precisas sobre políticas, programas e rotinas. Se possível, todas as partes do manual devem ser analisadas durante a orientação. Desta forma, quaisquer perguntas que os novos funcionários possam ter poderão ser respondidas imediatamente. Alguns estabelecimentos incluem uma folha destacável no próprio manual que os funcionários assinam e devolvem ao departamento de pessoal nas primeiras semanas de trabalho.

Quadro 4.1 – Benefícios da Orientação Geral sobre o Estabelecimento

Benefícios para a Empresa

- Orientação consistente: todos os funcionários recebem a mesma informação.
- Ajuda os funcionários novos a sentirem que estão trabalhando para uma empresa organizada.
- Mantém a organização em estado de alerta; ela precisa ser permanentemente competitiva.
- Faz com que a alta gerência se torne visível aos funcionários de linha.
- As primeiras impressões são as que ficam; um bom programa de orientação pode construir uma base forte dos valores e da filosofia da empresa.
- Melhora a compreensão, por parte do funcionário, das metas e prioridades negociais da empresa.
- Começa cedo a construir uma forte abordagem de "equipe" em todos os níveis da organização.
- Resulta em menor rotatividade (*turnover*).

Benefícios para o Supervisor

- Assegura que todos os funcionários novos sejam informados das políticas e rotinas.
- Assegura que os funcionários novos compreendam as obrigações de seu cargo, as normas de conduta, etc.
- A orientação apóia o papel do supervisor.
- Os próprios supervisores podem se beneficiar participando da orientação de vez em quando.
- Um programa de orientação bem-sucedido aumenta a motivação do funcionário.
- Resulta em menos rotatividade (*turnover*).

Benefícios para o Funcionário

- Uma melhor compreensão das expectativas da empresa com relação a si mesmo e ao seu desempenho.
- Ajuda os funcionários a compreenderem o valor do seu trabalho para a organização; aumenta a auto-estima.
- Os funcionários compreendem que são importantes para a operação, pois não é todo mundo que pode trabalhar bem no setor de hospitalidade.
- Proporciona logo uma abordagem estruturada para a aprendizagem sobre a empresa e o cargo.
- Estabelece, logo de início, o compromisso de ser membro da equipe.
- Constrói uma base importante para a motivação do funcionário.

Quadro 4.2 – Benefícios da Orientação Específica para a Ocupação/Cargo

Benefícios para o Departamento

- Consistência no treinamento e desenvolvimento do funcionário.
- Os recursos devem ser sempre atuais.
- Ajuda os funcionários a garantirem um serviço de qualidade e atenderem às expectativas dos hóspedes.
- Assegura a manutenção dos padrões necessários.

Benefícios para o Supervisor

- Uma equipe bem treinada.
- Consistência no desempenho da equipe.
- Conhecimento da capacidade da equipe.
- Ajuda na avaliação de desempenho do funcionário.
- Ajuda o departamento a funcionar melhor.

Benefícios para o Funcionário

- O funcionário aprende como fazer o trabalho corretamente.
- Constrói auto-estima devido à sensação de realização.
- Aumenta a disposição de ânimo.
- Cria companheirismo e cooperação de equipe.
- Ajuda o funcionário a ser produtivo mais rapidamente.

Dê aos novos funcionários cópias atualizadas de suas descrições de tarefas para que compreendam as tarefas específicas de suas ocupações/cargos. Além disso, dê a eles cópias do formulário de avaliação de desempenho que o seu estabelecimento utiliza. Isto dará aos novos funcionários uma compreensão melhor de suas obrigações e a maneira pela qual o seu desempenho será avaliado. Fale com eles sobre oportunidades de promoção dentro da organização e não deixe de incluir histórias de sucesso sobre funcionários que foram promovidos a posições de maior responsabilidade no estabelecimento. Forneça uma cópia da macroestrutura do seu estabelecimento para que eles possam compreender a estrutura geral do estabelecimento e saber onde se encaixam. Esta é uma boa hora para rever possibilidades planejadas de ascensão de carreira. (Os programas de desenvolvimento profissional são cobertos mais detalhadamente no Capítulo 14.)

Quadro 4.3 – Modelo de Resumo para o Manual do Funcionário

RESUMO
Bem-Vindo à Nossa Empresa
Sobre a Nossa Empresa
   Nossa Filosofia
   O Que Fazemos
   Nossa Estrutura Organizacional
Sobre a Sua Remuneração
   Seu Salário
      Níveis Salariais
      Revisões Salariais
      Reposição Salarial (Pela Inflação)
      Períodos de Pagamento e Dias de Pagamento
      Descontos em Folha
   Outros Benefícios
      Feriados
      Férias
      Licença Médica
      Licença-Maternidade
      Programas Securitários
      Auxílio-Educação
      Prêmios por Mérito do Funcionário
Políticas Importantes
   Período de Experiência
   O que Fazer se Você Não Puder Vir Trabalhar
   Aparência Pessoal
   Horas Extras
   Problemas no Emprego
   Acesso a Registros do Departamento de Pessoal
   Reconhecimento
   Utilização do Relógio de Ponto
   Períodos de Descanso

> Exigências Pré/Pós-Trabalho
> Armários dos Funcionários
> Pacotes (Guarda de Objetos)
> Desafios da Carreira
> Promoção Interna
> Idênticas Oportunidades de Trabalho
> Oportunidades de Treinamento
> Programa de Desenvolvimento de Funcionários
> Caminhos para Avanço de Carreira
> Programas de Avaliação de Funcionários
> Sabemos Que Você Gostará de Nós. Bem-Vindo à Equipe!

Mostre o departamento aos novos funcionários. Identifique todas as áreas de trabalho e reserve algum tempo para apresentar os companheiros de trabalho dos novos funcionários sempre que encontrá-los. Antes dessas apresentações, você não deve deixar de informar os seus funcionários atuais a respeito de cada funcionário novo e quando ele começará a trabalhar. Por exemplo, você pode falar com a sua equipe sobre o novo funcionário numa reunião de departamento. Avise-a que o novato está preenchendo uma vaga. Se o novo funcionário estiver preenchendo uma vaga recém-criada, explique o seu propósito, suas necessidades e por que ela foi criada. Fale positivamente a respeito do novo funcionário. Comente como a pessoa irá contribuir para o sucesso da equipe no departamento. A designação de "parceiro" ou "companheiro de equipe" a um novo funcionário costuma ser eficaz. É uma boa opção escolher um funcionário experiente para ciceronear o novo funcionário, responder às suas perguntas e ser o seu ponto de referência, o "rosto amigo".

Um programa eficaz de orientação abrange cada um dos seguintes assuntos. Conforme você for lendo a lista, pense quais respostas para cada uma das perguntas fariam os novos funcionários se sentirem melhor a respeito de um novo trabalho:

- Qual é exatamente a missão da organização? Por que a organização existe?
- Quais são exatamente as responsabilidades do cargo?
- Quais são os direitos do funcionário?
- Quais são os limites até onde o funcionário pode e não pode ir sem ter que pedir permissão?
- Que outros cargos o funcionário pode galgar dentro da organização?
- Como o funcionário se encaixa dentro da organização?
- Que padrões de desempenho o funcionário deve ter para ter êxito no cargo e na organização?

- A quais benefícios gerais e específicos o funcionário tem direito?
- Com quem o funcionário trabalhará?
- Como o funcionário se integrará com os companheiros de trabalho?
- O que o funcionário pode fazer para estabelecer bons relacionamentos com todos aqueles com quem ele deve interagir no trabalho?
- Que tipo de treinamento o funcionário receberá, tanto imediatamente quanto posteriormente, a fim de ajudá-lo a se preparar para este cargo e para cargos futuros dentro da organização?

O Quadro 4.4 apresenta uma orientação sobre o estabelecimento, o departamento e a ocupação/cargo, além de um programa de treinamento. O departamento de alimentos e bebidas do *Opryland Hotel* (um estabelecimento com 1.891 apartamentos) utiliza o programa para treinar os garçons. Observe que a orientação geral sobre o estabelecimento dura aproximadamente dois dias, enquanto que a orientação e o treinamento sobre o departamento e o cargo continuam durante mais oito dias.

Quadro 4.4 – Programa de Treinamento para Garçons

PERFIL DO TREINAMENTO PARA ALIMENTOS E BEBIDAS				
Departamento: Bebidas			Cargo: Garçom	
Semana 1				
2ª	3ª	4ª	5ª	6ª
08:00h às 16:00h Orientação do Hotel	08:00 às 16:00h Orientação do Hotel	09:00 às 16:00h	08:45 às 15:30h	10:00 às 17:00h
	15:30h Apresentação do Manual de Treinamento	09:00h Apresentação do Departamento	08:45h "Apresentação dos drinques"	10:00h "Especialidades do Serviço de Bebidas"
		13:00h Apresentação de Máquinas e Equipamentos	13:00h Desempenho das Máquinas e dos Equipamentos	12:00h Observação do Salão, Todos os Pontos de Venda
16:00h Saída	16:00h Saída	16:00h Saída	15:30h Saída	17:00h Saída
Sábado e Domingo de Folga				
2ª	3ª	4ª	5ª	6ª
17:00h até Fechar	17:00h até Fechar	14:00 às 20:00h	10:30 às 16:00 h	10:30 às 18:00h
Seguir o Instrutor Experiente, Tarefas Burocráticas	Seguir o Instrutor Experiente, Tarefas Burocráticas	Seguir o Instrutor, sem Tarefas Burocráticas	Posto de Treinamento, Formulários	Posto de Treinamento, Tarefas Burocráticas

Cortesia do Opryland Hotel, Nashville, Tennessee.

Lista de Verificação da Orientação: Uma Ferramenta Útil no Planejamento

Uma lista de verificação da orientação, como a encontrada no Quadro 4.5, relaciona as atividades e as informações da orientação a serem revisadas com os novos funcionários. Essa lista de verificação oferece diversas vantagens. Primeiro, a sua adoção indica que a organização se preocupa o bastante com as atividades planejadas de orientação para colocar tudo por escrito. Além do mais, é um formulário-padrão utilizado para orientar todos os funcionários: a sua utilização ajuda a garantir a consistência através de todo o estabelecimento. A lista de verificação também garante que todas as atividades de orientação sejam executadas. Como tanto você quanto o funcionário devem assinar a lista de verificação ao término da orientação, as suas respectivas assinaturas confirmam que vocês concluíram todas as atividades. Finalmente, a lista de verificação de orientação devidamente assinada formaliza o processo de orientação. Ela ajuda a garantir à alta gerência que as rotinas e práticas de orientação sejam seguidas de maneira consistente.

Quadro 4.5 – Lista de Verificação de Orientação de Novos Funcionários

Lista de Verificação de Orientação de Novos Funcionários
Nome do Novo Funcionário: _____ Cargo: _____
Departamento: _____ Supervisor: _____
Data da Contratação:
Instruções – Rubrica e data em que cada uma das atividades abaixo for concluída:
Parte I – Apresentação
☐ _____ Bem-vindo à nova posição (dê seu nome, descubra por qual nome o funcionário prefere ser chamado etc.).
☐ _____ Visita ao hotel.
☐ _____ Visita à área funcional do departamento.
☐ _____ Apresentação aos companheiros de trabalho.
☐ _____ Apresentação ao instrutor.
☐ _____ Explicação do programa de treinamento.
☐ _____ Revisão da descrição da ocupação/cargo.
☐ _____ Explicação sobre o departamento.
Parte II – Discussões sobre Rotinas Diárias
☐ _____ Início/fim do horário do turno de trabalho.
☐ _____ Períodos para descanso e refeição.
☐ _____ Uniformes (responsabilidade pelo asseio etc.).
☐ _____ Designação de armário.
☐ _____ Refeições dos funcionários (se houver).
☐ _____ Necessidades de estacionamento.
☐ _____ Rotinas para relato de primeiros socorros e acidentes.
☐ _____ Necessidades de relógio de ponto ou "livro" de ponto.
☐ _____ Outros (especifique).
☐ _____
Parte III – Informações sobre Remuneração e Salários
☐ _____ Nível de salário.
☐ _____ Descontos.
☐ _____ Períodos de pagamento.
☐ _____ Políticas de horas extras.
☐ _____ Preencher todos os formulários relacionados a descontos na fonte, seguro etc.
☐ _____ Outros (especificar).

Parte IV – Revisão de Políticas e Regulamentos
☐ _____ Segurança, incêndio, acidentes.
☐ _____ Manutenção e utilização dos equipamentos.
☐ _____ Pontualidade.
☐ _____ Absenteísmo.
☐ _____ Doença.
☐ _____ Emergências.
☐ _____ Uso do telefone.
☐ _____ Afastamento do posto de trabalho.
☐ _____ Fumo/comida/bebida.
☐ _____ Pacotes (guarda de objetos).
☐ _____ Férias.
☐ _____ Outros (especifique).
☐ _____

Parte V – Manual do Funcionário/Informações Afins
☐ _____ Recebido e analisado.
☐ _____ Análise do processo de avaliação do funcionário.
☐ _____ Análise da macroestrutura.
☐ _____ Análise da descrição da ocupação/cargo.
☐ _____ Análise das responsabilidades do departamento.
☐ _____ Análise de todos os planos de benefícios.
☐ _____ Padrões/expectativas de desempenho.
☐ _____ Possibilidades de ascensão na carreira.

Parte VI – Rotinas Diversas de Orientação (outras áreas apresentadas ao novo funcionário)
_____
_____
_____

Certifico que todas as atividades acima foram concluídas na data indicada.
Funcionário _____ Data _____
Supervisor _____   Data _____

A lista de verificação deve ser atualizada sempre que necessário. Lembre aos funcionários que quando eles assinam a lista de verificação é como se estivessem dizendo, "Compreendo que sou responsável pelo conhecimento de todos os itens relacionados na lista de verificação".

Treinamento

Fornecer aos funcionários um **treinamento** adequado é uma das principais responsabilidades de um supervisor. Embora você provavelmente dê uma parte do treinamento, pode, muitas vezes, delegar as tarefas relacionadas ao treinamento a instrutores regulares do departamento ou a funcionários talentosos (veja o Quadro 4.6 para ajudá-lo a selecionar um instrutor adequado).

Quadro 4.6 – Você é um Bom Instrutor?

1. Você considera os preparativos como o primeiro passo na instrução de um funcionário?
2. Você leva pelo menos a mesma quantidade de tempo aprontando tudo para o treinamento quanto leva com o treinamento em si?
3. Você utiliza os padrões de desempenho das ocupações/cargos nos seus planos de ensino?
4. Você lista os tópicos principais em torno dos quais constrói o treinamento?
5. Você dedica tempo a explicar ao funcionário como ele vai se beneficiar da sessão de treinamento?
6. Você determina o que o funcionário já sabe a respeito do trabalho antes de começar o treinamento?
7. Você organiza um quadro de horários mostrando a quantidade de tempo que pretende gastar treinando funcionários e quando você acha que o treinamento será concluído?
8. Você acha que haverá períodos durante o treinamento em que não haverá qualquer progresso visível?
9. Você espera que alguns funcionários aprendam duas ou três vezes mais rápido do que outros?
10. Você tanto diz quanto mostra ao funcionário como fazer o trabalho em questão?
11. Quando um funcionário desempenha a tarefa impropriamente durante o treinamento, você identifica o desempenho correto antes de apontar as áreas que precisam de aperfeiçoamento?
12. Você dá instruções de forma tal que ninguém deixe de compreendê-las?
13. Você pede ao funcionário para tentar fazer o trabalho e para mostrar-lhe como fazê-lo?
14. Você freqüentemente tece elogios diante do desempenho correto?
15. Você espera 100% de conformidade com os padrões?

(Todas as perguntas acima devem ser respondidas com um "Sim".)

Fonte: Stephen J. Shriver, *Managing Quality Services* (East Lansing, Michigan: *Educational Institute of the American Hotel & Lodging Association*, 1988), p. 288.

Benefícios do Treinamento

O treinamento beneficia a todos: os funcionários, os hóspedes, o estabelecimento e o supervisor. Ele beneficia o funcionário, que sofrerá menos estresse porque vai saber como fazer o seu trabalho. Além disso, o treinamento pode preparar o funcionário para uma promoção dentro do estabelecimento, ajudando-o, assim, a alcançar as suas necessidades pessoais e profissionais. O treinamento pode ajudar o funcionário a avaliar todo o seu potencial. O treinamento encoraja o desenvolvimento das pessoas e aumenta a confiança delas em si mesmas. Também pode ajudar os funcionários a desenvolver habilidades no processo decisório, na resolução de problemas e nas comunicações.

O treinamento beneficia os hóspedes, que esperam regularmente receber bons produtos e serviços que estejam à altura dos padrões qualitativos e quantitativos do estabelecimento. Funcionários bem treinados garantem que um hóspede tenha uma experiência agradável no estabelecimento.

O treinamento beneficia o estabelecimento ajudando-o a reduzir custos, aumentar vendas e rentabilidade e constrói uma imagem melhor. Além do mais, um bom treinamento encorajará novos negócios quando os hóspedes que estiverem satisfeitos retornarem mais de uma vez. O bom treinamento também aumenta os negócios através das referências – hóspedes satisfeitos contam aos outros a respeito da boa experiência que tiveram no seu estabelecimento. No final das contas, o estabelecimento tem um retorno sobre seu investimento inicial. Um bom

Orientação e Treinamento 107

programa de treinamento oferece aos funcionários um futuro e oportunidades de desenvolvimento de carreira, não apenas um "emprego". Finalmente, um bom programa de treinamento mostra que o estabelecimento prioriza as pessoas, uma qualidade útil nos esforços de recrutamento.

O treinamento beneficia o supervisor porque afeta diretamente o desempenho do funcionário. O treinamento melhora a disposição e o ânimo dos funcionários, o que, por sua vez, diminui a rotatividade. Além do mais, o treinamento ajuda a construir confiança e respeito entre você e seus funcionários. Ele ajuda a melhorar a comunicação entre departamentos e dentro da organização. Ao mesmo tempo, o seu estabelecimento vai descobrir que funcionários capacitados e com conhecimento podem oferecer produtos e serviços de melhor qualidade aos hóspedes. O treinamento pode ajudá-lo a construir um núcleo forte de funcionários. E oferece a você oportunidades para o seu próprio desenvolvimento profissional.

Tipos de Treinamento

As operações do setor de hospitalidade podem utilizar diversos tipos de métodos de treinamento. Esses métodos incluem métodos de treinamento em grupo, utilizados para treinar muitos funcionários de uma só vez. O estabelecimento também pode querer utilizar métodos de treinamento voltados para determinados funcionários. Eles podem incluir estudo independente ou programas de treinamento no local de trabalho.

Treinamento em Grupo. O **treinamento em grupo** pode ser muito útil quando os empregadores têm que fornecer a mesma informação ou o mesmo treinamento profissional a muitos funcionários de uma só vez. O Quadro 4.7 analisa alguns dos métodos mais populares utilizados nas operações de hotelaria. Alguns métodos, como palestras e demonstrações, são relativamente diretos na sua aprendizagem. Embora envolvam uma quantidade significativa de esforço e prática para serem usados corretamente, eles são métodos com os quais a maioria dos supervisores está familiarizada.

Outros métodos de treinamento em grupo, como os métodos que usam o desempenho de papéis e os estudos de caso, envolvem esforços significativos de planejamento para informarem aos treinandos sobre os métodos e como utilizá-los. Você provavelmente precisará de treinamento especializado antes de poder usar esses métodos para liderar atividades de treinamento.

O departamento de pessoal pode utilizar formatos adicionais, como seminários, conferências e painéis de discussão, nos seus esforços de treinamento para todo o estabelecimento.

Programas de Auto-Aprendizagem. As pessoas interessadas em se aperfeiçoarem, podem cursar **programas de auto-aprendizagem** em muitas áreas do setor de hospitalidade.

Nos cursos de auto-aprendizagem, também chamados de programas de educação a distância, os alunos lêem e estudam materiais sozinhos dentro do seu próprio horário. Os alunos fazem os exames e submetem-nos à instituição que oferece o curso, para comentários e crédito final. Esses cursos são apropriados para adultos porque são feitos dentro do próprio ritmo deles; são individualizados, opcionais e dirigidos por eles mesmos. Um número ilimitado de funcionários de uma organização pode se matricular de uma só vez; entretanto, cada pessoa prossegue num ritmo determinado por ela mesma. Como os participantes de programas de auto-aprendizagem concluem o treinamento dentro do seu próprio ritmo, os empregadores não têm que pagar pelo tempo de treinamento e o estudo não leva os funcionários para longe dos seus postos de trabalho. Os funcionários podem praticar o que aprendem aplicando os novos conhecimentos no trabalho. Para encorajar os funcionários a cursarem programas de auto-aprendizagem, os empregadores talvez desejem reembolsar integral ou parcialmente os funcionários que concluírem os cursos com sucesso.

Quadro 4.7 – Métodos Populares de Treinamento em Grupo

Métodos Populares de Treinamento em Grupo			
Método	Visão Geral das Rotinas	Vantagens	Desvantagens
1. Palestra	Método menos eficaz. Somente uma pessoa fala, pode distribuir folhetos, usar recursos visuais, perguntas e respostas para complementar a palestra.	O instrutor precisa de menos tempo para se preparar do que nos outros métodos; fornece muita informação rapidamente quando a retenção de detalhes não for importante.	Não envolve efetivamente os treinandos no processo de treinamento; os treinandos esquecem grande parte das informações quando estas são apresentadas apenas verbalmente.
2. Demonstração	É muito eficaz para o treinamento básico. O instrutor mostra aos treinandos como fazer alguma coisa; pode incluir uma oportunidade para os treinandos também desempenharem as tarefas enquanto são demonstradas.	Enfatiza a participação do treinando; diversos sentidos (visão, audição, tato) podem ser envolvidos.	Requer muitos preparativos e planejamento por parte do instrutor.
3. Seminário	É bom para funcionários experientes. Pode utilizar vários métodos em grupo (palestras, debates, conferências), os quais requerem a participação do grupo.	Os membros do grupo participam do treinamento; pode usar muitos métodos em grupo (desempenho de papéis, estudo de caso etc.) como parte da atividade do seminário.	O planejamento leva tempo; o(s) instrutor(es) deve(m) ter aptidão para conduzir um seminário; é necessário ter experiência em treinamento.
4. Conferência	Boa abordagem para a resolução de problemas. Abordagem do grupo para a consideração de um determinado problema ou assunto – e chegar a um acordo a respeito de fatos ou solução.	Muita participação do treinando; obter o consenso do treinando; pode usar vários métodos (palestra, painel, seminário) para manter as sessões interessantes.	Pode ser difícil controlar o grupo; as opiniões do grupo geradas na conferência podem diferir das idéias do gerente; pode resultar em conflitos.
5. Painel	Bom quando se usa pessoas externas. Fornece vários pontos de vista sobre o tópico a fim de buscar alternativas para a situação. Os membros do painel podem ter idéias diferentes, mas também precisam ter uma preocupação objetiva com o propósito do treinamento.	É interessante ouvir pontos de vista diferentes; o processo dá margem às opiniões dos funcionários; os funcionários são instigados a considerarem altrnativas.	Requer grande preparação; os resultados do método podem ser difíceis de avaliar.

continua

6. Desempenho de Papéis	Bom para o treinamento de relacionamento com os hóspedes. Os treinandos fazem de conta que são pessoas selecionadas em situações específicas e têm a oportunidade de vivenciar abordagens diferentes para resolver a situação.	Os treinandos podem aprender possíveis resultados de certas condutas numa situação de sala de aula; possibilidade de praticar as aptidões em lidar com as pessoas; possibilidade de analisar e considerar as abordagens alternativas.	
7. Estudos de Caso	Bons para ensinar análise de situações. O estudo de caso é uma descrição de uma situação real ou imaginária que contém informações que os treinandos podem usar para analisar o que aconteceu e por quê.	Pode apresentar uma situação da vida real que permite que os treinandos pensem no que eles fariam; pode ser usado para ensinar uma ampla variedade de habilidades nas quais o uso da informação é importante.	Os casos são difíceis de se compor e levam tempo para serem discutidos; o instrutor deve ser criativo e hábil ao liderar as discussões, dando opiniões e mantendo os treinandos nos trilhos.
8. Simulações	Bom para o desenvolvimento de competências. Os treinandos imitam ações, repetem os passos numa demonstração depois que ela for apresentada.	O treinamento se torna "real"; os treinandos envolvem-se efetivamente no processo de aprendizagem; o treinamento tem aplicabilidade imediata no desempenho das tarefas depois do treinamento.	As simulações levam muito tempo; elas requerem um instrutor experiente e criativo.
9. Projetos	Bom para funcionários experientes. Os projetos exigem que os treinandos façam alguma coisa no trabalho que melhore a operação; fazem também com que eles aprendam sobre o tópico do treinamento.	Podem ser selecionados projetos que ajudem a solucionar problemas ou então melhorem a operação; os treinandos recebem experiência de primeira mão sobre o tópico do treinamento; pouco tempo é necessário logo no início do treinamento.	Sem uma apresentação apropriada do projeto e do seu objetivo, os treinandos podem pensar que estão fazendo o trabalho de outra pessoa. Além disso, se eles não tiverem interesse no projeto – por exemplo, se não houver qualquer impacto imediato nas tarefas que desempenham – será difícil obter e manter o seu interesse.

Adaptado de Lewis C. Forrest, Jr., *Training for the Hospitality Industry*, 2ª ed. (East Lansing, Michigan: *Educational Institute of the American Hotel & Lodging Association*, 1990).

Programas de Treinamento no Trabalho. Os programas de treinamento no setor de hospitalidade têm por tradição enfatizar os **programas de treinamento no trabalho** (OJT – *on-the-job training*). Com esses programas, os treinandos vão trabalhando junto a um funcionário experiente e aprendem as rotinas ao mesmo tempo em que observam, conversam e ajudam o funcionário experiente. O OJT funciona porque trata das necessidades específicas do treinando. Como é conduzido no próprio local de trabalho, o OJT oferece o máximo de realismo. Além do mais, os funcionários recebem *feedback* imediato. Quando eles são reforçados positivamente, ganham incentivos para continuarem a trabalhar bem. E o instrutor pode corrigir os problemas imediatamente já que o treinamento envolve somente um treinando.

Entretanto, esses programas de treinamento podem, às vezes, ser ineficazes quando são planejados e conduzidos inadequadamente. O supervisor pode erroneamente raciocinar que um treinando que seguiu um instrutor-líder tenha sido exposto a todos aspectos do trabalho por um período de tempo suficiente. Na prática, porém, o treinando pode passar rapidamente pelo treinamento porque precisa começar a fazer o seu trabalho. Um outro problema surge quando o instrutor ensina de maneira insatisfatória. Além disso, o método de treinamento é demorado e, portanto, pode ser inadequado ao ritmo acelerado de muitas operações do setor de hospitalidade.

O instrutor do OJT deve querer ser um instrutor e precisa possuir espírito de doação. Nem todos os bons funcionários são bons instrutores. Portanto, tenha calma ao escolher um instrutor de OJT.

O método de treinamento de quatro passos, uma eficaz abordagem de OJT, é discutido em maior profundidade mais adiante neste capítulo.

Princípios de Aprendizagem de Adultos

Esta seção do capítulo discute as formas como os adultos aprendem. Os adultos rejeitam muitos métodos tradicionais utilizados para se ensinar crianças nos nossos sistemas escolares. Na verdade, poucos adultos estão interessados em palestras que levem o dia inteiro ou num dever de casa que consista em exercícios repetitivos. Nem têm tempo para freqüentar aulas cinco dias por semana durante várias semanas seguidas. A compreensão dos princípios da aprendizagem de adultos apresentados a seguir ajudará você a implementar um treinamento no trabalho.

O Desejo de Aprender. Os adultos aprendem melhor quando estão fortemente motivados para tal, quando querem adquirir conhecimentos adicionais ou novas "aptidões para a vida". Eles devem estar prontos e dispostos a aprender. Além disso, eles querem saber em que o treinamento vai beneficiá-los. Se você explicar o que os funcionários ganharão e certificar-se de que o treinamento em si seja interessante e estimulante, os treinandos provavelmente ficarão receptivos.

A Necessidade de Aprender. Os adultos aprendem rapidamente quando precisam aprender. Além disso, eles aprendem melhor quando acham que vão ter benefícios imediatos e fazer uso imediato das competências recém-adquiridas. Os treinandos esperam resultados de cada aula, palestra e dever de casa. Querem explicações diretas, breves, sem detalhes desnecessários ou informações inutilizáveis. Querem que o instrutor diga a eles exatamente o que fazer, como e por que fazer, e por que funciona. Se os adultos acharem que o treinamento não se aplica ou não atende às suas necessidades, provavelmente se desinteressarão – se não abandonarem o treinamento de vez.

Aprender Fazendo. Os adultos aprendem melhor quando participam ativamente da aprendizagem. Retêm mais conhecimento e informações quando praticam e usam uma nova habilidade imediatamente. Aprendem melhor praticando uma habilidade eles mesmos do que assistindo a uma demonstração ou simplesmente ouvindo uma série de palestras.

Um Foco Realista. A aprendizagem de adultos é melhor quando baseada em problemas reais, não em problemas imaginários. A importância do realismo na aprendizagem de adultos é muito significativa. Muitos resistem a resolver um problema que foi obviamente desenvolvido somente para fins de treinamento. Se um problema parecer irrealista, os adultos podem supor que o instrutor o inventou e que isso não ocorreria no mundo real.

Relacionando a Aprendizagem à Experiência. A aprendizagem de adultos deve ser relacionada e integrada ao conhecimento adquirido ao longo da vida do indivíduo. Os adultos provavelmente rejeitarão informações que não se encaixem no que já saibam ou pensam que sabem. Na verdade, as experiências anteriores dos adultos talvez impeçam que absorvam novas informações ou até mesmo as percebam com exatidão.

Isto significa que os instrutores devem dar aos adultos a oportunidade de se envolverem efetivamente, de interromper, fazer perguntas ou discordar. Desta forma, o instrutor pode vir a compreender as experiências e atitudes dos *treinandos*. Isto pode ajudar o instrutor a apresentar as novas informações de uma forma que valide a experiência dos adultos, tornando-os, assim, mais receptivos ao treinamento.

Um Clima Informal. Os adultos aprendem melhor se o clima do treinamento for descontraído e informal. É melhor apresentar o material usando uma linguagem coloquial, sempre solicitando reações dos participantes. A reunião dos participantes em grupos de três a cinco, em vez de usar o padrão tradicional de sala de aula, soma informalidade e encoraja a interação. Os adultos resistirão ao treinamento se o instrutor tratá-los como crianças ou tentar gerenciar a sala de aula. Os instrutores terão uma experiência pedagógica bem-sucedida e agradável se tratarem os funcionários como colegas profissionais em vez de subordinados. Na verdade, os funcionários, muitas vezes, se comportam como pensam que os seus supervisores esperam que eles se comportem. Se os instrutores tratarem os funcionários como colegas de valor e responsáveis, os funcionários provavelmente estarão mais receptivos tanto ao treinamento quanto ao cumprimento das metas da organização.

Orientação em vez de Notas. Como estão fora da escola há algum tempo, os adultos podem se sentir inseguros quanto à sua capacidade de aprendizagem. Se os seus esforços forem avaliados com testes e notas, eles podem se esquivar da experiência de aprendizagem para não correrem o risco de ser humilhados por uma nota ruim. Entretanto, os adultos que estão aprendendo querem saber como estão progredindo e se estão aprendendo e trabalhando corretamente. Exigem muito deles mesmos; perdem a paciência e se desmotivam quando cometem erros. Portanto, precisam do maior número possível de elogios sinceros que o instrutor possa dar. Se você tiver que criticar os treinandos, faça-o em particular, de uma forma construtiva e agradável. O mais importante é criticar somente as ações ou o desempenho dos treinandos, não eles mesmos.

Faça Perguntas

Na orientação e no treinamento, é importante envolver os treinandos o máximo possível. Permitir que façam perguntas e participem dos debates fará com que eles aprendam mais rápido e eficazmente e retenham o que aprenderam por muito mais tempo. Obviamente, então, é muito importante que os treinandos participem ativamente do processo de aprendizagem. Encoraje-os a fazerem perguntas em qualquer etapa do processo. Para testar a compreensão, faça, você mesmo, muitas perguntas. O mais importante, à medida que os treinandos forem praticando aquilo que você lhes ensinou, é pedir a eles para explicarem o que estão fazendo, quando estiverem fazendo determinada tarefa. Este último ponto é crucial. As pessoas retêm relativamente pouco do que lêem e ouvem. Entretanto, elas se lembrarão muito mais se estiverem ativamente envolvidas no processo de aprendizagem.

De uma forma simpática, faça perguntas aos treinandos freqüentemente para estimular discussão e para testar a compreensão, mas evite colocar os treinandos na berlinda. Ajude-os a sentirem que as suas perguntas são importantes e relevantes e que nenhuma pergunta sincera é tola. Refraseie as perguntas que ficarem sem resposta e gaste pouco tempo com as perguntas que não sejam relevantes.

Quando treinar grupos de funcionários, utilize perguntas para estimular e direcionar o debate. Chame várias pessoas para participarem do debate, não apenas aquelas que parecem saber a resposta. Chame-as numa ordem imprevisível. Quando os treinandos fizerem perguntas a você, redirecione as perguntas de volta para o grupo, perguntando algo como, "quem pode responder isso?" ou "alguém quer acrescentar algo?" Da mesma forma, redirecione uma pergunta de volta para a pessoa que perguntou, dizendo "qual você acha que é a resposta?" ou "o que faz você dizer isso?" Uma outra opção é transformar a resposta de um treinando numa oportunidade para debate. Quando você receber uma resposta, pergunte, "a resposta está certa?" ou "vocês concordam com a resposta?"

Tente atrair os treinandos mais tímidos para o debate fazendo perguntas a eles. Dê bastante tempo aos treinandos para responderem. Para encorajar o debate, faça perguntas que requeiram respostas que vão além de um sim ou de um não ou de respostas curtas. Evite perguntas traiçoeiras a menos que mencione que está desafiando os treinandos. Evite perguntas longas e perguntas que envolvam duas coisas ao mesmo tempo.

Listas das Tarefas de uma Ocupação e Descrição das Tarefas

Utilize listas de tarefas de uma ocupação e a descrição das tarefas para cada ocupação/cargo no seu departamento a fim de auxiliá-lo a ensinar as competências eficazmente e a avaliar o desempenho do funcionário.[1] Uma **lista de tarefas** é a relação do que um funcionário, numa determinada ocupação/cargo, deve executar. **A descrição de tarefas** especifica em detalhes, "passo a passo", como desempenhar cada tarefa.

A lista de tarefas de uma ocupação deve incluir todas as tarefas pelas quais o funcionário é responsável (veja, no Quadro 4.8, um modelo de lista de tarefas para a ocupação de garçom). Quando possível, as tarefas devem ser listadas na ordem pela qual o funcionário as executará. Quando você descrever cada tarefa e detalhar o "passo a passo" para sua execução, inclua tanto o conhecimento quanto as habilidades e atitudes como componentes necessários da tarefa.

Ao fazer as listas de tarefas de uma ocupação, formule as seguintes perguntas:

- Quais as tarefas específicas que o funcionário desempenhará?
- Que unidades de trabalho o funcionário deverá concluir?
- Que materiais o funcionário deverá manusear?
- Que equipamento o funcionário deverá operar?
- Que tarefas administrativas o funcionário deverá concluir?
- Que padrões de limpeza a função envolve?

Quadro 4.8 – Amostra de Lista de Tarefas Nº 1: Garçom

Lista de Tarefas*	
Cargo: Garçom	Data Preparada: 00/00/00
Tarefas: O funcionário tem que saber:	D.F. Nº**
1. Cumprimentar e acomodar os clientes do restaurante.	32
2. Servir água e acender as velas.	33
3. Anotar os pedidos de bebidas e servir drinques.	34
4. Apresentar o cardápio e a carta de vinhos.	35
5. Ajudar os hóspedes na seleção de comida e bebidas.	36
6. Fazer os pedidos na cozinha usando o bloco de pedidos.	37
7. Servir a comida e limpar a mesa entre cada curso da refeição.	38
8. Servir vinho e champanhe.	39
9. Servir sobremesas.	40
10. Servir café e chá quentes.	41
11. Preparar a conta e apresentá-la ao cliente.	15
12. Receber o pagamento; providenciar o troco.	16
13. Tirar a mesa, limpar e arrumar a mesa de novo para o próximo cliente.	26
14. Remover manchas do carpete do restaurante.	19
15. Fornecer cadeiras especiais ou cadeira alta para crianças.	20
16. Limpar as áreas de apoio.	27
17. Solucionar as reclamações dos clientes.	45
*Esta é uma lista parcial de tarefas de uma ocupação. A lista desenvolvida para uma operação específica deve incluir todas as tarefas a serem realizadas.	
** Número da Descrição da Tarefa. Isto se refere ao "passo a passo" para a execução de uma tarefa. Determinada tarefa de uma ocupação e sua respectiva descrição podem ser aplicáveis ou utilizadas na lista de tarefas de uma outra ocupação. Por exemplo, o maître² pode também "Cumprimentar e acomodar os hóspedes do restaurante". Desta forma, a descrição da tarefa de nº 32 para a ocupação de garçom seria a mesma usada para descrever esta mesma tarefa na lista de tarefas da ocupação de maître.	

Fonte: Lewis C. Forrest, Jr., *Training for the Hospitality Industry*, 2ª ed. (East Lansing, Michigan: *Educational Institute of the American Hotel & Lodging Association*, 1990), p. 28.

 O formato da descrição da tarefa pode variar de acordo com as necessidades e exigências do seu estabelecimento. Veja no Quadro 4.9 um modelo de descrição de tarefa que serve tanto como um orientador de treinamento como uma ferramenta com a qual se pode avaliar o desempenho do funcionário. A primeira coluna neste quadro lista uma tarefa extraída da lista de tarefa mostrada no Quadro 4.8. A segunda coluna identifica as etapas específicas pelas quais um funcionário precisa passar para concluir essa tarefa. Essas etapas são redigidas como sendo padrões de desempenho.

 Os funcionários devem se conscientizar dos padrões que você utiliza para medir o desempenho no trabalho. Portanto, é importante descrever as tarefas da ocupação e redigir os padrões de desempenho, assegurando-se de que os funcionários compreendam-nos. Se as descrições das tarefas têm que ser eficazes, os padrões de desempenho devem ser tanto *observáveis* como *mensuráveis*. Isto é, um padrão de desempenho como "Seja agradável" seria inadequado porque está sujeito a diferentes interpretações. Um gerente pode achar que um funcionário é agradável, enquanto que outro, não. Este padrão de desempenho seria mais adequadamente descrito se fosse determinado que os funcionários devem "sorrir" ao interagir com os hóspedes. Um sorriso tanto é observável como mensurável; um funcionário pode estar sorrindo, ou não, indiferentemente de quem esteja vendo.

Quadro 4.9 – Exemplo Nº 1 de Descrição de Tarefas de uma Ocupação

Descrição de Tarefas

Descrição da tarefa Nº 36: A capacidade de ajudar os hóspedes a fazerem seleções de alimentos e bebidas.
Equipamento necessário: bloco de pedidos, caneta. (Os hóspedes já estarão com o cardápio e a lista de vinho.)

Lista de Tarefas	Como Fazer	Informações Adicionais
1. Aproximar-se da mesa.	1. Permanecer ereto. Olhar para os hóspedes, sorrir e cumprimentá-los com simpatia. Apresentar-se. Se você sabe os nomes deles, use-os ao cumprimentá-los. Ser cortês.	1. Você conquista a mesa no seu primeiro contato, sendo agradável e simpático.
2. Anotar o pedido de drinques.	2. Perguntar aos hóspedes se eles gostariam de um coquetel ou vinho aperitivo. Assegurar-se de obter os detalhes completos do pedido, como gelo, puro ou com azeitonas extras. Lembrar-se de qual hóspede pediu cada drinque.	2. A maioria dos hóspedes sabe que drinques prefere. Esteja preparado para fazer sugestões, se apropriado. Não forçar as suas preferências pessoais. Não demonstrar surpresa quando um hóspede pedir um drinque pouco comum.
3. Servir os drinques.	3. Colocar o guardanapo de coquetel diante de cada hóspede. Servir todas as bebidas pela direita com a mão direita, sempre que possível. Colocar os copos sobre os guardanapos. Não perguntar quem pediu cada drinque. (Você tem que se lembrar.) Ao servir cada drinque, diga o que é, como uísque com água, martini duplo, uísque com gelo.	3. Saber quem pediu o que mostra que você se importa com o pedido. Os hóspedes se sentem especiais quando você repete o seu pedido ao servir os seus drinques.
4. Ver se eles querem mais um drinque.	4. Ser cortês e trazer a segunda rodada, se for pedida, seguindo a mesma rotina da primeira. Retirar todos os copos vazios e guardanapos da primeira rodada. Colocar novos guardanapos e servir os drinques.	4. Verificar, mais uma vez, quando os drinques já tiverem sido consumidos em aproximadamente dois terços.
5. Fazer o pedido da comida.	5. Perguntar aos hóspedes se estão prontos para fazer o pedido. Explicar qual é a especialidade do dia e responder qualquer pergunta sobre a comida. Anotar os pedidos começando pelas mulheres, sempre que possível. Sugerir entradas, sopa ou salada, se for apropriado, para ajudá-los a planejar uma refeição completa. Prosseguir com os hóspedes do sexo masculino. Assegurar-se de informar os hóspedes sobre o tempo aproximado que levará para preparar cada pedido. Comunicar-se com o hóspede durante esta etapa é muito importante. É mais do que anotar pedidos. Deve ser um planejamento do pedido.	5. Os hóspedes esperam que você saiba a respeito dos pratos. Quando lhe fizerem uma pergunta e você não souber a resposta, não blefe. Vá até a cozinha ou ao gerente e descubra a resposta. Depois, volte e responda ao hóspede. Sugerir itens do cardápio ajuda um hóspede indeciso a tomar uma decisão que ele realmente gostaria, principalmente se tiver que esperar.
6. Anotar o pedido de vinho.	6. Perguntar, "Já escolheram o vinho?" Quando a sua ajuda for solicitada, perguntar se o hóspede prefere tinto ou branco, seco ou meio-doce e outras perguntas para ter alguma idéia das suas preferências. Depois, recomende dois ou três vinhos que estejam dentro das características descritas. O hóspede pode escolher de acordo com preço ou outros fatores. Pedir licença para se afastar da mesa e assegurar aos hóspedes de que você voltará logo com o primeiro curso.	6. Conhecer a carta de vinhos. Ter sempre o cuidado de reconhecer o hóspede tímido que não tem experiência na escolha de vinhos. Estar preparado para orientar o hóspede durante um processo de seleção que atenderá às suas necessidades. Os bebedores de vinho experientes normalmente saberão o que querem pedir e não esperarão qualquer auxílio. Esta não é a hora de alimentar o seu ego demonstrando o seu conhecimento técnico sobre vinhos e intimidando o hóspede. Seja seguro de si mas seja cortês.

Fonte: Lewis C. Forrest, Jr., *Training for the Hospitality Industry*, 2ª ed. (East Lansing, Michigan: *Educational Institute of the American Hotel & Lodging Association*, 1990), pp. 32-33.

A terceira coluna apresenta mais informações que explicam por que cada etapa é seguida de acordo com os padrões listados na segunda. Utilize esta coluna de "informações adicionais" para enfatizar dicas que podem, por exemplo, ajudar o funcionário a desempenhar sem perigo ou a tratar os hóspedes com cortesia, ao mesmo tempo em que mantém os padrões do departamento.

Você pode querer adaptar este formato de descrição de tarefas incluindo uma quarta coluna que permita que você simplesmente assinale "Sim" ou "Não" para indicar se o funcionário trabalhou corretamente. Depois, você poderia fazer referência a esta lista de verificação quando quisesse realizar avaliações de desempenho. Uma avaliação de desempenho identifica os pontos fortes de um funcionário e as áreas que precisam de aperfeiçoamento. A última indica onde um funcionário precisa de mais treinamento.

A Descrição de Tarefas de uma Ocupação. Se o seu estabelecimento for grande, o seu diretor de departamento pode decidir formar equipes de especialistas em procedimentos e padrões de desempenho ou grupos de trabalho que redigirão as descrições de todas as tarefas das ocupações. Os membros do grupo podem incluir supervisores e funcionários experientes. Em estabelecimentos menores, os funcionários experientes podem redigir todas as descrições de tarefas das ocupações/cargos do departamento. Por outro lado, o departamento pode decidir designar o trabalho de descrição para funcionários que, na realidade, executem as tarefas. O Quadro 4.10 mostra como se descreve "passo a passo" as tarefas.

Quadro 4.10 – Desenvolvendo uma Descrição de Tarefas de uma Ocupação

```
┌─────────────────────────────────────────────┐
│     Relacionar os cargos do departamento    │
└─────────────────────────────────────────────┘
                      │
                      ▼
┌─────────────────────────────────────────────┐
│  Redigir uma lista de tarefas para cada cargo │
└─────────────────────────────────────────────┘
                      │
                      ▼
┌─────────────────────────────────────────────┐
│ Redigir padrões de desempenho para cada tarefa │
└─────────────────────────────────────────────┘
                      │
                      ▼
┌─────────────────────────────────────────────┐
│ Fornecer informações necessárias, quando necessário │
└─────────────────────────────────────────────┘
```

Fonte: Margaret M. Kappa, et al., *Managing Housekeeping Operations* (East Lansing, Michigan: *Educational Institute of the American Hotel & Lodging Association*, 1990), p. 69.

Muitas operações no setor de hospitalidade têm um manual de políticas e procedimentos. Partes do manual podem ajudar o grupo de especialistas em procedimentos do seu departamento (ou outros funcionários apropriados) a redigirem a descrição das tarefas de cada cargo/ocupação no departamento. Por exemplo, a seção de procedimentos do manual pode apresentar descrições das tarefas. O grupo de especialistas em procedimentos pode usá-las para redigir listas de tarefas e os padrões de desempenho. As seções de políticas do manual podem oferecer outras informações úteis.

O uso de equipamentos para a execução de determinadas tarefas pode já estar descrito nos manuais de operação fornecidos pelos fornecedores. Caso positivo, o grupo de especialistas em procedimentos pode fazer referência às páginas em questão.

Comece dividindo "passo a passo" cada tarefa de cada ocupação, explicando as etapas específicas observáveis e mensuráveis que um funcionário deve passar a fim de concluir a tarefa. Você e o seu chefe podem ajudar o grupo de especialistas em procedimentos a começar a redigir padrões de desempenho para duas ou três ocupações no departamento. À medida que você for redigindo os padrões, teste cada um deles perguntando se um supervisor ou gerente poderia avaliar o desempenho de um funcionário simplesmente assinalando "Sim" ou "Não" na coluna da "revisão trimestral de desempenho".

Depois que o grupo de especialistas em procedimentos já tiver praticado bem como descrever "passo a passo" algumas tarefas, o seu chefe deve designar a elaboração de descrição das demais tarefas para integrantes do grupo, individualmente. Dentro de um prazo, os integrantes do grupo devem submeter o seu trabalho pronto para o seu chefe, que deve mandar reunir e digitar tudo num formato padrão (talvez semelhante ao formato mostrado no Quadro 4.9) e distribuir para todos os membros do grupo. O grupo de especialistas em procedimentos poderá então se reunir, uma última vez, para cuidadosamente analisar a descrição das tarefas de cada ocupação. Depois que as descrições de todas as tarefas forem finalizadas, coloque-as em prática imediatamente a fim de treinar funcionários atuais e os novos.

Treinando para Atingir Padrões

Além de utilizar a descrição das tarefas para determinar as necessidades de treinamento dos funcionários experientes, você pode utilizá-los para treinar funcionários recém-contratados, que têm pouca ou nenhuma experiência (veja o Quadro 4.11). Utilize as descrições de tarefas para preparar planos detalhados de treinamento. Fundamente os planos de cada sessão nas colunas "padrões de desempenho" e nas "informações adicionais" das descrições das tarefas.

O Quadro 4.12 apresenta um modelo de plano de treinamento de três dias baseado no exemplo de lista das tarefas de uma ocupação apresentado no Quadro 4.8. O treinando aprende em detalhes um grupo de tarefas relacionadas entre si – e demonstra 100% de conformidade com os padrões de desempenho – antes de começar o próximo grupo de tarefas. Observe que o plano de treinamento segue a mesma ordem das tarefas que aparece no exemplo da lista de tarefas. Entretanto, você pode precisar variar a seqüência de tarefas, de acordo com as necessidades do seu departamento.

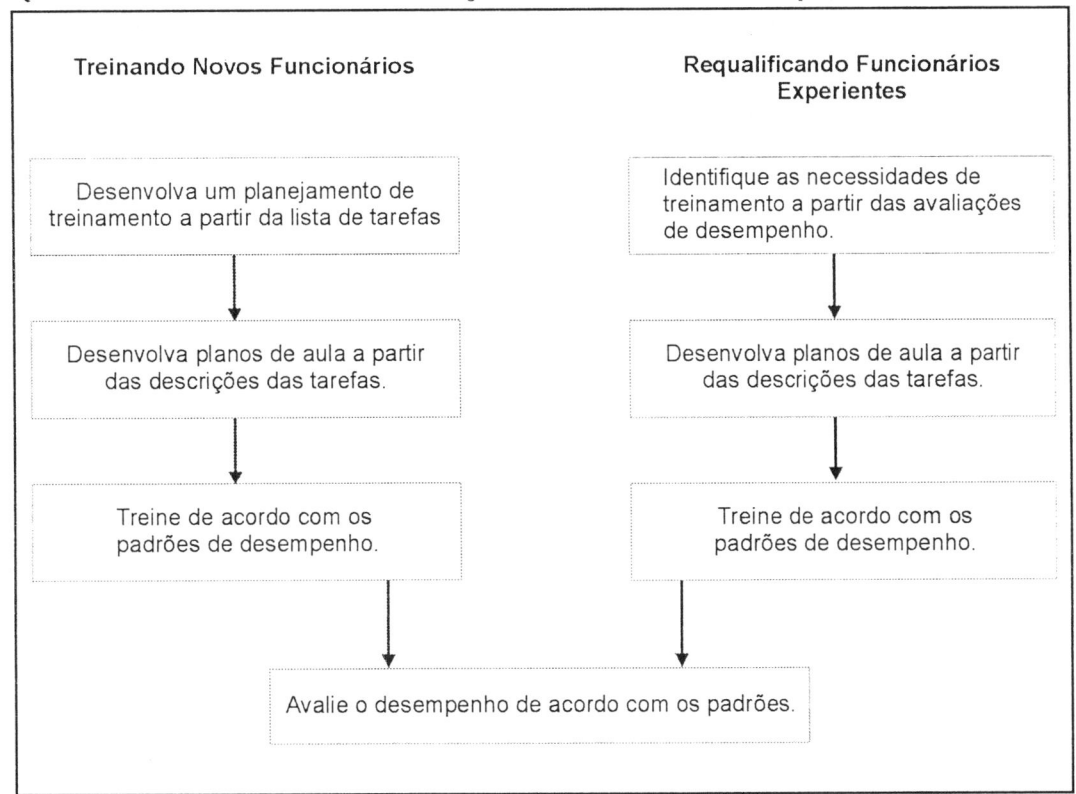

Quadro 4.11 – Treinando com as Descrições das Tarefas de uma Ocupação

Treinando Novos Funcionários	Requalificando Funcionários Experientes
Desenvolva um planejamento de treinamento a partir da lista de tarefas	Identifique as necessidades de treinamento a partir das avaliações de desempenho.
↓	↓
Desenvolva planos de aula a partir das descrições das tarefas.	Desenvolva planos de aula a partir das descrições das tarefas.
↓	↓
Treine de acordo com os padrões de desempenho.	Treine de acordo com os padrões de desempenho.
↓	↓
Avalie o desempenho de acordo com os padrões.	

Fonte: Margaret M. Kappa, et al., *Managing Housekeeping Operations* (East Lansing, Michigan: *Educational Institute of the American Hotel & Lodging Association*, 1990), p. 70.

Método de Treinamento de Quatro Passos

Os instrutores no seu estabelecimento podem utilizar um **método de treinamento de quatro passos** para treinar tanto os novos funcionários como os funcionários experientes. Este método é essencialmente um método OJT, baseado no sistema companheiro (*buddy system*). O instrutor, que pode ser um supervisor ou um funcionário talentoso, trabalha individualmente com o funcionário. O instrutor conduz o treinamento no posto de trabalho que o funcionário vai estar ocupando.

Este método oferece diversas vantagens. Por exemplo, é barato e não requer qualquer equipamento adicional de treinamento. Além do mais, é relevante à função porque oferece o máximo realismo. Dá ao treinando comentários imediatos sobre o seu desempenho e permite que o instrutor crie e regule o treinamento de forma que atenda às necessidades do treinando. Permite que os funcionários façam um treinamento cruzado. Finalmente, fornece benefícios diretos e imediatos ao estabelecimento.

Quadro 4.12 – Modelo de Plano de Treinamento de Três Dias

Cargo: Garçom

Data em que foi preparado: XX/XX/XX

Funcionário:

Tarefas: O funcionário deve estar apto para:

Dia 1

1. Cumprimentar e acomodar os clientes do restaurante.
2. Servir água; acender as velas.
3. Anotar os pedidos de bebidas; servir os drinques.
4. Apresentar o cardápio e a carta de vinhos.
5. Auxiliar os clientes na seleção de comida e bebida.
6. Fazer os pedidos na cozinha usando o bloco de pedidos.

Dia 2

7. Servir a comida e tirar a mesa entre cada prato.
8. Servir vinho e champanhe.
9. Servir sobremesas.
10. Servir café e chá quente.
11. Preparar a conta e apresentá-la ao cliente.
12. Pegar o dinheiro; fazer troco.

Dia 3

13. Tirar, limpar e arrumar a mesa novamente para o próximo hóspede.
14. Retirar manchas do carpete do salão de jantar.
15. Fornecer cadeiras especiais ou cadeiras altas para crianças.
16. Limpar as áreas de apoio.
17. Solucionar as reclamações dos clientes.

As desvantagens do método incluem o fato de que ocupa o tempo do instrutor. Além disso, ele pode não levar em consideração as descrições das tarefas da ocupação ou ficar dependente de recursos que não estejam mais disponíveis ou apropriados. Finalmente, um instrutor não qualificado pode passar hábitos ruins de trabalho para o treinando.

Você pode adaptar este método de OJT para atender às necessidades específicas do seu departamento. Utilize-o para treinar tanto uma só pessoa quanto grupos. Os quatro passos são: (1) Preparar-se para dar treinamento; (2) Conduzir o treinamento; (3) Assessorar os desempenhos numa base experimental, e (4) fazer acompanhamento. Faça referência ao Quadro 4.13, que dá um resumo geral do método de treinamento de quatro passos.

Prepare-se para dar Treinamento. Embora você possa sentir que conhece as competências necessárias às ocupações/cargos do seu departamento bem o bastante para ensiná-las sem qualquer preparo, uma boa idéia é preparar um formato por escrito para guiá-lo. Isto ajudará você a se lembrar de detalhes importantes. Esta seção mostra como se preparar para dar treinamento.

Redija os objetivos do treinamento. Os objetivos do treinamento descrevem o que os treinandos deverão saber, ou estarem aptos a fazer, depois do treinamento. No final da sessão de treinamento, os treinandos devem ser capazes de executar cada tarefa (no nível de desempenho desejado), listada na coluna Lista de Tarefas da Ocupação do quadro Descrição de Tarefas. Explique quais são os objetivos do treinamento no início da sessão de treinamento. Os objetivos do treinamento devem deixar claro que os funcionários devem executar as tarefas de forma a estarem 100% em conformidade com os padrões de desempenho estabelecidos.

Desenvolva os planos de aula. Redija planos de aula "passo a passo" descrevendo as tarefas que o funcionário aprenderá. Baseie os planos de aula nos padrões de desempenho listados na segunda coluna do quadro de Descrição de Tarefas.

Decida-se a respeito dos métodos de treinamento. Utilize os métodos que atenderão os seus objetivos de treinamento. Sempre que possível, demonstre as tarefas e forneça recursos visuais "passo a passo". Na verdade, quanto mais você envolve os cinco sentidos do treinando – audição, visão, tato, paladar e olfato –, melhor ele aprende.

Estabeleça um prazo para o treinamento. Determine quanto tempo cada sessão de treinamento levará. Programe cada sessão para um período em que você não seja interrompido ou tenha a atenção desviada. Por este motivo, as sessões de treinamento são normalmente programadas durante os períodos de pouco volume de negócios. Finalmente, estabeleça prazos realistas.

Selecione o local do treinamento. Sempre que possível, treine os funcionários nos postos de trabalho onde eles deverão trabalhar. Posicione os funcionários de forma que possam claramente assistir à demonstração. Assegure-se de que estejam assistindo partindo da posição verdadeira que eles ocuparão ao completarem as tarefas. Se os funcionários estiverem de frente para um instrutor que esteja corretamente posicionado, a visão que terão da tarefa será inversa à que realmente deveriam ter. Isto pode parecer sem importância, mas pode ser muito frustrante para os funcionários novos.

Quadro 4.13 – Método de Treinamento de Quatro Passos

ETAPA 1:	PREPARE-SE PARA DAR TREINAMENTO	
	REDIJA	os objetivos do treinamento.
	DESENVOLVA	os planos de aula.
	DECIDA-SE	a respeito dos métodos de treinamento.
	ESTABELEÇA	um prazo para o treinamento.
	SELECIONE	o local do treinamento.
	REÚNA	os materiais e o equipamento do treinamento.
	MONTE	o posto de trabalho.
ETAPA 2:	CONDUZA O TREINAMENTO	
	PREPARE	o treinando.
	COMECE	a sessão de treinamento.
	DEMONSTRE	as rotinas.
	EVITE	jargão.
	LEVE	o tempo necessário.
	REPITA	a seqüência.
ETAPA 3:	ASSESSORE O DESEMPENHO NUMA BASE EXPERIMENTAL	
	PERMITA	que o treinando pratique.
	ASSESSORE	o treinando.
ETAPA 4:	FAÇA ACOMPANHAMENTO	
	ASSESSORE	em algumas tarefas todos os dias.
	CONTINUE	com um reforço positivo.
	DÊ	feedbacks constantes.
	AVALIE	o progresso dos treinandos.
	OBTENHA	os comentários do funcionário.

Adaptado do livro de Stephen J. Shriver, *Managing Quality Services* (East Lansing, Michigan: *Educational Institute of the American Hotel & Lodging Association*, 1988), p. 282.

Reúna os materiais e o equipamento do treinamento. Separe todos os materiais e equipamentos necessários na área de treinamento antes de começar a sessão. Isso pode incluir listas de tarefas da ocupação apropriadas e descrição das tarefas, que são os materiais de treinamento mais importantes. A descrição das tarefas deve relacionar também os materiais e o equipamento necessário para cada tarefa. Certifique-se de que todo o equipamento esteja funcionando bem.

Conduza o Treinamento. Esta seção descreve como conduzir o treinamento.

Prepare o treinando. Explique os objetivos de treinamento da sessão. Diga aos funcionários exatamente o que você espera. Explique por que o treinamento é importante, como ele se relaciona à função e ao departamento e de que forma os funcionários se beneficiarão. Passe tanto tempo nos "por quê" quanto nos "como". Motive os funcionários a aprenderem.

Comece a sessão de treinamento. Utilize descrições das tarefas para guiar o seu treinamento. Siga a seqüência de passos nas colunas de padrões de desempenho das descrições de tarefas. Explique cada passo e por que é importante. Peça aos funcionários para examinarem as descrições de tarefas para que eles compreendam os padrões pelos quais você e o departamento avaliarão o seu desempenho.

Demonstre as rotinas. Ao explicar os passos, vá demonstrando-os. Não deixe de ordenar os passos de uma forma lógica. Os treinandos compreenderão e se lembrarão mais se puderem visualizar os passos assim como ouvir falar sobre eles. Encoraje os treinandos a fazerem perguntas sempre que precisarem de alguma explicação.

Evite jargão. Use palavras que os funcionários novos ao setor ou ao estabelecimento possam compreender. Mais tarde, eles vão aprender a usar o jargão à medida que forem se familiarizando com as suas ocupações/cargos. Se, durante o processo de treinamento, você usar palavras ou termos que não sejam familiares aos treinandos, forneça uma lista das palavras junto com a sua definição.

Leve o tempo necessário. Tenha em mente que os *treinandos* podem estar ouvindo e vendo coisas pela primeira vez. Portanto, vá devagar e com cuidado. Explique e demonstre cada aspecto dos passos. Seja paciente quando os funcionários não compreenderem cada um dos passos imediatamente. Conduza o treinamento no ritmo dos funcionários.

Repita a seqüência. Revise toda a etapa duas vezes para que os funcionários compreendam inteiramente o processo. Ao demonstrar a etapa uma segunda vez, faça perguntas aos *treinandos* para verificar a sua compreensão. Finalmente, repita os passos quantas vezes for necessário.

Faça o *coaching* (acompanhamento e assessoramento) quando da execução da função em regime experimental. Quando os funcionários tiverem compreendido bem como desempenhar cada etapa, peça a eles para executar e explicar cada etapa da tarefa. Esta prática permite que você verifique a compreensão dos treinandos. Também ajuda o funcionário a desenvolver bons hábitos de trabalho. O seu assessoramento ajuda os funcionários a aprenderem a executar o trabalho com habilidade e segurança. Elogie-os imediatamente quando desempenharem as suas tarefas adequadamente e corrija-os quando não o fizerem, revendo a conduta apropriada. Certifique-se de que os treinandos compreendam e possam explicar cada etapa e o seu propósito antes de passarem para a próxima etapa. (O *coaching* é abordado mais detalhadamente no Capítulo 6.)

Faça Acompanhamento. Depois que o período inicial de treinamento terminar, é importante acompanhar o funcionário para ter certeza que ele está fazendo o seu trabalho corretamente. Não espere até a avaliação de desempenho oficial dos funcionários para fazer isso. Infelizmente, o acompanhamento costuma ser a etapa mais negligenciada do OJT. É importante que os treinandos entendam que são responsáveis pela sua aprendizagem.

O acompanhamento consiste em assessorar, reforçar, comentar e avaliar.

Faça o coaching de algumas tarefas todo dia. É difícil para os treinandos absorverem mais do que uma quantidade limitada de novas informações a cada sessão de treinamento. Restrinja a informação a um volume que o treinando possa razoavelmente compreender e se lembrar em uma sessão. É importante permitir tempo o suficiente para a prática. Apresente assuntos adicionais em sessões subseqüentes até que os funcionários tenham aprendido todas as responsabilidades da ocupação/cargo.

Continue com um reforço positivo. Forneça aos treinandos um reforço positivo quando eles desempenharem bem as suas tarefas durante e depois do treinamento. Isto os ajudará a se lembrar do que aprenderam.

Se os funcionários novos deixarem de satisfazer os padrões de desempenho indicados nas descrições de tarefas, corrija-os. Primeiro, cumprimente os funcionários pelas tarefas que eles estejam executando corretamente. Depois, mostre a eles como corrigir os maus hábitos e explique por quê. Esta abordagem positiva ajudará a melhorar o desempenho dos funcionários e também permitirá que eles retenham atitudes positivas.

Dê feedbacks constantemente. Diga aos funcionários o que eles estão fazendo corretamente e o que estão fazendo de errado. Encoraje-os a fazer perguntas sobre tarefas que estejam aprendendo a executar. Discuta formas como podem melhorar a sua eficiência e o seu desempenho. Além disso, diga a eles onde buscar ajuda se você não estiver disponível.

Avalie o progresso dos treinandos. Determine se os treinandos estão seguindo as normas certas. Avalie o treinamento em termos de ver se eles cumpriram com os objetivos do treinamento. Caso contrário, forneça mais treinamento e prática.

Para ajudar você a controlar o progresso do treinando, utilize uma lista de verificação. O Quadro 4.14 apresenta a lista de verificação que os instrutores no *Opryland Hotel* usam quando treinam os garçons. Quando cada um dos passos tiver sido satisfatoriamente concluído, o supervisor anotará a data em questão e rubricará o formulário. Para mais informações sobre avaliação de funcionários, favor ver o Capítulo 6.

Quadro 4.14 – Lista de Verificação no Treinamento dos Garçons*

Perfil do Desenvolvimento do Funcionário – Alimentos e Bebidas

Sobrenome: _____ Nome: _____ Posição: _____

Endereço: _____ Cidade: _____ CEP: _____

Depto: _____ CTPS: _____ Nascimento: _____ Admissão: _____

	Data	Iniciais do Sup.		Data	Iniciais do Sup.
Orientação Total			Apresentação do Depósito		
Orientação Acompanhamento			Apresentação da Adega		
Orientação Reforço			Apresentação da Copa		
Espírito da Hospitalidade[3] Parte 1			Apresentação de Máquinas e equipamentos.		
Espírito da Hospitalidade Parte 2			Procedimentos de Cancelamento		
Cuidados com o Serviço de Bebidas Alcoólicas			Rotina de uso de máquinas/Procedimentos		
Apresentação dos Drinques			Procedimentos com Cartões de Crédito		
Descrição de Cargo			Segurança		
Especialidades do Serviço de Bebidas					
Apresentação ao Departamento					
Apresentação do Local do Caixa					
Apresentação do Balcão do Bar					

Assinatura do Instrutor: _____ Data: _____

Assinatura do Gerente: _____ Data: _____

*Cortesia do *Opryland Hotel*, Nashville, Tennessee.

Obtenha comentários do funcionário. Permitir que os funcionários avaliem o seu treinamento também é uma boa idéia. Pode dar a você uma idéia inestimável e ajudá-lo a aperfeiçoar o seu programa de treinamento. Por exemplo, você pode pedir aos funcionários para preencherem um questionário de avaliação do treinamento que faz as seguintes perguntas:

- Você acredita que o programa de treinamento foi benéfico?
- Que parte foi mais útil?
- Como poderíamos melhorar o programa?
- Quem foram os seus instrutores?
- De que forma eles foram úteis?
- Como eles poderiam ter sido mais úteis para você?
- Os seus supervisores colocaram-se disponíveis para as suas perguntas?
- Você acha que já estava preparado para assumir sozinho o seu trabalho?
- Você se sente à vontade na sua ocupação/cargo?
- Qual é a sua opinião sobre o programa de treinamento?
- Numa escala de 1 (baixa) até 10 (alta), como você classificaria o programa de treinamento?
- Você tem algum comentário adicional a fazer a respeito do seu treinamento?

Esse questionário, que é baseado no questionário que o Departamento de Treinamento de Alimentos e Bebidas do *Opryland Hotel* pede aos funcionários novos para preencherem, serve para vários propósitos. Primeiro, ele mede a atitude do novo funcionário com relação à organização. Segundo, ajuda o supervisor de treinamento a avaliar os resultados do programa de treinamento de cada funcionário. Terceiro, encoraja a comunicação entre o supervisor de treinamento, o treinando e o instrutor no local de trabalho. Finalmente, dá uma idéia do desempenho dos supervisores que ajudam a preparar, fornecer e avaliar os programas de treinamento.

Notas

1. As partes relativas a treinamento deste capítulo são baseadas nos livros de Margaret Kappa, et al., *Managing Housekeeping Operations* (East Lansing, Michigan: *Educational Institute of the American Hotel & Lodging Association*[*], 1990), e de Lewis C. For-

---

[*] N. R.: No Brasil, a Educational Institute of the American Hotel & Lodging Association – AHLA é representada pelo Instituto de Hospitalidade (www.hospitalidade.com.br).

rest, Jr., *Training for the Hospitality Industry*, 2ª ed. (East Lansing, Michigan: *Educational Institute of AH&LA*, 1990).

2. A palavra maître é uma redução da expressão francesa "Maître D'Hotel" e refere-se ao garçom que supervisiona o serviço dos outros garçons.

3. *Workshop* oferecido a todos os novos funcionários do *Opryland Hotel*, sobre as competências comuns e essenciais para receber o hóspede e servir com qualidade.

Termos-chave

manual do funcionário	descrição de tarefas
método de treinamento de quatro passos	lista de tarefas de uma ocupação
orientação geral sobre o estabelecimento	treinamento no trabalho (OJT)
treinamento em grupo	orientação sobre tarefas específicas
programas de auto-aprendizagem	treinamento

Perguntas para Debate

1. De que forma a orientação sobre o estabelecimento em geral difere da orientação sobre ocupações/cargos específicos?

2. Quais as atividades que podem participar de um programa de orientação sobre ocupações/cargos específicos?

3. De que forma o treinamento beneficia o funcionário, o hóspede, o estabelecimento e o supervisor?

4. Quais são alguns dos benefícios dos programas de auto-aprendizagem?

5. Como funciona o treinamento no trabalho?

6. Quais são algumas das vantagens e desvantagens do treinamento no trabalho?

7. Que fatores motivam os adultos a aprenderem?

8. Por que é importante fazer com que os *treinandos* participem ativamente da aprendizagem?

9. Como você utiliza as listas de tarefas das ocupações e as descrições das tarefas?

10. Quais são os quatro passos que compõem o programa de treinamento em quatro passos?

Exercício de Revisão

Quando você achar que compreendeu todo o conteúdo deste capítulo, responda essas perguntas. Selecione a *melhor* resposta. Verifique suas respostas comparando as respostas corretas encontradas ao final deste livro em **Respostas aos Exercícios de Revisão**.

Verdadeiro (V) ou Falso (F)

V F 1. Uma parte importante da orientação sobre o estabelecimento em geral é uma revisão do equipamento e dos materiais necessários para desempenhar o trabalho.

V F 2. O treinamento beneficia os clientes que visitam o estabelecimento.

V F 3. Negócios repetidos são um dos benefícios do treinamento adequado nas ocupações/cargos.

V F 4. É melhor conduzir treinamento no trabalho, numa sala de reuniões tranqüila que está livre de interrupções.

V F 5. As palestras geralmente são o melhor método para se ensinar adultos.

V F 6. Uma lista de tarefas de ocupações/cargos especifica os detalhes de como realizar cada tarefa.

V F 7. Os padrões de desempenho devem ser observados a fim de que as descrições de tarefas sejam eficazes.

V F 8. Uma lista de tarefas de ocupações/cargos deve incluir uma lista de verificação de sim/não que o supervisor poderá usar para avaliar o desempenho do funcionário.

V F 9. O *coaching* (acompanhamento e assessoramento) do desempenho em regime experimental é o último estágio do método de treinamento de quatro passos.

V F 10. Depois de cuidadosamente explicar, uma vez, cada passo de uma determinada responsabilidade da ocupação, o instrutor deverá realizar um *coaching* do desempenho em regime experimental.

Múltipla Escolha

11. Os adultos geralmente aprendem melhor quando os estudos de caso são:

    a. altamente teóricos;

    b. muito realistas.

12. Ao conduzir uma sessão de treinamento, deve-se geralmente fazer perguntas que requeiram:

    a. uma resposta do tipo sim/não;

    b. mais do que uma resposta curta.

13. Uma descrição de tarefa:

    a. lista as tarefas que um funcionário deve realizar;

    b. especifica, em detalhes, como realizar cada tarefa.

14. É útil abranger todos os tópicos seguintes durante a orientação sobre o estabelecimento em geral, *exceto* por:

    a. benefícios sociais;

    b. relacionamentos com os hóspedes;

    c. jargão profissional;

    d. filosofia da organização.

15. Quais dos seguintes métodos de treinamento *não* é um método de treinamento em grupo?

    a. desempenho de papéis;

    b. treinamento no trabalho;

    c. seminários;

    d. estudos de caso.

Tópicos do Capítulo	*Objetivos da Aprendizagem*

Padrões de Produtividade
    Determinando Padrões de Produtividade
    Equilibrando Qualidade e Quantidade
Planejando as Necessidades do Quadro de Pessoal
    Quadro de Pessoal Fixo e Temporário
    Desenvolvendo um Guia de Preenchimento de Quadro de Pessoal
Prevendo o Volume de Negócios
    A Natureza das Previsões
    Previsões de Curto Prazo
    Previsões com Base no Ajuste de Dados
    Previsões com Base na Média Móvel
Programando Horários de Trabalho para os Funcionários
    Avaliando o Processo de Programação
Monitorando e Avaliando os Níveis de Produtividade
Aumentando a Produtividade
	1. Explicar por que os padrões de produtividade variam de local para local no setor de hospitalidade.
	2. Explicar como são determinados os padrões de produtividade.
	3. Distinguir entre quadro de pessoal fixo e temporário.
	4. Explicar como um guia de preenchimento de quadro de pessoal serve como ferramenta de controle e programação de pessoal.
	5. Identificar os procedimentos que os supervisores devem seguir para desenvolver um guia de preenchimento de quadro de pessoal.
	6. Explicar a natureza e as limitações das previsões de volume de negócios.
	7. Distinguir o método de previsão pelo ajuste da base do método de previsão pela média móvel.
	8. Descrever diversas técnicas de programação de pessoal disponíveis para os supervisores.
	9. Explicar como o supervisor pode usar um relatório semanal de horas trabalhadas para avaliar métodos de programação.
	10. Identificar os procedimentos que os supervisores devem seguir para aumentar a produtividade pela revisão de padrões de desempenho.

5
Administrando a Produtividade e Controlando os Custos de Pessoal

No setor de hospitalidade, que é usuário intensivo de pessoal, é normal que mais de 30% do valor da receita de vendas sejam usados para cobrir os custos de folha de pagamento. Este fato dá uma medida da importância do trabalho dos supervisores na administração da produtividade e do controle dos custos de pessoal. Nenhum serviço de hotelaria pode suportar funcionários improdutivos ou desperdício de horas de trabalho. Veja o exemplo a seguir:

Vamos supor que o lucro de um serviço de hotelaria seja de 8% da receita gerada com as vendas. Isto significa que para cada real em vendas a operação realiza um lucro de oito centavos. Vamos supor que a supervisão adotou escalas de trabalho inadequadas para a operação, o que resultou em um superdimensionamento do quadro de pessoal, gerando um desperdício semanal de mil reais em custos desnecessários de pessoal. Quanto mais a operação terá que gerar, em vendas adicionais, para pagar os mil reais desperdiçados em custos de pessoal?

A resposta *não* é mil reais. A receita de vendas é usada para pagar todos os custos da operação, tais como pessoal, alimentos, impostos, custos financeiros e outros tantos inerentes ao negócio. Esses mil reais de custo adicional sairão do lucro da operação. Assim, se quisermos manter a operação com um nível de lucro de 8%, teremos que aumentar o valor do lucro em R$1.000,00, ou seja, teremos que gerar uma receita adicional de R$12.500,00 (R$1.000,00 divididos por 0,08 do nível de lucro desejado).

O resultado de trabalhar com deficiência de pessoal pode ser igualmente desastroso. Ainda que em uma visão de curto prazo tenhamos uma redução de custo, ao longo do tempo isto vai se mostrar falso e teremos um aumento na rotatividade de pessoal e decréscimo nos lucros. A tensão constante quando se trabalha com deficiência de pessoal causa tanta sobrecarga de trabalho, que faz com que muitos se demitam. Quando os padrões de desempenho não são consistentemente alcançados, os lucros caem devido à insatisfação dos clientes e aos negócios perdidos.

Este capítulo focaliza a responsabilidade do supervisor em programar o número correto de funcionários para trabalhar a cada dia. O capítulo apresenta procedimentos passo a passo que ajudarão o supervisor de hospitalidade a:

1. Desenvolver padrões de produtividade baseados em padrões de desempenho estabelecidos.
2. Construir um manual de pessoal baseado nos padrões de produtividade.
3. Criar uma programação de trabalho para o pessoal usando o manual de pessoal e as previsões de negócios.
4. Aumentar a produtividade revisando de maneira adequada os padrões de desempenho.

Padrões de Produtividade

O **padrão de produtividade** define a quantidade aceitável de trabalho que deve ser gerada por um trabalhador treinado, que desempenhe seu trabalho de acordo com um **padrão de desempenho** estabelecido. Por exemplo, o padrão de produtividade para camareiras de um departamento de governança estabelece o tempo que uma camareira treinada leva para limpar um apartamento de acordo com o padrão de desempenho estabelecido. O padrão de produtividade para um garçom deve ser estabelecido pelo número de hóspedes que um garçom treinado pode atender, de acordo com o padrão de desempenho estabelecido.

É impossível identificar um padrão de produtividade aplicável a todo setor de hospitalidade, pois os padrões de desempenho variam de acordo com as características e necessidades específicas de cada estabelecimento. Os supervisores têm que equilibrar qualidade (padrões de desempenho) e quantidade (padrões de produtividade) em relação ao tamanho e ao nível de serviço de seus departamentos. Por exemplo, os deveres de uma camareira variam bastante entre hotéis econômicos/de serviços limitados, hotéis de médio porte e hotéis de luxo e alto luxo devido à diferença no tamanho dos apartamentos e de seu mobiliário. Assim, o padrão de produtividade para as camareiras irá variar de acordo com o padrão das instalações. Na verdade, o padrão de produtividade para as camareiras de um mesmo hotel variará em relação aos diferentes tipos de quartos a serem limpos.

Determinando Padrões de Produtividade

Um supervisor começa a estabelecer os padrões de produtividade respondendo à pergunta: Quanto tempo é necessário para que um funcionário desempenhe uma tarefa específica de acordo com o padrão de desempenho definido pelo departamento?

Vamos supor que, em um hotel de médio porte, o supervisor determine o tempo-padrão de 27 minutos para as camareiras limparem um apartamento. O Quadro 5.1 dá um exemplo de planilha de padrão de produtividade e mostra como determinar um padrão de produtividade para limpeza de apartamentos em turnos de 8 horas. Os cálculos na planilha levam em conta dois in-

Quadro 5.1 – Planilha de Padrão de Produtividade para Camareiras

Etapa 1

Determine quanto tempo é necessário para limpar um apartamento, de acordo com o padrão de desempenho definido pelo departamento.

Aproximadamente 27 minutos*

Etapa 2

Determine, em minutos, o tempo total do turno de trabalho.

8 horas x 60 minutos = 480 minutos

Etapa 3

Determine o tempo disponível para a limpeza de apartamentos

Tempo Total do Turno..	480 minutos
Menos:	
Tarefas de Início do Turno...	20 minutos
Intervalo da Manhã..	15 minutos
Intervalo da Tarde..	15 minutos
Tarefas de Final do Turno..	20 minutos
Tempo Disponível Para a Limpeza de Quartos...	410 minutos

Etapa 4

Determine o padrão de produtividade dividindo o resultado da Etapa 3 pelo resultado da Etapa 1.

$$\frac{410 \text{ minutos}}{27 \text{ minutos}} = 15,2 \text{ unidades habitacionais por turno de trabalho de 8 horas}$$

* Como o padrão de desempenho varia de estabelecimento para estabelecimento, esta tabela é usada exclusivamente como ilustração do método de cálculo. O resultado mostrado não deve ser entendido como sugestão de padrão de produtividade.

Fonte: Margaret Kappa, et al., *Managing Housekeeping Operations* (East Lansing, Mich.: *Educational Institute of the American Hotel & Lodging Association*, 1990), p. 26.

tervalos de 15 minutos e uma parada não-remunerada de meia hora para almoço. O quadro mostra que o padrão de desempenho para camareiras é limpar 15 apartamentos por turno de 8 horas. Observações e cálculos similares seriam efetuados para estabelecer os padrões de desempenho para outros cargos do departamento de governança, tais como inspetores, funcionários da lavanderia, serviços de apoio etc.[1]

O supervisor do restaurante também pode determinar padrões de produtividade, observando e determinando o tempo despendido por funcionários treinados para executar as diversas tarefas de sua área de acordo com os padrões de desempenho. Encontraremos variações de padrões de produtividade no restaurante, da mesma forma pela qual os padrões de produtividade para as camareiras variam de acordo com o tamanho dos apartamentos e do mobiliário típico a serem limpos. Assim, neste caso, os padrões de produtividade variam com o tipo de serviço oferecido aos hóspedes e até mesmo com itens específicos do cardápio servidos durante os diversos períodos de refeições.

O Quadro 5.2 mostra uma planilha que o supervisor pode usar para determinar padrões de produtividade para garçons. A planilha contém cinco colunas para registro dos dados colhidos na observação do desempenho de um mesmo trabalhador servindo almoços ao longo de cinco dias. O supervisor anota os seguintes dados, para cada turno de almoço:

- Número de clientes atendidos.

- Número de horas trabalhadas pelo funcionário.

- Número de clientes atendidos por hora trabalhada.

- Comentários sobre o desempenho do garçom, comparando-o ao padrão de desempenho determinado pelo departamento.

O quadro mostra que em 14 de abril Joyce serviu 38 hóspedes em um turno de 4 horas. Isto resulta em uma média de 9,5 hóspedes por hora trabalhada (38 hóspedes divididos por 4 horas de trabalho). O supervisor observou seu trabalho ao longo de um período de cinco dias e anotou comentários relativos a sua eficiência.

Quadro 5.2 – Planilha de Padrão de Produtividade para Garçons

Análise de Desempenho do Cargo					
Cargo: Garçonete	Nome do Funcionário: Joyce				
	Turno: Manhã-Almoço				
	14/4	15/4	16/4	17/4	18/4
Número de Hóspedes Servidos	38	60	25	45	50
Número de Horas Trabalhadas	4	4	4	4	3,5
Número de Hóspedes por Hora Trabalhada	9,5	15	6,3	11,3	14,3
Comentários de Revisão	Fluxo estável; sem problemas.	Muito corrido; não pôde manter nível de serviço adequado.	Muito parada. Ineficiente.	Sem problemas. Tudo funcionou bem.	Trabalhou rápido todo o turno; trabalhou melhor nos momentos em que havia menos hóspedes.
Comentários Gerais:					
Joyce é uma garçonete acima da média. Um garçom pode atender aproximadamente 10 clientes por hora de trabalho, considerando todas as tarefas que o garçom tem que executar em nosso restaurante. Quando o movimento foi muito grande, Joyce deixou alguns hóspedes esperando mais do que deveria. Observou-se muito tempo improdutivo quando o número de hóspedes por hora de trabalho caiu e Joyce não estava atarefada.					
Refeições/Horas de Trabalho Sugeridas (para este cargo) 10	Avaliação de Desempenho por		W. Brown, Gerente do Restaurante		

Fonte: Jack D. Ninemeier, *Planning and Control for Food and Beverage Operations*, 3ª ed.(East Lansing, Mich.: *Educational Institute of the American Hotel & Lodging Association*, 1991), p. 353.

O supervisor deve completar as planilhas referentes a diversos funcionários treinados, que tenham trabalhado em turnos de almoço similares, antes de calcular o padrão de produtividade para este cargo. Em nosso exemplo, o supervisor determinou um padrão de produtividade de 10 hóspedes atendidos por hora trabalhada. Ou seja, na visão do supervisor, um garçom treinado deve atender 10 hóspedes por hora, sem sacrificar os padrões de desempenho determinados. Observações e cálculos similares deveriam ser feitos para cada uma das funções do salão de refeições, tais como recepcionistas, *commis*, *barmen*, garçons etc.

Podemos usar a mesma planilha do Quadro 5.2, com pequenas adaptações, para determinar o padrão de produtividade de outras ocupações/cargos da indústria hoteleira, tais como cozinheiros, *stewards*, recepcionistas, caixas e atendentes de reservas. Por exemplo, a planilha para determinar a produtividade de um cozinheiro deveria ter espaço para registrar o número de refeições preparadas, o número de horas trabalhadas pelo cozinheiro e o número de refeições por hora trabalhada. De maneira similar, a planilha para determinar a produtividade do pessoal da recepção no turno do dia deveria ter espaço para anotar a quantidade de registros de *check-ins* e *check-outs* de hóspedes processada, o número de horas trabalhadas e a quantidade total desses registros por hora trabalhada.

Equilibrando Qualidade e Quantidade

Os supervisores devem balancear os padrões de desempenho e produtividade. Por exemplo, se for estabelecido um nível muito alto para a expectativa de qualidade (padrão de desempenho) talvez o montante de trabalho que pode ser feito nesse nível (padrão de produtividade) seja inaceitavelmente baixo. Desta forma, para assegurar o padrão de produtividade, pode ser necessário o pagamento de horas extras para os funcionários atuais, ou programação de pessoal adicional. Entretanto, o acréscimo nas despesas de pessoal daí decorrentes pode ser incompatível com o valor orçado para despesas com pessoal no departamento.

Por outro lado, se for estabelecido um nível muito baixo para a expectativa de qualidade, talvez o montante de trabalho que possa ser feito nesse nível seja inaceitavelmente alto. Neste caso, as despesas de pessoal vão se situar muito abaixo da previsão orçamentária. Em contrapartida, os baixos níveis de desempenho podem não atender à expectativa dos hóspedes. Os lucros do negócio serão afetados à medida que as reclamações dos hóspedes sobre o nível insatisfatório de serviços levar a uma redução no volume dos negócios.

O equilíbrio das expectativas de qualidade e quantidade resulta em padrões de produtividade realistas. Esses padrões de produtividade serão a base para o orçamento de despesas com pessoal do departamento e para o planejamento das necessidades do quadro de pessoal.

Planejando as Necessidades do Quadro de Pessoal

A primeira coisa a fazer, ao planejar as necessidades de pessoal do departamento, é definir que cargos são fixos e quais são temporários, conforme as mudanças de volume dos negócios.

Feita esta definição básica, utiliza-se os padrões de produtividade para desenvolver um guia de preenchimento de quadro de pessoal para os cargos temporários.

Quadro de Pessoal Fixo e Temporário

Cargos Fixos são aqueles que têm que ser preenchidos independentemente do volume de negócios. Muitos desses cargos, por sua própria natureza, são assalariados e de nível gerencial, incluindo, entre outros, gerentes de departamento, assistentes de gerentes, alguns supervisores e alguns poucos horistas em ocupações-chave. A quantidade e o tipo de cargos fixos variam de estabelecimento para estabelecimento.

Dado que o quadro de pessoal fixo representa o mínimo de recursos de pessoal necessários para operar um serviço de hospedagem ou alimentação, independente de volume de negócios, ele responderá também pelo mínimo do custo de pessoal nessa operação. Em períodos de baixa estação, os custos de pessoal têm que ser mantidos os mais baixos possíveis. Assim, é recomendável que diversas vezes ao ano a alta gerência reveja a quantidade de pessoal fixo necessária para cada departamento. Nessas revisões, a gerência deve considerar as seguintes ações temporárias para reduzir os custos de pessoal nas épocas de baixa temporada:

- Eliminar ou reduzir determinados serviços. Por exemplo, reduzir as horas de funcionamento do restaurante, da portaria ou do serviço de manobristas.

- Atribuir ao pessoal do quadro fixo tarefas normalmente executadas pelo pessoal do quadro temporário. Por exemplo, o assistente do gerente de alimentos e bebidas pode ficar à entrada do restaurante, encaminhando os hóspedes a seus lugares e fazendo as reservas.

- Ajustar tarefas executadas pelos horistas do quadro fixo. Por exemplo, mediante um treinamento, pode-se capacitar um recepcionista para operar também como caixa e/ou atendente de reservas.

A quantidade de **cargos temporários** a serem preenchidos em um dia qualquer será dependente do volume de negócios previsto. Por exemplo, a quantidade de recepcionistas programada para trabalhar aumentará quando houver uma expectativa de maior número de *check-outs* de hóspedes na parte da manhã e de *check-in* à tarde/noite. No departamento de governança, a quantidade de camareiras, governantas e pessoal de serviços de apoio dependerá essencialmente da quantidade de apartamentos ocupados na noite anterior. Da mesma forma, a programação da quantidade de pessoas para os quadros da cozinha e restaurante dependerá do número de hóspedes esperados para o café da manhã, almoço e jantar.

Desenvolvendo um Guia de Preenchimento de Quadro de Pessoal

O **guia de preenchimento de quadro de pessoal** é uma ferramenta fundamental para o supervisor fazer programação e controle de pessoal. O supervisor poderá programar para cada dia o número correto de funcionários que devem trabalhar, tendo ainda a possibilidade de controlar os custos reais de pessoal, comparados ao orçamento do departamento, se contar com um guia de preenchimento de quadro de pessoal bem desenvolvido.

O Quadro 5.3 mostra parte de um guia de quadro de pessoal temporário para o departamento de governança do fictício *Hotel King James*. As seções a seguir explicam em detalhe como foram calculados o número de horas de trabalho, o número de funcionários de tempo integral (muitos mencionados como "equivalentes de tempo integral") e valor das despesas de pessoal para as camareiras do turno do dia. A explicação também serve como "passo a passo" para o supervisor desenvolver seu próprio guia.

Passo 1 – Determine o Total de Horas de Trabalho. O primeiro passo para desenvolver um guia de quadro de pessoal é usar os padrões de produtividade já estabelecidos para determinar o total de horas de trabalho para as ocupações/cargos que têm que ser programados quando o hotel tem determinados níveis de ocupação. Vamos assumir que o padrão de produtividade para as camareiras do turno do dia seja de 30 minutos (0,5 hora) para limpeza de uma unidade habitacional. Vamos ainda assumir que todas as unidades habitacionais sejam de mesmo tamanho e tenham o mesmo mobiliário. O supervisor pode calcular o número total de horas de trabalho necessárias a depender da taxa de ocupação do hotel, com base nessas informações.

Por exemplo, se o hotel estiver com 90% de ocupação, teremos 225 apartamentos para limpar no dia seguinte (250 apartamentos x 0,9 = 225 apartamentos). Para limpá-los, serão necessárias 113 horas de trabalho (225 apartamentos x 0,5 hora = 112,5 horas de trabalho, arredondadas para 113). Com 80% de ocupação, teremos 200 apartamentos para limpar (250 apartamentos x 0,8 = 200 apartamentos). Para limpá-los, serão necessárias 100 horas de trabalho (200 apartamentos x 0,5 hora = 100 horas de trabalho).

Passo 2 – Determine o Número de Funcionários Necessário. No *Hotel King James*, as camareiras de tempo integral trabalham um turno de 8 horas com um intervalo não pago de meia hora para almoço. Considerando os intervalos da manhã e da tarde (15 minutos cada ou 30 minutos no dia) e o tempo necessário para tarefas de começo e encerramento de turno (15 minutos cada ou 30 minutos total), restam 7 horas para uso na limpeza das unidades habitacionais. Como o padrão de produtividade é de 0,5 hora para a limpeza de uma unidade, podemos considerar que uma camareira limpe 14 apartamentos em um turno de 8 horas (7 horas ÷ 0,5 = 14).

A quantidade de camareiras de tempo integral, trabalhando no turno do dia, que será necessária programar a depender da taxa de ocupação do hotel, dadas estas informações, será determinada dividindo-se o número de apartamentos ocupados por 14. Por exemplo, quando o hotel tem 90% de ocupação, teremos 225 apartamentos para limpar no dia seguinte. Dividindo 225 apartamentos por 14, teremos a necessidade 16 camareiras de tempo integral trabalhando todo o dia para limpar esses apartamentos (225 apartamentos ÷ 14 = 16,07, arredondado para 16). Se a taxa de ocupação for de 80%, teremos 200 apartamentos para limpar. Precisaremos de 14 camareiras para isto (200 apartamentos ÷ 14 = 14,29, arredondado para 14).

Quadro 5.3 – Exemplo de Guia de Preenchimento de Quadro de Pessoal Temporário

	Hotel King James									
Taxa de Ocupação %	100%	95%	90%	85%	80%	75%	70%	65%	60%	55%	50%
Apartamentos Ocupados	250	238	225	213	200	188	175	163	150	138	125
Camareiras (manhã)											
(Padrão de Produtividade = 0,5)											
Horas de Trabalho	125	119	113	107	100	94	88	82	75	69	63
Funcionários	18	17	16	15	14	13	12	12	11	10	9
Despesa (R$)	625	595	565	535	500	470	440	410	375	345	315
Pessoal de Serviços de Apoio (manhã)											
(Padrão de Produtividade = 0,08)											
Horas de Trabalho	20	19	18	17	16	15	14	13	12	11	10
Funcionários	3	3	3	2	2	2	2	2	2	2	1
Despesa (R$)	100	95	90	85	80	75	70	65	60	55	50
Atendentes de Áreas Comuns											
(Padrão de Produtividade = 0,07)											
Horas de Trabalho	18	17	16	15	14	13	12	11	11	10	9
Funcionários	3	2	2	2	2	2	2	2	2	1	1
Despesa (R$)	90	85	80	75	70	65	60	55	55	50	45
Governantas											
(Padrão de Produtividade = 0,09)											
Horas de Trabalho	23	21	20	19	18	17	16	15	14	12	11
Funcionários	3	3	3	3	3	2	2	2	2	2	2
Despesa (R$)	115	105	100	95	90	85	80	75	70	60	55
Camareiras (tarde)											
(Padrão de Produtividade = 0,14)											
Horas de Trabalho	35	33	32	30	28	26	25	23	21	19	18
Funcionários	5	5	5	4	4	4	4	3	3	3	3
Despesa (R$)	175	165	160	150	140	130	125	115	105	95	90
Pessoal de Serviços de Apoio (tarde)											
(Padrão de Produtividade = 0,07)											
Horas de Trabalho	18	17	16	15	14	13	12	11	11	10	9
Funcionários	3	2	2	2	2	2	2	2	2	1	1
Despesas (R$)	90	85	80	75	70	65	60	55	55	50	45
Total de Horas de Trabalho	239	226	215	203	190	178	167	155	144	131	120
Despesa Total (US$)	1.195	1.130	1.075	1.015	950	890	835	775	720	655	600

Fonte: Margaret Kappa, et al., *Managing Housekeeping Operations* (East Lansing, Mich.: *Educational Institute of the American Hotel & Lodging Association*, 1990), p. 75.

A quantidade efetiva de camareiras programada para trabalhar em um determinado dia irá variar, dependendo do número de funcionários de tempo integral e de meio expediente escalados pelo supervisor. Por exemplo, quando o hotel está com uma ocupação de 90%, o supervisor poderia programar 16 camareiras de tempo integral, ou 12 camareiras de tempo integral (cada uma trabalhando 8 horas por dia), e 8 camareiras de meio expediente (cada uma trabalhando 4 horas por dia). Qualquer das duas programações consumiria o total aproximado de 113 horas de trabalho.

Passo 3 – "Estime a Despesa com Pessoal. Este passo do desenvolvimento do guia de preenchimento de quadro de pessoal requer que o supervisor calcule o custo estimado de pessoal necessário à operação do departamento a determinadas taxas de ocupação. Para o exemplo das camareiras de tempo integral do *Hotel King James,* isto pode ser feito simplesmente multiplicando as horas totais de trabalho pelo valor médio da hora trabalhada das camareiras.

Para ilustrar, vamos assumir que o valor médio da hora trabalhada seja de R$ 5,00. Quando a taxa de ocupação do hotel for de 90%, podemos prever para o próximo dia uma despesa de pessoal de R$565,00 com as camareiras (113 horas de trabalho x R$5,00 por hora = R$565,00). O total da despesa com as camareiras, quando a taxa de ocupação do hotel for de 90%, não poderá exceder R$565,00, independentemente da combinação de camareiras de horário integral com camareiras de meio expediente que seja programada.

Para completar o guia de preenchimento de quadro de pessoal, o supervisor deve fazer cálculos similares para as outras ocupações/cargos do departamento que usem pessoal temporário. Vamos supor que o supervisor e a governanta executiva do *Hotel King James* reviram os padrões de produtividade para outras ocupações do departamento e chegaram à seguinte conclusão:

- É necessário uma governanta para cada 80 apartamentos ocupados, resultando um padrão de produtividade de 0,09 (7 horas ÷ 80 unidades ocupadas = 0,09).

- É necessário um atendente de áreas comuns (turno do dia) para trabalhar quando 100 apartamentos estão ocupados, resultando um padrão de produtividade de 0,07 (7 horas ÷ 100 unidades = 0,07).

- É necessário um funcionário de serviços de apoio (turno do dia) para cada 85 apartamentos ocupados, resultando um padrão de produtividade de 0,08 (7 horas ÷ 85 unidades ocupadas = 0,08).

- É necessária uma camareira (turno da tarde) para cada 50 apartamentos ocupados, resultando um padrão de produtividade de 0,14 (7 horas ÷ 50 unidades ocupadas = 0,14).

- É necessário um funcionário de serviços de apoio (turno da tarde) para cada 100 apartamentos ocupados, resultando um padrão de produtividade de 0,07 (7 horas ÷ 100 unidades ocupadas = 0,07).

Estes padrões de produtividade são multiplicados pelo número de apartamentos ocupados para determinar o total de horas de trabalho necessárias para cada cargo a taxas de ocupação específicas. Dividindo o total de horas de trabalho para cada cargo por 7, determina-se o número de funcionários em tempo integral que precisam ser programados para limpar o hotel. Multiplicando as horas de trabalho necessárias pelo custo/hora, determina-se a despesa com pessoal estimada para cada posição.

Um guia de preenchimento de quadro de pessoal mais desenvolvido que o mostrado no Quadro 5.3 deveria indicar o total de horas de trabalho, o número necessário de funcionários de tempo integral e os montantes de despesa para taxas de ocupação adicionais. Com esta ferramenta e com uma previsão confiável de taxas de ocupação, o supervisor poderá programar a força de trabalho necessária a cada dia de forma eficaz e eficiente. Adicionalmente, o supervisor pode manter os custos de pessoal dentro das expectativas da gerência, se o orçamento de despesas com pessoal do departamento usar a mesma base de padrões de produtividade que o guia de preenchimento de quadro de pessoal.

Quadro 5.4 – Exemplo de Previsão de Volume de 10 Dias – Quartos

PREVISÃO DE VOLUME DE 10 DIAS – QUARTOS																					
Hotel _____ (LOCAL)	Preparada em _____ Semana Terminada em _____																				
	DATA																				
	DIA	QUI.		SEX.		SÁB.		DOM.		SEG.		TER.		QUA.		QUI.		SEX.		SÁB.		TOTAL
DEPARTAMENTO DE HOSPEDAGEM	Semana Anterior	P	R	P	R	P	R	P	R	P	R	P	R	P	R	P	R	P	R	P	R
Quartos Ocupados – Ind.																					
Grupos																					
Chegadas – Resv. Ind.																					
Resv. Grupos																					
Entradas Estimadas (sem reserva)																					
Subtotal																					
Partidas – Programadas																					
Estimadas																					
Subtotal																					
TOTAL DE QUARTOS OCUPADOS																					
Lotação (número de hóspedes)																					
Contagem de Hóspedes na Casa																					
Chegadas																					
Entradas Sem Reserva																					
Subtotal																					
Partidas																					
TOTAL DE HÓSPEDES																					
COMENTÁRIOS ESPECIAIS (ex.: tipos de grupo – VIP, etc.)																					
P = Previsão																					
R = Real																					

Fonte: David L. Balangue, *Payroll Productivity* (Part IV: Staff Planning), Lodging, Novembro 1978, p. 39.

Prevendo o Volume de Negócios

Uma programação de pessoal acurada depende da confiabilidade das previsões, que predizem o volume de negócios para um mês, uma semana, um dia, ou uma refeição em particular, não importa quão preciso seja o guia de preenchimento de quadro de pessoal do departamento[2]. A maioria dos setores de hospitalidade desenvolve previsões de volume de negócios com horizontes mensal, de 10 dias e de três dias. O supervisor usa a previsão mensal para gerar a programação de trabalho para os funcionários do departamento. As previsões de 10 dias e três dias são usadas para o ajuste fino da programação de trabalho, à luz de acréscimos ou decréscimos antecipados para os negócios.

O Quadro 5.4 mostra um exemplo de formulário que pode ser usado pelo gerente de hospedagem para fazer uma previsão de 10 dias. Note que este formulário inclui espaço para anotar a ocupação da casa (número de quartos ocupados) para cada dia da semana anterior. O formulário também permite aos gerentes avaliar suas previsões, comparando a lotação prevista com o número real de quartos ocupados. O Quadro 5.5 mostra um modelo de formulário similar, de previsão de 10 dias, para uso pela área de alimentos. O Quadro 5.6 mostra um modelo de formulário para a previsão de três dias, usada para revisar as previsões feitas na previsão de 10 dias.

Em hotéis de grande porte, é comum que a responsabilidade pelas previsões seja de um grupo formado por representantes dos departamentos-chave. Em pequenos hotéis, o gerente geral e/ou supervisores por ele designados preparam as previsões necessárias.

Quadro 5.5 – Exemplo de Previsão de Volume de 10 Dias – Alimentos e Bebidas

PREVISÃO DE VOLUME DE 10 DIAS – ALIMENTOS E BEBIDAS																					
Preparada em _____																					
Hotel _____ (LOCAL)			Semana Terminada em _____																		
	DATA																				
	DIA.	QUI.		SEX.		SÁB.		DOM.		SEG.		TER.		QUA.		QUI.		SEX.		SÁB.	TOTAL
	Semana Anterior																				
DEPARTAMENTO DE ALIMENTOS E BEBIDAS	P	R	P	R	P	R	P	R	P	R	P	R	P	R	P	R	P	R	P	R	P	R
Salão de Refeições																						
Café da Manhã																						
Almoço																						
Jantar																						
Total de refeições																						
Coffee shop																						
Café da manhã																						
Almoço																						
Total de Refeições do Coffee shop																						
Salão de Banquetes																						
Café da Manhã																						
Almoço																						
Jantar																						
Total de Refeições do Salão de Banquetes																						
Room Service																						
Total de Refeições do Room Service																						
TOTAL DE REFEIÇÕES																						
COMENTÁRIOS ESPECIAIS																						
(ex.: tipos de grupo – VIP etc.)																						
P = Previsão																						
R = Real																						

Fonte: David L. Balangue, *Payroll Productivity* (Part IV: Staff Planning), Lodging, Novembro 1978, p. 39.

Quadro 5.6 – Exemplo de Previsão Revisada para Três Dias – Quartos

PREVISÃO REVISADA PARA TRÊS DIAS – QUARTOS			
	Ontem	Hoje	Amanhã
Dia			
Data			
Contagem de Hóspedes			
Chegadas-quartos			
Partidas-quartos			
Nº de Quartos Ocupados			
Nº de Quartos Vagos			
% de Ocupação			
% de Ocupação Prevista			
Observações			

O Quadro 5.7 mostra o número de pessoas envolvidas na preparação de previsões de curto prazo (3 a 10 dias). Constatou-se que o número de pessoas envolvidas variou de 1 a 6 nas empresas em que foi feita esta pesquisa. Quanto maior a empresa, maior o número de pessoas envolvidas nas previsões. Por exemplo, nos mega-hotéis (mais de 1.000 quartos) que responderam, eram seis pessoas usadas na sua previsão de ocupação de quartos, enquanto nos hotéis com menos de 150 quartos a tarefa envolve, em média, duas pessoas.

Quadro 5.7 – Pessoal Envolvido na Preparação de Previsões de Curto Prazo

	Previsão de Ocupação de Quartos	Previsão de Alimentos & Bebidas	Previsão de Banquetes
Número médio de pessoas envolvidas	3 pessoas	3 pessoas	2 pessoas
Responsável final pela previsão	Gerente Geral (GG) e, com menor freqüência, o gerente de recepção.	Diretor de alimentos e bebidas e, com menor freqüência, o GG.	Diretor de banquetes e, com menor freqüência, o diretor de alimentos e bebidas

A Natureza das Previsões

Os supervisores precisam compreender a natureza e as limitações das previsões para usá-las como ferramentas eficazes na programação de pessoal. Primeiro, as previsões tratam do futuro. A previsão feita hoje tem como objeto uma atividade que acontecerá em um período futuro, seja a venda de jantares hoje à noite, seja a venda de quartos no próximo ano. O período de tempo envolvido é significativo. Uma previsão de hoje para as vendas de amanhã, geralmente, é mais fácil de fazer (e provavelmente mais precisa) que uma estimativa de hoje para as vendas do próximo ano. Quanto maior a distância no tempo entre a data em que a previsão é feita e o período a que ela se refere, maior a dificuldade em fazer a previsão e maior o risco de que os resultados reais sejam diferentes dos previstos. Previsões de longo prazo são periodicamente revisadas, com base em novas informações obtidas após ser feita a previsão em uso.

Segundo, a previsão envolve incerteza. Se a gerência estivesse certa em relação às circunstâncias que aparecerão durante o período previsto, preparar a previsão seria uma tarefa trivial. A incerteza envolve virtualmente todas as situações em que os gerentes atuam; assim, o julgamento de situações e a coleta de dados de suporte são a base das previsões. Por exemplo, vamos imaginar que tenha sido feita uma previsão da venda de quartos em um hotel de grande porte, com um ano de antecedência. O gerente (que fez a previsão) não tem certeza sobre o que acontecerá até lá, em termos de competição, demanda de hóspedes, tarifas etc. Entretanto, usando as melhores informações disponíveis e o seu melhor julgamento, fez a previsão necessária.

Terceiro, a previsão, de uma forma geral, se baseia em informações contidas em séries históricas. Um histórico de atividades (vendas passadas, por exemplo) nem sempre é o melhor indicador para atividades futuras, mas é considerado um ponto de referência razoável. Quando se torna aparente que os dados históricos são irrelevantes ao período futuro em consideração, devemos alterar as previsões de modo correspondente. Por exemplo, a taxa de ocupação da rede hoteleira deve ser significativamente aumentada por vários meses durante a realização de uma Feira Internacional de sucesso. Entretanto, ao projetar a taxa de ocupação do hotel para o período posterior ao encerramento da feira, as informações históricas recentes não são tão relevantes.

Quarto, as previsões, por sua própria natureza, são geralmente menos precisas que o desejado. Entretanto, em vez de descartar as previsões devido à sua falta de precisão, os gerentes preferem usar modelos de previsão mais sofisticados, quando seu preço é justificado. As previsões devem ser revistas tão logo ocorra uma alteração das circunstâncias em que ela foi baseada. Por exemplo, o crescimento da reputação da área de alimentos e bebidas em decorrência de uma propaganda favorável pode recomendar uma revisão das previsões dessa área para o próximo mês. A previsão revista deve refletir a expectativa de um aumento de vendas, devido à propaganda favorável.

Previsões de Curto Prazo

O Quadro 5.8 é um resumo da previsão de vendas a curto prazo da indústria hoteleira a partir de três centros de lucro: quartos, alimentos (restaurante) e banquetes. Nesta pesquisa, a previsão de curto prazo se refere a estimativas cobrindo de 3 a 10 dias.

O objetivo principal de cada previsão de curto prazo é fornecer subsídios para o provimento de pessoal e, em alimentos e banquetes, a encomenda de matérias-primas para o preparo das refeições. Outro objetivo é a motivação do pessoal, ou seja, usando as previsões de curto prazo para vendas como objetivo a ser alcançado pela equipe.

Os métodos usados pela maioria dos participantes da pesquisa diferem quanto aos centros de lucro. A maioria dos hotéis, especialmente aqueles com sistemas de reservas, faz a estimativa da venda de quartos usando as reservas de quartos à época da estimativa mais uma estimativa de entradas sem reserva. Por exemplo, um hotel pode apresentar uma reserva de 100 quartos para a segunda-feira seguinte e adicionar 15 quartos, que é a média de entradas sem reserva das últimas quatro segundas-feiras, totalizando uma estimativa de 115 quartos.

Quadro 5.8 – Métodos de Previsão de Curto Prazo

	Quartos	Alimentos	Banquetes
Objetivos principais da previsão	Provimento de pessoal (98%) Motivar pessoal (25%)	Provimento de Pessoal (100%) Encomenda de insumos (72%) Motivação Pessoal (19%)	Provimento de pessoal (82%) Encomenda de insumos (72%) Motivação Pessoal (16%)
Metodologia	Reservas de quartos mais estimativa de entradas sem reserva (93%) Vendas do período anterior ajustadas pela intuição (7%)	Vendas do período anterior ajustadas pela intuição (46%) Reservas e estimativa para vendas sem reserva (28%) Índices de captação relacionados com a estimativa para os quartos (26%)	Banquetes contratados mais estimativa de vendas adicionais (90%) Vendas do período anterior ajustadas pela intuição (10%)
Expressão da estimativa de curto prazo	Número diário de quartos vendidos (80%) Valor das vendas diárias (55%) Número diário de quartos por tipo (35%) Valor de venda do tipo de quarto (20%)	Total de refeições de restaurante (79%) Valor total de vendas (61%) Serviços por período de refeição (60%) Valor de venda por período de refeição (44%)	Valor total de vendas (70%) Total de refeições (67%) Valor de vendas por banquete (47%) Serviços por banquete (47%)

Fonte: Raymond S. Schmidgall, *Hospitality Industry Managerial Accounting*, 3ª ed. (East Lansing, Mich.: *Educational Institute of the American Hotel & Lodging Association*, 1995), p. 331.

Um segundo método é o que ajusta os números de venda do período anterior com base em expectativas intuitivas para o período da previsão. Somente 7% dos estabelecimentos consultados usam esse método e a maioria de seus usuários (60%) foi de estabelecimentos com menos de 150 quartos.

O método mais usado pelos hoteleiros para fazer as previsões de curto prazo para a venda de alimentos (46%) é o que usa os números de vendas anteriores ajustados pelas expectativas de diferença para o período da previsão. Por exemplo, se no jantar de segunda-feira a venda foi de 100 refeições, a previsão para o jantar da próxima segunda-feira é de 100 refeições mais ou menos o ajuste de quantidade relativo às diferenças esperadas. Tais diferenças podem ser baseadas em ocupação, eventos locais, previsão do tempo ou outros fatores similares.

Vinte e oito por cento dos hotéis baseiam-se em reservas e uma estimativa de entradas sem reserva, enquanto 26% trabalham com índices de captura, ou seja, índices baseados na ocupação do hotel ou alguma variação disto. Como exemplo de índice de captura, temos um hotel que usa como previsão de refeições no jantar o número de 40 mais um quarto do número estimado de hóspedes. Se a previsão for de o hotel ter 200 hóspedes, a previsão será de 90 refeições no jantar. Isto foi determinado da seguinte forma:

Previsão de refeições no jantar $= a + bx$

onde a = estimativa de entradas sem reserva (clientes não-hospedados)

b = percentagem de hóspedes do hotel esperados em cada jantar

x = número estimado de hóspedes

Previsão de serviços no jantar $= 40 + (0,25 \times 200)/ = 90$

Foram identificados dois métodos alternativos na previsão de vendas de banquetes:

- Noventa por cento usam o número de eventos contratados mais uma estimativa de vendas adicionais não-contratadas à época da previsão.

- Dez por cento usam as vendas de banquete do período anterior ajustadas pelas diferenças de expectativa.

A previsão de vendas a curto prazo pode ser expressa de maneira variada, como pode ser visto Quadro 5.8. Para quartos, o mais comum é a previsão de quartos vendidos (80%); para a venda de alimentos, o mais comum é o total de refeições (79%); e para a venda de banquetes, o mais comum é o valor total das vendas (70%), seguido de perto pelo total de refeições (67%). Muitos hotéis expressam suas previsões de vendas de mais de uma maneira.

Muitos hoteleiros comparam os resultados reais com suas previsões de curto prazo para determinar a precisão das previsões. Assim, no futuro, podem refinar seu método de previsão tornando toleráveis os erros na programação de pessoal e compra de insumos. A seção a seguir mostra dois métodos de previsão largamente usados na indústria hoteleira.[3]

Previsões com Base no Ajuste de Dados

Um dos métodos de previsão mais simples é usar os últimos dados coletados como base para previsão. Por exemplo, a previsão de vendas deste mês, de 50 mil reais, feita pelo gerente de alimentos, pode ter sido baseada nas vendas do mês passado, que atingiu 50 mil reais. Para levar a sazonalidade em conta, quem faz a previsão deve observar os dados do mesmo período do ano anterior, adicionando ou subtraindo uma certa percentagem.

Por exemplo, suponhamos que o faturamento com a venda de quartos de um hotel em janeiro de 20X1 tenha totalizado 150 mil reais. A projeção para janeiro de 20X2, usando a previsão de crescimento de 10% devido ao aumento estimado em vendas e preços, seria 165 mil reais computada da seguinte forma:

Base (1 + 10%) = Estimativa para janeiro de 20X2

R$150.000,00 (1,1) = R$165.000,00

Ainda que este método seja muito simples, ele pode resultar em previsões razoavelmente precisas, em especial para estimativas com horizonte de até um ano.

Previsões com Base na Média Móvel

Às vezes, o acaso é responsável pelas variações entre os dados usados como base para as previsões. Como os gerentes não tomam decisões com base no acaso, que envolve situações que eventualmente nunca serão repetidas, eles tentam remover os efeitos do acaso, "suavizando" os dados correspondentes a um determinado período para trazê-los para valores mais próximos à média. Uma das formas é fazer as previsões usando a média móvel, matematicamente expressa da seguinte forma:

$$\text{Média Móvel} = \frac{\text{Atividades nos n Períodos Anteriores}}{n}$$

onde *n* é o número de períodos na média móvel

O Quadro 5.9 mostra as vendas semanais nas semanas 1 a 12. A estimativa para o número de refeições a servir na décima terceira semana, usando uma média móvel de três semanas, é de 1.025, assim calculada:

$$\text{Média Móvel de 3 Semanas} = \frac{1.025 + 1.000 + 1.050}{3} = 1.025 \text{ refeições}$$

Quadro 5.9 Refeições Servidas por Semana

Semana	Quantidade Real Servida
1	1.000
2	900
3	950
4	1.050
5	1.025
6	1.000
7	975
8	1.000
9	950
10	1.025
11	1.000
12	1.050

Fonte: Raymond S. Schmidgall, *Hospitality Industry Managerial Accounting*, 3ª ed. (East Lansing, Mich.: *Educational Institute of the American Hotel & Lodging Association*, 1995), p. 325.

À medida que novos resultados semanais vão se tornando disponíveis, eles vão sendo introduzidos no cálculo e os valores mais antigos vão sendo abandonados. Desta maneira, o valor médio vai se "movendo", pois é continuamente atualizado para incluir as observações mais recentes. Deve ser observado que quanto maior for o período considerado tanto menor será o efeito das variações erráticas na previsão.

Programando Horários de Trabalho para os Funcionários

As previsões são usadas em conjunto com o guia de preenchimento de quadro de pessoal para determinar o número "certo" de horas de trabalho a serem programadas diariamente para cada cargo no departamento.

Os supervisores têm achado úteis as seguintes dicas para fazer sua programação:

- O horário deve cobrir uma semana completa de trabalho.

- O horário de trabalho deve ser aprovado pelos gerentes envolvidos, antes de ser afixado e distribuído aos funcionários.

- O horário deve ser afixado com pelo menos três dias de antecedência ao início da semana a que se refira.

- O horário deve ser afixado no mesmo local e no mesmo horário, todas as semanas.

- Folgas, férias e pedidos de folga devem ser planejados com a antecedência possível e mostrados no horário de trabalho.

- O horário de trabalho para a semana corrente deve ser revisado diariamente em relação às previsões. O cronograma deve ser alterado sempre que for necessário.

- Quaisquer alterações de programação devem ser anotadas diretamente no horário de trabalho afixado.

- Uma cópia do horário de trabalho afixada pode ser usada para monitorar a presença dos funcionários. Esta cópia deve ser guardada como parte dos arquivos permanentes do departamento.

Sempre que possível, a programação de trabalho deve ser desenvolvida para contemplar a demanda diária (ou mesmo de hora em hora) do volume de negócios. Por exemplo, se for prevista a chegada de um grupo grande para uma convenção, entre 14h e 16h de um certo dia, a programação de trabalho deverá contemplar um número maior de recepcionistas nesse horário. Também será necessário programar um reforço na quantidade de camareiras, trabalhando mais cedo, para garantir que os aposentos estejam limpos quando esse grupo grande chegar. Se o restaurante atrai executivos na hora do almoço, deve ser programado um reforço de cozinheiros e garçons para atender a hora de pico.

Alguns supervisores usam a planilha de programação para determinar quando os funcionários são necessários no trabalho. Vamos examinar como o supervisor poderia ter completado a planilha de programação mostrada no Quadro 5.10. Após receber uma previsão estimando a ocupação em 250 hóspedes, o supervisor verificou o guia de preenchimento de quadro de pessoal que indicava a necessidade de programar 18 horas de trabalho para o cargo de cozinheiro assistente. Sabendo que a hora de pico durante o jantar vai das 19h30min às 21h30min, o supervisor escalonou o horário de trabalho de três cozinheiros assistentes para cobrir o horário de pico. Ele programou o início do turno de Joe para mais cedo, para ele tratar das tarefas de início de turno, e o início do turno de Phyllis para mais tarde, para atender às de final de turno.

Nem todos os supervisores precisarão fazer uma planilha de programação para cada ocupação durante cada turno. Em muitos departamentos, o volume de negócios é estável, criando-se um padrão de demanda para o quadro de pessoal. Entretanto, para atender a demandas de trabalho específicas, todos os supervisores precisam desenvolver uma programação de trabalho para o departamento. As seções seguintes apresentam técnicas **alternativas de programação**. Essas técnicas também podem atender às necessidades de muitos funcionários e, se implementados de maneira adequada, podem gerar um aumento no moral do pessoal e da satisfação no trabalho.

Quadro 5.10 – Exemplo de Planilha de Programação

Dia: Segunda-feira Data: 8/1/00 Turno: Tarde	Hóspedes Previstos: 250	Manhã Tarde Posição: Cozinheiro Assistente	Departamento: Alimentos e Bebidas
Cargo/Funcionário	6h 7h 8h 9h 10h 11h 12h 13h 14h 15h 16h 17h 18h 19h 20h 21h 22h 23h 24h		Total de Horas Planejado/ Joe
Sally			7,0
Phyllis	├──────────────┤ (14h–21h)		6,5
18,0	├──────────┤ (16h–22h)		4,5
		├────────┤ (18h–23h)	
			Cargo: Cozinheiro Horas de Trabalho Padrão: 18 Horas de Trabalho Planejadas: 18 Diferença: 0

Fonte: Jack D. Ninemeier, *Planning and Control for Food and Beverage Operations*, 3ª ed. (East Lansing, Mich.: *Educational Institute of the American Hotel & Lodging Association*, 1991), p. 360.

Escalone os Turnos Normais de Trabalho dos Funcionários de Horário Integral. Como o volume de negócios varia de hora para hora, não há necessidade do turno de trabalho de todas as pessoas se iniciar e encerrar simultaneamente. O supervisor pode garantir a presença de uma maior força de trabalho nas horas de pico escalonando e superpondo os turnos de trabalho.

Comprima a Semana de Trabalho de Alguns Funcionários de Tempo Integral. Em alguns departamentos, como o de governança, por exemplo, é possível oferecer a alguns funcionários de horário integral a oportunidade de trabalharem o equivalente a sua semana normal de trabalho em menos tempo que os cinco dias usuais. Um arranjo muito popular comprime a semana de trabalho de 40 horas em quatro dias de trabalho de 10 horas.

Esta alternativa pode ser interessante para os estabelecimentos cujo mercado principal é o de executivos em trânsito. A demanda gerada pela alta ocupação no meio da semana seria atendida pela compressão da semana de trabalho para algumas camareiras de tempo integral.

Implemente Turnos Divididos. O turno dividido programa um funcionário para trabalhar durante dois períodos de tempo não contínuos no mesmo dia. Por exemplo, um garçom do restaurante do turno do dia pode ter seu trabalho programado de 8h às 10h para atender ao café da manhã e, no mesmo dia, de 11h30min às 13h30min para servir o almoço. Enquanto esta técnica é útil para o supervisor que concentra seus recursos nas horas de pico, ela provavelmente atenderá aos interesses de muito poucos funcionários de horário integral. Entretanto, para os funcionários de meio expediente, pode ser uma oportunidade interessante para aumento de seus ganhos.

Aumente o Número de Funcionários de Meio Expediente. O supervisor ganha uma grande flexibilidade na programação quando conta com um número substancial de trabalhadores de tempo parcial. É muito fácil programar funcionários de meio expediente para atender aos horários de concentração de trabalho.

Avaliando o Processo de Programação

O uso do guia de preenchimento de quadro de pessoal e uma previsão de negócios confiável para desenvolver uma programação de trabalho para o funcionário não são uma garantia de que as horas efetivamente trabalhadas serão iguais às programadas. Os supervisores têm que monitorar e avaliar o processo de programação comparando, em bases semanais, o número de horas que cada funcionário efetivamente trabalhou ao número de horas que estava programado. As informações sobre as horas efetivas de trabalho são obtidas junto ao departamento de contabilidade ou ao pessoal encarregado de manter os registros para a folha de pagamento.

O Quadro 5.11 mostra um exemplo de relatório semanal de horas trabalhadas. As horas efetivamente trabalhadas na semana são anotadas na coluna 9. Esse montante pode ser comparado com o total de horas programadas, anotado na coluna 10. As discrepâncias significativas devem ser analisadas para permitir a adoção de medidas corretivas, quando for o caso.

O exemplo de relatório mostra que na semana de 14 de julho estava programado um total de 216,5 horas de trabalho para o pessoal do salão de jantar, enquanto o total de horas efetivamente trabalhadas chegou a 224,5. Isto indica uma variação de 8 horas. Oito horas é diferença significativa? O supervisor deve investigar a causa? Para responder estas perguntas, vamos fazer alguns cálculos rápidos. Para efeitos exclusivamente ilustrativos, vamos supor que o custo médio da hora trabalhada pelo pessoal seja de 5 reais. Se a variação foi de 8 horas, isto significou um custo semanal adicional de 40 reais. Se este tipo de discrepância acontecer todo o ano, o custo total da operação aumentaria em R$2.080,00.

Como mencionado na seção inicial deste capítulo, os R$2.080,00 representam menos lucros. Como poucos empreendimentos podem se dar ao luxo de perder qualquer parcela de seu lucro potencial, a resposta a ambas as questões é, "Sim!" A variação é significativa e deve ser investigada. As observações do supervisor anotadas ao pé do relatório identificam as alterações em relação a cada funcionário. Se variações similares se repetirem ao longo de diversas semanas, pode ser necessária a tomada de medidas corretivas. Por exemplo, o supervisor pode precisar melhorar a qualidade do planejamento e programação das tarefas de limpeza do salão de jantar e da área de armazenagem.

Os supervisores também podem usar o relatório semanal de horas trabalhadas para monitorar os custos com horas extraordinárias. O supervisor pode ser compelido a programar trabalho extraordinário para alguns funcionários por uma infinidade de razões. Entretanto, a maioria das empresas requer que a programação de horas extras seja aprovada pelo gerente. Horas extras em excesso, ou não-programadas, são indícios de procedimentos falhos na previsão e/ou na programação. Ainda que os supervisores tenham pouco controle sobre os métodos de previsão

Figura 5.11 – Relatório Semanal de Horas Trabalhadas

Relatório Semanal das Horas Trabalhadas no Departamento

Semana de: 14/7/00 Departamento: Alimentos e Bebidas Supervisor: Sandra
Turno: Tarde

Horas Efetivamente Trabalhadas

Cargo/fun-cionário	14/07 Seg.	15/07 Ter.	16/07 Qua.	17/07 Qui.	18/07 Sex.	19/07 Sáb.	20/07 Dom.	Total de Horas de Trabalho Real	Seg. Padrão
Restaurante									
Carla	7	–	7	6,5	7	6	–	33,5	31,0
Paula	–	7	6,5	7	6,5	6,5	5	38,5	38,5
Sueli	–	5	8	7	8	10	–	38,0	36,0
Bárbara	8	6	6	4,5	–	–	6	30,5	31,0
Ana	4	4	6,5	–	4,5	–	5	24,0	22,0
Telma	6	5	5	5	5	–	–	26,0	24,0
Elisa	6	–	–	6	6	8	8	34,0	34,0
								224,5	216,5
Cozinha									
Eliane	4	4	4	4	4	–	–	20,0	20,0
Elza	4	4	4	–	–	4	4	20,0	20,0
Lúcia	4	–	–	4	4	4	4	20,0	18,0
Leda	–	4	4	4	4	4	–	20,0	20,0
20,0									
Sérgio	4	4	–	–	–	–	4	12,0	12,0
								92,0	90,0
Lavagem de Pratos									
Carlos	–	–	6	6	6	–	–	18,0	18,0
Paulo	6	6	–	–	8	5	5	30,0	30,0
Roberto	8	8	8	8	–	–	6	38,0	38,0
Alberto	5	–	5	5	5	6	–	26,0	26,0
								112,0	112,0
Total (todo o pessoal)								428,5	428,5
Observações: 18/7 – Carla, Sueli e Elisa fizeram horas extras para aprender flambagem junto à mesa								Diferença	+ 10,00
19/7 – Sueli permaneceu mais 2 horas (limpeza especial)									
20/7 – Lúcia permaneceu mais 2 horas (limpeza das prateleiras da área de armazenagem)									

Fonte: Jack D. Ninemeier, *Planning and Control for Food and Beverage Operations*, 3ª ed. (East Lansing, Mich.: *Educacional Institute of the American Hotel & Lodging Association*, 1991), p. 363.

usados pela empresa, eles são diretamente responsáveis pelos erros de programação que resultem em horas extras.

O relatório semanal de horas trabalhadas alerta o supervisor para todas as situações em que as horas efetivamente trabalhadas excedam o que foi programado para aquele funcionário. Se não houve uma aprovação prévia da variação, a diferença pode indicar uma tentativa de roubo por fraude na folha de pagamento por um ou mais funcionários desonestos.

Monitorando e Avaliando os Níveis de Produtividade

Freqüentemente o supervisor é avaliado com base em sua capacidade de gerenciar a produtividade dos funcionários do departamento. Este capítulo apresenta procedimentos práticos com os quais o supervisor pode:

- Desenvolver padrões de produtividade baseados em padrões de desempenho estabelecidos.

- Preparar um guia de preenchimento de quadro de pessoal com base nos padrões de produtividade.

- Criar programações de trabalho para os funcionários usando o guia de preenchimento de quadro de pessoal em conjunto com as previsões de negócios.

Entretanto, mesmo que o supervisor siga cuidadosamente esses procedimentos, raramente a produtividade real dos funcionários corresponderá à definida nos padrões se é que o fará algum dia. Isto acontece porque a previsão do volume de negócios raramente é exata, se é que algum dia o será. Assim, temos que admitir algum grau de variação na produtividade. Por exemplo, quando o volume de negócios excede à previsão, em geral temos um aumento da produtividade – mas apenas porque o departamento programa menos pessoal. Da mesma forma, quando o volume de negócios fica aquém da previsão, em geral temos uma redução da produtividade – mas apenas porque o departamento programa mais pessoal.

É responsabilidade do supervisor minimizar as variações de produtividade quando, por qualquer razão, for constatado que há uma programação de pessoal para mais ou para menos. O supervisor tem que estar preparado para agir rapidamente, no mesmo dia, ou mesmo no mesmo turno, assim que se configure a ocorrência. Por exemplo, em um dia em que se identifique falta de pessoal, o supervisor pode chamar a quantidade adequada de funcionários de horário integral ou de meio expediente que não tenham sido originalmente programados para trabalhar. É preferível resolver o problema com o pessoal de meio expediente para evitar custos de horas extras com o pessoal de horário integral. Num dia em que se identifique excesso de pessoal, o supervisor pode verificar se algum funcionário programado para trabalhar é voluntário para tirar o dia de folga ou trabalhar em turno reduzido.

Esses são exemplos dos ajustes que os supervisores precisam fazer em seu trabalho diário para assegurar a produtividade dos funcionários do departamento. Os gerentes e supervisores são continuamente desafiados a descobrir novas maneiras de aumentar a produtividade do pessoal. Trabalhar com menos pessoas do que o necessário não é uma solução para aumentar a produtividade.

Aumentando a Produtividade

Uma das tarefas mais desafiadoras e difíceis para os supervisores é criar novas maneiras de fazer o trabalho do departamento. É muito comum os supervisores se acomodarem à rotina do trabalho diário, falhando no questionamento dos métodos usados na execução do trabalho. A melhor forma de aumentar a produtividade é rever e revisar continuamente os padrões de desempenho. A seguir, mostramos um processo de cinco etapas para aumentar a produtividade pela revisão dos padrões de desempenho.

Etapa 1 – Colete e Analise Informações sobre os Atuais Padrões de Desempenho. É comum que isto possa ser feito simplesmente pela observação. Se você sabe o que tem que ser feito para alcançar os padrões correntes de desempenho, observe o que está sendo feito de fato e anote as diferenças. O supervisor deve tentar responder às perguntas a seguir ao analisar as tarefas listadas para as diversas ocupações do departamento nos atuais padrões de desempenho:

- Podemos eliminar alguma tarefa em particular? O supervisor tem que questionar primeiro a necessidade de executar uma tarefa, antes de fazer uma revisão da maneira pela qual ela é desempenhada.

- Podemos transferir para outra posição alguma tarefa em particular? Por exemplo, podemos transferir a tarefa de abastecer os carrinhos das camareiras, hoje feita por elas mesmas ao início do turno, para o pessoal de serviços de apoio do turno da noite. Isto poderia representar um ganho de meio quarto na produtividade das camareiras do turno diurno.

- Os padrões de desempenho dos funcionários de outros departamentos estão diminuindo a produtividade do nosso pessoal? Por exemplo, a lavanderia do hotel pode estar fornecendo roupa de cama e mesa limpa em quantidades insuficientes para as necessidades do departamento. A produtividade cai se as camareiras ou o pessoal do restaurante tiverem que se deslocar freqüentemente para a lavanderia para pegar a roupa limpa à medida que ela se torne disponível.

Etapa 2 – Gere Idéias de Como Executar o Trabalho de Novas Maneiras. Normalmente existem muitas maneiras para resolver os problemas que aparecem. Os padrões de desempenho para muitos cargos no setor de hospitalidade são complexos e, muitas vezes, é difícil apontar as razões exatas dos problemas ou novas idéias sobre o ganho de eficiência.

Os funcionários, outros supervisores e hóspedes são uma fonte de informação valiosa, que ajudam o supervisor a selecionar as tarefas para revisão. É comum que os funcionários envolvidos na execução da tarefa sejam a melhor fonte de sugestões para seu aperfeiçoamento. Outros supervisores podem transmitir técnicas bem-sucedidas adotadas para o aumento de produtividade em suas áreas. Da mesma forma, a troca de idéias com colegas normalmente resulta em idéias criativas que você poderá usar em sua própria área de responsabilidade. Os comentários ou sugestões dos hóspedes, colhidos nos formulários específicos, ou em entrevistas pessoais, podem revelar aspectos do departamento que têm passado despercebidos ao supervisor.

Etapa 3 – Avalie Cada Idéia e Escolha a Melhor Alternativa. Na verdade, a idéia que você vai usar pode ser a mistura dos melhores elementos de diversas sugestões. Ao escolher a melhor forma de revisar padrões de desempenho correntes, você deve certificar-se de que a tarefa pode ser executada no tempo definido. Uma coisa é colocar um funcionário "fora-de-série" para limpar um quarto ou fazer o registro de um hóspede em um tempo determinado; entretanto, este tempo pode não ser razoável para a capacidade de produção de um funcionário mediano – mesmo com treinamento e uma supervisão próxima. Lembre-se de que os padrões de desempenho têm que ser exeqüíveis para ser úteis.

Etapa 4 – Teste o Padrão de Desempenho Revisado. Faça uns poucos funcionários usarem o padrão revisado por um tempo determinado, para que você acompanhe de perto se o novo procedimento aumenta mesmo a produtividade. Lembre-se de que é difícil quebrar velhos hábitos. Assim, os funcionários precisam ser treinados e se familiarizar com as novas tarefas para ganhar velocidade, antes de fazer uma avaliação formal do padrão de desempenho revisado.

Etapa 5 – Implemente o Padrão de Desempenho Revisado. Os funcionários precisam ser treinados nos novos procedimentos, após o período de teste ter demonstrado o ganho de produtividade com o novo padrão de desempenho. Será necessário adotar supervisão contínua, reforço e *coaching* durante o período de transição. Mais importante, se o ganho de produtividade for significativo, você deverá fazer as alterações necessárias no guia de preenchimento de quadro de pessoal do departamento e basear sua programação nos novos padrões de produtividade. Isto vai assegurar um acréscimo nos lucros como resultado da produtividade aumentada pela redução dos custos de pessoal.

Notas

1. Para maiores informações sobre este assunto, ver Margaret Kappa, et. al., *Managing Housekeeping Operations*[*] *(East Lansing, Mich.: Educational Institute of the American Hotel & Lodging Association, 1990), Cap. 2.*

2. Recomenda-se aos leitores interessados neste assunto consultarem Raymond S. Schmidgall, *Hospitality Industry Managerial Accounting*, 3ª ed. (*East Lansing, Mich.: Educational Institute of the American Hotel & Lodging Association, 1995*).

3. Para informações sobre métodos mais sofisticados de previsão, ver Schmidgall, Capítulo 9.

Termos-chave

programação alternativa

ocupações fixas no quadro de pessoal

padrões de desempenho

---

[*] Disponível em português no segundo semestre de 2001.

padrões de produtividade

guia preenchimento de quadro de pessoal

ocupações temporárias no quadro de pessoal

Perguntas para Debate

1. Por que é impossível identificar padrões de produtividade aplicáveis a toda a indústria hoteleira?
2. Como são determinados os padrões de produtividade?
3. Qual é a relação entre padrões de desempenho e padrões de produtividade?
4. Qual a diferença entre quadro de pessoal fixo e temporário?
5. Com que propósito é usado o guia de preenchimento de quadro de pessoal?
6. Por que é importante que as despesas de pessoal orçadas para o departamento sejam baseadas nos mesmos padrões de produtividade usados no guia de preenchimento do quadro de pessoal do departamento?
7. Como uma previsão de curto prazo difere de uma previsão de longo prazo?
8. Como uma previsão com base no ajuste de dados difere de uma previsão com base na média móvel?
9. Como os supervisores podem usar um relatório semanal de horas trabalhadas para controlar e avaliar a programação de horário de trabalho?
10. Que etapas o supervisor deve cumprir para aumentar a produtividade através da revisão de padrões de desempenho?

Exercício de Revisão

Quando você achar que compreendeu todo o conteúdo deste capítulo, responda estas questões. Escolha a *melhor* resposta. Verifique suas respostas, comparando com as respostas corretas encontradas ao final deste livro em **Respostas aos Exercícios de Revisão**.

Verdadeiro (V) ou Falso (F)

V F 1. Os padrões de produtividade devem ser aplicados a toda a indústria hoteleira.

V F 2. O supervisor do restaurante pode determinar o padrão de produtividade observando e registrando os tempos que o *maître* leva para executar as tarefas.

V F 3. Os padrões de produtividade previamente estabelecidos podem ser usados para determinar o total de horas de trabalho para os cargos que devem ser programadas quando o hotel está com uma determinada taxa de ocupação.

V F 4. As previsões não devem ser revisadas cada vez que ocorram alterações nas circunstâncias nas quais as previsões foram baseadas.

V F 5. Um dos métodos de previsão mais difíceis envolve o uso dos dados mais recentemente coletados como base para as previsões.

V F 6. Técnicas de programação do trabalho implementadas de maneira adequada podem elevar o moral do pessoal e a satisfação com o trabalho.

V F 7. Os supervisores devem monitorar e avaliar o processo de programação comparando as horas que cada funcionário efetivamente trabalhou com as da programação original.

V F 8. Os supervisores podem usar o relatório semanal de horas trabalhadas para acompanhar os custos do trabalho extraordinário.

V F 9. Quando surgem problemas de trabalho, existe normalmente a "melhor" forma de resolvê-los.

V F 10. Geralmente é fácil apontar as razões exatas para os problemas e encontrar soluções para eles.

Múltipla Escolha

11. O quadro de pessoal fixo necessário para operar um negócio de hospedagem e alimentação, independente do tamanho do negócio, representa:

    a. despesa mínima com pessoal;

    b. despesa máxima com pessoal.

12. O histórico de uma atividade pode não ser um indicador forte para essa atividade no futuro, mas é considerado um:

    a. ponto de partida;

    b. argumento conclusivo.

13. Quando funcionários de tempo integral trabalham o equivalente a uma semana normal de trabalho em menos tempo que os cinco dias usuais, eles estão trabalhando em:

    a. uma semana de trabalho comprimida;

    b. um turno de trabalho dividido.

14. Provavelmente as ocupações/cargos do quadro de pessoal a serem preenchidas com pessoal fixo são:

    a. gerentes de departamento;

    b. cozinheiros de turno;

    c. camareiras;

    d. nenhum dos acima.

15. A *melhor* fonte para sugestões de melhoria em padrões de desempenho é:

    a. outros supervisores;

    b. formulários com sugestões dos hóspedes;

    c. funcionários envolvidos na execução da tarefa;

    d. entrevista pessoais com hóspedes e convidados.

Capítulo 6

Tópicos do Capítulo

Benefícios da Avaliação de Desempenho
Obstáculos a uma Avaliação de Desempenho Eficaz
   Habilidades Insuficientes do Supervisor
   Formulários Ineficazes
   Procedimentos Incorretos
   Avaliação Irregular ou Esporádica
   Receio de Ofender os Funcionários
   Falha no Uso das Informações da Avaliação de Desempenho
   Falha no Acompanhamento
   Preocupação com Erros
   Receio de Ser Injusto
Dinâmicas para Avaliação de Desempenho
   Métodos Comparativos
   Método do Padrão Absoluto
   Método da Administração por Objetivos
   Método do Índice Direto
O Papel do Supervisor na Avaliação de Desempenho
   Padrões de Desempenho e o Processo de Revisão
Etapas no Processo de Avaliação de Desempenho
   Antes da Sessão
   Durante a Sessão
   Depois da Sessão
Coaching
   Preocupações Comuns
   Os Princípios do *Coaching*
   Ações de *Coaching*
O *Coaching* Informal no Trabalho
   Use Reforço Positivo
   Reafirme as Expectativas
   Permaneça Envolvido
O *Coaching* Formal
   Preparativos para as Sessões Formais de *Coaching*
   A Condução das Sessões Formais de *Coaching*
   O Acompanhamento das Sessões Formais de *Coaching*

Objetivos da Aprendizagem

1. Descrever os benefícios da avaliação de desempenho para o funcionário, para o supervisor, para a empresa e para o hóspede.
2. Identificar os diversos obstáculos que poderiam interferir com um programa eficaz de avaliação de desempenho.
3. Identificar diversos métodos comparativos de avaliação de desempenho e descrever como eles diferem.
4. Descrever três dinâmicas para o método de padrão absoluto para avaliação de desempenho.
5. Descrever como avaliadores e funcionários trabalham em conjunto para determinar as metas para avaliação de desempenho na administração por objetivos.
6. Identificar os pontos importantes do método de avaliação de desempenho por índice direto.
7. Identificar o papel do supervisor na condução das avaliações de desempenho.
8. Descrever as etapas que o supervisor deve cumprir na condução da avaliação de desempenho.
9. Descrever as preocupações e princípios comuns a qualquer sessão planejada de *coaching*.
10. Identificar várias ações de *coaching* que o supervisor pode adotar para ajudar um funcionário a melhorar seu comportamento e atitudes.
11. Explicar como o *coaching* formal difere do *coaching* informal no trabalho.
12. Descrever que etapas um supervisor deveria cumprir antes, durante e depois de uma sessão formal de *coaching*.

6
Avaliação e *Coaching*

Por definição, os supervisores empregam a maior parte de seu tempo observando e avaliando o desempenho dos funcionários. Ainda assim, você pode pensar que não dispõe de tempo para sentar com eles para discutir seu desempenho no trabalho, seu aperfeiçoamento ou seus problemas. Entretanto, todos os funcionários querem saber como estão desempenhando suas tarefas. Assim, a despeito das inúmeras preocupações de seu dia, você precisa encontrar tempo para conversar regularmente com os funcionários, especialmente quando surgem problemas.

Este capítulo discute duas das mais importantes responsabilidades de um supervisor:

1. Conduzir a avaliação de desempenho do funcionário.
2. Proporcionar *coaching* quando as sessões de avaliação indicarem que isto é necessário.

Este capítulo começa pela descrição dos benefícios que o funcionário, o supervisor, a empresa e o hóspede têm com a avaliação de desempenho. Também explica por que algumas empresas não adotam a avaliação de desempenho como procedimento regular ou, se o fazem, não extraem do processo todos os benefícios que o processo oferece.

O capítulo discute, em seqüência, os diferentes métodos e dinâmicas usualmente adotados pelas empresas para revisar o desempenho dos funcionários. Em seguida, define o importante papel que você, como supervisor, desempenha nesse processo, seja quando é designado para avaliar, seja quando seu gerente é o avaliador, como às vezes é o caso.

Além disso, o capítulo apresenta uma lista de tarefas que um avaliador eficaz deveria executar antes, durante e após conduzir uma avaliação de desempenho. Durante essas sessões de avaliação, o avaliador poderá verificar que o funcionário pode se beneficiar com um *coaching* adicional. Recomendam-se ações de *coaching* que possam mudar uma situação em benefício do seu funcionário ou que mudem a percepção, as habilidades e os objetivos de seu funcionário.

Finalmente, o capítulo mostra como você pode ampliar o treinamento e desenvolvimento do funcionário usando o *coaching* informal de um modo contínuo. Descreve também um procedimento que você pode usar para conduzir uma sessão de aperfeiçoamento de desempenho para a solução de problemas específicos. Essas sessões são também conhecidas como *coaching* formal.

Em todas as interações entre você e seu funcionário nos processos de avaliação e *coaching*, você precisará dar a ele suporte e encorajamento. Como resultado, teríamos a melhoria no relacionamento funcionário-supervisor, assim como melhoria no desempenho do funcionário e aumento de produtividade.

Benefícios da Avaliação de Desempenho

A avaliação de desempenho beneficia o funcionário, o supervisor, a administração da empresa e até seus hóspedes.

Primeiro de tudo, avaliações de desempenho ajudam a identificar os pontos fortes de um funcionário, assim como as áreas em que ele precisa melhorar. Durante a revisão de desempenho o avaliador tipicamente se refere aos pontos fortes do funcionário cumprimentando-o por seu bom desempenho. Os cumprimentos elevam a auto-estima do funcionário e fazem com que ele se sinta bem. Em contrapartida, se o avaliador precisa identificar as fraquezas do funcionário, ele deve focalizar na melhoria que o funcionário pode alcançar durante o próximo período de avaliação.

Segundo, através da avaliação de desempenho o supervisor pode reconhecer os funcionários que contribuíram individualmente com idéias valiosas para a melhoria do trabalho ou outras atividades de desenvolvimento profissional. Terceiro, uma avaliação de desempenho conduzida de maneira adequada irá, em parte, orientar os planos de carreira do funcionário. O avaliador pode encorajar o funcionário a considerar programas de carreira de longo prazo e pode oferecer sugestões valiosas. Nesse caso, as sessões de avaliação podem também focalizar estratégias específicas ao desenvolvimento de carreira e o progresso que o funcionário tenha feito durante o ciclo de avaliação.

Finalmente, as avaliações podem apontar as necessidades de *coaching* ou aconselhamento para os funcionários que apresentaram problemas com relação ao trabalho. Juntos, o supervisor e o funcionário podem concordar com um plano de ação para resolver esses problemas. O supervisor deve oferecer ajuda ou encaminhar o funcionário a profissionais que possam ajudá-lo, se problemas pessoais vierem à tona durante a revisão de desempenho.

Os benefícios que o supervisor recebe estão centrados na melhoria de seu relacionamento com seus funcionários. Dado que supervisor e funcionário têm que trabalhar muito próximos durante as sessões de avaliação de desempenho, eles ficam se conhecendo no processo. O diálogo, no âmago de um processo de avaliação conduzido de maneira apropriada, pode conduzir ao entendimento entre o supervisor e seu funcionário, mesmo que às vezes a avaliação seja negativa. Os funcionários entendem que os padrões de desempenho são medidas "reais" que, embora colocadas em um nível elevado, são factíveis. Eles compreendem o compromisso do supervisor em monitorar o cumprimento dos padrões e reconhecem o compromisso do supervisor com os funcionários, à medida que lhes dá *feedback* com um plano de ação que ajuda os funcionários a melhorarem. Além disso, os funcionários reconhecem o compromisso do supervisor com o trabalho de equipe para melhorar o desempenho, o que resulta em crescimento profissional dos funcionários e subseqüentemente no aumento dos negócios da empresa, do qual todos se beneficiam.

A gerência do estabelecimento se beneficia pelo uso das informações obtidas durante o processo de avaliação. Essas informações formam a base usada para as decisões do estabelecimento que afetam remuneração, políticas de pessoal e programas de treinamento.

Recompensas, salários, aumentos por mérito e bônus são ligados a desempenho no trabalho. Ainda que os sindicatos trabalhistas tenham interesse crucial nos assuntos relacionados a remuneração, as recompensas a reajustes de salário devem ser focalizadas no desempenho do trabalho.

As ações da gerência na área de pessoal são justificadas por sessões de avaliação eficazes. As habilidades de um funcionário, reconhecidas no ciclo de avaliação e documentadas na avaliação de desempenho, podem resultar em promoções, transferências ou outras ações positivas. Da mesma forma, a inabilidade do funcionário em desempenhar seu trabalho de acordo com os padrões da empresa pode resultar em rebaixamento, dispensa ou outras ações negativas. Obviamente, é importante que todas as avaliações de competência do funcionário sejam feitas com regularidade e tão objetivamente quanto possível.

Além disso, a partir das informações obtidas durante as sessões de avaliação, os supervisores e o pessoal de treinamento podem determinar as necessidades para definição dos programas de treinamento no âmbito da empresa ou para avaliar a eficácia dos programas em curso. Se o processo de avaliação mostra que diversos funcionários são fracos em várias habilidades, a empresa pode desejar que se desenvolva um treinamento de grupos. De maneira similar, o estabelecimento pode autorizar os supervisores a programar sessões individualizadas de treinamento ou *coaching* para resolverem problemas individuais.

Cada funcionário do estabelecimento tem um papel importante a desempenhar nas metas da organização. As avaliações de desempenho efetuadas com regularidade lembram aos funcionários de seu compromisso com os padrões de desempenho do estabelecimento. As avaliações de desempenho resultam em funcionários motivados com quem se pode contar para consistentemente obter níveis de desempenho que atinjam ou superem as expectativas dos hóspedes.

Assim, a avaliação de desempenho estende seus benefícios para além do funcionário e do supervisor, para toda a organização e, especialmente, ao cliente satisfeito, que continuará voltando e contará a outras pessoas suas experiências positivas.

Obstáculos a uma Avaliação de Desempenho Eficaz

Alguns estabelecimentos não fazem qualquer tipo de avaliação de desempenho. Talvez isto seja motivado por existirem muitos obstáculos ao sucesso da realização da avaliação.

Habilidades Insuficientes do Supervisor

Os supervisores, por vezes, não recebem treinamento suficiente para a condução de avaliações de desempenho devido à sobrecarga natural de serviços no setor de hospitalidade. Em alguns casos, os próprios supervisores jamais foram avaliados.

Uma organização que exija que seus supervisores conduzam avaliações de desempenho, mas não lhes ensine como fazê-las, pode, ainda que não intencionalmente, estar enviando-lhes a mensagem de que tais avaliações não são importantes. Entretanto, certas organizações podem achar que um processo eficaz de avaliação de desempenho tem um efeito positivo na produtividade do funcionário. Tais organizações priorizam deixar claro para os supervisores a importância do processo de avaliação.

Formulários Ineficazes

Quando os formulários de avaliação não contêm fatores relacionados ao desempenho no trabalho ou se tornam muito complicados e extensos, os formulários em si podem causar problemas. Mais ainda, alguns avaliadores podem não saber completar os formulários. Outros podem não saber como usar as informações coletadas no processo de avaliação no planejamento de ações para melhoria de desempenho do funcionário.

Procedimentos Incorretos

Algumas operações de hotelaria têm muito poucos procedimentos organizados para a condução de avaliações, quando os tem. Os supervisores e gerentes podem usar as avaliações de desempenho apenas quando desejam disciplinar os funcionários – não como oportunidades para obter os benefícios da avaliação discutidos no início deste capítulo. (Para maiores informações sobre disciplina, ver Capítulo 7 deste livro.)

Avaliação Irregular ou Esporádica

Algumas organizações promovem avaliações irregular ou esporadicamente. As avaliações de desempenho devem ser conduzidas com regularidade e freqüentemente. Mesmo que você revise formalmente o desempenho do funcionário apenas uma ou duas vezes ao ano, você deve conduzir revisões informais mais freqüentemente. Tal programa dará aos funcionários o *feedback* de que necessitam para melhorar seu desempenho.

Receio de Ofender os Funcionários

É fácil e agradável congratular um funcionário por um desempenho excepcional. Entretanto, é difícil dizer a um funcionário que seu desempenho não atinge o padrão. Os supervisores podem recear ofender os funcionários que estão tendo um desempenho inadequado e podem ser pouco honestos ao avaliá-los. Esses supervisores invalidam o objetivo do processo de avaliação de desempenho e, assim, perdem oportunidades de aumentar a produtividade.

Ao avaliar alguém com desempenho insatisfatório, você deve se concentrar em criticar o desempenho insuficiente, não o funcionário. Lembre-se de fazer isto como um assunto profissional, não pessoal. Fazendo assim, aponte evidências específicas para apoiar suas observações em vez de discutir generalidades. Então, explique que passo específico o funcionário deve dar para melhorar seu desempenho.

É comum os funcionários que recebem uma avaliação insatisfatória desafiarem seus supervisores quando as avaliações são ligadas a benefícios ou aumentos de salário. Muitos funcionários acreditam que seu desempenho é melhor do que realmente é, quando comparado aos padrões. Esse aspecto evidencia a importância de estabelecer padrões de desempenho mensuráveis (observáveis), mantendo registros precisos e dando ao funcionário um *feedback* freqüente, ao longo do período de avaliação.

Falha no Uso das Informações da Avaliação de Desempenho

Os supervisores e gerentes de algumas organizações hoteleiras podem preencher e arquivar os formulários de avaliação de desempenho, mas não fazem nada mais com eles. Na verdade, alguns supervisores preenchem os formulários, mas não falam com os funcionários ou mesmo nem mostram a eles os formulários. Os funcionários têm que estar ativamente envolvidos no processo para que a avaliação de desempenho funcione. Mais ainda, as informações coletadas no processo de avaliação precisam ser usadas para melhorar o desempenho do funcionário.

Falha no Acompanhamento

É importante que os supervisores dêem seqüência à avaliação de desempenho do funcionário. O supervisor deve dar seqüência à revisão de desempenho com *coaching*, aconselhamento ou treinamento para ajudar o funcionário a melhorar seu desempenho. Não faz sentido fazer uma avaliação e discuti-la com o funcionário se essa avaliação vai ficar esquecida até a próxima revisão.

Preocupação com Erros

Os avaliadores podem estar tão receosos de cometer erros no processo de avaliação que não são capazes de começar o programa. Alternativamente, podem desenvolver tantas salvaguardas que o processo como um todo fica comprometido. Nenhum supervisor pode ter a pretensão de atingir a perfeição no processo de avaliação de desempenho, portanto é inútil esperar que isto aconteça. Um supervisor ou gerente pode trabalhar para conduzir o processo de avaliação de desempenho da maneira mais objetiva e justa a seu alcance. Ainda que a possibilidade de erro nunca possa ser evitada, ela pode ser reduzida.

Receio de Ser Injusto

Um supervisor eficaz tenta ser justo em todas suas interações com os funcionários. Entretanto, alguns avaliadores podem ficar preocupados com o fato de informações negativas que aflorem na avaliação de desempenho se tornarem parte permanente do **arquivo de pessoal** do funcionário. Esses dados podem afetar o funcionário mesmo após a solução do problema de desempenho.

Quando estiver fazendo *coaching* de um funcionário, você pode identificar áreas de desempenho abaixo do padrão. Você deve dar um *feedback* imediato ao funcionário sobre essa questão e imediatamente iniciar ações para corrigi-las. Essas discussões e ações precisam ser documentadas. Para evitar que essas anotações sejam colocadas no arquivo permanente do funcionário, mantenha um arquivo de trabalho onde você manterá esses dados. Se o desempenho do funcionário não melhorar você vai precisar dessas notas como suporte a uma avaliação insatisfatória. Entretanto, se o desempenho melhorar e a avaliação for positiva, você pode optar por destruir esses dados que estavam em seu arquivo de trabalho.

Dinâmicas para Avaliação de Desempenho

É provável que os supervisores não tenham informações suficientes para determinar o tipo de sistema de revisão de desempenho usado pela organização ou pelo departamento, embora o ideal seja que a alta gerência leve em consideração as observações dos supervisores. Este capítulo apresenta uma breve idéia dos diferentes tipos de revisão de desempenho para que você possa entender o amplo espectro de possibilidades em sistemas de avaliação de desempenho e as vantagens e desvantagens potenciais de cada um deles. Esta seção considerará algumas das dinâmicas de uso mais comum no setor de hospitalidade.

Métodos Comparativos

Os **métodos de revisão por comparação de desempenho** envolvem a comparação dos funcionários entre si. Existem quatro dinâmicas para métodos comparativos: a dinâmica da classificação simples, a dinâmica da classificação alternativa, a dinâmica de comparação por pares e a dinâmica da distribuição forçada.

Dinâmica de Classificação Simples. O avaliador classifica os funcionários em ordem, do melhor ao pior (ou aqueles que necessitam de mais atenção). Isto é feito de uma forma subjetiva, ou seja, o avaliador faz um julgamento do desempenho total de cada funcionário. A classificação deveria considerar a consistência com que o funcionário atinge o padrão de desempenho. Não deveria considerar como um funcionário se compara com outro.

As sérias desvantagens desta dinâmica incluem a possível predisposição do supervisor e a possibilidade de que a comparação seja focalizada em personalidade e relacionamento em vez de em desempenho funcional.

Dinâmica de Classificação Alternativa. Esta é uma variação da dinâmica de classificação simples. Primeiro o avaliador coloca o melhor funcionário no topo da lista e o pior funcionário ao final. Então, o avaliador coloca o segundo melhor funcionário em segundo lugar no topo e o segundo pior no penúltimo lugar. Este processo segue até que o avaliador tenha colocado todos os funcionários em ordem.

Dinâmica de Comparação por Pares. O avaliador deve ordenar todos os funcionários, do melhor ao pior – em termos de um único fator – seja desempenho global, qualidade do trabalho ou receptividade a novas idéias. Os funcionários "competem" não apenas uns com os outros, mas também contra um fator de julgamento importante ao desempenho efetivo do trabalho.

Dinâmica de Distribuição Forçada. O avaliador tem permissão para classificar apenas uma determinada porcentagem de todos os funcionários como "superior" e a mesma porcentagem como "inaceitável". O avaliador é, então, forçado a classificar uma percentagem definida do restante dos funcionários em outras categorias como "acima da média" e "abaixo da média".

É comum empregadores concluírem que os métodos comparativos de avaliação não são úteis para a gerência nem ajudam os funcionários. Os funcionários sentem que a avaliação de desempenho deveria focalizar a habilidade do funcionário em desempenhar o trabalho necessário, não em como um funcionário se compara a outro. Ainda mais, como é improvável que todo o pessoal de um supervisor execute tarefas idênticas, é difícil, se não impossível, usar qualquer das dinâmicas comparativas de maneira consistente, justa e objetiva.

Método do Padrão Absoluto

Com o **método do padrão absoluto**, o avaliador determina o desempenho de cada funcionário sem levar em consideração o desempenho de outros funcionários. Existem três dinâmicas bastante populares que incorporam padrões absolutos às avaliações de desempenho. São elas a dinâmica de incidentes críticos, a dinâmica de tarefas com peso relativo e a dinâmica de escolha forçada.

Dinâmica de Incidentes Críticos. O supervisor, ou outro gerente responsável pela avaliação, mantém um "diário" (também chamado momento ou diário do gerente) de incidentes que indicam trabalhos com desempenho aceitável ou inaceitável. Usando esta dinâmica lembre que o diário tem que ser mantido atualizado durante todo o período entre avaliações. O pior resultado de aguardar até o último minuto para escrever alguma coisa é ter registros imprecisos, incompletos e injustos. Mais ainda, evite fazer apenas anotações negativas. Ainda que estes sejam incidentes importantes, é igualmente importante considerar os aspectos positivos do desempenho do funcionário.

O Quadro. 6.1 mostra um exemplo do diário para registro dos incidentes críticos.

Dinâmica de Tarefas com Peso Relativo. Os supervisores, e outras pessoas familiarizadas com o fluxo de trabalho do departamento e de suas posições, desenvolvem uma listagem das tarefas que compõem cada ocupação. A cada tarefa é associado um peso que representa seu valor relativo com "bom" ou "mau" desempenho. O Quadro 6.2 mostra um exemplo da lista de tarefas e seus pesos.

Quadro 6.1 – Exemplo de Avaliação por Padrão Absoluto: Dinâmica de Incidente Crítico

Instruções: Dê exemplos da atividade do funcionário em cada aspecto. Indique incidentes positivos e negativos.
Nome do Funcionário: _____
Atividade   Data   Atividade Observada
Obedece Ordens
Qualidade do Trabalho
Faz Sugestões
Assinatura do Supervisor: _____ Data: _____

Quadro 6.2 – Exemplo de Avaliação por Padrão Absoluto: Dinâmica de Tarefas com Peso Relativo

Instruções: Assinale (%) cada uma das afirmações aplicáveis ao funcionário sendo avaliado.		
Nome do Funcionário:		
(%) se aplicável	atividade	Peso
1. Desliga o equipamento quando termina.	2,0	
2. Mantém a área de trabalho limpa.	1,5	
3. Reúne todos os suprimentos/utensílios necessários ao trabalho de uma só vez.	1,5	
Assinatura do Supervisor	Data	

Dinâmica da Escolha Forçada. Esta dinâmica requer que o avaliador selecione uma afirmação que descreva como o funcionário desempenha certos fatores considerados importantes para um desempenho do trabalho bem-sucedido. Um exemplo desse formato é mostrado no Quadro 6.3. Muitas organizações do setor de hospitalidade usam a dinâmica da escolha forçada. O número de fatores de trabalho examinados neste método pode variar. Ao usar este método é importante que você considere todas as tarefas específicas que são importantes para uma determinada posição.

Método da Administração por Objetivos

No método da administração por objetivos (APO), o avaliador trabalha com o funcionário para determinar um conjunto de metas. O avaliador e o funcionário consideram como o funcionário vai atingir as metas. Então, eles trabalham juntos para estabelecer os procedimentos de avaliação. Os procedimentos em um plano de APO consistem em quatro etapas:

1. As metas devem ser atingidas pelo funcionário até a próxima avaliação de desempenho.

2. É concedido tempo, no trabalho, para que o funcionário domine tarefas necessárias para atingir as metas. As estratégias de treinamento, *coaching* e outras atividades de desenvolvimento estão incluídas no plano.

Quadro 6.3 – Exemplo de Avaliação por Padrão Absoluto: Dinâmica de Escolha Forçada

Instruções: Assinale (%), para cada fator, a definição que exemplifica a qualidade do trabalho desempenhado pelo funcionário.
Nome do Funcionário:

Fator	Excelente	Acima da Média	Desempenho na Média	Abaixo da Média	Inaceitável
Conhecimento do Trabalho.	Entende todos os aspectos do trabalho.	Entende quase todos os aspectos do trabalho.	Entende os aspectos básicos do trabalho.	Tem conhecimento razoável do trabalho.	Conhece mal o trabalho.
Qualidade do Trabalho.	Muito preciso e limpo.	Raramente comete erros.	Trabalho normalmente aceitável.	Trabalho raramente inaceitável.	Trabalho raramente atinge os requisitos de qualidade.

3. Durante a próxima avaliação, as metas atingidas são comparadas com as metas originalmente estabelecidas. Se o funcionário não atinge seus objetivos, o avaliador e o funcionário tentam entender por que. O avaliador pede ao funcionário que opine sobre o nível do cumprimento das metas e que ações tomar. É importante que o avaliador encontre o funcionário periodicamente durante o tempo estabelecido para cumprimento das metas. O avaliador deve medir o progresso e prover *coaching* adicional quando necessário. É particularmente útil estabelecer **marcos** intermediários para medir o progresso.

4. São estabelecidas novas metas e as estratégias para atingi-las durante o próximo período de avaliação.

Lembre-se de que as listas de atividades e divisão das atividades, para os programas de treinamento, são úteis para avaliar os funcionários. O avaliador e o funcionário concordam em quais tarefas específicas o funcionário se saiu bem e em que atividades ele precisa colocar um esforço extra. Dê cópias da lista de atividades e sua divisão ao funcionário para que ele possa usá-las para desempenhar as tarefas de modo correspondente.

Método do Índice Direto

O método do índice direto quantifica as tarefas e mede o desempenho dos funcionários. Por exemplo, um auxiliar de almoxarifado pode ser avaliado pelo número real de produtos inaceitáveis que tenha recebido. (Isto seria comparado com o registro do número de devoluções de produtos após as mercadorias terem dado entrada em estoque). Ou ele poderia ser avaliado pelo número de vezes que faltou mercadoria para a produção porque o funcionário falhou em informar ao departamento de compras de acordo com os procedimentos de operação estabelecidos.

Também é possível fazer as medições em relação à produtividade, à qualidade ou a padrões de trabalho. Essas medidas são mais bem aplicadas na avaliação de outros cargos que não os gerenciais. Entretanto, um gerente ou supervisor pode ser avaliado com base no desempenho de seu pessoal.

O Papel do Supervisor na Avaliação de Desempenho

A avaliação de desempenho dos funcionários é uma das tarefas principais de um supervisor. No setor de hospitalidade não existe nenhuma regra dogmática ou fácil sobre o que, exatamente, seja o papel do supervisor. Se sua organização é grande, o gerente do seu departamento, ou seu assistente, pode avaliar o desempenho dos funcionários. Para isto, confiará nas informações de diversos supervisores, inclusive você. Em organizações menores, o supervisor de turno pode reportar diretamente ao gerente do departamento. Neste caso, a responsabilidade final sobre as avaliações de desempenho ainda seria do chefe ou do gerente do departamento.

O supervisor imediato de um funcionário pode não ser o membro da gerência que conduz a avaliação de desempenho. Entretanto, as avaliações de desempenho são mais eficazes quando o supervisor imediato do funcionário é responsável pela preparação e condução da avaliação. Os supervisores de nível mais alto podem participar de uma sessão de acompanhamento com o funcionário. Na maioria dos sistemas, os formulários de avaliação requerem a assinatura de, no mínimo, dois níveis de supervisão. O tamanho do departamento pode ser um fator. À medida que o número de funcionários aumenta, fica mais difícil para o chefe do departamento tomar as decisões de avaliação. Em grandes departamentos, provavelmente, teremos mais gerentes ou supervisores de nível médio que assumem esta responsabilidade. Ainda que o chefe do departamento retenha a responsabilidade final sobre a avaliação de funcionários, sua execução pode ser delegada a um supervisor, dependendo da estrutura organizacional.

Suponha que o chefe do departamento ou outro gerente assuma os deveres de avaliação de desempenho. Neste caso, você, como supervisor imediato, precisa estar apto a responder às perguntas dos funcionários sobre o processo de avaliação. Mais ainda, você deve fornecer as informações apropriadas para que o gerente que está conduzindo a avaliação também entenda os seus resultados. Por exemplo, você precisa saber se o avaliador e o funcionário concordaram em áreas de problemas e nas soluções sugeridas e se eles discutiram planos para o desenvolvimento profissional do funcionário. Isto permitirá que você ajude o funcionário pela supervisão direta, treinando e dando *coaching* para resolver os problemas relacionados ao trabalho citados na sessão de avaliação. Se você imagina formas de aperfeiçoar o sistema de avaliação de desempenho, leve suas idéias aos gerentes responsáveis pelo desenvolvimento e operação do sistema.

Por exemplo, encoraje seu gerente a estabelecer um mecanismo de apelação se a empresa ainda não tiver feito isto. Os funcionários que acreditarem que sua avaliação de desempenho tenha sido conduzida de maneira injusta deveriam ter permissão para recorrer ao nível de gerência superior. A credibilidade de todo o processo de avaliação pode ser comprometida se não existir esta permissão. É normal que os procedimentos para tal apelação sejam definidos em uma política claramente estabelecida.

Padrões de Desempenho e o Processo de Revisão

Dado que a avaliação deve focalizar o desempenho do funcionário, o avaliador precisa entender plenamente as responsabilidades do funcionário e os níveis de desempenho aceitáveis.

Lembre-se de que você aprendeu (no Capítulo 4) a desenvolver listas de tarefas que identificam todas as tarefas de uma ocupação e divisões de tarefas que revêem procedimentos específicos para o desempenho de cada tarefa. Você também aprendeu a identificar os padrões de desempenho correspondentes. O avaliador precisa estar familiarizado com exatamente *o que* o funcionário deve fazer e quais os níveis acordados de desempenho para cada tarefa. Esta informação é a base para a avaliação. O supervisor compara o desempenho efetivo do funcionário com o padrão de desempenho. Se o nível de desempenho do funcionário fica aquém do nível de desempenho esperado, a diferença entre os dois níveis representa a melhoria que o funcionário tem que obter.

Dê toda a liberdade possível para que os funcionários participem do processo de revisão de desempenho. Permita ao funcionário reagir à opinião do avaliador, defenda sua posição com educação, mas de um modo firme, ajude a planejar as metas para o próximo período de avaliação e ofereça toda e qualquer opinião ou conselho sobre seus trabalhos.

Etapas no Processo de Avaliação de Desempenho

A avaliação de desempenho tem que ser um processo de comunicação de duas vias, que permita a você ajudar o funcionário a desenvolver metas a serem alcançadas até a próxima avaliação. Ao final da sessão, você e o funcionário deveriam estar de acordo sobre as áreas em que o funcionário tem mostrado bom desempenho, áreas que necessitam de melhoria e planos de ação específicos para a melhoria de desempenho. A sessão de avaliação não deve terminar antes que supervisor e funcionário tenham concordado nesses pontos. Quando a revisão estiver concluída você deverá completar toda a papelada requerida. Os gerentes freqüentemente solicitam as informações de avaliação de desempenho para o arquivo pessoal do funcionário; muitas vezes, ele é usado nas decisões sobre benefícios e salários. Veja o Quadro 6.4 que apresenta um conjunto de regras de orientação para ajudá-lo a realizar avaliações de desempenho.

O Quadro 6.5 lista as tarefas que o supervisor deveria completar antes, durante e após as sessões de avaliação de desempenho.

Antes da Sessão

Prepare-se para a discussão. Marque com antecedência tempo e hora. Reveja a descrição de cargo do funcionário. Colete informações, tais como material sobre incidentes no trabalho que você tenha observado e seja diretamente relacionado com desempenho excepcional, aceitável ou falho. Procure informações com outros também. Liste os objetivos que você pretende atingir. Encontre um local reservado e que não intimide para fazer sua entrevista. Planeje o que você vai dizer e ensaie suas observações de abertura da conversa.

Quadro 6.4 – Condução de Avaliações de Desempenho: Regras de Orientação

1. Faça a entrevista em um ambiente informal, reservado e livre de distrações.
2. Torne o clima cortês e encorajador.
3. Encoraje o funcionário a participar ativamente.
4. Explique claramente o objetivo da entrevista.
5. Esclareça as áreas com problemas detalhadamente, mas com tato.
6. Ouça quando o funcionário fala; não interrompa.
7. Critique o desempenho do trabalho, não o funcionário.
8. Critique quando você estiver calmo, não zangado.
9. Evite confronto e discussão.
10. Enfatize os pontos fortes do funcionário e, então, discuta as áreas que precisam de melhoria.
11. Para estabelecer metas de melhoria, focalize desempenho futuro, não passado.
12. Não pressuponha; em lugar disto, peça esclarecimentos.
13. Faça perguntas para obter informações, não para "testar" o funcionário.
14. Espere o funcionário discordar.
15. Tente resolver as diferenças, não espere concordância total.
16. Evite exageros (tais como "sempre" ou "nunca").
17. Ajude o funcionário a manter sua auto-estima; não o ameace nem o menospreze.
18. Refreie seus próprios preconceitos.
19. Permita ao funcionário ajudá-lo a estabelecer as metas para melhoria.
20. Assegure ao funcionário que você vai ajudá-lo a alcançar suas metas.
21. Mantenha contato visual adequado.
22. Finalize com uma nota positiva.

Quadro 6.5 – Tarefas do Supervisor na Avaliação de Desempenho

Uma grande variedade de tarefas tem que ser cumprida antes, durante e após uma sessão de avaliação.

Antes da Sessão

- Reveja o formulário de avaliação anterior e quaisquer registros sobre o desempenho do funcionário desde a última avaliação.
- Permita ao funcionário rever as informações sobre a avaliação anterior.
- Faça um primeiro rascunho do formulário de avaliação para a sessão atual. Peça ao funcionário para que ele faça o mesmo.

- Programe a reunião de avaliação para um lugar e hora aceitáveis para ambos, você e o funcionário.
- Prepare-se para a sessão pensando nos resultados que você deseja e nos procedimentos específicos para alcançá-los.
- Faça uma lista de perguntas que você quer fazer e de matérias que você deseja resolver.
- Pense sobre suas sugestões para a melhoria de desempenho e para o desenvolvimento profissional do funcionário.
- Focalize a avaliação no desempenho do funcionário, como ele melhorou e como ele pode melhorar ainda mais no futuro.

Durante a Sessão

- Crie um clima amistoso e tranqüilo.
- Revise os formulários de avaliação detalhadamente; destaque as áreas em que vocês dois concordam. Tenha certeza de anotar também as áreas de desacordo.
- Peça *feedback* ao funcionário.
- Focalize o desempenho do funcionário, não o funcionário; seja específico sobre as áreas de desempenho aceitável e áreas onde cabem melhorias.
- Anote os pontos mais importantes cobertos na sessão.
- Tenha certeza de que o funcionário sabe exatamente o que você deseja.
- Peça ao funcionário que assine a avaliação.
- Termine a avaliação em tom profissional, oferecendo toda a assistência possível para ajudar o funcionário a atingir as metas estabelecidas durante a avaliação.

Após a Sessão

- Revise as notas que você tomou durante a sessão; faça qualquer adição enquanto a entrevista está fresca em sua memória.
- Complete os formulários necessários; envie as cópias necessárias ao departamento de recursos humanos.
- Dê ao funcionário uma cópia da avaliação.
- Faça o acompanhamento; dê o *coaching*, o aconselhamento e o que mais seja apropriado.
- Discuta qualquer ponto importante com seu próprio supervisor.

Você deve enfatizar a importância da preparação por ambos, avaliador e funcionário. (Veja uma lista de questões que o funcionário deve receber para se preparar para a reunião de revisão de desempenho no Quadro 6.6.) Existem dois tipos de preparação que o avaliador faz: prepara o *conteúdo* da entrevista e prepara o *processo*. Quando você prepara o conteúdo, planeja *quais* tópicos da avaliação vai abordar. No planejamento do processo, você determina *como* os tópicos serão discutidos.

Quadro 6.6 – Perguntas para que o Funcionário se Prepare para a Revisão de Desempenho

Antes de conduzir a avaliação de desempenho de um funcionário, ajude-o a se preparar mentalmente para a sessão. Peça-lhe que pense sobre uma série de questões, tais como as listadas a seguir.
• O que eu, pessoalmente, fiz para melhorar minhas habilidades, desde a última avaliação de desempenho?   • Em que áreas de responsabilidade eu sou excelente? Em que áreas preciso melhorar?   • Que aspectos do meu trabalho me dão mais prazer? Que aspectos de meu trabalho têm sido um desafio maior para mim?   • Quais foram as três coisas mais importantes que fiz no ano passado?   • O que eu, pessoalmente, fiz para elevar o moral dentro de meu departamento?   • Como o meu supervisor pode me ajudar a fazer um trabalho melhor?   • Em que medida minha posição atual está aproveitando ao máximo minha capacidade?

Cortesia do *Opryland Hotel, Nashville*, Tennessee.

Peça ao funcionário para que também faça algum planejamento e forneça a ele um formulário em branco, com antecedência. Peça-lhe que o examine e faça uma auto-avaliação. O funcionário pode fazer anotações nele ou mesmo preenchê-lo completamente. Durante a sessão de avaliação, peça ao funcionário que explique sua auto-avaliação. Então, diga como você o avaliou e explique os fatores que contribuíram para sua decisão.

Pedir aos funcionários para se auto-avaliarem tem certas vantagens. Por exemplo, os funcionários são, em geral, muito precisos ao se auto-avaliarem e podem reconhecer onde seu desempenho foi muito bom. Além disso, este sistema garante que o avaliador e o funcionário focam os mesmos tópicos e que nenhum ponto importante é deixado de lado. Tenha em mente, também, que às vezes os funcionários são mais severos consigo mesmos do que os supervisores o seriam. Isto lhe dará oportunidade de dar um *feedback* positivo adicional. Pedindo aos funcionários que se auto-avaliem, você identifica as áreas em que vocês concordam quanto aos níveis de desempenho. Você pode abordar essas áreas rapidamente reservando mais tempo para discutir aquelas em que há divergências. Dando aos funcionários a oportunidade de auto-avaliarem seu desempenho, também lhes dá a oportunidade de relembrar suas realizações, que você pode haver esquecido. Finalmente, esta dinâmica ajuda a colocar o funcionário mais à vontade, porque ele sabe com antecedência exatamente quais serão os tópicos abordados na sessão de avaliação.

Um bom planejamento de conteúdo oferece diversas vantagens, uma das quais é permitir ao avaliador julgar o desempenho do funcionário de maneira mais objetiva. Com uma preparação mais ponderada e adequada, o avaliador estará menos inclinado a confiar em suspeitas, rumores, opiniões de outros ou fatos não muito claros em sua memória. Mais ainda, um planejamento de conteúdo detalhado, focado em fatos, ajuda tanto o avaliador quanto o funcionário a agirem de forma menos emocional. Além disso, o planejamento de cuidados encurta o tempo da entrevista em si; você não precisa ficar remexendo arquivos atrás de uma informação ou fato, se isto já estiver na sua mão. Finalmente, no curso de seu planejamento, você fará uma programação dos tópicos para manter a discussão dentro de limites.

No planejamento do processo, você decide como introduzir o conteúdo que planejou. Isto envolve você presumir, entre outras coisas, como acha que o funcionário vai se auto-avaliar, se e em que grau ele vai desafiar sua avaliação e como você vai lidar com sua resistência.

Durante a Sessão

Ao fazer suas observações iniciais, seja amistoso e sincero. Explique claramente por que você está fazendo a entrevista. Encoraje o funcionário a participar e interaja positivamente com ele. Certifique-se de que ele sabe que isto é uma conversa de mão dupla.

Peça ao funcionário para discutir os objetivos de desempenho previamente estabelecidos (se for o caso) e os resultados alcançados em cada área. Faça-o auto-avaliar seu desempenho e explicar sua avaliação. Certifique-se de que entendeu o que o funcionário está lhe dizendo. Escute-o ativamente – não interrompa.

Em seguida, explique sua avaliação, focando o desempenho do funcionário e não sua personalidade. Então, explique por que você avaliou o desempenho como explicado. Discuta tanto os pontos fortes do funcionário como aqueles que precisam de melhoria. Finalmente, discuta os pontos sobre os quais você e ele concordam e discordam.

Reconheça o bom trabalho do funcionário. Discuta e resuma áreas em que ele precisa melhorar. Discuta os objetivos da avaliação em que vocês concordam. Revise e resolva os pontos de desempenho em que vocês não concordaram.

A fase seguinte envolve o **plano de melhoria de desempenho**. Determine ações específicas que o funcionário terá que executar para melhorar seu desempenho. Evite tentar mudar tudo ao mesmo tempo. Em lugar disto, escolha uma área de desempenho certificando-se de que você e o funcionário concordam. Então, estabeleça dinâmicas e planos de ação práticos, definidos no tempo e específicos para execução por ele. Peça e obtenha o seu compromisso. Pergunte ao funcionário o que ele precisa de você para melhorar o desempenho. Devido à extensão da discussão de avaliação de desempenho, talvez seja melhor tratar do plano de melhoria do desempenho em uma sessão separada. Esta dinâmica dá ao funcionário e ao supervisor a oportunidade de considerar os aspectos levantados por ambos, identificar as estratégias de melhoria e focalizar inteiramente este elemento fundamental do processo.

Em muitas organizações, os aumentos de salário são diretamente relacionados à avaliação de desempenho e se tornam efetivos à época da revisão. Nesses sistemas, é boa idéia começar dando sua avaliação global, qual será o aumento de salário e quando ele será dado. Usualmente a questão financeira é a mais importante para o funcionário. À medida que ela seja explicitada, você pode focar mais facilmente os aspectos específicos de desempenho do trabalho.

Ao final da sessão, resuma a avaliação de desempenho e planos de ação. Programe as datas de acompanhamento e colha a assinatura do funcionário no formulário.

Depois da Sessão

Avalie a entrevista e pense em como você poderia ter melhorado a sessão. Dê ao funcionário uma cópia da versão final do formulário de avaliação de desempenho.

Encontre o funcionário na data combinada para o *follow-up*. Nesse meio tempo, dê ao funcionário a ajuda e suporte necessários e recompense sua melhoria de desempenho. Se for necessário providencie *coaching* ou treinamento adicionais. Por fim, se o funcionário desejar, permita que ele tenha sessões adicionais de avaliação a serem efetuadas antes da próxima sessão "oficial".

Coaching

Ao longo do treinamento, os funcionários aprendem como e por que fazer algo de uma certa forma. Com o *coaching*, os funcionários aprendem como aplicar o que aprenderam no treinamento. Quando faz o *coaching*, o supervisor persuade, corrige e inspira o funcionário a desempenhar seu trabalho com eficácia. O supervisor usa reforço positivo para alcançar os resultados desejados.

O *coaching* pode ser formal ou informal. O **coaching informal** é normalmente realizado no próprio posto de trabalho do funcionário. Ele ocorre no curso do dia-a-dia normal da operação. Muitas vezes, é realizado para aperfeiçoar uma habilidade, comunicar um conhecimento específico ou ajustar uma conduta imprópria.

O **coaching formal** é usualmente realizado em separado, fora do setor de trabalho. Ele é focado em conhecimentos, habilidades ou atitudes que afetam negativamente uma parte significativa do desempenho do funcionário em seu trabalho. Uma sessão formal de *coaching* também pode ser tratada como uma sessão de melhoria de desempenho. O supervisor deve planejar uma agenda e manter um registro formal da sessão.

O *coaching* difere do **aconselhamento**, que usa um processo de um-para-um para ajudar os funcionários a resolverem seus próprios problemas. O aconselhamento relacionado ao trabalho se concentra nas atitudes em relação ao trabalho e ao ambiente de trabalho. O aconselhamento não relacionado ao trabalho envolve problemas pessoais que não são diretamente ligados ao trabalho. Entretanto, as preocupações pessoais seguidamente afetam de modo negativo o desempenho do trabalho. As questões de aconselhamento pessoal são normalmente encaminhadas a profissionais treinados para tratar deles.

Preocupações Comuns

Em qualquer sessão planejada de *coaching*, o supervisor deve tratar pelo menos de três assuntos:

1. O problema específico que precisa de solução.
2. O relacionamento entre o supervisor e o funcionário.
3. O crescimento e desenvolvimento geral do funcionário.

As sessões de *coaching* planejadas devem ser similares a uma entrevista, em forma e abordagem. O supervisor deve obter fatos, prover um *feedback* justo, mostrar compreensão com os sentimentos do funcionário e planejar o curso das ações corretivas em uma sessão de *coaching*. As sessões de *coaching* planejadas ajudam a resolver problemas e fortalecem o relacionamento supervisor-funcionário. Também ajudam os funcionários a alcançar um desempenho mais eficaz e produtivo.

Geralmente, as sessões de *coaching* são orientadas para problemas. Ou seja, focalizam problemas que o funcionário enfrenta no trabalho ou em problemas resultantes de um desempenho ineficaz.

Os Princípios do Coaching

A atividade de *coaching* relacionada ao trabalho é uma função importante da supervisão. As atitudes e o desempenho dos funcionários são afetados pela maneira como o supervisor dirige e instrui, pelas atitudes do supervisor em relação aos funcionários e pelo próprio desempenho do supervisor. Se você age como se não se importasse com o desempenho de seus funcionários, os funcionários tampouco se importarão. Se você conta com que o trabalho atinja os padrões de desempenho estabelecidos, isto é exatamente o que os funcionários provavelmente produzirão. O *coaching* é mais eficaz se os supervisores desenvolverem um ambiente de trabalho adequado que ajude os funcionários a fazerem o melhor.

Envolvimento dos Funcionários. Os funcionários devem estar ativamente envolvidos no estabelecimento de metas e na responsabilidade em atingi-las para que o *coaching* tenha sucesso. Os funcionários tendem a ser mais comprometidos e bem-sucedidos quanto mais eles estiverem envolvidos na avaliação dos problemas e na busca de soluções.

Encoraje os funcionários a participarem do processo de *coaching*. Faça perguntas que o funcionário possa responder para ajudar a resolver os problemas.

Entendimento Mútuo. Ambos, você e o funcionário, precisam compreender o tópico que estão discutindo. Peça ao funcionário para definir o problema em suas próprias palavras para assegurar-se disto. Então, repita os pontos de vista do funcionário para ver se esse é o entendimento dele. Se você não fizer isto, ambos podem deixar a sessão com idéias totalmente diferentes sobre as questões e soluções.

Ouvindo. O supervisor tem que ouvir mais do que falar. Você e o funcionário podem ganhar mais da sessão de *coaching* se você permitir que o funcionário fale, enquanto você ouve ativamente. Permitindo que ele descreva o problema, permitirá que faça sugestões e discuta aspectos e problemas relacionados ao trabalho.

Ações de Coaching

Os supervisores promovem o *coaching* quando desejam melhorar o comportamento e as atitudes do funcionário. O supervisor pode ajudar o funcionário mudando uma situação, a percepção, as habilidades ou os objetivos do funcionário.

Mudando uma Situação. O supervisor pode (1) mudar seu próprio comportamento ou estilo de liderança, (2) alterar o grupo de trabalho encorajando os funcionários a alterar sua conduta ou separando funcionários problemáticos, ou (3) mudar as condições e recursos do trabalho. Um supervisor, fazendo qualquer destas alterações, pode ajudar um funcionário a modificar seu comportamento.

Mudando a Percepção do Funcionário. Um supervisor pode ajudar a mudar a atitude do funcionário em relação ao trabalho certificando-se de que ele seja precisamente informado sobre os objetivos da empresa, problemas etc. Além disso, o supervisor pode apontar como o funcionário pode desempenhar seu trabalho com eficácia e de modo a atingir suas metas pessoais. O supervisor pode fornecer um feedback positivo quando o funcionário atinge – ou não atinge – um padrão de desempenho estabelecido.

Mudando as Habilidades do Funcionário. Um supervisor pode ajudar o funcionário a aprender mais sobre o trabalho e como resolver seus problemas particulares. Isto ajudará a melhorar a atitude do funcionário e sua **auto-estima** (sentimentos positivos e confiantes sobre si mesmo; amor-próprio).

Mudando os Objetivos do Funcionário. Um supervisor pode ajudar os funcionários a estabelecerem objetivos que possam ser razoavelmente alcançados. Os supervisores devem rever com regularidade os padrões de desempenho do trabalho. Se os padrões forem muito altos, ou se os funcionários tiverem expectativas muito altas para seu próprio desempenho, eles podem ficar desencorajados. Ajude-os, estabelecendo metas de curto prazo que possam ser alcançadas.

O *Coaching* Informal no Trabalho

Quando o *coaching* é realizado informalmente, é parte da rotina do supervisor. O supervisor está fazendo *coaching* cada vez que ele pára e fala com o funcionário sobre o seu desempenho e vai adiante para interagir com outro funcionário da mesma forma. Quando estiver fazendo *coaching* dos funcionários informalmente, você deverá reforçar o bom desempenho, reafirmar as expectativas de desempenho e manter-se envolvido com os funcionários.

Use Reforço Positivo

O objetivo do *coaching* diário feito informalmente é apontar quais comportamentos no trabalho atendem aos padrões de desempenho e quais não. Nos casos de desempenho abaixo do padrão, demonstre o procedimento correto e explique por que o procedimento incorreto não é aceitável.

Quando você deseja que um funcionário continue atingindo o padrão de desempenho estabelecido, deve identificar o funcionário que está fazendo isto e imediatamente cumprimentá-lo. É uma boa idéia tentar surpreender o funcionário fazendo algo certo e imediatamente elogiá-lo. O reforço positivo é mais eficaz quando associado a comportamento correto. O comportamento que é positivamente reforçado tem mais chances de ser repetido.

Reafirme as Expectativas

Ao fazer o *coaching*, prepare-se para afirmar e reafirmar suas expectativas para que seu argumento seja aceito. Os funcionários podem nem mesmo tentar alcançar determinado padrão, a menos que eles entendam e lembrem de suas expectativas. Reafirmando expectativas, você reforçará a aprendizagem do funcionário e relembrará a eles os padrões de desempenho estabelecidos. Os funcionários baseiam suas metas de desempenho em padrões de desempenho.

Os supervisores do setor de hospitalidade podem usar a supervisão "por cima do ombro", em que o supervisor olha seu pessoal trabalhando, a distância. Ele cumprimenta os funcionários pelas tarefas que estão executando bem. Então, com tato, corrige os desempenhos abaixo do padrão enquanto reafirma as expectativas relativas ao trabalho.

Os funcionários gostam do *coaching* positivo "por cima do ombro". Eles sentem que o supervisor está interessado neles como pessoas, não como máquinas. Entretanto, os supervisores devem ter o cuidado de nunca ameaçarem seus funcionários quando eles estão trabalhando. O supervisor não deveria importunar os funcionários ou criticar cada ação.

Permaneça Envolvido

Os supervisores envolvidos e eficazes fazem do *coaching* uma parte normal de seu trabalho diário. Os bons supervisores fazem um esforço contínuo para reforçar, ensinar e reensinar os procedimentos corretos. Os supervisores eficazes dominam todas as habilidades ou sabem em que funcionários confiar para demonstrar ou ensinar uma habilidade.

O *Coaching* Formal

O *coaching* formal é geralmente conduzido em sessões semelhantes a entrevistas. Uma sessão de *coaching* formal é essencialmente uma sessão de melhoria de desempenho. Há dois tipos básicos de entrevistas usados no *coaching* formal: entrevistas dirigidas e não-dirigidas.

Entrevistas dirigidas são aquelas que o supervisor dirige fazendo certas perguntas. As entrevistas dirigidas são realizadas para dar e receber informações, mas também são conduzidas para discutir sentimentos e atitudes. O entrevistador poderá tirar maior ou menor proveito de uma entrevista dirigida, dependendo da forma pela qual se comunique e faça as perguntas.

Em *entrevistas não-dirigidas*, os problemas são discutidos de uma forma menos estruturada. O supervisor começa com perguntas de ordem geral ou declarações sobre um problema, dando ao funcionário a liberdade para discutir as questões de sua própria perspectiva. As entrevistas não-dirigidas são geralmente conduzidas para explorar os sentimentos e as atitudes do funcionário.

Os supervisores freqüentemente descobrem que os funcionários tentam esconder ou mascarar seus verdadeiros sentimentos e nem sempre dizem o que realmente pensam. Os supervisores analisam as atitudes do funcionário que afetem seu desempenho no trabalho, nas sessões não-dirigidas.

Propicie um clima de entendimento e espírito aberto. Se você fizer isto, é mais provável que o funcionário diga exatamente o que sente. Ainda que seja necessário iniciar a sessão anunciando a existência de um problema, passe rapidamente a condução para o funcionário. Quando o funcionário acredita que você vai ouvi-lo sem que isto seja uma ameaça para ele, ele pode ser mais aberto à discussão do problema.

Ouça o funcionário. A sessão terá sucesso se você ouvir com compreensão e aceitação (usamos aqui o termo "aceitação" significando que você aceita o direito do funcionário a um ponto de vista e que você aceita o funcionário como um ser humano com méritos). Evite criticar o funcionário. Além disso, você não precisa concordar com tudo o que ele diz. Em uma sessão não-dirigida, sua crítica ou seu julgamento do ponto de vista, declarações ou atitudes do funcionário fará com que ele pare de falar. Se o funcionário parar de falar, você nunca chegará à causa do problema.

Responda breve e positivamente para demonstrar que você entendeu o que ele disse. Acenos com a cabeça ou simples respostas, tais como "Sim" ou "Entendo", mostram que você compreendeu. Você provavelmente receberá sinais similares do funcionário.

Além disso, você poderá tentar repetir declarações-chave que o funcionário faça. Por exemplo, o funcionário pode dizer: "Eu quero que meu trabalho tenha mais responsabilidade." Sua resposta não-dirigida poderia ser: "Você sente que gostaria de ter mais responsabilidade." Seja sincero quando disser isto. Diga algo que é evidente e que motive o funcionário a esclarecer melhor seu ponto. Você poderia completar sua reafirmação com uma pergunta, tal como: "Você poderia me dizer que tipo de responsabilidade a mais você gostaria?" (Para discussão mais detalhada do ouvir e outras habilidades de comunicação, ver Capitulo 2, "Comunicação Eficaz".)

Preparativos para as Sessões Formais de Coaching

Ao preparar-se para conduzir uma sessão formal de *coaching* (ou melhoria de desempenho), você deve decidir primeiro o que você espera alcançar na sessão. Você deve ter um objetivo definido em mente antes de marcá-la. A sessão será mais produtiva se você escrever exatamente que informações deseja do funcionário, que pontos vai enfatizar e mesmo algumas perguntas a fazer. Junte, então, informações sobre antecedentes. Os supervisores deveriam conhecer seus funcionários. Em grandes organizações, isto é difícil. Se este for o seu caso, você deveria procurar tantas informações de antecedentes do funcionário quanto possível, inclusive pontos fortes e áreas que necessitam de melhoria. Você pode fazer isto revendo anotações escritas ou falando com outros supervisores que trabalhem com o funcionário.

Antes de programar a sessão de *coaching*, consulte o funcionário e reveja a programação semanal. A sessão de *coaching* é uma extensão do treinamento mas não deve interferir com o trabalho normal do funcionário. Notifique-o com a antecedência possível. Não lance uma surpresa sobre ele.

É comum que o funcionário leve algum tempo para sentir-se livre o suficiente para falar abertamente a um entrevistador, especialmente quando este é o supervisor do funcionário. Além disso, esta pode ser a primeira vez que o funcionário tem a oportunidade de associar suas metas e experiências pessoais com as metas da organização. Dê-lhe o tempo necessário para que faça essa conexão.

Esteja atento a suas atitudes em relação ao *coaching*, à sessão e ao funcionário. Você também deve considerar as atitudes dele. As prevenções e o comportamento do funcionário podem influenciar o desempenho do trabalho. A sessão pode ser mais produtiva se você tentar entender como ele se sente em relação ao processo de *coaching* e ao tópico em discussão.

A Condução das Sessões Formais de Coaching

Conduza a sessão reservadamente. Quando possível, não permita interrupções. Faça a entrevista em uma área reservada, não em um local público e movimentado. Use um escritório ou sala de reunião adequados a uma discussão ponderada e produtiva.

Estabeleça um clima confortável. O funcionário precisa se sentir livre para falar e expressar suas idéias. Você precisa estar disposto a ouvi-lo sem ficar zangado, mesmo se ele questionar sua eficácia. Para estabelecer um clima ameno, dê ao funcionário tempo para se acostumar ao ambiente. Ajude-o a sentir que está conversando com você em pé de igualdade. Ponha-o à vontade reafirmando que vocês estão se encontrando para esclarecer as questões e trabalhar para a melhoria. Mostre sua compreensão respondendo com honestidade a todos os comentários que ele faça.

Comece devagar. Quando a sessão começa, o funcionário pode responder suas perguntas ou comentários de modo lento ou não muito claro. Na verdade, ele pode se sentir confuso ou amedrontado. Assim, você deve dar-lhe mais tempo para pensar antes de responder. Se você se mostrar calmo e paciente ele não se sentirá ameaçado. Ajuste-se às habilidades de pensamento e conversação do funcionário.

Descreva o problema de uma forma positiva e que mostre seu interesse. Torne claro que você deseja discutir o problema e resolvê-lo em lugar de culpar o funcionário. Quando ele entender isto estará mais disposto a falar sobre o problema. Evite acusá-lo e colocá-lo na defensiva. Assegure ao funcionário que você entende que ele quer fazer as coisas certas. Quando você fizer um resumo do problema, seja tão específico quanto possível. Discuta os padrões de desempenho do departamento e diga ao funcionário exatamente como seu desempenho está sendo insuficiente. Dê suporte a suas afirmações com dados específicos. Lembre-se de focar o problema de desempenho, não a personalidade ou atitude do funcionário.

Peça ao funcionário para ajudá-lo a resolver o problema ou a identificar suas causas. Se você conseguir obter o comprometimento dele, suas chances de resolver o problema serão maiores. Peça ajuda ao funcionário na decisão dos passos a dar para resolver o problema. Quando o funcionário entende que você realmente valoriza as idéias dele, é mais provável que coopere. Isto também ajuda a elevar a auto-estima do funcionário.

Para obter mais informações, faça ao funcionário perguntas gerais (começando com "O que", "Como", "Quem", "Quando", etc.). À medida que ele ficar mais à vontade, faça perguntas mais específicas para esclarecer o problema. Esteja certo de escutar e mostrar que entendeu, especialmente quando ele se mostrar preocupado ou aborrecido. Sua empatia ajudará o funcionário a manter sua auto-estima. Se você fizer anotações, mantenha-as sucintas, de modo que você possa focalizar completamente o que o funcionário fala e também manter constante contato visual. Entretanto, é melhor fazer suas anotações quando a discussão acabar. Certifique-se de fazer as anotações em papel comum mantendo-as em seu arquivo de trabalho.

Além disso, você terá suas próprias idéias para discutir. Quando o fizer, mantenha o tom amistoso e preserve a auto-estima do funcionário. Antes de começar a falar em soluções, faça um resumo das causas que vocês dois identificaram para ajudar a garantir que entenderam todas as informações discutidas.

Quando os funcionários começam a pensar que a sessão está chegando ao final, suas observações tendem a se tornar mais diretas e significativas. Os últimos minutos da sessão podem ser os mais produtivos se você prestar bastante atenção aos comentários finais do funcionário. Eles podem ser mais significativos que os comentários feitos ao início da sessão, os quais ele pode ter feito pensando que você gostaria de ouvi-los.

Peça ao funcionário idéias sobre a solução de problemas de desempenho. Se você fizer anotações nesse momento, ele se sentirá prestigiado e você ficará com um registro de possíveis soluções. Essas anotações podem se mostrar úteis se sua primeira alternativa de solução não surtir o efeito desejado. Registre tantas idéias quantas vocês dois produzam. Quando for possível, use uma idéia do funcionário para resolver o problema. Após decidirem o curso de ação, trabalhem juntos para determinar exatamente quem deve fazer o que e quando. Adicione estas informações a suas anotações. Enfatize que, ao mesmo tempo em que você vai fazer tudo que estiver ao seu alcance para ajudá-lo a ter sucesso, ele é responsável por melhorar. Expresse sua confiança na habilidade do funcionário em melhorar seu desempenho. Isto reforçará o comprometimento dele com a solução do problema.

Avaliação e *Coaching*

Antes de acabar a discussão, programe uma sessão de acompanhamento. Isto demonstra que você espera que ele resolva o problema de desempenho e que você quer acompanhar o progresso. Uma discussão de acompanhamento garante que você e o funcionário vão se encontrar para avaliar o progresso ou qualquer problema que ele continue a ter. Se for necessário, você terá condições de planejar um curso de ação diferente.

Conclua a discussão de um modo positivo e que demonstre seu apreço. Novamente expresse sua confiança na capacidade do funcionário em resolver o problema e indique seu suporte.

O Acompanhamento das Sessões Formais de Coaching

Dê ao funcionário ajuda e encorajamento à medida que ele dá os passos na melhoria de seu desempenho. Providencie *coaching* e treinamento adicional, se for necessário. Deixe o funcionário solicitar sessões adicionais de *coaching*, que devem ser conduzidas antes da próxima sessão "oficial". Mantenha registros escritos de todas as sessões, em especial dos avanços feitos por ele.

Termos-chave

método de revisão de desempenho por padrão absoluto

benchmark

método de revisão de desempenho comparativo

aconselhamento

coaching formal

coaching informal

método de revisão de desempenho por administração por objetivos (APO)

avaliação de desempenho

plano de melhoria de desempenho

arquivo pessoal

auto-estima

Perguntas para Debate

1. Quais são os benefícios de realizar uma avaliação de desempenho?
2. Que obstáculos interferem com os programas de avaliação de desempenho eficazes?

3. Quais são alguns métodos comparativos de avaliação de desempenho dos funcionários? Como eles diferem?

4. Quais são vários métodos para avaliar o desempenho dos funcionários?

5. Quais são as três dinâmicas para incorporar padrões absolutos na avaliação de desempenho?

6. Como avaliador e funcionário trabalham juntos para determinar metas no método de avaliação de desempenho pela administração por objetivos (APO)?

7. Qual é o papel do supervisor na condução das avaliações de desempenho?

8. Quais etapas o supervisor deve cumprir quando conduzindo avaliações de desempenho?

9. Quais os assuntos que o supervisor deveria tratar em qualquer sessão planejada de *coaching*?

10. Como o *coaching* formal difere do *coaching* informal no trabalho?

Exercício de Revisão

Quando você achar que compreendeu todo o conteúdo deste capítulo, responda estas questões. Escolha a *melhor* resposta. Verifique suas respostas, comparando com as respostas corretas encontradas ao final deste livro em **Respostas aos Exercícios de Revisão**.

Verdadeiro (V) ou Falso (F)

V F 1. Um programa de avaliação de funcionários conduzido de modo eficaz deve tratar do plano de carreira do funcionário.

V F 2. Avaliações de desempenho normalmente ajudam a identificar os pontos fortes do funcionário e as áreas que precisam de melhorias.

V F 3. Uma avaliação de desempenho negativa pode resultar em uma melhoria no relacionamento funcionário-supervisor.

V F 4. Uma causa de avaliações malfeitas pode ser o treinamento insuficiente do avaliador/supervisor.

V F 5. Formulários de avaliação ineficazes podem ser a causa de uma avaliação de desempenho ineficiente.

V F 6. As avaliações de desempenho não precisam ser feitas com regularidade para serem consideradas eficazes.

V F 7. Os empregadores geralmente decidem que o método de avaliação comparativa está entre os mais úteis.

V F 8. Avaliações de desempenho são mais eficazes quando o supervisor imediato do funcionário é responsável por preparar e conduzir a avaliação.

V F 9. Geralmente é melhor lidar com plano de melhoria de desempenho em uma sessão em separado e não na própria sessão de avaliação de desempenho.

V F 10. As atividades de *coaching* de um modo geral não são influenciadas pelo ambiente de trabalho.

Múltipla Escolha

11. A dinâmica de incidentes críticos na avaliação comparativa envolve:

    a. desenvolver listas de tarefas;

    b. manter um diário.

12. A pessoa responsável final pela avaliação dos funcionários é o:

    a. supervisor;

    b. chefe do departamento.

13. O avaliador é responsável por dois tipos de preparação antes de conduzir uma avaliação de desempenho:

    a. discussão e planejamento;

    b. conteúdo e processo.

14. O objetivo do *coaching* informal diário é:

    a. programar um plano de melhoria de desempenho;

    b. apontar que comportamentos no trabalho estão de acordo com os padrões de desempenho e quais não;

    c. mudar os objetivos do funcionário;

    d. conduzir entrevistas dirigidas.

15. Os dois tipos básicos de entrevistas usadas no *coaching* formal são:

    a. lista de tarefas com pesos e escolha forçada;

    b. padrão absoluto e incidentes críticos;

    c. dirigida e não-dirigida;

    d. perguntas e respostas.

Tópicos do Capítulo

Os Mitos da Disciplina
Observando de Perto Regras e Regulamentos
   Reforço Positivo
   Reforço de Regras
Causas de Problemas Disciplinares
Administrando a Disciplina
   Pequenas Correções
   Quando a Gravidade Aumenta
Programas Progressivos de Disciplina

Objetivos da Aprendizagem

1. Descrever quatro mitos da disciplina em que muitos supervisores continuam a acreditar, e por que eles devem mudar suas crenças.
2. Explicar por que é importante avaliar regras e regulamentos, reforçá-los e justificá-los perante os funcionários.
3. Definir o reforço positivo e por que se deve utilizá-lo.
4. Identificar possíveis causas de problemas disciplinares.
5. Descrever como administrar a disciplina eficazmente.
6. Descrever como um supervisor deve lidar com pequenas correções.
7. Identificar o que fazer quando a gravidade de um problema de disciplina aumenta.
8. Identificar os passos para se criar uma discussão sobre disciplina.
9. Descrever os passos que podem ser incluídos no programa progressivo de disciplina de um estabelecimento ou organização.

7
Disciplina

Os supervisores e gerentes tentam modificar o comportamento do funcionário com o uso da disciplina. Em um sentido positivo, a disciplina envolve atividades que corrigem, fortalecem e melhoram o desempenho do funcionário.

Entretanto, muitos supervisores temem disciplinar mais do que qualquer outro aspecto de seu trabalho. Eles temem isto porque não compreendem como fazê-lo apropriadamente. Esta falta de compreensão leva os supervisores a empregar ações disciplinares que ou funcionam mal ou não funcionam.

Os Mitos da Disciplina

A maioria dos problemas que envolvem o uso da disciplina surge quando um supervisor não compreende seu propósito ou a maneira adequada de lidar com ela. Se um supervisor baseia as ações disciplinares em qualquer um dos mitos a seguir, a disciplina será ineficaz. Ela pode, de fato, ser contraproducente. Portanto, começamos este capítulo discutindo os quatro mitos da disciplina.

Mito 1: A disciplina é uma forma de punição. Este é provavelmente o mito em que se mais acredita dos quatro. Às vezes, os supervisores utilizam a punição quando eles estão irritados, tensos, ou não sabem mais o que fazer. Alguns supervisores podem punir para fazer vingança ou para mostrar ao funcionário quem é o chefe. Entretanto, a punição não é uma estratégia a longo prazo eficaz no local de trabalho. Qualquer efeito positivo que resulte do uso da punição normalmente não é muito duradouro.

Os efeitos negativos a longo prazo, porém, podem esmagar seu departamento. Funcionários punidos podem reagir escondendo erros ou ficando ressentidos e hostis. Eles podem tentar acertar as contas diminuindo seu resultado quando seu chefe não estiver olhando. Muito freqüentemente os funcionários simplesmente param de tentar. Sentimentos de baixa auto-estima substituem a criatividade e o desejo de fazer um bom trabalho – ambos fatores que você quer encorajar em seus funcionários. O que é mais importante, talvez, é o fato de que a punição deixa de tratar do que está realmente causando o problema.

Mito 2: Ser o chefe significa que as pessoas têm que fazer o que você manda. Muitos supervisores pensam que seus funcionários farão qualquer coisa que eles mandarem somente porque devem fazê-lo. Na verdade, alguns supervisores tentam ameaçar e forçar os funcionários a se comportarem da maneira que desejam que se comportem. Isto normalmente resulta em uma luta de poder que ninguém pode vencer. Os funcionários fazem seus próprios jogos de poder, o supervisor responde com uma exibição ainda maior de poder, e a luta continua até que ambos os lados não saibam mais o que argumentar ou fazer. A ameaça final de um supervisor pode ser a demissão, mas você não pode demitir todo o seu quadro de funcionários. Se os funcionários desafiam a ameaça de demissão e não são demitidos, eles ganham a batalha: o supervisor perde toda a credibilidade e autoridade.

Os problemas que resultam do "controle pelo poder" são como os que resultam do uso da punição. As causas dos problemas não são observadas e os funcionários se tornam defensivos, pouco comunicativos, rebeldes, infelizes, hostis e inflexíveis.

Ser o supervisor não o torna "melhor" do que seus funcionários. Os supervisores eficazes devem trabalhar dentro de um sistema de valores que preza princípios éticos, uma crença na dignidade dos funcionários e respeito pelos seus direitos. Existem cada vez menos funcionários desamparados ou que são parte de uma força de trabalho que os aprisiona. Os funcionários que se sentem infelizes trabalhando para um supervisor mais rígido do que o comum vão procurar emprego em outro lugar. Se um supervisor continuar a usar o poder sobre estes funcionários que não têm outra escolha, a hostilidade dos funcionários pode se desenvolver em ódio e até em violência.

Mito 3: Se você for gentil com seus funcionários, não precisará discipliná-los. Como eles temem disciplinar os funcionários, os supervisores geralmente se tornam tolerantes demais. Eles querem acreditar que estão garantindo a lealdade, amizade e produtividade do funcionário ao ignorar erros e regras quebradas, e se rendem às exigências dos funcionários. Em vez disso, os funcionários tendem a esperar mais deste tipo de tratamento e perdem o respeito pelo supervisor ou lealdade ao departamento. A disposição de ânimo e a produtividade do funcionário podem realmente sofrer. Os funcionários podem começar a acreditar que as regras não se aplicam a eles. Os funcionários em outros departamentos, com supervisores mais severos, também podem experimentar sensações de desânimo.

O supervisor excessivamente tolerante pode passar a ficar ressentido com funcionários que tiram proveito disso. Se o ressentimento chegar a um ponto de ruptura, o supervisor pode soltar hostilidades no próximo funcionário que aparecer ou, além disso, pode punir todo o departamento. Maiores problemas surgem à medida que os funcionários vão ficando confusos sobre o que esperar de seu supervisor. Os funcionários poderiam acreditar que estão sendo tratados injustamente, já que seus comportamentos não são em nada diferentes da maneira como eles sempre se comportaram. O fato é: foi o comportamento inconsistente do supervisor que piorou.

Mito 4: Toda situação disciplinar deve ser tratada exatamente da mesma maneira. Os contratos de trabalho, as leis trabalhistas e os regulamentos do governo são feitos para assegurar que todos os funcionários sejam tratados de maneira justa. Entretanto, muitos gerentes e supervisores pensam que isto significa que eles devem tratar todos os funcionários exatamente da mesma maneira em todas as circunstâncias. É verdade que você deve ser capaz de justificar o fato de tratar infrações similares de maneira diferente. Porém, apesar de dois problemas de comportamento poderem ser similares, as causas podem ser diferentes – e isto significa que suas soluções também podem ser diferentes. Sua escolha da abordagem disciplinar depende dos fatores envolvidos em determinada situação.

Por exemplo, seria injusto utilizar a mesma abordagem disciplinar quando um funcionário de confiança que trabalha com você há 15 anos se atrasa duas vezes devido a uma doença séria de um cônjuge e um segundo funcionário – novo e ainda em período de experiência – que se atrasa duas vezes porque o despertador não tocou.

Em outras palavras, reforce o espírito, não o sentido exato da política. Mantenha em mente sua finalidade geral, que é fazer com que os funcionários melhorem seu comportamento. Seja consistente, mas flexível, dentro das diretrizes estabelecidas por sua organização.

É importante tratar cada situação adequada e eficazmente desde o início, manter registros completos e documentar cada ocasião de ação disciplinar. Certifique-se de incluir motivos para qualquer exceção que você faça. Contanto que você aplique o mesmo conjunto de metas e valores a todos, você pode tratar cada funcionário e cada caso individualmente.

É mais fácil e mais eficaz melhorar a sua abordagem da disciplina do que modificar o comportamento dos funcionários. Nenhum livro pode lhe dizer como tratar *cada* desafio disciplinar. Entretanto, mudar sua crença nestes quatro mitos o ajudará a decidir por si próprio como lidar com uma situação disciplinar e manter os funcionários produtivos no processo.

Observando de Perto Regras e Regulamentos

Um objetivo dos esforços disciplinares para o funcionário é garantir a submissão dele a regras e regulamentos razoáveis. Muitas organizações do setor de hospitalidade possuem várias regras e regulamentos, às vezes chamados de fita vermelha.[1] Outras organizações não. O número e os tipos de regras variam de acordo com a filosofia e os estilos de liderança da alta gerência. As regras que causam problemas e que os funcionários geralmente quebram são provavelmente as que não fazem sentido para eles.

Portanto, é importante revisar regras, especialmente as que são freqüentemente quebradas, para garantir que elas sejam razoáveis. Uma vez que a gerência confirme que as regras são razoáveis, você deve explicá-las e justificá-las a seus funcionários. Se você puder melhorar a atitude dos funcionários em relação às regras, os problemas disciplinares provavelmente diminuirão. Os funcionários que trabalham em organizações que têm regras demais geralmente sentem que a gerência está dizendo: "Funcionários não são inteligentes e maduros o suficiente para se autodisciplinarem. Devemos criar regras para gerenciar seu comportamento." Este tipo de atitude da gerência pode criar problemas. Por exemplo, os funcionários podem sentir que são mal-compreendidos ou que não se confia neles. Como resultado, podem responder à gerência se tornando desconfiados e até mesmo rebeldes.

Reforço Positivo

O **reforço positivo** tende a aumentar a probabilidade de um comportamento aceitável e a diminuir a probabilidade de um comportamento inaceitável. Ele pode ser uma ferramenta poderosa em sua estratégia se você estiver iniciando um programa de disciplina positiva. Tipicamente, os supervisores são mais eficazes em manter um comportamento aceitável através do reforço positivo do que em eliminar um comportamento indesejável depois que ele começa. Em parte, isto ocorre porque os funcionários que se submetem às regras não precisam modificar seu comportamento. Você só precisa motivá-los a continuarem com o comportamento aceitável. Ao contrário, os funcionários cujo comportamento é inaceitável devem modificar seu comportamento. Então, cabe a você encorajar a consistente repetição das práticas de trabalho desejadas. Reforce os funcionários positivamente recompensando-os com elogios, retribuições ou outros incentivos quando seu comportamento de trabalho corresponder às expectativas. Esta prática encoraja os funcionários a até mesmo exceder as expectativas que a gerência possui em relação a eles.

Para que o reforço positivo funcione, a recompensa oferecida deve ser significativa para o funcionário afetado. Além disso, a recompensa deve ser conveniente e freqüente. Deve haver uma relação entre a atividade desejada e a ação de reforço positivo. O reforço positivo também deve reconhecer o esforço de grupos ou equipes, já que o trabalho de um funcionário freqüentemente é dependente do de outro.

O elogio é uma das melhores técnicas de reforço positivo. O elogio sincero é uma forte recompensa e as pessoas tendem a repetir o comportamento que foi recompensado. Elogie os funcionários por tentarem melhorar seu comportamento. Seja sincero, porém, não exagere. Os seguintes elogios, apesar de simples, podem ser muito poderosos:

"Você aprende rápido."

"Você realmente está fazendo um bom trabalho aqui."

"Continue com o bom trabalho."

"Estas mesas estão ótimas."

"Você tratou o último cliente muito bem."

"Tenho orgulho de você."

Você não pode construir um relacionamento com seus funcionários se você só falar com eles quando eles estiverem fazendo algo errado. O reforço positivo o ajudará a reservar a boa vontade e o respeito mútuo. Uma outra vantagem de fazer elogios é que eles só custam alguns minutos do seu tempo.

Reforço de Regras

Uma vez que as regras ou as políticas estiverem em vigor, os supervisores devem consistentemente reforçá-las. O reforço consistente das regras diz aos funcionários que eles são valiosos para o sucesso da operação do estabelecimento. Regras e regulamentos aceitáveis determinam as diretrizes dentro das quais os funcionários devem trabalhar. Elas também dizem aos funcionários quando eles possuem ou não a autoridade para tomar decisões "no momento da verdade" e, portanto, são elementos importantes no programa básico de gerenciamento da operação.

Causas de Problemas Disciplinares

Especificar os tipos e a quantidade de problemas de disciplina que surgem nas operações no setor de hospitalidade é uma tarefa difícil. Apesar de algumas empresas levantarem estas informações, não há estatísticas disponíveis que abranjam toda a indústria. O Quadro 7.1 lista exemplos de problemas que, infelizmente, ocorrem com regularidade em muitas organizações do setor de hospitalidade.

Quadro 7.1 – Exemplos de Problemas Disciplinares

Problemas menores
1. Deixar de relatar acidentes/prejuízos.
2. Deixar as áreas designadas de trabalho sem permissão.
3. Períodos não-autorizados de intervalos e descanso.
4. Jogar.
5. Vendas não autorizadas.
6. Problemas relacionados ao fumo (tabagismo).
7. Absenteísmo.
8. Problemas relacionados à negligência.
9. Problemas com outros funcionários.
10. Insubordinação.
11. Violações gerais das regras.

Problemas graves
1. Destruição proposital do estabelecimento.
2. Ações imorais, indecentes ou desonestas.
3. Portar armas.
4. Falsificar registros.
5. Greve ilegal; restrição da produção.
6. Abuso de drogas no trabalho; alcoolismo.
7. Violações do relógio de ponto.

Por que os problemas disciplinares ocorrem? Em grande parte porque as políticas e os procedimentos não estão escritos, compreendidos ou reforçados. As organizações maiores e as que são sindicalizadas possuem provavelmente mais regras escritas do que outras menores e não sindicalizadas.

Algumas pesquisas indicam que as causas possíveis de problemas disciplinares podem ser atribuídas a: (1) aptidões e habilidades inadequadas, (2) conhecimento e experiência inadequados, (3) problemas de personalidade e de motivação e (4) fatores ambientais desagradáveis.²

Para minimizar os problemas disciplinares entre seus funcionários, você deve ser um bom comunicador. Fale com seus funcionários e ouça o que eles têm a dizer. Às vezes, você precisará sondar abaixo da superfície para identificar os verdadeiros problemas.

Você provavelmente encontrará dois tipos principais de comportamento inaceitável:

- O que resulta de uma decisão proposital tomada pelo funcionário (como roubar, danos intencionais ao equipamento ou mentir).

- O que está fora do controle do funcionário (devido à falta de treinamento, ferramentas inadequadas ou outras condições).

O comportamento inaceitável que está *sob* controle do funcionário deve ser gerenciado através de procedimentos de ações disciplinares eficazes. O comportamento inaceitável *fora* do controle do funcionário é realmente um problema seu. Você deve fazer um trabalho melhor para ajudar os funcionários a atenderem as exigências do emprego. Em cada caso de disciplina, você deve se olhar e olhar para sua organização para avaliar se as causas dos problemas de disciplina estão ou não dentro da habilidade de controle do funcionário.

Administrando a Disciplina

Os programas disciplinares devem ser projetados para gerar benefícios positivos para as operações do setor de hospitalidade. Se não o forem, poderão criar sérios problemas na forma de relações humanas sofríveis, pior desempenho no trabalho, potenciais controvérsias de ordem legal ou junto a sindicatos e problemas pessoais tanto para os supervisores quanto para os funcionários envolvidos. Normalmente, seu próprio gerente estará diretamente envolvido no processo disciplinar. Por exemplo, você pode precisar pedir a seu gerente que esclareça se uma violação da política garante a ação disciplinar. Muitos funcionários sentem que a ação da gerência com relação à ação disciplinar adequada garante a eles algum grau de consistência e justiça. Às vezes, um supervisor pode solicitar que seu próprio chefe seja diretamente envolvido em qualquer entrevista disciplinar. Porém, isto não é tipicamente recomendável porque o supervisor perde poder e autoridade aos olhos do funcionário.

Se as infrações continuarem ou aumentarem, fazendo com que você tenha que adotar novas medidas disciplinares, outros níveis da gerência serão envolvidos. Por exemplo, você pode ter autoridade para repreender um funcionário e colocar um relatório escrito em seu arquivo pessoal. Entretanto, você pode não estar autorizado a demitir um funcionário sem o total conhecimento e aprovação de gerentes de níveis mais altos da organização.

Em operações sindicalizadas, representantes do sindicato provavelmente estarão envolvidos em aspectos do programa de disciplina. Por exemplo, o resultado de algumas ações disciplinares pode ser mediado ou julgado por alguém de fora e desinteressado.

As políticas, as regras e os procedimentos devem dizer respeito a todos os funcionários da operação, não a apenas alguns. Além disso, elas devem ser reforçadas consistentemente e devem ser razoáveis e justas tanto do ponto de vista da gerência quanto dos funcionários. Elas também devem ser escritas e incluídas em manuais do funcionário e explicadas durante sessões de orientação. Você deve informar os funcionários de grandes mudanças nas políticas, regras e nos procedimentos, antes que estas mudanças sejam implementadas. Não deve haver surpresas.

A disciplina é uma habilidade de gerenciamento ou de supervisão que você só pode aprender com a prática e seguindo as diretrizes. Não é uma habilidade que você deve somente "saber". O Quadro 7.2 apresenta as diretrizes gerais para praticar as ações disciplinares.

Se tem tido problemas para disciplinar seus funcionários, primeiro terá que trabalhar para mudar a maneira com que *você* se comporta. De fato, você não pode mudar o comportamento de seus funcionários; eles devem mudar a si próprios. A força bruta por sua parte pode às vezes trazer algumas mudanças a curto prazo. Entretanto, se você quiser fazer mudanças a longo prazo, precisa modificar a maneira como interage com seus funcionários. Quando você for capaz de fazer isto, estará pronto para ajudar os funcionários a modificarem a si próprios.

Muitos supervisores e gerentes erroneamente pensam que disciplina é igual a punição. Se você pensar em disciplina como uma forma de punição, passará todo o seu tempo esperando que os funcionários façam algo de errado. Em vez disso, pense em disciplina como uma maneira de dar aos funcionários a oportunidade de melhorar a si próprio e seu comportamento para atender as expectativas de seu departamento. Se o fizer, você e eles serão mais capacitados a discutir a "lacuna" existente entre as suas expectativas e o comportamento deles. A meta do processo disciplinar é preencher esta lacuna.

Em vez de agir como juiz, júri e carrasco de seus funcionários ao discipliná-los, seu papel é o de um *coach* que está tentando motivá-los a desempenhar o melhor de suas habilidades. Adotar esta atitude colocará a disciplina sob uma perspectiva muito mais positiva e o ajudará a agir imediatamente quando um problema de disciplina surgir. Além disso, se você levar esta atitude mais positiva para o âmbito da disciplina, não precisará temer confrontos – porque quando as sessões de disciplina são conduzidas eficazmente os confrontos raramente ocorrem.

Pequenas Correções

O treinamento, as discussões sobre o desempenho e a disciplina geralmente se sobrepõem no processo de supervisão. Suponha que você tenha observado que um de seus funcionários, um cozinheiro, não está usando chapéu. Você entra, diz ao funcionário o que está errado e explica o porquê. Neste caso, o processo de correção é realmente parte do treinamento. Finalmente, você elogia o funcionário pelo trabalho que ele está fazendo bem e afirma que você está contente por ele fazer parte da equipe. Apesar desta interação ser casual, ela dirá ao funcionário que seus padrões são altos, que você está verificando seu trabalho e que ele está atendendo suas expectativas. O Quadro 7.3 resume passos a serem seguidos ao fazer pequenas correções.

Quadro 7.2 – Algumas Diretrizes Gerais para Ações Disciplinares

1. Seja consistente e previsível. A convicção da disciplina é um meio de intimidação mais forte do que a severidade.

2. Não reaja além do normal. Utilize somente a disciplina suficiente para fazer o trabalho. Deve haver alguma eqüidade entre a violação e a quantidade de disciplina aplicada. Se você ameaçar demitir alguém por uma primeira ofensa ou erro, não terá uma posição de assistência como um passo à frente em sua abordagem progressiva de disciplina. Além disso, se a ofensa mais tarde voltar a ocorrer e você não demitir a pessoa, mas em vez disso voltar atrás em sua ameaça, perderá muito de sua eficácia como gerente.

3. A disciplina deve ocorrer imediatamente. Não adie com declarações como "Conversaremos depois" ou "Na semana que vem faremos alguns ajustes". Se você não vai tratar do problema agora, nem mesmo o levante neste momento. As exceções para agir imediatamente incluem fornecer um período bem curto para as coisas se acalmarem, dando tempo para conseguir um local reservado ou dando ao funcionário uma oportunidade para praticar a autodisciplina. Lembre-se, porém, de que alguns funcionários são muito mais exigentes consigo mesmos do que você seria ou do que a situação requer quando eles cometem um erro, e você pode ter que "indiscipliná-los" dizendo "Sim, foi um erro, mas não foi tão ruim. Não se sinta desencorajado".

4. Não compare uma pessoa com outra no departamento. Não ajudará o funcionário ter desentendimentos e isto pode abrir a porta a respostas como "Sim, mas há outros no departamento que fazem pior". Estes tipos de comparação também podem causar um relacionamento de trabalho mais difícil entre os dois funcionários, criando uma competição ou ressentimento indesejáveis.

5. Não prejulgue. Fazer julgamentos prematuros é um dos maiores erros que os gerentes inexperientes cometem; então, depois de ouvir o que os funcionários têm a dizer, eles sempre são forçados a voltar atrás. Ouça todos os lados da história, levante todos os fatos e então decida.

6. De maneira nenhuma volte atrás quando você estiver certo, mesmo se o funcionário discordar com suas ações ou do resultado. Se necessário, repita a mesma mensagem depois de cada objeção: "Compreendo como você se sente; porém, os resultados de sua ação ainda são os mesmos, e é disso que estamos falando. Isto não pode acontecer novamente ou novas medidas terão que ser tomadas." Você não precisa especificar a ação, já que a dúvida é, às vezes, um meio de intimidação mais forte e que você nem sempre pode prever quais serão as circunstâncias da próxima ofensa.

7. Quando a disciplina terminar, deixe-a para trás. Não guarde rancor. Não use o incidente contra o funcionário novamente mais tarde, a menos que ele se configure como indisciplina em uma próxima ofensa.

Fonte: David Wheelhouse, *Managing Human Resources in the Hospitality Industry* (East Lansing, Mich.: *Educational Institute of the American Hotel & Lodging Association*, 1989), p. 357.

Disciplina 191

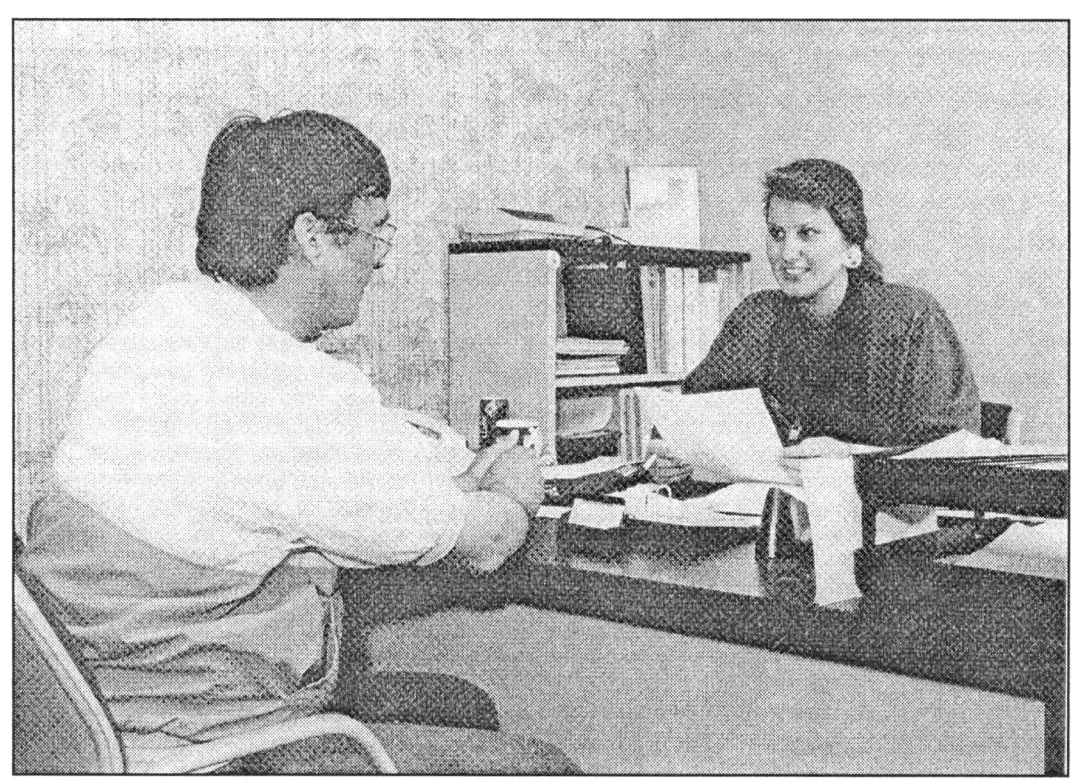

Fazer pequenas correções de maneira casual e amigável permite que o funcionário mantenha sua auto-estima. Com muitos funcionários, este nível de correção é tudo o que é necessário.

A disciplina progressiva normalmente começa com este tipo de correção casual e amigável. Na verdade, fazer este tipo de correção é uma parte normal do trabalho diário de um supervisor. Se você corrigir os funcionários quando notá-los cometendo um erro pela primeira vez, pode evitar que pequenos erros se tornem problemas maiores. Com muitos funcionários, este nível de correção é tudo o que é necessário. Afinal, a maioria dos funcionários vem para o trabalho na esperança de ter um bom desempenho, e não fraco.

Quadro 7.3 – Fazendo Pequenas Correções

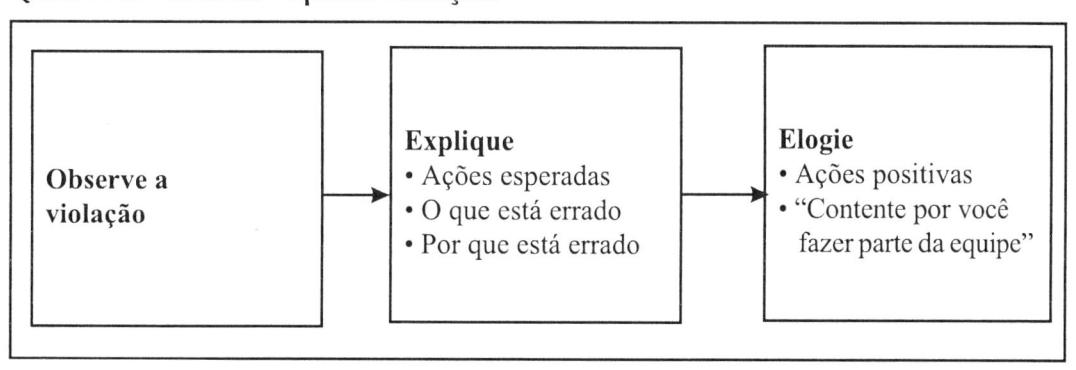

Observe a violação	**Explique** • Ações esperadas • O que está errado • Por que está errado	**Elogie** • Ações positivas • "Contente por você fazer parte da equipe"

Se você observar que o funcionário continua a cometer o erro, diga algo como: "Não sei se eu já disse isso ou não, mas é assim que eu gostaria que você fizesse isso." Tal declaração permite que o funcionário mantenha sua auto-estima. Expresse confiança de que o funcionário possa corrigir o problema e aprender a maneira correta de agir. Tal *feedback* é similar ao tipo de *feedback* e correção que se utiliza ao treinar funcionários.

Não critique demais em áreas nas quais o funcionário pode fazer somente pequenas melhorias. Naturalmente, todos nós gostaríamos de ter funcionários livres de erros que sempre atendem os padrões do departamento, mas isso não é realista. A verdade é que nenhum funcionário jamais será perfeito. A crítica constante desgasta o ânimo e a auto-estima do funcionário, causando problemas ainda maiores no processo. Com funcionários da indústria de serviços, um pouco de disciplina tende a alcançar grandes resultados. Como os funcionários de serviços querem agradar os outros, críticas indelicadas podem ser muito prejudiciais.

É importante acompanhar cada ato de disciplina, mesmo quando pequeno. Primeiro, faça uma breve anotação sobre o incidente e coloque-a na ficha de incidentes do funcionário (ver Quadro 7.4 para uma amostra de formulário). Tudo o que você precisaria fazer é listar a data, a hora, o incidente em si e qualquer ação que você e o funcionário tenham concordado em fazer. A anotação faz lembrar que você deu ao funcionário a chance de corrigir seu comportamento. Se o funcionário modificar seu comportamento com sucesso, você poderá mostrar que reconheceu a mudança. Além disso, criar um vestígio bem documentado de papéis para suas fichas é uma maneira importante de proteger a si próprio, a operação e seu direito de supervisionar. Sem tais registros, seria difícil provar que você já havia tentado corrigir o problema. E, também, tais hábitos permitem que você ajude os funcionários a modificarem seu comportamento. Uma documentação cuidadosa o ajuda a acompanhar importantes datas, fatos e padrões de comportamento.

Quadro 7.4 – Amostra de Ficha de Incidente do Funcionário

Ficha de Incidente	
Nome _____	Telefone _____
Data de contratação _____	
Pessoal:	
Nome do cônjuge _____	Cônjuge empregado? _____
Nomes e idades dos filhos _____	
Hobbies[3], habilidades especiais etc. _____	

Data	Incidente e ação realizada
(Continua atrás)	

Fonte: David Wheelhouse, *Managing Human Resources in the Hospitality Industry* (East Lansing, Mich.: *Educational Institute of the American Hotel & Lodging Association*, 1989), p. 360.

Muitos supervisores hesitam em documentar ocorrências negativas se isto significar criar um registro escrito permanente para inclusão no arquivo pessoal de cada funcionário. Esta preocupação pode ser tratada, porém, se as políticas da operação permitirem a remoção das informações após certo período de tempo ou depois de uma ação corretiva ter se provado eficaz.

Os supervisores e gerentes também devem lembrar que a ficha de incidentes é o melhor lugar para registrar realizações positivas, além de informações pessoais sobre os funcionários.

Quando a Gravidade Aumenta

Problemas mais sérios exigem mais tempo e atenção do supervisor. Quando é aparente que você precisa fazer mais do que pequenas correções, discussões disciplinares podem ser necessárias. Tais discussões devem ocorrer o mais rápido possível após ter sido observado o comportamento incorreto do funcionário. Promova a discussão em um local com o máximo de privacidade. Antes de se encontrar com seu funcionário, você terá que fazer algumas investigações. Fazer-se as seguintes perguntas pode ajudá-lo a decidir como conduzir a reunião:

- O funcionário quebrou a regra conscientemente?
- Quais foram as conseqüências deste comportamento?
- Como é o registro disciplinar do funcionário?
- Algum problema pessoal temporário está contribuindo para o problema disciplinar?
- O comportamento incorreto ou violação de regra é culpa inteiramente do funcionário?
- Você observou este comportamento no passado, tanto deste funcionário quanto de outros?

Para ser justo com seus funcionários e defender os interesses de sua organização, tente seguir o princípio de que se presume que um indivíduo seja inocente até que se prove o contrário. Com este princípio como guia, é de sua responsabilidade como supervisor provar que alguma infração ocorreu. É importante considerar todas as circunstâncias cabíveis. Determine se o problema resultou de ações intencionais do funcionário ou se o problema estava fora do controle dele.

Quando a reunião começar, explique seu ponto de vista do problema da disciplina. Se você já teve discussões anteriores com o funcionário, discuta que ações ele realizou e que ações não realizou. Reconheça o progresso que o funcionário tenha feito até então, se houver. O Quadro 7.5 resume os passos a serem seguidos durante uma sessão disciplinar com um funcionário. Estes passos são discutidos detalhadamente nas seções seguintes.

Seja específico. Quando estiver discutindo o problema, seja o mais específico possível. Refira-se aos dados que você registrou na ficha de incidentes do funcionário. Focalize em como o problema de comportamento não corresponde às suas expectativas; não focalize na atitude do funcionário. Não ataque a sua personalidade. Por exemplo, em vez de dizer "Você é rude", diga

Quadro 7.5 – Conduzindo uma Sessão Disciplinar

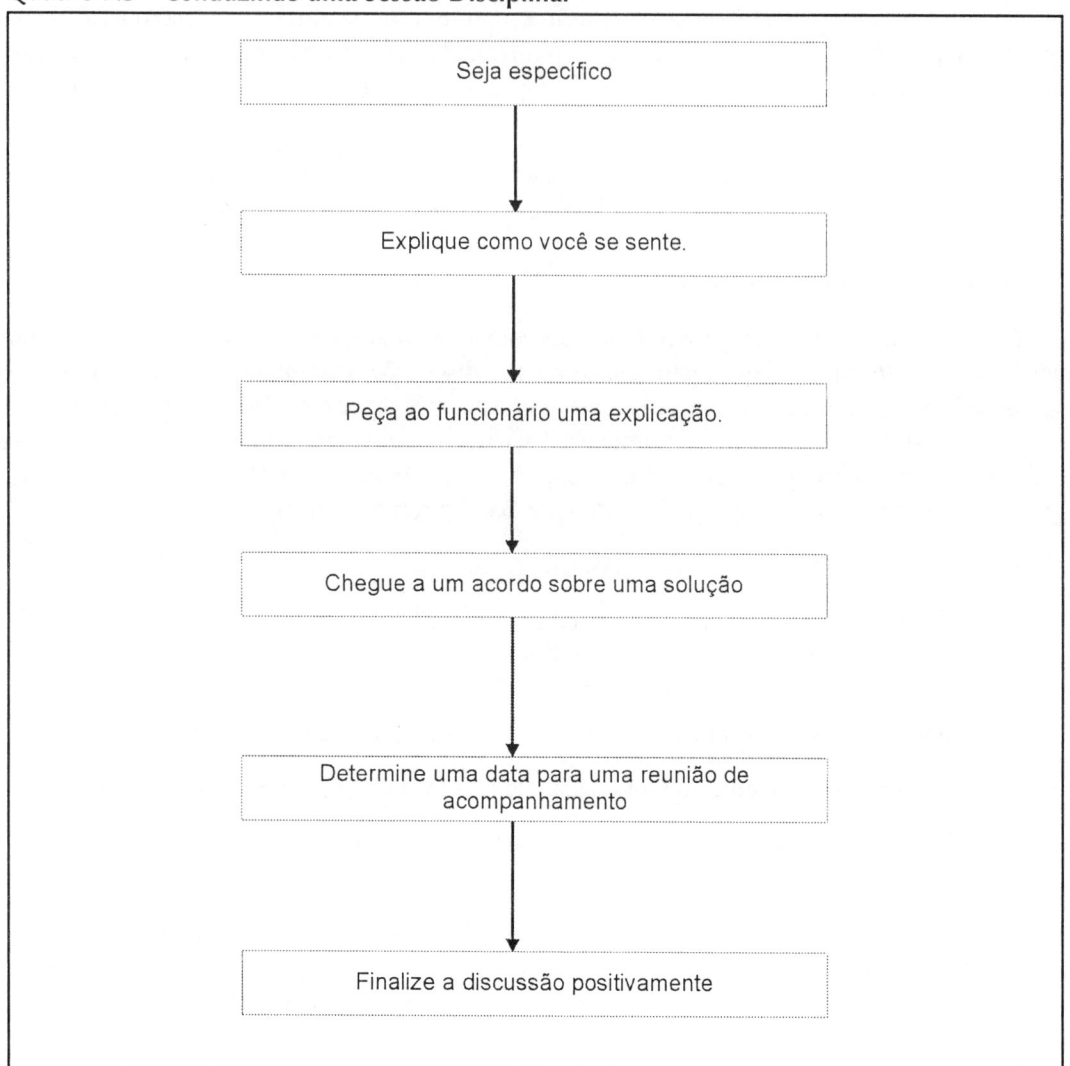

```
┌─────────────────────────────┐
│      Seja específico        │
└─────────────┬───────────────┘
              ▼
┌─────────────────────────────┐
│  Explique como você se sente.│
└─────────────┬───────────────┘
              ▼
┌─────────────────────────────┐
│ Peça ao funcionário uma explicação.│
└─────────────┬───────────────┘
              ▼
┌─────────────────────────────┐
│ Chegue a um acordo sobre uma solução │
└─────────────┬───────────────┘
              ▼
┌─────────────────────────────┐
│ Determine uma data para uma reunião de │
│          acompanhamento     │
└─────────────┬───────────────┘
              ▼
┌─────────────────────────────┐
│ Finalize a discussão positivamente │
└─────────────────────────────┘
```

a um funcionário "É rude virar as costas a um cliente que obviamente está vindo lhe fazer uma pergunta". Se você se concentrar no ato em vez de no funcionário, o ajudará a manter sua auto-estima. Isto pode possibilitar ao funcionário falar sobre o problema objetivamente, em vez de reagir defensivamente. Ao longo da entrevista, é importante não ameaçar, brigar ou demonstrar raiva. Estas ações somente servirão para distanciar o foco da discussão de seus objetivos.

Explique como se sente. É sempre útil explicar ao funcionário como você se sente sobre o problema de comportamento. Declarações como "Quando vi você dar as costas ao hóspede, fiquei decepcionado porque as relações com ele são muito importantes para mim e para esta empresa" são melhores e mais eficazes do que "Por *você* ter virado as costas àquele hóspede, *você* arruinou a boa reputação da empresa em serviços aos hóspedes". Dizer como você se sente encoraja o funcionário a falar livremente, também. Isto também pode ajudar o funcionário a ver o seu problema e ver que ele é responsável por solucioná-lo.

Peça ao funcionário uma explicação. Peça ao funcionário para explicar por que o comportamento ocorreu. Dê ao funcionário a chance de explicar seu lado da história enquanto você o escuta atenta e objetivamente. Encoraje o funcionário a falar utilizando respostas ativas como "Uh-hum", "Continue", "Entendo" ou simplesmente acenando com a cabeça. Peça ao funcionário para resumir o que aconteceu de errado. Vocês dois devem chegar a um acordo sobre a causa do problema. Você pode ajudar a chegar a este acordo fazendo perguntas como "Qual você acha que é o verdadeiro problema?" ou "Quais teriam sido as conseqüências se você tivesse feito dessa outra maneira?"

Chegue a um acordo sobre uma solução. Lembre-se: este é o problema do funcionário e ele deve assumir a responsabilidade por suas ações. Faça perguntas como "O que você acha que pode fazer para evitar que isto aconteça novamente? Como eu posso ajudar?" Se possível, ofereça uma escolha entre soluções aceitáveis: "Você gostaria de tentar trabalhar em outro turno?" ou "Você acha que precisa de mais treinamento em relações com os hóspedes?" Oferecer escolhas desencoraja lutas de poder que cada um de vocês precisa vencer. Envolver o funcionário na solução também ajuda a assegurar seu compromisso para resolver o problema. Explique que a ação disciplinar entra em vigor imediatamente. Então, explique o que acontecerá se o problema não for resolvido, resumindo que ação disciplinar você terá que realizar.

Se o funcionário ficar aflito ou irritado, escute-o e responda com empatia. Explique que você compreende como ele se sente, mas seja firme. Diga ao funcionário que você está tentando corrigir o problema de desempenho sem tentar puni-lo.

Determine uma data para uma reunião de acompanhamento. Uma vez que você tenha determinado que ação disciplinar realizar, determine uma data para uma reunião de acompanhamento. Isto mostra ao funcionário que você realmente quer fazer a solução funcionar. Além disso, certifique-se de que o funcionário saiba que pode voltar a procurá-lo com qualquer problema que surja neste meio tempo.

Finalize a discussão positivamente. Seu foco na reunião deve ser orientado ao futuro, a menos que, em circunstâncias extremas, tenha que demitir a pessoa. Isto é, você quer que o funcionário corrija o problema de comportamento porque ele é importante para sua empresa. Ofereça apoio e encorajamento ao funcionário e expresse confiança em que ele possa melhorar. Aperte as mãos do funcionário quando a reunião acabar.

Finalmente, é importante se comunicar com o funcionário novamente, antes de o dia terminar, mesmo que você só fale sobre alguma outra coisa. Isto diz a ele que você não está guardando rancor e que ainda o valoriza.

Procedimentos de apelo devem ser projetados e incorporados ao processo de disciplina. Quando você tiver tomado uma decisão disciplinar que afete um funcionário, a rota de apelo do funcionário normalmente começaria com seu chefe. Em operações sindicalizadas, estes e outros aspectos do processo disciplinar provavelmente serão cobertos no acordo de contrato.

Programas Progressivos de Disciplina

Muitas organizações do setor de hospitalidade adotam programas progressivos de disciplina. Tais programas podem incluir os seguintes passos:

1. Uma advertência oral pode ser apropriada no momento da primeira ofensa.

2. Uma segunda advertência também pode ser oral, mas deve ser acompanhada por uma declaração escrita assinada pelo funcionário e pelo supervisor. Uma cópia deve ser mantida para os arquivos pessoais.

3. Uma repreensão oficial "por escrito" é geralmente o terceiro passo e também é colocada no arquivo do funcionário.

4. Uma suspensão de, talvez, algumas horas ou vários dias sem remuneração pode ser o próximo passo. A decisão de suspender um funcionário dependerá da gravidade da ofensa e das circunstâncias em torno dela.

5. Uma transferência disciplinar ou rebaixamento pode ser o próximo passo lógico. Isto pode ser necessário quando, respectivamente, houver um conflito de personalidade entre o supervisor e o funcionário, ou houver um problema que resulta da incompetência do funcionário.

6. Imediatamente antes da demissão, algumas organizações podem conceder uma "última chance" para um funcionário corrigir um problema. Tipicamente, os supervisores especificam exatamente o que deve ser feito e quando. Por exemplo, você pode pedir a um funcionário com problemas de abuso de drogas para participar de um programa de assistência ao funcionário que lhe seja adequado. Se o funcionário concordar, você pode dar-lhe mais tempo para resolver o problema no esforço de evitar a demissão de seu emprego. Afinal, disciplinar um funcionário atual, com quem você já possui um relacionamento, é sempre preferível a começar tudo de novo com um novo funcionário.

7. A demissão do emprego é tipicamente o último passo do processo de disciplina. Entretanto, em algumas operações, a demissão pode ser a resposta imediata e única a problemas mais sérios de violência, furto ou falsificação de registros de emprego.

Notas

1. No Brasil, essas regras normalmente estão no Manual do Funcionário.

2. J. Clifton Williams, *Human Behavior in Organizations*, 3ª ed. (Cincinnati, Ohio: South-Western, 1986), p. 483.

3. Hobbies – plural de *hobby* (atividade de recreio ou de descanso, praticada, em geral, nas horas de lazer).

Termos-chave

disciplina

reforço positivo

programas progressivos de disciplina

demissão

Perguntas para Debate

1. Em que mitos da disciplina muitos supervisores acreditam?
2. Por que os supervisores temem disciplinar os funcionários?
3. Por que é mais eficaz melhorar a sua abordagem da disciplina do que modificar o comportamento do funcionário?
4. Quais são os objetivos de um programa de disciplina do funcionário?
5. Por que você deve utilizar o reforço positivo ao lidar com os funcionários?
6. Quais são algumas causas dos problemas disciplinares?
7. Como você deve administrar a disciplina eficazmente?
8. Como os supervisores devem tratar as pequenas correções?
9. Que passos você deve dar quando a gravidade de um problema disciplinar aumenta?
10. Que passos muitas organizações do setor de hospitalidade incluem em seus programas progressivos de disciplina?

Exercício de Revisão

Quando você achar que compreendeu todo o conteúdo deste capítulo, responda estas perguntas. Escolha a *melhor* resposta. Verifique suas respostas comparando as respostas corretas encontradas ao final deste livro em **Respostas aos Exercícios de Revisão**.

Verdadeiro (V) ou Falso (F)

V F 1. A punição é uma estratégia eficaz a longo prazo no local de trabalho.

V F 2. Os supervisores geralmente se tornam muito tolerantes porque eles temem disciplinar os funcionários.

V F 3. De acordo com este capítulo, a disciplina pode ser pensada como uma maneira de forçar as pessoas a melhorarem a si mesmas e seu comportamento.

V F 4. A disciplina leva ao confronto quando um supervisor toma uma atitude positiva.

V F 5. Um supervisor raramente faz pequenas correções no decorrer de um dia de trabalho comum.

V F 6. A crítica constante ajuda os funcionários a desenvolverem altos níveis de auto-estima e confiança.

V F 7. Como os funcionários da indústria de serviços tendem a querer agradar somente a si próprios, se faz necessária a crítica constante dos funcionários.

V F 8. Alguns supervisores hesitam documentar ocorrências se isto criar um registro escrito permanente no arquivo pessoal do funcionário.

V F 9. Para garantir os interesses da organização, é de sua responsabilidade admitir que uma infração ocorreu.

V F 10. Os funcionários devem ver o problema de comportamento como seu próprio problema, que eles são responsáveis por resolver.

Múltipla Escolha

11. Como supervisor, sua escolha de uma abordagem disciplinar deve depender:

    a. dos fatores envolvidos em determinada situação;

    b. do problema de comportamento em si.

12. O propósito geral da disciplina é fazer os funcionários:

    a. aprenderem quem é o chefe;

    b. melhorarem seu comportamento.

13. Quando você está discutindo um problema disciplinar com um funcionário, seja:

    a. o mais geral possível;

    b. o mais específico possível.

14. O reforço consistente das regras diz aos funcionários que as regras:

    a. são valiosas para o sucesso da operação do estabelecimento;

    b. não são importantes;

    c. são feitas para serem quebradas;

    d. são mais importantes do que o funcionário.

15. O principal propósito de uma conferência disciplinar é:

    a. demitir o funcionário;

b. corrigir um problema de comportamento;

c. explicar por que a empresa vê o comportamento como um problema;

d. todas acima.

Tópicos do Capítulo

A Escassez de Mão-de-Obra
O Papel Legal do Supervisor
    Leis de Igualdade de Oportunidades de Emprego
    Assédio Sexual
Segurança e Proteção
    Gerenciamento de Risco
Supervisionando uma Força de Trabalho Multicultural
Ética
Abuso de drogas
    Funcionários
Clientes
Sindicatos
    Estrutura dos Sindicatos
    Impacto do Sindicato Sobre a Gerência
    Acordos Coletivos
    Campanhas de Organização de Sindicatos
    Trabalhando com o Sindicato

Objetivos da Aprendizagem

1. Descrever a escassez de mão-de-obra.
2. Explicar como as leis de igualdade de oportunidades de emprego afetam as operações do setor de hospitalidade.
3. Descrever o papel de segurança e proteção do supervisor.
4. Descrever os desafios especiais de supervisionar uma força de trabalho multicultural.
5. Discutir ética.
6. Explicar o papel do supervisor no combate ao abuso de drogas por parte dos funcionários e dos clientes.
7. Descrever motivos típicos pelos quais os funcionários se associam aos sindicatos.
8. Listar as ações que os supervisores podem realizar para influenciar as campanhas de organização de sindicatos.
9. Listar as ações que os supervisores não podem realizar para influenciar as campanhas de organização de sindicatos.
10. Descrever considerações especiais de se trabalhar com um sindicato.
11. Contrastar mediação com arbitragem.
12. Listar exemplos de direitos da gerência que devem ser protegidos ao se negociar com um sindicato.

8
Preocupações Especiais de Supervisão

O trabalho do supervisor no setor de hospitalidade, hoje em dia, é muito complexo. Os supervisores precisam conhecer não somente seu próprio trabalho e as tarefas de seus funcionários, em sua maior parte ou totalidade, mas também têm que estar informados a respeito de diversas área, tais como relações com os clientes, segurança, proteção, direitos civis, gerenciamento de risco, ética profissional, abuso de drogas, relações com sindicatos, assuntos relativos à força de trabalho multicultural e outras áreas.

Grandes estabelecimentos no setor de hospitalidade podem possuir especialistas para ajudá-lo nessas áreas quando necessário. Organizações pequenas provavelmente contratarão consultores para oferecer ajuda e aconselhamento. Entretanto, todos os gerentes e supervisores devem ter pelo menos um conhecimento geral destas áreas especiais para que eles possam efetivamente gerenciar problemas potencialmente sérios.

A Escassez de Mão-de-Obra

Nos últimos anos, um dos problemas mais sérios e mais discutidos no setor de hospitalidade[1] é a escassez de trabalhadores. Os números contam a história. A indústria precisou de mais 25 a 40% de trabalhadores no ano 2000. Entretanto, as previsões eram que o grupo populacional de onde a indústria mais retira seus novos funcionários – pessoas de 16 a 24 anos – diminuiria em 26% nos anos 90. A força de trabalho total – o grupo de trabalhadores de onde todos os negócios retiram seus funcionários – cresceria em somente 1%.

Para combater a escassez de mão-de-obra, o estabelecimento precisará revisar seus procedimentos de recrutamento e contratação para acomodar trabalhadores não-tradicionais. Ao entrevistar candidatos a empregos, você deve manter sua mente aberta e considerar candidatos que você não teria considerado dez anos atrás. Você e outros supervisores e gerentes de sua organização precisarão se fazer algumas perguntas difíceis, inclusive:

- Como podemos alertar os funcionários não-tradicionais para oportunidades de emprego em nossa organização?

- Podemos modificar nossa orientação, treinamento e procedimentos de trabalho para acomodar funcionários não-tradicionais sem diminuir nossos padrões?

- Como exatamente teremos que revisar o treinamento e os procedimentos de trabalho?

- O que podemos fazer pelos funcionários não-tradicionais para facilitar a transição de recém-contratado a um funcionário produtivo e diminuir o tempo desta transição?

- Precisarei modificar meu estilo de liderança para acomodar os funcionários não-tradicionais? Se este for o caso, como?

- O que posso fazer para ajudar os funcionários não-tradicionais a se tornarem produtivos e continuarem com a organização? Que habilidades de supervisão terei que melhorar?

- Que sistemas de recompensa e benefícios são importantes para os funcionários não-tradicionais?

Suas respostas para estas e outras perguntas ajudarão a determinar se a sua organização irá prosperar ou meramente sobreviver durante a crise da mão-de-obra dos últimos anos.

O Papel Legal do Supervisor

Existem muitas leis que afetam o que um supervisor pode e não pode fazer. Você pode pensar que os advogados e os altos gerentes de sua organização são os únicos que precisam estar em dia com estas leis. Não é verdade! Na realidade, se você desrespeitar uma lei por ignorância, você e/ou seu empregador podem, ainda assim, ser responsabilizados.

Esta breve seção lhe dará uma idéia de algumas das leis sobre as quais você deve manter-se informado. É claro, os supervisores devem verificar com seu chefe ou o conselho legal de sua empresa se eles não tiverem certeza das ramificações legais de determinadas situações.[2]

Leis de Igualdade de Oportunidades de Emprego

Discriminação é a prática de tratar alguém de maneira diferenciada – e normalmente incorreta – baseando-se em um fator como etnia ou nacionalidade de um indivíduo. Quando você discrimina, não se importa com conhecer as pessoas individualmente e se relacionar com elas de acordo com seus méritos como pessoas. Em vez disso, você coloca as pessoas em categorias, baseando-se em sua cor, religião, sexo etc. e trata todos desta categoria da mesma maneira. Como este tratamento é baseado na ignorância da individualidade dos membros destas várias categorias, estas pessoas estão normalmente sujeitas aos estereótipos e preconceitos que você tenha sobre a categoria em que você as classificou.

A discriminação no emprego em todos os níveis organizacionais é proibida por lei nos Estados Unidos. A Lei dos Direitos Civis de 1964 retificada (Civil Rights Act) contém uma seção, **Artigo VII** (Title VII), que trata da seleção de funcionários e garante o direito a um indivíduo de trabalhar em um ambiente livre da discriminação fundamentada em raça, sexo, religião ou nacionalidade.[3] Todos os funcionários devem ser tratados igualmente tanto pelos gerentes quanto pelos colegas de trabalho. Na verdade, um setor de hospitalidade deve ser responsabilizado pelos atos discriminatórios de seus funcionários, mesmo se eles não estiverem cientes destes atos. A discriminação inclui práticas onde a discriminação pode não ter sido intencional, como supervisores permitirem que funcionários contem piadas étnicas ou raciais.

Os códigos e padrões de vestuário de aparência pessoal também têm implicações de discriminação. Homens e mulheres, é claro, podem se vestir de maneiras diferentes, mas os mesmos padrões gerais devem ser aplicados para cada sexo e os padrões devem ser razoáveis, adequados e consistentes. Por exemplo, se um hotel ou restaurante exige que os funcionários que servem alimentos estejam sempre barbeados, esta exigência deve ser imposta a outros funcionários de serviços na portaria, recepção e garagem. Deve haver uma consistência em todo o estabelecimento na interpretação do que é adequado aos funcionários; os departamentos ou os gerentes não devem ter permissão para tomar decisões ou criar regras contrárias, isoladamente.

A discriminação religiosa deve ser evitada. Você deve conceder folgas aos funcionários com propósitos religiosos e precisará fazer qualquer ajuste no horário ou outros ajustes que sejam necessários para atender estas solicitações especiais. A aparência pessoal de um funcionário pode refletir sua herança religiosa (comprimento do cabelo, por exemplo) e as políticas de pessoal devem acomodar estas circunstâncias especiais.

Os supervisores não devem discriminar com base no sexo. Por exemplo, especificações de pessoal como peso e altura que discriminem contra as mulheres são ilegais, a menos que consistam em atributos essenciais para a realização do trabalho. Esses atributos essenciais são chamados de **qualificações ocupacionais em boa fé** (ou **BFOQ** – *bona fide occupational qualifications*). Discriminar mulheres grávidas e recusar-se a contratar mulheres devido ao uniforme, espaço em armários e outros problemas são exemplos de práticas ilegais.

As leis proíbem a discriminação direta ou indireta contra indivíduos devido à sua nacionalidade. Os funcionários devem ter permissão para usar seu idioma nativo a menos que eles tenham que interagir com o público em uma situação onde o Inglês é o único idioma compreendido.

A discriminação por idade também é ilegal e se aplica a pessoas acima dos 40 anos. Oferecer diferentes pacotes de benefícios extras para funcionários mais velhos, recusar-se a treiná-los ou promovê-los e declarar sua aposentadoria são todos exemplos de atos ilegais.

O direito de pessoas deficientes trabalharem também é protegido por lei. Mais recentemente, a Lei Americanos com Deficiências de 1990 estipulou que um indivíduo deficiente não pode ser discriminado na contratação se ele puder realizar o trabalho e não representar uma ameaça à segurança e saúde dos outros. A lei ainda estipula que um empregador deve fornecer áreas de trabalho e equipamentos que sejam acessíveis a cadeiras de rodas, a menos que isto não seja "prontamente realizável" e seja uma "dificuldade excessiva" fornecer tais áreas e equipamento.[4]

Muitos funcionários mais velhos são mais responsáveis e motivados do que seus jovens colegas, tornando insensato, além de ilegal, discriminá-los na contratação.

Algumas leis exigem que as empresas que fazem negócios com o governo protejam os direitos dos veteranos de guerra. De modo geral, as organizações devem recontratar funcionários que completarem o serviço militar se eles voltarem a se candidatar. Além disso, devem ser oferecidas folgas (sem remuneração) aos funcionários com obrigações com a Reserva Militar.

As leis federais e estaduais também protegem os funcionários contra a invasão de sua privacidade. A Lei Federal de Direito à Privacidade abrange registros do funcionário, inspeções de armário e pessoais, investigações sobre o passado e outras questões. Normalmente, os funcionários têm direito a uma expectativa razoável de privacidade e, se isto for negado, pode resultar em uma responsabilização legal.

Assédio Sexual

Hoje, o **assédio sexual** no local de trabalho recebe uma atenção significativa e é um dos motivos mais freqüentes de litígios por parte dos funcionários. O Artigo VII da Lei dos Direitos Civis de 1964 e leis estaduais similares se focalizam neste assunto. A Comissão pela Igualdade de Oportunidades de Emprego (EEOC – *Equal Employment Opportunity Commission*) confirmou que o assédio sexual é uma violação do Artigo VII e apresentou informações sobre a conduta que deve ser considerada assédio sexual. De maneira simples, para ser considerada assédio sexual, a conduta deve ser: (1) de natureza sexual e (2) indesejável. O assédio sexual pode ser físico, verbal (incluindo comentários sugestivos) ou visual (por exemplo, exibir fotografias pornográficas).[5]

Apesar das leis e suas interpretações poderem mudar, alguns princípios parecem estar estabelecidos. Você e/ou seu empregador provavelmente serão responsabilizados por assédio sexual se um funcionário for destituído de algum benefício empregatício palpável – por exemplo, se um funcionário for demitido por recusar as investidas sexuais de um supervisor. Se o ambiente de trabalho de um funcionário for afetado negativamente (na opinião do funcionário) pelo assédio sexual de um supervisor ou colega de trabalho, e se o empregador souber ou puder ter tomado conhecimento desta conduta e não tomar medidas imediatamente, o empregador provavelmente será responsabilizado. Você e sua organização também podem ser responsabilizados pelo assédio de funcionários por clientes ou fornecedores, se atividades indesejáveis tiverem ocorrido, você estiver a par delas e não tiver tomado medidas corretivas imediatas.

A sua organização deve exercer um cuidado razoável para prevenir o assédio sexual. Estratégias gerais incluem:

- Uma declaração de política escrita e distribuída proibindo o assédio sexual.

- Um procedimento de queixas razoável e bem divulgado para relatar e instaurar processos contra acusações de assédio sexual.

- Treinamentos contínuos para supervisores e gerentes para garantir que eles estejam a par de suas responsabilidades de tomar precauções contra o assédio sexual.[6]

No caso de você ser informado que um funcionário está sendo assediado sexualmente, você deve dar os seguintes passos:

1. Comunicar seu chefe.

2. Investigar a situação de acordo com a política da empresa.

3. Confrontar a parte acusada e ouvir seu lado da história.

4. Tomar qualquer medida disciplinar necessária.

Segurança e Proteção

Como supervisor, você possui um papel significativo na segurança de seu estabelecimento e nos programas de segurança. Uma principal preocupação de todos os setores de hospitalidades é proteger a saúde e o bem-estar dos funcionários e clientes. Isto é feito através de esforços para prevenir acidentes e de prontamente investigar problemas que ocorram.

As organizações que operam na área da hotelaria devem se sujeitar aos regulamentos estabelecidos pela Administração de Segurança e Saúde Ocupacionais (OSHA – *Occupational Safety and Health Administration*). Esta agência federal é responsável por desenvolver e gerenciar as regulamentações e padrões para a segurança e a saúde do funcionário no local de trabalho. O pessoal da OSHA inspeciona negócios e tem autoridade para emitir intimações àqueles que não estiverem em conformidade com as exigências de segurança e saúde.

Existem várias maneiras de você auxiliar em um programa de segurança do estabelecimento. Observe os funcionários enquanto eles trabalham e corrija qualquer prática perigosa imediatamente. Certifique-se de que existam kits de primeiros socorros em estoque e que eles se encontrem em locais convenientes. Verifique as áreas de trabalho em busca de riscos à segurança com regularidade. As inspeções devem ser contínuas, não adiadas até quando "tivermos mais tempo". Corrija prontamente qualquer problema identificado durante uma inspeção, como canos com vazamentos ou funcionários trabalhando incorretamente com equipamentos perigosos. Mantenha registros de todas as inspeções e ações realizadas para consertar os problemas.

Assuma um papel ativo em alertar seu chefe sobre potenciais problemas de segurança no local de trabalho. Mantenha registros de segurança e complete prontamente todos os relatórios exigidos. Se sua empresa tiver um comitê de segurança, sirva-se dele.

Você também deve motivar os funcionários a tornarem a segurança uma prioridade no trabalho (ver Quadro 8.1). Treine os funcionários para realizar suas tarefas de trabalho de uma maneira segura. Encoraje-os a relatar todos os acidentes e danos para realizar ações de acompanhamento quando necessário.

Quadro 8.1 – Exemplo de Regras de Segurança para os Funcionários

Regras e Regulamentos de Segurança
1. Todos os incêndios e acidentes devem ser comunicados imediatamente.
2. Qualquer ato ou condição perigosa deve ser trazida à atenção de seu supervisor.
3. Somente é permitido fumar nas áreas designadas.
4. Não são permitidas correrias, brincadeiras rudes ou brigas.
5. Se você não estiver familiarizado com uma tarefa designada, verifique com seu supervisor antes de começar.
6. Não opere equipamentos perigosos se você não estiver autorizado a fazê-lo ou se você não souber operá-los.
7. É proibido o uso de bebidas alcóolicas ou drogas. Aqueles que forem trabalhar em condições de intoxicação estão sujeitos à dispensa imediata.

Idealmente, você e seus funcionários devem ser treinados em técnicas de primeiros socorros. Os supervisores de serviços de alimentos e bebidas e os funcionários devem ser treinados na *Heimlich Maneuver* (respiração boca-a-boca) – uma técnica de primeiros socorros que força ar através dos pulmões de uma pessoa sufocada para expelir uma obstrução na traquéia. Várias pessoas no estabelecimento devem ser treinadas em ressuscitação cardiopulmonar (RCP) – uma técnica para fornecer circulação e respiração artificiais a alguém cujo coração ou cujos pulmões tenham parado devido a um ataque cardíaco ou algum outro problema de saúde.

A segurança é, além de um conjunto de regras e procedimentos, uma atitude. Muitos dos cortes, escorregões, queimaduras e tombos que ocorrem com os funcionários e clientes podem ser evitados e a severidade de muitos outros pode ser reduzida se você estiver constantemente atento a problemas potenciais e tomar medidas imediatas para preveni-los.

Preocupações Especiais de Supervisão 207

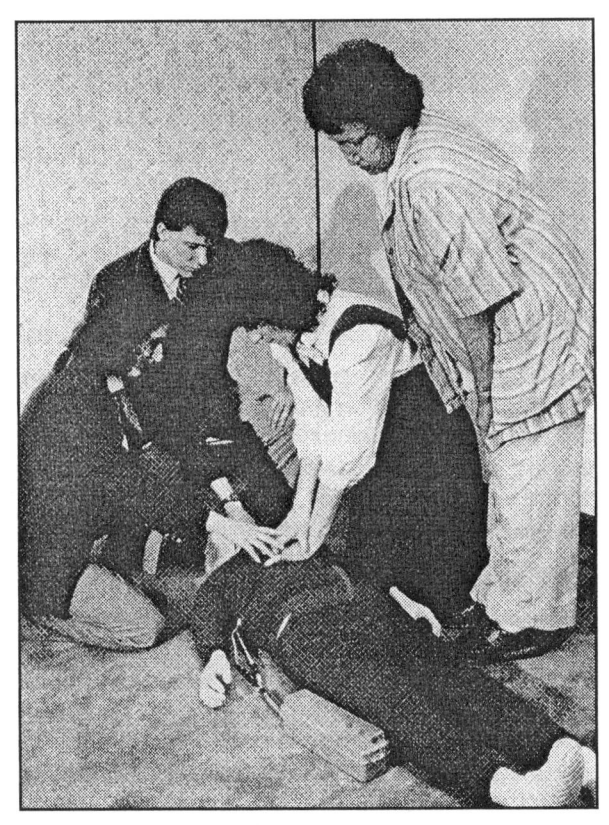

Os supervisores e funcionários devem ser treinados em técnicas de primeiros socorros como a ressuscitação cardiopulmonar (RCP).

Você também possui um papel a desempenhar mantendo seu estabelecimento seguro. Você deve saber exatamente o que fazer quando houver uma ameaça ou uma ocorrência de incêndio, tempestade severa, ameaça de bomba ou outra emergência. Durante uma emergência, cada momento é crítico. Você deve saber que medidas tomar e como guiar seus funcionários e clientes durante a crise.

Seu papel nos programas de segurança do estabelecimento inclui prevenir as ações ilegais dos outros. Para proteger funcionários e clientes, você deve ser treinado em segurança dos quartos de hóspedes, inclusive do controle de chaves; controle do perímetro do edifício (jardim e entradas) e a proteção dos bens – dinheiro, objetos pessoais dos funcionários e clientes, equipamentos, estoques e assim por diante.

Seus funcionários são uma parte importante da equipe de segurança de sua organização. Funcionários alertas podem prevenir eventos que podem ameaçar vidas ou o estabelecimento.

Você deve treinar seus funcionários para:

- Comunicar atividades ou pessoas suspeitas em qualquer lugar do estabelecimento.

- Evitar confronto com um indivíduo suspeito, ir a uma área segura e chamar você ou um outro supervisor para ajudar.

- Comunicar drogas ou outros itens suspeitos que eles vejam durante o trabalho.

- Certificar-se de que cartazes, instruções e outras informações sobre segurança para os clientes estejam disponíveis e em locais adequados.[7]

Gerenciamento de Risco

O objetivo de um **gerenciamento de risco** é evitar perdas. Como tal, ele se alinha próximo a muitas das preocupações sobre segurança e proteção que acabamos de discutir. O gerenciamento de risco é muito mais do que simplesmente contratar um seguro. Ele envolve o estudo de situações arriscadas em seu estabelecimento como corrimãos de escadas inseguros, equipamento de segurança da piscina mal localizado ou materiais inflamáveis nos quartos dos hóspedes e, então, remediar as situações antes que um acidente ocorra.

Apesar de os programas de gerenciamento de risco serem, de modo geral, planejados nos níveis mais altos da gerência, muitos aspectos da implementação do programa são claramente de sua responsabilidade. Você está diretamente envolvido com as operações do dia-a-dia e, portanto, é um elemento vital nos esforços de prevenção de perdas em seu estabelecimento.[8]

Supervisionando uma Força de Trabalho Multicultural

Pessoas com muitos passados culturais diferentes trabalham no setor de hospitalidade. Hoje, os estabelecimentos de alimentação e hospedagem empregam muitos asiáticos, hispânicos e outros de culturas e grupos étnicos com valores e atitudes próprias. A diversidade resultante cria desafios e oportunidades significativas para os supervisores.

Muitos supervisores não sabem como gerenciar pessoas cujo passado é significativamente diferente do deles. Eles podem acreditar em estereótipos inadequados – por exemplo, de que todas as pessoas de determinado grupo étnico são extremamente agressivas. Eles podem ser insensíveis às diferenças culturais e não ter habilidade para se comunicar eficazmente. Problemas de comunicação não somente envolvem dificuldades com o idioma, mas também ações. Por exemplo, ser premiado como "funcionário do mês" pode ser embaraçoso para funcionários de alguns grupos étnicos.

Vários princípios podem ajudá-lo a conseguir um esforço máximo dos funcionários, independente de seu passado cultural. Tenha em mente que idéias sobre o valor do trabalho diferem entre culturas. As definições do que é socialmente aceitável também diferem de cultura para cultura. Palavras e frases possuem significados diferentes; uma frase pode ser um cumprimento para um grupo e um insulto para outro. Reconheça que os membros de grupos étnicos são freqüentemente vítimas de racismo e de estereótipos. Finalmente, tenha em mente que tentar forçar os membros de diferentes grupos culturais ou étnicos a se conformarem à sua "norma" é freqüentemente improdutivo.

O treinamento pode ajudá-lo a se tornar um melhor supervisor multicultural. Você deve fazer uma tentativa honesta de compreender os valores e crenças básicas de vários grupos étnicos e tentar modificar suas estratégias de gerenciamento de acordo com eles. Caso contrário, tensões e mal-entendidos podem contaminar seu grupo de trabalho e você pode ter que lutar continuamente contra problemas como baixa produtividade, alto absenteísmo e alta rotatividade de funcionários.

Ética

A **ética** envolve padrões sobre o que é "certo" e "errado". Algumas organizações criam um código de ética para seu pessoal. Este código ajuda os funcionários a decidirem entre o certo e o errado quando precisarem tomar decisões difíceis no trabalho. As associações profissionais podem desenvolver diretrizes éticas para seus membros. Infelizmente, os códigos e as diretrizes éticas tendem a ser gerais em sua natureza e podem não ser muito úteis quando se trata das decisões do dia-a-dia e ações dos supervisores. Existem poucos, se houver algum, absolutos quando se trata de tomar uma decisão ética. Apesar das leis federais e estaduais e das políticas da empresa estabelecerem diretrizes para um supervisor, ainda há muitas "áreas neutras" não cobertas pelas leis ou regulamentos nos quais você possui liberdade de ação.

Observemos uma situação comum no setor de hospitalidade. Um funcionário chega meia hora atrasado no trabalho com uma justificativa razoável e pede para você (1) rescrever seu horário para que não apareça que ele chegou atrasado e (2) aumentá-lo em meia hora para que ele possa receber o pagamento integral. Se não houver nenhuma política da empresa ou regra que determine o que fazer nesta situação, a decisão é sua. O que você deve fazer? Por um lado, o funcionário tem um bom motivo para ter chegado atrasado, ainda vai trabalhar um turno inteiro e precisa do pagamento integral. Por outro, a empresa espera que os funcionários cheguem na hora e você precisava dele naquela meia hora que ele perdeu e não nesta que ele está pedindo. O que você deve fazer? Pode não haver resposta "certa" ou "errada" para esta pergunta. E, neste sentido, esta situação é como muitas outras onde surgem questões éticas (ver Quadro 8.2).

As oportunidades de enganar seus clientes fornecem outros exemplos de dilemas éticos que surgem no setor de hospitalidade. Você sabe que é contra a lei da propaganda enganosa, mas você também sabe que não vai ser pego – então, é aceitável usar frango congelado em vez de frango fresco em uma receita, quando o cardápio especifica frango fresco? É certo anunciar um pacote de venda especial com 'disponibilidade limitada' quando somente alguns clientes podem ser acomodados e o principal objetivo do anúncio é vender aos clientes outros pacotes mais caros?

Independente do ponto até o qual as políticas, regras e os regulamentos existem, sempre haverá áreas neutras nas quais você terá que tomar uma decisão. Seu chefe e outros gerentes mais altos esperam que você coloque os interesses a longo prazo da organização à frente de qualquer outra consideração.

Quadro 8.2 – Questões de Ética para Supervisores

1. Você derruba alguns pães no chão da cozinha; você não tem tempo de preparar outros. Ninguém vai saber se você pegá-los, recolocá-los no prato e servi-los. O que você faria?
2. Você quer comprar alguns produtos, utilizados pelo seu estabelecimento, para uso pessoal. Você fala com o vendedor, que diz: "Posso conseguir estes itens para você sem nenhum custo se você parecer favorável a compras adicionais para o estabelecimento." O que você faria?
3. Um funcionário é um excelente trabalhador; um outro é seu amigo, que não é tão bom. Surge uma oportunidade para você promover um de seus funcionários em um futuro próximo. O que você faria?
4. Como supervisor de vendas, você reservou um salão para uma pequena festa e agora tem a oportunidade de vender o salão para um grupo maior que renderá rendimentos significativamente mais altos. Não há nenhum outro lugar para colocar o pequeno grupo. O que você faria?
5. Você supervisiona um amigo que não consegue atender os padrões exigidos. De acordo com a política da empresa, você deve se encontrar com seu amigo para discutir a situação e escrever um relatório sobre suas deficiências para seu arquivo pessoal. O que você faria?
6. Você é encarregado de receber produtos para o hotel. Devido a um erro de entrega, é recebida uma quantidade de produtos maior do que a que consta na fatura; o estabelecimento somente terá que pagar a quantidade menor, a menos que o fornecedor seja comunicado sobre o erro. O que você faria?
7. Você está no meio de um relatório que está escrevendo ao gerente geral para aconselhá-lo sobre qual empresa o hotel deveria selecionar para instalar um caro sistema de aquecimento de água. O representante de um fornecedor oferece a você um fim de semana gratuito em um clube de caça se você "der uma força para nosso produto". O que você faria?

Abuso de Drogas

Os problemas de abuso de drogas estão ao nosso redor. Muitos de nós os vemos diariamente em nossas comunidades e nos estabelecimentos em que trabalhamos. O problema das drogas é significativo em todas as faixas etárias, particularmente jovens adultos.[9]

Funcionários

Os funcionários que abusam de drogas – incluindo o álcool – custam à empresa de muitas maneiras. Os funcionários que abusam de drogas não são tão produtivos quanto os que não as usam. Os drogados pedem mais dispensas por doença e têm uma taxa de acidentes muito maior do que os funcionários que não usam drogas. Perde-se renda quando os clientes não retornam a um estabelecimento devido a uma má experiência com um ou mais funcionários intoxicados.

Uma porcentagem substancial das mortes ou ferimentos industriais podem ser associadas a **abuso de drogas**.

É importante lembrar que o abuso de drogas não se limita aos funcionários iniciantes. O quadro de funcionários em todos os níveis organizacionais pode abusar de drogas e representar um perigo para si mesmo e para os outros.

Infelizmente, os supervisores do setor de hospitalidade freqüentemente negligenciam o problema de abuso de drogas entre seus funcionários. Os motivos incluem:

- Dificuldade em estimar o alcance e o custo do problema.
- Dificuldade em identificar os funcionários com problemas de abuso de drogas.
- Dificuldade em estimar os efeitos do abuso de drogas sobre o desempenho do trabalho.
- Incerteza sobre se se deve encaminhar os funcionários para centro de tratamento.
- Potencial para ações judiciais por parte de funcionários acusados de abuso de drogas.

O que você pode fazer para combater o uso de drogas pelos funcionários? Primeiro, você deve estar a par de quantos – se houver algum – de seus funcionários estão abusando de drogas.

Mudanças inexplicáveis no atendimento, problemas de disciplina ou de desempenho e surtos incomuns de humor são todos sinais de que um funcionário possa estar usando drogas. O Quadro 8.3 lista outras características de aparência, humor, comportamento e desempenho no trabalho freqüentemente associados ao abuso de drogas.

Enfrentar um funcionário sobre um problema com drogas nunca é fácil. Para evitar reclamações de calúnia ou discriminação, certifique-se de que sua conversa com o funcionário se concentre no menor desempenho no trabalho e em outros fatores mensuráveis relacionados ao trabalho. Evite acusações ou comentários gerais sobre o uso ou abuso de drogas. O Quadro 8.4 resume alguns dos princípios importantes para identificar e lidar com funcionários que abusam de drogas.

Vários elementos são necessários em um programa eficaz para gerenciar o abuso de drogas. Primeiro, é preciso uma política adequada da empresa para lidar com a ameaça. Apesar de esta política ser desenvolvida pelos altos gerentes aconselhados pelo conselho legal, será necessário que você a comunique a seus funcionários. O Quadro 8.5 ilustra uma política típica. As empresas também podem criar programas de assistência ao funcionário que tentem devolver a eles os níveis de produtividade anteriores, fornecendo-lhes medidas para ajudá-los a se libertar da dependência química.

Clientes

Você tem o dever de comunicar qualquer atividade ilegal que ocorra nos quartos de hóspedes de hotéis ou áreas públicas. Se seus funcionários, no decorrer de suas atividades necessárias de trabalho, virem clientes que possam estar abusando de, ou vendendo, drogas, eles devem informá-lo imediatamente.

Quadro 8.3 – Comportamentos e Características Associadas ao Possível Abuso de Drogas

PESSOAL	DESEMPENHO NO TRABALHO
Aparência	*Absenteísmo*
• Descuidado	• Múltiplos exemplos de comunicados inadequados de dispensas
• Roupas inadequadas	• Licenças excessivas por doença
Humor	• Faltas repetidas que seguem um padrão (sextas-feiras e segundas-feiras; faltas nos dias seguintes a feriados)
• Introvertido	
• Triste ou deprimido	• Deixar o trabalho mais cedo
• Humor oscila, altos e baixos	• Atrasos excessivos de manhã ou na volta do almoço
• Suspeita	
• Sensibilidade extrema	• Justificativas para faltas peculiares e cada vez mais improváveis
• Nervosismo	• Alta taxa de absenteísmo devido a resfriados, gripes, gastrites, mal-estar geral etc.
• Freqüente irritabilidade com os outros	• Freqüentes ausências curtas imprevistas, com ou sem explicação médica
• Preocupação com doença ou com a morte	
Ações	• Freqüente uso de tempo de férias não previstas
• Física ou verbalmente agressivo	
• Falar excessivamente	• Absenteísmo no trabalho
• Auto-importância exagerada	• Excessivas quantidades de tempo passado fora do local de trabalho
• Rigidez – inabilidade de mudar planos com facilidade razoável	
	• Idas freqüentes ao bebedouro ou banheiro
• Fazer declarações incoerentes ou relevantes no trabalho	• Pausas longas para o café
• Sujeição excessiva a qualquer rotina: torná-la um ritual	*Acidentes*
• Inclinação freqüente a discussões	• Número de acidentes no trabalho maior do que o normal
• Acessos freqüentes de choro	
• Uso excessivo do telefone	• Número de acidentes fora do trabalho maior do que o normal

Fonte: Daniel T. Davis e Jack Ninemeier, *Controlling Drug Abuse: A Handbook for Managers* (East Lansing, Mich,: Educational Institute of the American Hotel & Lodging Association, 1987), p. 23.

Você deve, então, alertar seu chefe. Se realmente houver um problema de drogas, o próximo passo é alertar a autoridade adequada.

O quanto de cooperação oferecer à polícia na condução de investigações depende em grande medida de se um mandado de busca/diligência tiver sido emitido. Na ausência de um mandado de busca/diligência, você deve fornecer à polícia somente as informações sobre o número da carteira de identidade do cliente. Um mandado de busca deve ser produzido antes de você liberar informações do registro de despesas do cliente (informações sobre telefonemas, consumos no apartamento etc.) ou permitir acesso aos apartamentos de hóspedes. Entretanto, há casos legais especiais em que a polícia não precisa apresentar um mandado para entrar nos quartos.

Como você sabe se os clientes estão negociando drogas? O Departamento de Justiça Americano sugere 14 indicadores potenciais da atividade criminal (ver Quadro 8.6). Se você ou qualquer de seus funcionários observar qualquer um dos indicadores listados no quadro, deve informar a seus superiores imediatamente.

Quadro 8.4 – Resumo de Diretrizes para a Ação da Supervisão em Casos de Suspeita de Abuso de Drogas

- Saiba quem informar quando você suspeitar de abuso de drogas por parte de um funcionário.
- Observe estranhos que visitem o funcionário freqüentemente ou de vez em quando.
- Tente determinar se a mudança no comportamento do funcionário é causada por outro motivo que não o abuso de drogas.
- Antes de se encontrar com o funcionário, certifique-se de que você sabe a política contra o abuso de drogas de seu estabelecimento.
- Familiarize-se com os programas contra o abuso de drogas oferecidos por sua empresa e/ou pela comunidade. Na maioria dos casos, ofereça esta informação somente se o funcionário pedi-la.
- Encontre-se com o funcionário em uma sessão formal de revisão. Na maioria das situações é melhor ter seu chefe ou alguma outra pessoa presente na reunião.
- Garanta ao funcionário que a reunião e o que for dito durante ela serão confidenciais.
- Na reunião, focalize o declínio do desempenho do trabalho do funcionário. Tenha disponível a documentação escrita dos problemas no desempenho de trabalho para sustentar seus argumentos.
- Não se envolva com a vida pessoal do funcionário ou tente analisá-lo. A menos que você seja um conselheiro treinado, não tente aconselhar o funcionário.
- Não moralize. Seja fatual e específico – não julgador – sobre os problemas que você vir.
- Seja firme e formal, contudo, tenha uma atitude atenciosa.
- Explique em termos bem específicos o que você quer que o funcionário faça para remediar a situação.
- Funcionários problemáticos manipulam os outros com apelos emocionais e atitudes defensivas; não seja pego por esta armadilha.
- Com o que o funcionário disser, decida sobre a quantidade de tempo adequada para corrigir a situação.
- Determine um limite de tempo para demonstrar melhorias.
- Fale somente sobre possíveis medidas disciplinares se você estiver disposto a adotá-las e se for capaz de fazer o que disser.
- Se seu chefe não estava presente na sessão de revisão, discuta o caso do funcionário com ele. Explique seu planejado plano de ação e peça conselhos.
- Tente envolver seu chefe em cada passo do processo. No mínimo, mantenha-o integralmente informado.

Quadro 8.5 – Exemplo de Política Contra Abuso de Drogas da Empresa

Exemplo de declaração da política da empresa: abuso de álcool e de drogas

"A (Nome da empresa) reconhece que o futuro da empresa depende da saúde física e psicológica de todos os seus funcionários.

O abuso de álcool e de drogas ameaça tanto a empresa quanto seus funcionários. Drogas ou substâncias normalmente abusadas ou usadas impropriamente incluem as seguintes: álcool, analgésicos, sedativos, estimulantes e tranqüilizantes, além de substâncias ilegais como maconha, cocaína, heroína etc.

É da responsabilidade dos funcionários e da Empresa manter um ambiente de trabalho seguro, saudável e eficiente. Portanto, a Empresa adotou a seguinte política:

1. A posse, uso ou venda de álcool, não autorizada, ou drogas ilegais ou o mau uso de quaisquer drogas legalizadas nas dependências da Empresa ou durante o expediente na Empresa continuam a ser proibidos e constituirá motivos para a demissão do emprego.
2. Qualquer funcionário sob a influência de álcool ou drogas que prejudiquem o julgamento, o desempenho ou o comportamento nas dependências da empresa ou durante o expediente da empresa ficará sujeito à ação disciplinar, inclusive à demissão.
3. A Empresa possui várias funções que impõem condições especiais sobre segurança do trabalho aos funcionários, como o uso de máquinas em movimento, o transporte de mercadorias e de pessoas e o manuseio de substâncias químicas. A Empresa exigirá que todos os funcionários cujos trabalhos envolvem condições especiais sobre segurança sejam testados periodicamente para verificar se há uso de drogas. Resultados positivos destes testes podem resultar no cancelamento da qualificação para desempenhar estes trabalhos.
4. Todos os futuros funcionários farão testes antidrogas antes de serem contratados. Resultados positivos destes testes serão considerados nas decisões de contratação e podem resultar na retenção da qualificação médica para o emprego.
5. É da responsabilidade de todos os funcionários informar prontamente seu supervisor sobre o uso de qualquer medicamento prescrito que possa afetar o julgamento, o desempenho e o comportamento.

A Empresa instituirá tais procedimentos à medida que for necessário para reforçar esta política eficazmente. Isto pode incluir a exigência de que os funcionários cooperem com revistas pessoais ou das instalações quando a presença de drogas ou álcool for indicada e o desempenho prejudicado ou o comportamento é irregular. A recusa a cooperar com estes procedimentos pode sujeitar os funcionários a serem advertidos e/ou serem demitidos do emprego.

A Empresa desenvolveu um Programa de assistência ao funcionário (PAF) e encoraja fortemente os funcionários a usarem o programa para buscar ajuda com o PAF antes de chegar a um ponto em que seu julgamento, desempenho ou comportamento sejam afetados negativamente.

Qualquer cláusula desta política em conflito com a lei aplicável em qualquer jurisdição será modificada para se conformar a tal lei."

Fonte: Daniel T. Davis e Jack Ninemeier, *Controlling Drug Abuse: A Handbook for Managers* (East Lansing, Mich.: *Educational Institute of the American Hotel & Lodging Association*, 1987), p. 40.

Quadro 8.6 – Indicadores da Atividade Criminal

1. Hóspedes chegando sem reservas anteriores, pagando em dinheiro e estendendo a duração de sua estadia diariamente. Hóspedes que deixam o hotel prematuramente ou em um horário incomum do dia ou da noite.
2. Hóspedes que chegam de cidades consideradas "cidades-fonte" – Los Angeles, Miami, San Diego, Orlando e outras – que exibem um ou mais dos indicadores abaixo.
3. Hóspedes que chegam de países estrangeiros cuja bagagem e/ou pertences pessoais não sejam consistentes com a duração da viagem ou estadia.
4. Hóspedes que portarem muita quantidade de moeda americana. Estes indivíduos geralmente pagarão diariamente e em dinheiro por seu alojamento, alimentação e gastos.
5. Hóspedes cuja aparência geral não combine com suas roupas ou trajes em geral – i.e., aparência gasta e ainda assim usando roupas caras e jóias.
6. Vários hóspedes se hospedando em quartos diferentes, exigindo andares diferentes e mais tarde se encontrando em uma sala com comunicação excessiva entre os quartos.
7. Tráfego incomum de visitas entrando e saindo do quarto de um hóspede. Os hóspedes recebem visitas no meio da noite e um alto volume de comunicação telefônica.
8. Acessórios relacionados a drogas encontrados no quarto de um hóspede. Exemplos incluem sacolas plásticas, balanças, tiras de borracha, invólucros de dinheiro, bagagem vazia, grandes quantidades de moeda, etc.
9. Hóspedes que demonstram um comportamento incomum como nunca deixar o quarto, o uso constante do aviso de "Não perturbe", recusa de serviços de limpeza etc.
10. Alteração incomum dos móveis do quarto ou manipulação dos acessórios do quarto.
11. Hóspedes que usam telefones públicos em vez dos telefones em seus quartos.
12. Hóspedes cujas informações de registro não combinam com a carteira de motorista ou outra identificação que eles portem ou cujas informações de registro sejam insuficientes ou vagas.
13. Pacotes contendo substâncias em pó brancas ou marrons. Qualquer odor químico incomum.
14. Evidência de que um hóspede possua uma arma de fogo – cartuchos avulsos de munição, coldres vazios, recipientes de munição vazios etc.

Fonte: *Departamento de Justiça Americano.*

Sindicatos

Os sindicatos de funcionários têm tido sucesso, recentemente, em se organizarem e se fazerem representar em grandes estabelecimentos do setor de hospitalidade localizados nas grandes áreas metropolitanas. Apesar de a indústria de serviços de hospedagem e alimentação possuir uma mão-de-obra numerosa, seus funcionários estão espalhados entre milhares de unidades operacionais por todo o país. Tradicionalmente, os **sindicatos trabalhistas** não têm representação em estabelecimentos pequenos e dispersos por isto não ser economicamente viável.

Apesar de poder parecer que esta seção se aplica somente a supervisores que agora trabalham em estabelecimentos onde há representação sindical, isto não é necessariamente verdade. Primeiro, sua carreira pode levar-lhe a um estabelecimento onde tal representação exista. Segundo, muitos dos princípios discutidos nesta seção podem ser úteis para lidar com todos os funcionários, não somente com os que são membros de sindicatos.

Os funcionários que se associam a sindicatos geralmente têm vários motivos, incluindo:

- *Gerência negligente*. Os funcionários geralmente se voltam para os sindicatos porque seus gerentes não estão respondendo consistentemente às suas questões e preocupações.

- *Maior poder de negociação*. Os funcionários individuais acreditam que têm pouco poder em uma organização. Freqüentemente, eles pensam que sua única ferramenta de negociação é ameaçar deixar o emprego. Os sindicatos apresentam uma oportunidade para os funcionários fazerem exigências em grupo.

- *Desejo de auto-expressão através de uma terceira parte*. Os sindicatos permitem que os funcionários comuniquem suas preocupações, sentimentos e reclamações através de uma estrutura organizada. Muitos funcionários acham que uma terceira parte os representará mais justamente do que um funcionário o conseguiria.

- *Minimizar o favoritismo*. Com os acordos de negociações dos sindicatos, menos decisões da gerência são baseadas em relações pessoais. O tratamento baseado na antigüidade do funcionário como uma das principais prioridades é uma prática comum dos sindicatos de trabalhadores.

- *Razões sociais*. Os funcionários são influenciados pelas atitudes e comportamentos de seus colegas. Eles se associam com pessoas de quem gostam e o desejo de "se mover junto com a massa" se torna importante.

- *Problemas com oportunidades de crescimento*. Se os funcionários acreditam que não podem receber aumentos de salário razoáveis, melhores empregos e mais *status* profissional, eles geralmente procuram os sindicatos para auxílio.

A maioria dos funcionários do setor de hospitalidade não pertence a sindicatos. Pode haver outros motivos para isto além do fato de que os sindicatos existentes não tentam organizar-se nem representar-se nos pequenos estabelecimentos onde existem relativamente poucos funcionários. Os funcionários podem suspeitar dos sindicatos devido a experiências passadas, porque eles querem controlar seus próprios destinos, ou devido às percepções de que os sindicatos encorajam a uma menor produtividade. Alguns funcionários querem representar seus próprios interesses diante da gerência – eles preferem realizar as coisas por si próprios. Outros funcionários, especialmente os que aspiram a cargos na gerência, se identificam com a gerência. Apesar dos funcionários serem protegidos por várias leis, alguns deles podem ser anti-sindicatos por medo de serem punidos se se associarem a um sindicato.

Estrutura dos Sindicatos

Existem aproximadamente 280 sindicatos nacionais e internacionais e 46.000 locais nos Estados Unidos.[10] Um local é uma unidade básica de organização de um sindicato. Por exemplo, um local de sindicato pode representar todos os carpinteiros ou eletricistas de uma cidade, ou ele pode representar somente membros do sindicato de um estabelecimento específico – este é o caso que prevalece no setor de hospitalidade.

A maioria dos sindicatos tem um presidente. Normalmente, o presidente da união possui um emprego normal no estabelecimento, é pago pelo empregador e usa algum tempo do emprego – além de tempo pessoal – para realizar tarefas do sindicato. Normalmente, em cada departamento são eleitos representantes sindicais que participam em nome dos funcionários daquele departamento. Os sindicatos participam de negociações, firmam contratos, criam associações, cobram mensalidades, administram queixas, gerenciam os acordos de negociações do sindicato e organizam greves ou outras ações trabalhistas quando necessário.

Impacto dos Sindicatos sobre a Gerência

Uma vez que o sindicato representa os funcionários do setor de hospitalidade, as opções da gerência de lidar com funcionários individuais são alteradas. Os gerentes não podem mais tomar decisões unilaterais ou tratar os funcionários individualmente. Eles devem seguir de perto todas as exigências impostas pelo acordo de negociações do sindicato. Independente da destreza ou habilidade de um funcionário, os gerentes devem tratar igualmente os funcionários da mesma classificação de emprego. A antigüidade se torna o determinante mais importante das ações da gerência com relação a promoções, preferências de horário e outras decisões ligadas ao pessoal.

Acordos Coletivos

Os acordos coletivos envolvem: (1) negociações entre funcionários e sindicatos, quando os contratos sindicais estão para ser renovados e (2) negociações diárias entre os funcionários e os sindicatos sobre situações de rotina ou problemas. A maioria dos contratos sindicais no setor de hospitalidade envolve um único estabelecimento tratando com um único sindicato. Uma única organização em hospitalidade também pode manter acordos separados com diferentes sindicatos. Por exemplo, um grande hotel urbano pode manter acordos separados com dez ou mais sindicatos de trabalhadores.

Os acordos ou contratos sindicais são tipicamente negociados por três ou mais anos. Preparar-se para a negociação do contrato é difícil e consome muito tempo. Os gerentes devem reunir informações sobre padrões de salários, práticas de benefícios extras e a posição financeira atual da empresa. Também devem ser feitas análises das cláusulas do contrato atual e especulações sobre as novas demandas do sindicato. Representantes da gerência e do sindicato se encontram durante as negociações, negociam com boas intenções, chegam a decisões e escrevem qual foi o acordo. Apesar de haver muitos tópicos que podem ser negociados, o Quadro 8.7 lista os que são tipicamente cobertos em acordos de negociações do sindicato.

Quadro 8.7 – Tópicos Tipicamente Cobertos em Acordos de Negociações de Sindicatos

1. Reconhecimento do sindicato.
2. Segurança do sindicato.
3. Segurança da gerência.
4. Salários e benefícios.
5. Greves de funcionários e greves patronais.
6. Duração do acordo.
7. Procedimentos de pagamento de taxas sindicais.
8. Representação do sindicato.
9. Deveres e responsabilidades dos representantes sindicais.
10. Procedimentos de queixas.
11. Direitos de funcionários antigos.
12. Períodos de experiência.
13. Promoções e ofertas de emprego.
14. Licenças para ausência, férias e por motivos de enfermidade.
15. Procedimentos de disciplina e dispensa.
16. Jornada de trabalho, horário e hora extra.
17. Proibição de discriminação.
18. Preocupações com segurança.
19. Refeições, uniformes e vestiários.
20. Cláusulas gerais – intervalos no expediente de trabalho, colocação de funcionário à disposição, divulgação de vagas a serem preenchidas etc.

Campanhas de Organização de Sindicatos

Como supervisor, você pode causar um impacto sobre se seus funcionários querem ou não se associar a um sindicato. Esta seção revisa ações que você pode e não pode realizar durante uma campanha de organização de um sindicato. Seu estabelecimento precisará de aconselhamento legal competente ao enfrentar uma possível sindicalização; a seção seguinte apresenta somente diretrizes gerais.

O que a gerência deve e não deve fazer. Existem muitas ações que você pode realizar para afetar o resultado de uma campanha de organização de um sindicato. Todos os funcionários devem ser encorajados a votar, por exemplo. Em muitos casos, defensores do sindicato podiam ser vencidos por votos se a "maioria indiferente" que se opõe aos sindicatos decidisse votar. Sob a direção de altos gerentes, você também pode:

- Informar seus funcionários dos benefícios que são iguais ou que excedem a média da indústria.

- Narrar os sucessos anteriores da gerência no tratamento de queixas dos funcionários.
- Indicar como a gerência desenvolveu e melhorou os benefícios e as condições de trabalho.
- Informar os funcionários sobre as políticas da gerência que os favorecem.
- Fazer propaganda dos detalhes do sindicato dos quais seus funcionários não estejam cientes.
- Descrever as desvantagens de se associar a sindicatos.
- Explicar que, mesmo se o sindicato ganhar a eleição, ele ainda deve negociar com a gerência. Em outras palavras, os organizadores do sindicato podem não ser capazes de cumprir tudo o que prometem.
- Lembrar os funcionários de que todos os lados perdem quando há uma greve.
- Dizer aos funcionários que não precisam votar pelo sindicato, mesmo se tiverem assinado um cartão de autorização do sindicato para que houvesse eleição.
- Apontar as declarações feitas pelo sindicato que a gerência acha que não são verdadeiras.

Existem ações que por lei você não pode realizar durante uma campanha de organização de um sindicato:

- Você não pode prometer benefícios aos funcionários que votarem contra o sindicato e não pode fazer nenhum tipo de ameaça (colocar à disposição, por exemplo) aos funcionários que votarem a favor do sindicato.
- Você não pode reter os benefícios dos organizadores do sindicato.
- Você não pode discriminar os funcionários por causa de suas atividades pró-sindicato, incluindo sujeitar os funcionários a favor do sindicato a condições injustas de trabalho às quais os outros funcionários não estão sujeitos.
- Você não pode assistir as reuniões de organização do sindicato ou tentar secretamente determinar quais funcionários estão participando.
- Você não pode conceder aumentos de salários, benefícios ou concessões não previstas para os funcionários durante o período pré-eleitoral.
- Você não pode impedir que os funcionários usem broches do sindicato, a menos que os broches sejam extremamente grandes ou considerados de mau gosto.
- Você não pode evitar que os organizadores do sindicato solicitem que os funcionários se associem durante as horas em que eles *não estão trabalhando*, contanto que eles não interfiram no trabalho dos outros funcionários.

- Você não pode presidir reuniões privadas com funcionários para discutir sobre sindicatos ou as futuras eleições. Você também não pode questionar os funcionários sobre suas atividades no sindicato.

- Você não pode perguntar aos funcionários como eles pretendem votar.

- Você não pode se reunir com os funcionários nas 24 horas anteriores à eleição.

- Você não pode recusar reconhecer o sindicato se ele for escolhido para representar os funcionários.

Trabalhando com o Sindicato

Como foi mencionado anteriormente, uma vez que os funcionários do hotel tenham se sindicalizado, o relacionamento entre você e seus funcionários mudará. Você deve continuar tratando todos os funcionários justa e consistentemente, mas provavelmente descobrirá que parte de sua autoridade terá se desgastado. Você deve estar em conformidade com todas as cláusulas do acordo, mesmo com as que você particularmente não concordar ou não gostar. Mais importante, você não pode discriminar os funcionários que se associarem ao sindicato (ver Quadro 8.8).

Talvez a mudança mais frustrante será que você não lidará mais diretamente com seus funcionários em questões cobertas pelo contrato sindical. Em vez disso, o representante sindical de seus funcionários agirá como intermediário. Portanto, a relação entre você e o representante sindical é muito importante.

Representantes sindicais e supervisores. Você e o representante sindical possuem cargos exclusivos dentro de uma organização do setor de hospitalidade. Ambos se classificam entre os funcionários e a alta gerência. Como supervisor, você deve representar a gerência para seus funcionários e representar seus funcionários para a gerência. Da mesma forma, o representante sindical representa oficiais mais altos do sindicato para os funcionários e vice-versa. Nestes cargos, você e o representante sindical compartilham tipos de pressão similares e, às vezes, experimentam conflitos similares de lealdade. Portanto, você deve tentar ver o representante sindical como alguém que se encontra em uma posição difícil, exatamente como você, e tentar trabalhar juntos em vez de torná-lo o inimigo. Ambos têm a responsabilidade de compreender, interpretar e reforçar o contrato sindical e, ao mesmo tempo, proteger a gerência e os direitos dos funcionários. Isto pode ser alcançado com muito mais facilidade e com menos possibilidade de frustração, mal-entendidos e raiva, se você puder estabelecer e manter um bom relacionamento de trabalho com o representante sindical.

Queixas. Se o representante sindical concordar, um funcionário pode prestar uma queixa formal quando ele não estiver satisfeito com a maneira através da qual você resolveu uma reclamação. Apesar de um processo de queixa diferente ser delineado em cada contrato sindical, certos componentes do processo são típicos.

Quadro 8.8 – Depois da Sindicalização

Existem muitas leis que impedem a discriminação contra os sindicatos e seus membros. Algumas restrições que se aplicam aos supervisores incluem:

1. Você não pode interferir em, restringir ou coagir os funcionários de exercer seu direito de participar das atividades do sindicato.
2. Você não pode demitir, rebaixar ou disciplinar os funcionários somente por causa de atividades do sindicato.
3. Você não pode se recusar a contratar funcionários por causa de sentimentos pró-sindicato.
4. Benefícios especiais não podem ser dados a funcionários que participam ou que não participam do sindicato.
5. Você não pode interferir no gerenciamento do sindicato.
6. Existem limites de até que ponto você pode participar das atividades sindicais dos funcionários. Geralmente, quanto menor o nível organizacional, maior a quantidade de atividade sindical permitida.
7. Você não pode transferir ou colocar à disposição funcionários por motivos anti-sindicais e nem se recusar a reintegrar funcionários depois de greves se eles forem qualificados para serem recontratados.
8. Você não pode demitir ou discriminar funcionários que prestarem queixas ou testemunharem em qualquer procedimento sindical.
9. Você não pode se recusar a negociar com os representantes sindicais se você fizer parte da equipe de negociações da gerência.
10. Você não pode se recusar a fornecer ao sindicato as informações que ele precisar para negociar inteligentemente.
11. Em casos onde há mais que um sindicato em seu estabelecimento, você não pode mostrar favoritismo, ligar benefícios à associação a um sindicato que seja sancionado pelo empregador ou prestar auxílio financeiro a nenhum sindicato.
12. Você deve considerar qualquer atividade anti-sindical de sua parte ou da parte de seus funcionários como sendo uma violação da lei.

Na maioria dos procedimentos de queixa, você primeiro se encontra com o representante sindical e o funcionário em uma tentativa de resolver o problema. Se você não conseguir resolvê-lo, seu chefe ou um outro gerente pode se encontrar com o comitê de queixas em busca de uma solução. Se necessário, a alta gerência pode discutir o problema com representantes de alto nível nos escritórios nacionais ou internacionais do sindicato. Se for impossível uma solução neste nível, a questão então vai para a mediação ou arbitragem. Com a mediação, os dois lados sentam-se com uma terceira parte não tendenciosa – um mediador – que examina a disputa e aconselha sobre como resolvê-la. As partes envolvidas na disputa não têm que aceitar este conselho. A arbitragem envolve sentar-se com uma terceira parte não tendenciosa – um árbitro – que examina a disputa e toma quaisquer decisões que acredita serem necessárias para resolvê-la. As partes em disputa devem, então, conformar-se com estas decisões.

Como você pode ver, a reclamação de um funcionário pode se desenvolver em uma queixa séria que pode tomar uma grande quantidade de tempo e dinheiro para resolver. É do seu maior interesse e de sua empresa resolver as reclamações dos funcionários antes de elas se tornarem queixas que devem ser tratadas de acordo com as cláusulas do contrato sindical.

Direitos da gerência. Os direitos da gerência devem se limitar ao expressamente incluído no contrato sindical.[11] Uma lista de direitos básicos que a gerência deve proteger inclui o direito de agendar e alocar hora extra; estabelecer, modificar e reforçar regras, políticas e procedimentos de trabalho; disciplinar e demitir funcionários; desenvolver ou modificar os horários de trabalho como for necessário; ajustar ou alterar as tarefas de trabalho; aumentar a carga de trabalho de membros da equipe quando necessário; e ter trabalhos executados por funcionários que a gerência considera qualificados.

Outros direitos da gerência que devem ser protegidos incluem o direito a avaliar a qualificação do funcionário para aumentos por mérito e promoções de cargo, exigir testes para o emprego, determinar padrões de trabalho e fechar departamentos ou todo o estabelecimento se ocorrerem greves.

Os direitos da gerência devem pertencer e ser preservados pelos supervisores. Infelizmente, estes direitos básicos podem ser postos em jogo durante as negociações do contrato ou nas negociações diárias. As práticas que podem diminuir estes direitos incluem o fraseado descuidado de contratos e o insucesso em compreender as implicações do fraseado do contrato.

Notas

1. Trata-se do setor de hospitalidade americano.

2. Leitores que desejem mais informações sobre as leis de hospitalidade podem ter como referência Jack P. Jefferies, *Understanding Hospitality Law*, 3ª ed. (East Lansing, Mich: *Educational Institute of the American Hotel & Lodging Association*, 1995).

3. Detalhes sobre a seleção de funcionários, incluindo aspectos legais, são incluídos em David Wheelhouse, *Managing Human Resources in the Hospitality Industry* (East Lansing, Mich: *Educational Institute of the American Hotel & Lodging Association*, 1989).

4. "Will the Disability Law Impact YOU?" *Lodging*, setembro de 1990, página 11.

5. EEOC Guidelines on Discrimination Because of Sex. 29 CRF Seção 1604.11. Assédio sexual.

6. Os leitores que desejarem maiores informações sobre os aspectos legais do gerenciamento de pessoal podem se referir a Wheelhouse, *Managing Human Resources*.

7. Informações adicionais sobre segurança na área de hospitalidade encontram-se em Raymond C. Ellis, Jr. e o Comitê de Segurança da AH&LA, *Security and Loss Prevention Management* (East Lansing, Mich: Educational Institute of the American Hotel & Lodging Association, 1986) e Jefferies, *Understanding Hospitality Law*.

8. Informações adicionais sobre gerenciamento de risco encontram-se em John Tarras, *Reducing Liability Costs in the Lodging Industry: A Planned Approach to Risk Management* (East Lansing, Mich: Educational Institute of the American Hotel & Lodging Association, 1986).

9. Algumas das informações na seção seguinte foram tiradas de Daniel T. Davis e Jack Ninemeier, *Controlling Drug Abuse: A Handbook for Managers* (East Lansing, Mich: Educational Institute of the American Hotel & Lodging Association, 1987).

10. U.S. Department of Labor, Office of Labor Management Standards. Washington, D.C., 1989.

11. A discussão baseia-se em Herbert K. Witzky, *The Labor-Management Relations Handbook for Hotels, Motels, Restaurants and Institutions* (Boston: CBI, 1975), pp. 236-238.

Termos-chave

arbitragem

qualificações ocupacionais em boa fé (BFOQ)

discriminação

ética

heimlich maneuver (respiração boca-a-boca)

sindicato trabalhista

mediação

Occupational Safety and Health Administration (OSHA)

gerenciamento de risco

assédio sexual

abuso de drogas

Artigo VII

Perguntas para Debate

1. Quais são algumas das estratégias que os supervisores podem utilizar para combater a escassez de mão-de-obra dos últimos anos?

2. Como as leis de igualdade de oportunidades afetam um setor de hospitalidade?
3. O que é assédio sexual?
4. Qual é o papel do supervisor nos programas de segurança?
5. Uma força de trabalho multicultural apresenta que tipos de desafios para os supervisores?
6. Quais são alguns dos sinais de que um funcionários está abusando de drogas?
7. Qual é a melhor maneira de enfrentar um funcionário que você suspeita estar abusando de drogas?
8. Por que os funcionários se associam a sindicatos?
9. Quais são algumas das coisas que a gerência deve e não deve fazer em uma campanha de organização de um sindicato?
10. Qual é a diferença entre mediação e arbitragem?

Exercício de Revisão

Quando você achar que compreendeu todo o conteúdo deste capítulo, responda estas perguntas. Escolha a *melhor* resposta. Verifique suas respostas comparando as respostas corretas encontradas no final deste livro em **Respostas aos Exercícios de Revisão**.

Verdadeiro (V) ou Falso (F)

V F 1. Para combater a escassez de mão-de-obra, seu estabelecimento precisará considerar candidatos que talvez você não consideraria dez anos atrás.

V F 2. A discriminação inclui práticas onde a discriminação pode não ter sido intencional, como os supervisores permitirem que os funcionários contem piadas étnicas ou raciais.

V F 3. Diferenças amplamente variáveis em padrões gerais de vestuário são permitidas a homens e mulheres no local de trabalho sem a possibilidade de implicações de discriminação.

V F 4. Mostrar fotografias pornográficas não seria interpretado como assédio sexual pela lei.

V F 5. RCP e respiração boca-a-boca são as técnicas de primeiros socorros em que você e seus funcionários devem ser treinados.

V F 6. A segurança é simplesmente um conjunto de regras e procedimentos que todos devem aprender e seguir.

V F 7. É importante lembrar que o abuso de drogas é normalmente limitado a funcionários iniciantes e com baixos salários.

V F 8. Se a polícia estiver em uma busca especial, não é preciso apresentar um mandado de busca para entrar nos quartos de hóspedes.

V F 9. De maneira geral, os funcionários individuais acham que eles têm pouco poder em uma organização.

V F 10. Uma vez que os funcionários do hotel tenham se sindicalizado, a relação entre o supervisor e os funcionários voltará ao normal.

Múltipla Escolha

11. A agência federal responsável por desenvolver e gerenciar regulamentos e padrões para a segurança e a saúde do funcionário no local de trabalho se chama:

    a. EEOC;

    b. OSHA.

12. Se os funcionários virem hóspedes que podem estar abusando de ou vendendo drogas, eles devem imediatamente:

    a. chamar a polícia;

    b. informar seu supervisor.

13. Quando dois lados se sentam com uma terceira parte não tendenciosa que examina a disputa e aconselha, isto se chama:

    a. mediação;

    b. arbitragem.

14. O tratamento baseado em _____ não é discriminatório por natureza.

    a. raça;

    b. sexo;

    c. individualidade;

    d. religião.

15. Seus funcionários são uma parte importante da equipe de segurança de sua organização. O texto sugere que você treine seus funcionários para:

    a. informar atividades suspeitas;

    b. enfrentar indivíduos suspeitos;

    c. apoderar-se do que parecer acessórios de drogas;

    d. manter as informações sobre segurança fora das mãos dos hóspedes para que eles não fiquem amedrontados.

Parte III

Ferramentas de Supervisão

Tópicos do Capítulo	*Objetivos da Aprendizagem*

Grupos de Trabalho Formais
   Tipos de Grupos de Trabalho Formais
   Comunicação entre Grupos de Trabalho Formais
Grupos de Trabalho Informais
   Tipos de Grupos de Trabalho Informais
   Comunicação entre Grupos de Trabalho Informais
Estágios de Desenvolvimento de uma Equipe
O Supervisor como Líder de Equipe
   Os Papéis Desempenhados pelos Indivíduos nos Grupos
Gerenciando Reuniões Eficazes
	1. Descrever como são organizados os grupos de trabalho formais nos setores de hospitalidade.
	2. Explicar como o fluxo de informações entre grupos de trabalho formais do fluxo de informações entre grupos informais.
	3. Descrever o que o supervisor pode fazer em resposta a rumores em circulação na empresa.
	4. Identificar os estágios através dos quais os membros de um grupo se transformam em uma equipe eficaz.
	5. Descrever os papéis importantes que os supervisores desempenham como líderes de equipe.
	6. Identificar os papéis positivos e negativos que os indivíduos desempenham como membros de uma equipe.
	7. Explicar como um supervisor pode usar uma pauta para planejar e conduzir uma reunião eficaz.
	8. Identificar as técnicas que os supervisores podem usar em reuniões para tirar do silêncio membros do grupo.
	9. Identificar as técnicas que os supervisores podem usar em reuniões para interromper conversas paralelas.
	10. Descrever situações, que podem surgir durante uma reunião, que indiquem ao supervisor que ele deve interromper a discussão do grupo.

9
Formando uma Equipe Eficaz

Os funcionários do setor de hospitalidade precisam trabalhar juntos, como equipe, para preparar os produtos e prover os serviços desejados pelos hóspedes. O papel do supervisor é fazer com que os funcionários de uma dada seção de trabalho se transformem em membros produtivos de uma equipe. Por esta razão, o conhecimento sobre os vários tipos de grupos e como eles funcionam dentro do setor de hospitalidade vai credenciá-lo a desempenhar seu importante papel como líder de equipe.

Este capítulo identifica alguns dos grupos formais e informais dentro do setor de hospitalidade. Ele descreve em detalhes o papel do supervisor de garantir a comunicação eficaz entre esses diferentes tipos de grupos.

Entretanto, a transformação de um grupo de funcionários em uma equipe produtiva envolve mais que estabelecer uma comunicação eficaz. Uma seção importante deste capítulo examina como os grupos evoluem até se tornarem equipes produtivas. São examinadas etapas específicas do desenvolvimento de uma equipe no âmbito do setor de hospitalidade. Saber como um grupo evolui para chegar a equipe permitirá a você, como líder de equipe, estabelecer a atmosfera adequada e desenvolver estratégias propícias que encorajem o crescimento dos indivíduos até que eles se tornem membros de uma equipe produtiva.

Além de liderar um grupo de funcionários em uma seção de trabalho específica, o supervisor muitas vezes funciona como membro de uma equipe maior – um grupo de supervisores em um departamento ou divisão específicos dentro do setor de hospitalidade. Assim, é duplamente importante que você, como supervisor, aprenda os papéis positivos e negativos que um indivíduo desempenha quando em grupo – seja o grupo de seus funcionários, seja o grupo de gerentes. Esse conhecimento fará com que você lidere melhor os funcionários sob sua supervisão e, simultaneamente, permitirá que você trabalhe mais produtivamente como membro de equipe de gerentes. Uma seção final descreve em detalhes como você pode planejar e conduzir reuniões com sucesso.

Grupos de Trabalho Formais

O setor de hospitalidade é, em si, formada por grupos de funcionários. No nível mais alto, todos os funcionários da organização têm o mesmo patrão: o gerente geral. Entretanto, à medida que o trabalho é organizado, é necessário estabelecer grupos de trabalho formais menores. Assim, a organização pode ser dividida em divisões, tais como hospedagem, alimentos e bebidas, engenharia, vendas etc.

Em muitas organizações as divisões são muito grandes e pesadonas para serem geridas eficazmente por uma pessoa. Então, é necessário fazer uma subdivisão em departamentos. Por exemplo, uma divisão de alimentos e bebidas poderia ser dividida em departamentos de alimentos, bebidas e banquetes. A divisão de hospedagem, igualmente, poderia ser dividida em departamentos como recepção, governança e lavanderia.

Os departamentos podem ser ainda divididos em seções de trabalho. Por exemplo, andares específicos de um hotel podem ser divididos como seções de trabalho do departamento de governança. Ou áreas específicas da cozinha (tais como copa, padaria etc.) podem ser designadas como seções de trabalho do departamento de alimentos.

Divisões, departamentos e seções de trabalho são exemplos de grupos de trabalho formais. Cada um tem um gerente ou supervisor formal que coordena, dirige e controla o trabalho do grupo.

Tipos de Grupos de Trabalho Formais

Um **grupo de comando** é o tipo de grupo de trabalho formal mais comum, podendo incluir um gerente, supervisores e funcionários. Dependendo do nível na organização, o supervisor dirige o trabalho de alguns funcionários e, ao mesmo tempo, reporta a um gerente. Os gerentes e supervisores geralmente são membros de, no mínimo, dois grupos de comando.

O Quadro 9.1 esquematiza como um supervisor (Supervisor nº 3) serve como "elo de ligação" entre o Grupo de Comando A e o Grupo de Comando B. O supervisor é o canal de comunicação primário pelo qual fluem as comunicações entre os dois grupos de comando.

Um segundo tipo de grupo organizacional formal é chamado **grupo de trabalho**. Este tipo de grupo de trabalho atua essencialmente em tarefas não-rotineiras. Um comitê especial, formado para tratar de situações ou problemas específicos, é um exemplo de grupo de trabalho. As atividades de um grupo de trabalho poderiam envolver a criação de um novo menu ou desenvolver padrões de desempenho para as posições em um departamento. Uma vez concluído seu trabalho, normalmente se desfaz o grupo de trabalho. Os grupos de comando, por outro lado, são grupos de trabalho formais de caráter permanente nas organizações.

Comunicação entre Grupos de Trabalho Formais

Cada organização do setor de hospitalidade estabelece os meios formais de comunicação entre grupos de trabalho. O itinerário da informação é muitas vezes mapeado pela "cadeia de

Formando uma Equipe Eficaz   **231**

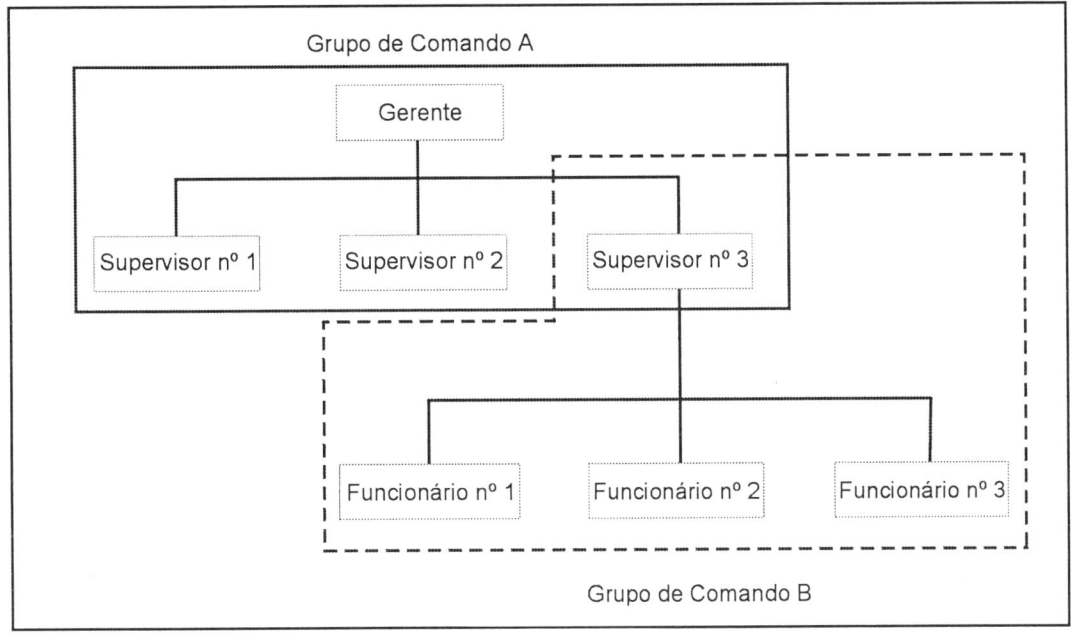

Quadro 9.1 – O Supervisor e os Grupos de Comando

```
                    Grupo de Comando A
    ┌─────────────────────────────────────────────────────┐
    │                    ┌─────────┐                       │
    │                    │ Gerente │                       │
    │                    └────┬────┘                       │
    │            ┌────────────┼────────────┐               │
    │   ┌────────┴────┐ ┌─────┴──────┐ ┌───┴─────────┐     │
    │   │Supervisor n°1│ │Supervisor n°2│ │Supervisor n°3│  │
    │   └──────────────┘ └──────────────┘ └──────┬───────┘ │
    │                          ┌──────────┬──────┴──────┐  │
    │                  ┌───────┴──┐ ┌─────┴─────┐ ┌─────┴──┐│
    │                  │Funcionário│ │Funcionário│ │Funcionário││
    │                  │   n° 1    │ │   n° 2    │ │   n° 3   ││
    │                  └───────────┘ └───────────┘ └──────────┘│
    │                          Grupo de Comando B              │
    └───────────────────────────────────────────────────────┘
```

comando" esquematizada pelo organograma da empresa. Por exemplo, políticas, regras e regulamentos são desenvolvidos nos níveis mais altos da organização (idealmente, com a contribuição dos funcionários, supervisores e gerentes afetados). Este tipo de informação é, então, distribuído aos níveis médio e inferiores da empresa. Informação gerada nos níveis inferiores da organização inclui registros, atitudes em relação a políticas e procedimentos, e idéias para aperfeiçoar a organização. Este tipo de informação se move para cima aos supervisores e gerentes que, por sua vez, o comunicam aos níveis mais altos da organização. Grande parte da comunicação formal entre grupos de trabalho toma a forma de memorandos, cartas, relatórios, apresentações, reuniões e conversas pessoais.

As organizações do setor de hospitalidade também estabelecem meios formais de comunicação através das divisões e dos departamentos. Os gerentes de divisão podem se reunir regularmente, como comitê executivo, para discutir assuntos de importância para todas as áreas da operação. De maneira similar, os gerentes de departamento e supervisores podem se reunir com seus pares de outros departamentos para resolver problemas comuns.

Grupos de Trabalho Informais

Os grupos de trabalho informais se desenvolvem pelas mais variadas razões. Quando os indivíduos têm interesses, formação ou experiências comuns e trabalham muito próximos entre si, um grupo informal está pronto para se desenvolver. O Quadro 9.2 esquematiza como os funcionários podem ser, simultaneamente, membros de grupos formais e informais. O grupo formal marcado pela linha pontilhada é formado por membros de quatro seções de trabalho dife-

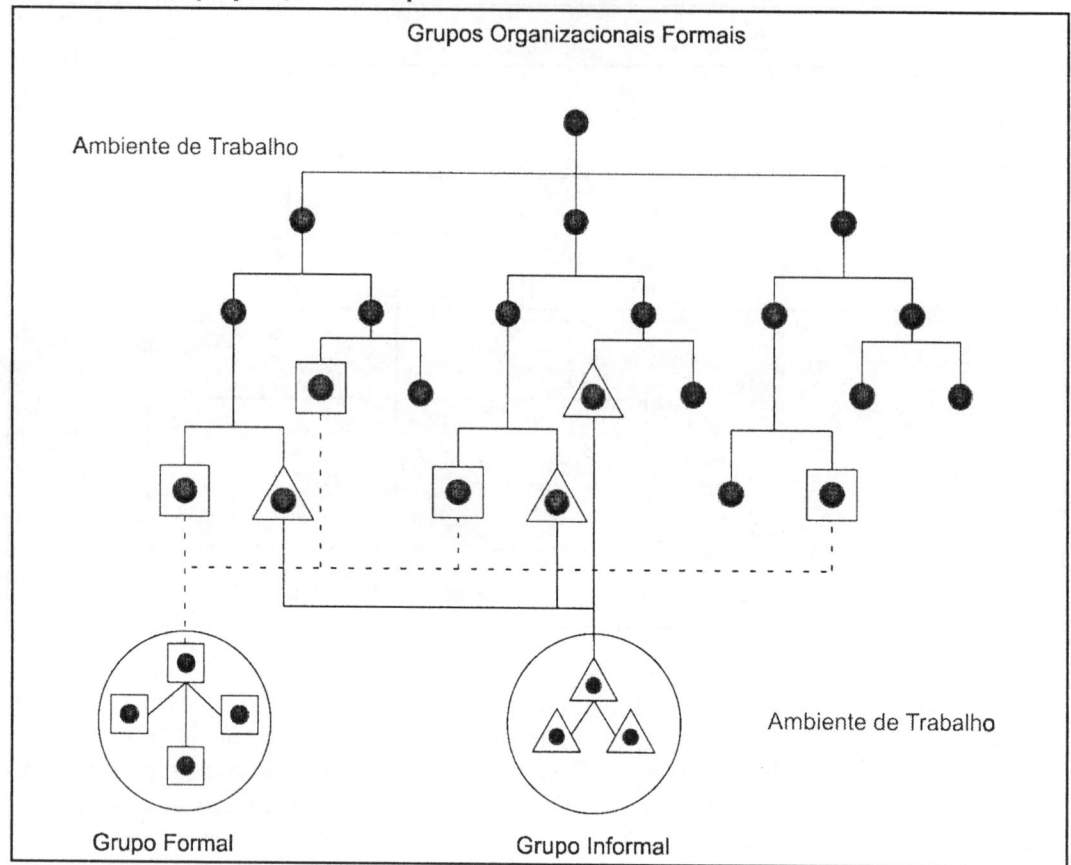

Quadro 9.2 – Superposição de Grupos Formais e Informais

rentes. O grupo informal marcado pela linha sólida tem membros de três grupos de trabalho separados. Também é comum que diversos membros de um grande grupo formal formem um grupo informal dentro de uma mesma seção de trabalho.

Por definição, os grupos informais não são "bons" nem "maus". Eles podem ajudar ou atrapalhar os esforços de um departamento, divisão ou organização a alcançar suas metas. Dependendo da situação, os grupos informais podem apoiar ou se opor às ações da gerência. Como supervisor, é sua tarefa criar um clima que faça os grupos informais trabalharem com você, não contra você.

Existem algumas técnicas ditadas pelo senso comum que você pode usar para identificar grupos de funcionários. Você pode colher informações em conversas casuais com os funcionários de seu próprio departamento. Você terá condições de identificar que funcionários andam juntos fora do trabalho. Observe a interação dos funcionários no refeitório e note aqueles que, consistentemente, ficam juntos nos intervalos de folga. Em sua interação com funcionários e supervisores de outros departamentos, você poderá identificar os funcionários de sua área que são membros de grupos informais que se estendem a outras áreas da organização. Quando esti-

Um supervisor pode identificar os grupos informais de funcionários observando as interações no refeitório e identificando os funcionários que, consistentemente, fazem suas refeições juntos.

ver coletando informações sobre grupos informais, tome cuidado para não dar aos outros a impressão de que você está "xeretando" ou "espionando". Tal impressão gera uma atmosfera de desconfiança e pode reduzir drasticamente sua eficácia como supervisor no cumprimento das metas estabelecidas para o grupo formal de trabalho na organização.

Cada grupo tem um líder que influencia o comportamento dos membros do grupo. Como supervisor, você é o líder de um grupo formal de trabalho. Os grupos informais também têm líderes. Identifique quem são eles e, se possível, estabeleça um relacionamento de confiança e respeito mútuos. Você pode angariar seu suporte em questões e atividades diretamente relacionadas às metas do grupo de trabalho formal. Os líderes informais são, com freqüência, os que estabelecem a cadência do trabalho e também influenciam a atmosfera de trabalho. Eles são os funcionários a quem os colegas recorrem com seus problemas pessoais e profissionais. Os líderes informais se comunicam com facilidade com funcionários de todos os níveis da organização. Eles não são, necessariamente, os funcionários de maior experiência, mas conquistaram o respeito dos outros.

Tipos de Grupos de Trabalho Informais

Os grupos informais não são identificados tão facilmente quanto os grupos formais. Os grupos formais de trabalho existem para alcançar as metas determinadas pelos proprietários e altos executivos do setor de hospitalidade. Cada grupo pode ser categorizado em relação à função particular que desempenha em atendimento às metas da organização. Os grupos informais, em contrapartida, existem para alcançar as metas estabelecidas por seus próprios membros. Cada grupo informal pode ter seu próprio conjunto de metas. Essas metas podem ter muito pouco em comum com as metas de outros grupos informais ou com as metas da organização. Por exemplo, as metas de grupos informais podem ser simplesmente socializar ou procurar interesses comuns.

Um tipo de grupo informal potencialmente nocivo é a **panelinha**. A panelinha consiste de dois ou mais membros de um grupo formal que estabeleceram seu próprio conjunto de metas, que eles reputam mais importantes que as metas do grupo formal. Enquanto muitos grupos informais são desestruturados, a panelinha é muito unida e usualmente se isola dos demais membros do grupo formal, assim como dos membros de outros grupos informais. As panelinhas são encontradas tanto no nível de supervisores como nos grupos de funcionários.

Como supervisor você não pode ignorar uma panelinha. Também você não conseguirá quebrar uma panelinha. Você pode, entretanto, criar oportunidades para que os membros de uma panelinha trabalhem mais próximos a outros indivíduos do grupo de trabalho. Você pode ainda designar membros de uma panelinha para trabalharem juntos para resolver problemas específicos do departamento. Essa estratégia oferece à panelinha uma experiência de aprendizado e pode mostrar a seus membros que atingir as metas do departamento pode ser motivo de satisfação.

Comunicação entre Grupos de Trabalho Informais

Como indicado acima, a comunicação entre os grupos de trabalho formais é feita, na maior parte das vezes, de uma forma muito estruturada. A informação passa para cima e para baixo usando a cadeia de comando da organização. O fluxo de informação é previsível e segue um padrão porque a organização é estruturada em torno de um conjunto de metas bem definido.

Como os objetivos dos grupos informais variam em grande extensão, não há um fluxo de informações facilmente observável que seja consistente entre os grupos informais no ambiente de trabalho. A informação não passa de um grupo para outro em uma linha reta; ela faz curvas e dá voltas como os galhos de uma parreira. Ainda que aparentemente sem um padrão ou definição prévia, a **parreira**[1] pode espalhar informações com a velocidade com que um incêndio se espalha na floresta. Enquanto leva alguns dias para comunicar uma ordem do gerente geral a todos os funcionários, em poucas horas todos na organização ficam sabendo quem foi demitido ou onde vai ser a festa hoje à noite.

Para ter um desempenho eficaz como supervisor, você tem que reconhecer que a parreira existe e, quando apropriado, usá-la para alcançar os objetivos de seu departamento. Você precisa estar conectado à parreira porque algumas informações que ela transmite podem ser incompletas ou erradas. Em alguns desses casos, você pode evitar problemas mais adiante esclarecendo questões de imediato e tratando de assuntos que estejam preocupando os funcionários. Algumas informações passadas pela parreira podem ser falsas ou propositalmente enganosas. Nesses casos, a parreira se transformou numa **central de boatos**.

Um boato é uma informação não baseada em fatos. Ele passa pelos canais de comunicação informal. Boatos são muitas vezes "fofocas" – afirmações ou histórias que não são confirmadas. Quando você ouvir um boato, faça a si mesmo as seguintes perguntas:

- Por que esta pessoa está me dando esta informação?
- A pessoa leva alguma vantagem contando-me alguma coisa que pode não ser verdade?
- A pessoa que está passando a informação tem acesso direto ao objeto do boato?
- Como eu posso confirmar esta informação?

Você poderá ou não querer tomar providências para confirmar o boato, mas você deveria confrontar a pessoa que está lhe passando a informação. Pergunte diretamente como ela obteve a informação e por que está passando para você. Acima de tudo, não entre na central de boatos, passando a informação adiante para outras pessoas. Se julgar apropriado, leve o boato a seu chefe e discuta maneiras de tratar as questões que o boato levanta. Se julgar apropriado, você pode querer avisar a pessoa que é objeto do boato.

Estágios de Desenvolvimento de uma Equipe

Como supervisor, seu trabalho é transformar um grupo de trabalho formal em uma equipe produtiva. Saber como os grupos evoluem para equipes vai permitir que você selecione as técnicas adequadas para guiar os funcionários para que alcancem maior produtividade e satisfação no trabalho.

Tipicamente, os membros de um grupo passam por um número de estágios à medida que se desenvolvem como equipe. Esses estágios são:

1. Associação.
2. Influência Individual.
3. Sentimentos Compartilhados.
4. Respeito pelas Diferenças Individuais.
5. Trabalho Produtivo em Equipe.

Esses estágios de desenvolvimento podem ser identificados pelo tipo de questões que os membros freqüentemente fazem a si mesmos sobre seu relacionamento com o grupo. As seções seguintes examinam em detalhe cada estágio.

Associação. Os indivíduos que são novos em um grupo de trabalho geralmente passam por um estágio de associação durante a orientação e primeiros dias no trabalho. Ainda que os novos membros do quadro de pessoal desejem se tornar parte do grupo de trabalho, raramente eles funcionarão como membros produtivos até que algumas de suas dúvidas iniciais sejam respondidas. Esses indivíduos, provavelmente, terão as seguintes preocupações:

- Como serei beneficiado com minha associação a este grupo? O que posso fazer para contribuir com minha aceitação?

- O que meu supervisor e meus colegas esperam de mim? O que espero deles?

- Como vou descobrir o que é realmente importante para este grupo? Quais são as metas do grupo? São elas coincidentes com as minhas?

- Vou achar excitante ou muito chato fazer parte deste grupo? Assustador ou gratificante?

- Isto é uma carreira ou apenas mais um trabalho?

Por outro lado, os membros antigos podem ter questões sobre o novo membro do grupo. Essas questões ou preocupações, freqüentemente, têm que ser resolvidas antes que o novo membro seja aceito pelo grupo. Os membros de um grupo existente, provavelmente, terão as seguintes preocupações:

- Posso confiar nesta pessoa?

- Posso trabalhar eficazmente com esta pessoa?

- Esta pessoa vai se tornar um membro cooperativo da equipe?

Se o departamento tiver uma rotatividade alta, os novos membros representarão um percentual elevado do grupo de trabalho. Isto pode retardar de modo significativo a transformação do grupo de trabalho em equipe produtiva. Todos os esforços têm que ser feitos para esclarecer as preocupações dos novos membros do quadro de pessoal. Os supervisores que ficam enredados nas pressões do dia-a-dia podem, sem querer, ficar desatentos às preocupações básicas dos novos funcionários. Você pode tratar muitas destas preocupações pela comunicação clara do que você espera do novo funcionário em termos de cumprimento das políticas da empresa e progresso em sessões de treinamento.

Influência Individual. Após os novos funcionários entenderem o que significa ser membro do grupo de trabalho, começam a pensar como eles e os outros influenciam a maneira como as coisas são feitas no departamento. Por exemplo, podem perguntar a si mesmos questões como:

- Quem tem maior poder para influenciar as pessoas neste departamento? Quem são os líderes formais e informais?

- Como os outros do grupo de trabalho estão me influenciando? Com quem eu estou aprendendo?

- Como os outros no grupo de trabalho se influenciam uns aos outros? Existe realmente um esforço de equipe?

- Quais são as oportunidades para que eu influencie outros no grupo de trabalho? Posso me tornar um líder informal?

Estas são preocupações típicas que os indivíduos têm durante suas primeiras semanas no trabalho. Os supervisores podem eliminar essas preocupações interagindo com os funcionários em treinamentos progressivos e sessões de *coaching*. Você também pode criar situações em que o funcionário interage com os líderes informais que fomentam a cooperação e o trabalho em equipe dentro do departamento.

Sentimentos Compartilhados. Quando os indivíduos se sentem à vontade com os outros como membros de um grupo de trabalho, os sentimentos dos membros vão assumindo cada vez uma importância maior. As preocupações que os indivíduos podem ter incluem:

- Posso expressar livremente meus sentimentos neste grupo de trabalho? Os outros membros vão aceitar as críticas construtivas? A atmosfera do trabalho é aberta e honesta?
- Quando estou sob tensão, frustrado ou zangado posso resolver as coisas com o grupo?
- Quando membros criticam idéias ou expressam sentimentos negativos, os outros vêem como um retorno honesto que pode produzir resultados melhores, ou vêem isto como um choque de personalidades?
- Quando membros concordam com os outros e expressam sentimentos positivos, os outros vêem como um retorno honesto que pode produzir resultados melhores, ou vêem isto como falsa condescendência?

Este é um estágio crítico no desenvolvimento do grupo para se tornar uma equipe. Quando os sentimentos são interpretados corretamente, os membros valorizarão o que tiverem em comum. Esses laços de sentimentos compartilhados são a base para os membros desenvolverem respeito pelas diferenças individuais.

Respeito pelas Diferenças Individuais. Se for desenvolvido um ambiente de confiança suficiente dentro do ambiente de trabalho durante o estágio de sentimentos compartilhados, o grupo se tornará ainda mais bem-sucedido quando seus membros se sentirem à vontade para contribuir com suas habilidades e talentos únicos. Durante esse estágio, os membros aprendem a valorizar mais suas diferenças que suas similaridades. O foco de cada membro muda das preocupações do indivíduo para as do grupo. Os membros, provavelmente, colocarão suas preocupações em termos do grupo como um todo. A palavra "nós" começa a substituir "eu". Um novo conjunto de perguntas se torna importante:

- Nós dedicamos tempo e esforço necessários para aprender sobre o conhecimento, a experiência, os sentimentos e as atitudes uns dos outros?
- Ao compartilhar idéias, nós prestamos atenção às reações dos outros e damos o devido valor a seu retorno?
- Nós demonstramos aos outros que apreciamos suas opiniões e comentários, mesmo quando não necessariamente concordamos com eles? Nós provemos um reforço positivo, mesmo quando não concordamos inteiramente?

Um bom sinal ao olhar este estágio de desenvolvimento é ver esse grupo ansioso por um conflito de idéias – não por um conflito de personalidades. O conflito de personalidades pode ser evitado se os membros são capazes de falar francamente e vêem as críticas como um retorno honesto.

Trabalho Produtivo em Equipe. Quando o grupo de trabalho começa a valorizar as diferenças individuais de seus membros, o grupo se torna uma equipe produtiva e criativa.

Os membros sabem que uns podem aprender com os outros e daí tiram vantagem das oportunidades de crescimento pessoal e profissional. Neste estágio, provavelmente os membros expressarão as seguintes preocupações:

- Estamos empregando nosso tempo buscando a causa dos problemas, ou estamos apenas reclamando deles sem nada fazer para acabar com eles? Como uma equipe, estamos sabendo usar nosso tempo com sabedoria?

- Quando identificamos problemas, seguimos um processo que os analisa detalhadamente, ou pulamos sobre a primeira solução que aparece? Nós planejamos em conjunto?

- Dedicamos tempo e esforço necessários para buscar idéias, opiniões e reações daqueles afetados pelos problemas que estamos tentando resolver? Temos uma preocupação autêntica com o bem-estar dos outros?

O Supervisor como Líder de Equipe

Os supervisores precisam ser capazes de reconhecer os estágios de desenvolvimento de seus próprios grupos em equipes e criar as condições para um crescimento adicional, certificando-se de cuidar das preocupações dos indivíduos. Como líder da equipe, o supervisor deve dirigir os esforços do grupo sem dominar as reuniões, contendo as iniciativas individuais ou tolhendo o crescimento e desenvolvimento da equipe. Os supervisores, como líderes da equipe, desempenham uma série de importantes papéis que incluem:

- Construtor do moral da equipe.
- Conciliador.
- Árbitro.
- Instigador de padrões.

O supervisor age como construtor do moral da equipe encorajando os indivíduos a contribuírem para as metas do departamento, criando uma atmosfera receptiva a novos pontos de vista e provendo reforço positivo para os membros da equipe. Como conciliador, o supervisor reconhece as diferenças de opinião, tenta se antecipar aos conflitos e alivia as tensões, enfatizan-

Formando uma Equipe Eficaz

do as metas comuns e a união da equipe. Quando agindo como árbitro, o supervisor reconcilia visões conflitantes (mesmo que isto signifique modificar sua própria opinião) e busca soluções intermediárias no interesse da harmonia da equipe. Como instigador de padrões, o supervisor dá o exemplo aos outros, tratando os funcionários de uma forma justa e mantendo as expectativas razoáveis, ainda que altas.

O Quadro 9.3 apresenta um formulário de auto-avaliação para o líder da equipe. Respondendo honestamente a cada item desse formulário, você pode avaliar sua eficácia potencial como líder de equipe e identificar as áreas para aperfeiçoamento. Um escore entre 16 e 22 indica um forte potencial de liderança.

Quadro 9.3 – Formulário de Auto-avaliação para o Líder da Equipe

Pense sobre suas experiências de liderança e se auto-avalie em cada uma das habilidades ou qualidades a seguir. Avalie seus pontos fortes e suas fraquezas tão honestamente quanto você possa e registre seu progresso como líder de equipe. Use a seguinte escala de avaliação:

1 = Forte; 2 = Bom; 3 = Inseguro; 4 = Fraco; 5 = Insuficiente

1. Posso descrever as metas de meu departamento de uma maneira concisa e clara.
2. Posso projetar minha voz e demonstrar entusiasmo ao falar ante um grupo.
3. Sou capaz de observar o comportamento de outras pessoas enquanto escuto alguém falar.
4. Sou capaz de entender tanto as mensagens faladas como os sinais não-verbais.
5. Sou capaz de formular perguntas com final em aberto, que encorajam os outros a partilhar suas idéias, sentimentos ou interesses.
6. Sou capaz de usar aberturas eficazes para gerar uma discussão animada no grupo.
7. Posso focar a discussão do grupo, separando as informações e os comentários significativos dos irrelevantes.
8. Posso expressar de outra forma ou tornar claras as idéias de outra pessoa.
9. Posso aproveitar um incidente ou evento inesperado e usá-lo para ensinar um conceito.
10. Sou capaz de dar palpites construtivos às pessoas de um modo não-crítico.
11. Posso partilhar meus próprios sentimentos sobre o tópico em discussão quando trabalhando com um grupo.
12. Sou capaz de obter a participação da maioria das pessoas de um grupo.
13. Tenho senso de oportunidade para determinar o ritmo das discussões e planejar atividades.
14. Posso aceitar a irritação e as críticas de uma pessoa ou grupo sem me tornar defensivo.
15. Sou capaz de ajudar os outros a demonstrarem com naturalidade suas emoções ou relatar seus sentimentos.
16. Tenho senso de humor e posso rir de mim mesmo.

Fonte: Stephen J. Shriver, *Managing Quality Services* (East Lansing, Mich.: *Educational Institute of the American Hotel & Lodging Association*, 1988), p. 218.

Os estágios de desenvolvimento de equipe aplicam-se a todos os tipos de grupos (tanto formal como informal) no setor de hospitalidade. Esta seção focou o grupo de trabalho de funcionários sob sua supervisão. Como supervisor, entretanto, você pode pertencer a vários outros grupos. Por exemplo, um grupo de supervisores pode se encontrar com regularidade para discutir problemas e preocupações comuns. Antes que esse grupo possa funcionar como uma equipe produtiva, seus membros terão que compartilhar sentimentos e desenvolver respeito pelas diferenças individuais. Para liderar uma equipe produtiva de trabalho ou participar como um membro produtivo de uma equipe de supervisão, você tem que reconhecer os papéis positivos e negativos que os indivíduos podem desempenhar em grupos.

Os Papéis Desempenhados pelos Indivíduos nos Grupos

Os supervisores precisam reconhecer e encorajar os papéis positivos que os indivíduos desempenham nos grupos. Quando os indivíduos desempenham papéis positivos, seu comportamento adianta o desenvolvimento de um grupo e aumenta sua produtividade. O Quadro 9.4 define três características dominantes de seis papéis que os indivíduos podem desempenhar. Também são dados comentários típicos que esses indivíduos fazem quando agindo positivamente dentro de um grupo. Os papéis identificados não são necessariamente tipos de personalidade. Um indivíduo pode desempenhar diversos papéis durante uma única reunião do grupo. Naturalmente, os supervisores deveriam ficar alerta a esses papéis positivos e reconhecer quando adotá-los para manter os grupos produtivos e no caminho certo.

Quadro 9.4 – Papéis Positivos que os Indivíduos Desempenham em Grupos

O que Indaga
1. Preocupa-se com os princípios da razão.
2. Foca a atenção do grupo nos fatos de uma situação.
3. Encoraja o grupo a interpretar os fatos de maneiras diferentes.

Comentários Típicos:
- "Quantas vezes isto acontece?"
- "Isto só acontece com certas pessoas ou se aplica a todos naquele departamento?"
- "O problema aparece por causa do trabalhador ou por causa do método de trabalho?"
- "De quem é a responsabilidade?"

O que Contribui
1. Submete informação factual.
2. Tenta construir uma base para uma tomada de decisão acertada.
3. Apresenta opiniões ponderadas sobre fatos.

Comentários Típicos:
- "Acho que nossa decisão deveria ser baseada nos dados que Denise obteve no departamento de contabilidade."
- "Vamos ver se conseguimos combinar esta idéia com o retorno que recebemos do maître do salão de jantar."
- "Acho que deveríamos ouvir os fatos e mais tarde discutir o que deveríamos fazer."
- "Deixe-me dar a vocês o retorno que eu tive da manutenção e da governança."

O que Elabora
1. Transforma generalizações em exemplos concretos.
2. Acrescenta pontos a idéias dos outros.
3. Projeta uma imagem do que poderia acontecer se uma solução for implementada.

Comentários Típicos:
- "Vamos imaginar o que aconteceria se tentássemos essa idéia em meu departamento."
- "O que você acha que outros funcionários diriam disto?"
- "Como você acha que isto funcionaria na recepção?"
- "Como isto afetaria nossos hóspedes?"

O que Revisa
1. Resume o progresso do grupo.
2. Esclarece o relacionamento entre as idéias que estão sendo discutidas.
3. Identifica pontos em que o grupo concorda.

Comentários Típicos:
- "Vamos recapitular o que fizemos até agora."
- "Deixe-me listar os pontos em que nós parecemos concordar."
- "Mateus, deixe-me tentar parafrasear o que você acabou de dizer, combinando com os pontos levantados pelo André em nossa última reunião."
- "Até agora identificamos cinco razões pelas quais temos que fazer isto. Deixe-me listá-las e vejamos se estamos todos de acordo."

O que Avalia
1. Julga o pensamento do grupo por seus próprios padrões.
2. Levanta questões sobre fatos e números.
3. Explora as aplicações práticas das soluções propostas.

Comentários Típicos:
- "Vamos verificar estes números contra as faturas na contabilidade."
- "Talvez a gente precise de uma segunda e terceira opiniões sobre este problema."
- "Pode haver outro lado para esta história que não estamos sabendo. Sempre tentamos obter todas as informações."
- "Acho que já tentamos antes este tipo de coisas e acabamos concluindo que estávamos no caminho errado."

O que Energiza
1. Mantém as discussões do grupo em movimento.
2. Estimula novas idéias que são pertinentes ao tópico.
3. Incita os membros a decidir sobre um curso de ação específico.

Comentários Típicos:
- "Muito bem, conseguimos o ponto, mas que tal esta outra idéia?"
- "Estamos andando em círculos aqui. Vamos passar para a próxima idéia e voltar a este ponto mais tarde."
- "Vamos aguardar com este ponto até recebermos o retorno que precisamos da governança. Qual é o próximo?"
- "Já discutimos isto o suficiente. Vamos votar."

Fonte: Stephen J. Shriver, *Managing Quality Services* (East Lansing, Mich.: *Educational Institute of the American Hotel & Lodging Association*, 1988), pp. 209-210.

O Quadro 9.5 mostra cinco papéis negativos que os indivíduos podem desempenhar quando em grupo. Quando os indivíduos desempenham papéis negativos, seu comportamento atrasa o desenvolvimento do grupo e diminui sua produtividade. Os supervisores devem trabalhar para minimizar os efeitos desses papéis negativos no progresso do grupo de trabalho.

Em alguns casos, o supervisor pode desejar aconselhar alguns membros individualmente e encorajá-los a adotar papéis mais positivos. Isto pode ser feito explicando aos indivíduos como seu papel negativo atrapalha a produtividade do grupo. Você pode também achar útil oferecer sugestões sobre como os indivíduos podem se tornar pessoas que contribuem mais positivamente para o grupo.

Em outros casos, você pode desejar responder diretamente ao papel negativo desempenhado por um indivíduo. Por exemplo, um indivíduo pode tentar dominar o grupo com comentários tais como: "Bom, eu tenho muito mais experiência neste tipo de coisa, portanto deixe-me dizer o que deve ser feito." Você poderia responder, dizendo: "Eu aprecio sua experiência, mas quero ouvir também algumas das boas idéias que outros no grupo possam ter."

Quadro 9.5 – Papéis Negativos que os Indivíduos Desempenham em Grupos

O que Domina
1. Exige atenção e tenta tomar conta do espetáculo.
2. Interrompe constantemente as outras pessoas.
3. Impõe ao grupo opiniões pessoais.

Comentários Típicos:
- "Ora, tenho muito mais experiência nesse tipo de coisa, então deixa que diga a você o que fazer."
- "O único caminho que nós temos para conseguir sucesso aqui é seguir a minha idéia."
- "Pare tudo. Sei exatamente o que fazer."
- "Você está desperdiçando o tempo de todo mundo discutindo essas coisas, vamos fazer apenas o que sugeri anteriormente."

O que Bloqueia
1. É um dominador frustrado.
2. Repete os argumentos e se recusa a escutar as razões de qualquer outro.
3. Quando ignorado pelo grupo, torna-se intratável e resiste a tudo que o grupo deseja fazer.

Comentários Típicos:
- "Nenhum de vocês realmente entende o que eu estou tentando dizer."
- "Nós já examinamos minuciosamente esta idéia na última reunião e eu também não gostei dela naquela ocasião."
- "Bom, esta é a minha opinião e eu acho que é melhor do que a de vocês, então, por favor, desta vez me escutem com atenção."
- "Por que estamos votando esta matéria? Eu ainda tenho muito mais a dizer."

O Descrente
1. Zomba dos progressos do grupo.
2. Tenta iniciar conflitos e discussões entre os membros do grupo.
3. É sempre negativo.

Comentários Típicos:
- "Não estou nem aí para o que vocês fizerem."
- "Façam o que quiserem; o gerente não vai aprovar de qualquer jeito."
- "Você está apenas desperdiçando seu tempo se fizer isto."
- "Isto tudo é uma estupidez; de qualquer forma ninguém está interessado no que vocês pensam."

Formando uma Equipe Eficaz

O que Busca Segurança
1. Deseja simpatia ou reconhecimento pessoal.
2. Sempre enfrentou algo pior que todos.
3. Suas experiências pessoais são sempre mais importantes que as dos outros.

Comentários Típicos:
- "Gostaria que alguém tivesse me dito o que fazer quando aconteceu comigo."
- "Eu nunca sei o que fazer quando isto acontece no meu departamento."
- "A situação é tão ruim em meu departamento que nem esta solução vai dar certo."
- "Eu sempre tenho tanta coisa para fazer que nunca vou conseguir tempo para fazer isto."

O que Faz *Lobby*
1. Sempre obstrui idéias de aceitação geral.
2. Só se preocupa com os problemas que envolvam seu departamento.
3. Continua falando sobre suas idéias mesmo que o grupo tenha decidido fazer algo inteiramente diferente.

Comentários Típicos:
- "Tenho encarado isto com a maior boa vontade, mas vocês não acham que estão sendo injustos com o pessoal do meu departamento?"
- "Está bem, se é isto que querem fazer, mas acho que vocês não entenderam direito minha idéia."
- "Acho que esta é uma boa idéia, mas também acho que vocês esqueceram de considerar o que falei semana passada."
- "Concordo com tudo que disseram, mas não posso aceitar sua conclusão."

Fonte: Stephen J. Shriver, *Managing Quality Services* (East Lansing, Mich.: *Educational Institute of the American Hotel & Lodging Association*, 1988), pp. 211-212

Gerenciando Reuniões Eficazes

Como um supervisor você participará de um número de tipos diferentes de reuniões. Você também pode ser responsável pelo planejamento e pela condução de reuniões para:

- Passar informações aos funcionários de seu departamento.

- Explicar novas políticas do departamento ou da companhia.

- Obter informações de outros sobre um problema ou situação.

Os princípios básicos de reuniões de sucesso são similares, indiferente se seu interesse é ser um participante produtivo, ou um organizador e líder eficaz.

Determine os Objetivos da Reunião. O planejamento adequado é uma necessidade absoluta para qualquer reunião. O primeiro passo no planejamento de uma reunião é determinar se ela é realmente necessária. Reuniões custam dinheiro. Para justificar manter uma reunião, você tem que decidir exatamente o que deseja obter nela. É provável que um ou dois objetivos principais e, talvez, também uns poucos secundários. Se você não pode alcançar esses objetivos sem uma reunião, o próximo passo é determinar uma pauta.

Prepare uma pauta. Uma **pauta** é o seu plano para uma reunião de sucesso. Ela deve listar os objetivos da reunião e o limite de tempo para atingir cada objetivo. O estabelecimento de limites de tempo para as discussões mantém os participantes no caminho e evita que se desviem para considerar assuntos não-relacionados.

Na preparação da pauta, você deve considerar cuidadosamente a seqüência de atividades que o grupo vai desempenhar para atingir os objetivos da reunião. Geralmente, os 20 primeiros minutos de uma reunião são mais ativos e criativos que os últimos. Assim, se alguns itens da pauta requerem energia, idéias brilhantes e cabeças claras, é prudente colocá-los no topo da pauta. Às vezes, é eficaz reservar um item importante até próximo ao fim da reunião. Isto pode manter os participantes alerta durante a primeira metade da reunião, à medida que eles se preparam para a atividade que virá. O Quadro 9.6 apresenta um exemplo de formato para preparação da pauta.

Quadro 9.6 – Exemplo de Formato de Pauta para Reunião

Pauta da Reunião	
Sala de Reuniões: _____	Data: _____
Horário de Início: _____	Horário de Término: _____
Objetivos da Reunião	Tempo
Revisão:	
1.	
2.	
3.	
4.	
5.	
6.	
7.	
Resumo:	

Fonte: Stephen J. Shriver, *Managing Quality Services* (East Lansing, Mich.: *Educational Institute of the American Hotel & Lodging Association*, 1988), p. 224.

Dependendo do tipo de reunião que esteja planejando, você deveria rever a pauta com seu chefe. Durante essa revisão, seu chefe pode lhe dar dicas e sugestões de como conduzir partes da reunião e aconselhar alterações no planejamento da reunião. Você é responsável pela distribuição das cópias da versão final da pauta a todos aqueles que estarão na reunião. Isto deve ser feito com antecedência suficiente para que as pessoas envolvidas possam programar a reunião em relação a suas outras responsabilidades. A comunicação com antecedência também é importante para que as pessoas possam se preparar de modo conveniente para a reunião ou possam designar substitutos caso não possam comparecer pessoalmente.

Novamente, dependendo dos objetivos da reunião e de sua pauta, você pode desejar testar as reações dos possíveis participantes a itens da pauta. Isto vai ajudar a que você tenha uma idéia do que esperar na reunião. Anote em sua cópia da pauta qualquer reação significativa. Antes de conduzir a reunião, proceda a uma revisão da pauta e faça nela qualquer anotação que possa facilitar a discussão na reunião.

Determine Quem Deve Participar da Reunião. Para obter o maior valor de uma reunião, você deve analisar cuidadosamente seus objetivos e identificar os indivíduos cuja presença seja mais importante. As reuniões podem ser uma atividade cara. O custo da reunião inclui não só os salários e vantagens dos participantes, mas também a perda de sua produção com o tempo que eles despendam para preparar e participar da reunião.

Formando uma Equipe Eficaz

Designe um Participante para Secretariar a Reunião. Para algumas reuniões, será necessário fazer um registro (referido como "**ata**") dos eventos e ações. Na maior parte das vezes, você estará tão ocupado com a condução da reunião que não terá tempo de fazer a ata. Dê esta responsabilidade a um dos participantes. O Quadro 9.7 dá um exemplo de formato que pode ser usado para preparar a ata da reunião.

Os primeiros itens listados na ata devem ser os objetivos da reunião. Os itens listados como eventos são as discussões feitas e as decisões tomadas na reunião. Os nomes dos indivíduos normalmente não são registrados na seção dos eventos. Ações são os passos que os participantes decidiram dar. Nomes de pessoas podem aparecer nessa seção para indicar incumbências ou responsabilidades. No prazo de poucos dias após a reunião, a ata deve ser distribuída a todos que dela participaram.

Mantenha a Reunião nos Trilhos. Você deveria conduzir a reunião seguindo a pauta preparada. A única forma de começar uma reunião na hora é *começar a reunião na hora*. Se você

Quadro 9.7 – Exemplo de Formato de Ata de Reunião

Ata de Reunião	
Sala de Reuniões: _____	Horário de Início: _____
Data: _____	Horário de Término: _____

Membros Presentes:

Chegadas Atrasadas:

Membros Ausentes:

Não-Membros Ausentes:

Objetivos:

1.

2.

3.

Eventos:

1.

2.

3.

Ações:

1.

2.

3.

Fonte: Stephen J. Shriver, *Managing Quality Services* (East Lansing, Mich.: *Educational Institute of the American Hotel & Lodging Association*, 1988), p. 225.

aguardar além da hora de início programada para que todos os participantes cheguem, todas suas reuniões começarão atrasadas. Anotando na ata aqueles que chegaram tarde ou saíram mais cedo, você encoraja os membros a chegarem na hora certa e participarem até o final. Você pode precisar aconselhar os que repetidamente falhem com horário. Durante a reunião, sua responsabilidade primária é cumprir com os objetivos estabelecidos. Isto é feito assegurando que todos os participantes entendam os assuntos e participem nas discussões.

Para conduzir uma reunião produtiva, você tem que ser capaz de controlar aqueles membros que querem falar tudo e monopolizar a discussão. Você também tem que ser capaz de trazer para a discussão os membros que ficam silenciosos. O silêncio pode indicar hostilidade, timidez, falta de entendimento ou indiferença do participante. Você precisa identificar e neutralizar os motivos de silêncio de um participante. As técnicas a seguir são eficazes e podem ajudar a trazer os participantes silenciosos para a discussão:

- Reafirme o propósito do grupo.
- Peça aos membros silenciosos que façam explanações ou desenvolvam uma idéia.
- Sente próximo a um membro silencioso e aja como se estivesse falando com ele em particular.
- Cumprimente um membro normalmente quieto cada vez que ele contribuir para a discussão.
- Busque o suporte de outros participantes.
- Vá à volta da mesa e pergunte a cada membro o que pensa da questão em discussão.

Você precisa ser sensível à expressão corporal dos participantes. Por exemplo, quando dois membros olham um para o outro e reviram os olhos, peça suas opiniões.

Alguns participantes podem não se sentir com confiança suficiente para participar integralmente das discussões. Por exemplo, funcionários novos ou jovens podem hesitar para expressar suas opiniões na presença de funcionários mais velhos e mais experientes. Peça primeiro a eles a opinião, para depois pedir aos funcionários mais experientes.

Conversas laterais podem atrapalhar o progresso do grupo. Para diminuir esse inconveniente:

- Peça aos "tagarelas" para que eles dividam a conversa com os outros participantes.
- Após a reunião, discuta com eles seu comportamento.
- Como que casualmente, se coloque entre os dois quando eles estiverem conversando.
- Chame-os pelo nome e faça uma pergunta simples ou peça que parafraseiem o último comentário dando suas opiniões.

Durante as discussões, você deve encorajar os membros a apresentarem idéias amplamente diversas. Esta é a forma mais saudável de conduzir um grupo a uma decisão. Examinando os diferentes lados de uma questão, geralmente produz-se a melhor solução. Entretanto, você precisa moderar a discussão para garantir que o "choque de idéias" não se torne um choque de personalidades. O Quadro 9.8 dá dicas de como conduzir problemas que podem acontecer durante discussões de grupo. O Quadro 9.9 apresenta uma lista de verificação para a condução de reuniões eficazes.

Quadro 9.8 – Gerenciando Membros de Grupos Especiais

O que fazer quando um membro do grupo...	A Melhor Estratégia
Quer discutir	Tente não se envolver; coloque as idéias "na mesa" e deixe o grupo decidir seu valor.
Quer ajudar	Encoraje idéias e peça assistência fora da reunião.
Quer discutir detalhes	Reconheça os pontos que estão sendo levantados, mas se concentre no objetivo da reunião e no tempo disponível.
Quer continuar falando	Interrompa com tato; faça uma pergunta que ajude a relembrar o foco da discussão.
Não quer falar	Faça perguntas fáceis; faça o membro do grupo se sentir importante e mostre reconhecimento quando possível.
Defende interesses próprios	Reconheça que podem existir interesses próprios; peça o reconhecimento de outros aspectos e peça uma discussão racional da situação.
Não está interessado	Determine se de alguma forma a discussão poderá ser relevante para ele; caso contrário, talvez seja melhor que a pessoa possa deixar a reunião.
Age como se fosse superior aos outros	Faça a este indivíduo as perguntas mais complicadas e reconheça sua capacidade.
Quer mostrar "genialidade" e criatividade	Tenha cuidado com perguntas capciosas; peça para todos os membros do grupo contribuírem para a discussão.

Quadro 9.9 – Lista de Verificação para o Gerenciamento de Reuniões Eficazes

Antes da Reunião
1. Programe a reunião.
2. Faça uma pauta para a reunião.
3. Discuta a pauta com o gerente do departamento.
4. Se necessário, revise a pauta.
5. Distribua a pauta aos participantes antes da reunião.
6. Escreva a pauta em um *flip chart* para ser usado na reunião.
7. Prepare a sala de reuniões e providencie os acessórios necessários, tais como *flip charts*, canetas hidrográficas, recursos visuais e material de apoio a ser distribuído aos participantes.

Durante a Reunião
1. Designe um membro para fazer a ata da reunião.
2. Reveja a pauta usando o *flip chart*.
3. Escreva os objetivos da reunião no *flip chart*.
4. Dirija as discussões e mantenha nos trilhos os participantes.
5. Assegure participação completa de todos os membros.
6. Resuma os resultados da reunião.
7. Assegure-se de que os membros compreendam suas atribuições.

Depois da Reunião
1. Reveja com o gerente do departamento os resultados da reunião.
2. Prepare-se para a próxima reunião.

Termine a Reunião na Hora. Às vezes, os supervisores falham ao não parar as discussões no tempo certo. É importante parar a discussão do grupo quando:

- O grupo precisa de mais fatos antes de tomar uma decisão.
- É evidente que o grupo precisa obter a opinião de um especialista ou suporte técnico.
- Os participantes precisam de tempo para discutir a questão com seus colegas.
- Eventos ocorrendo fora da reunião vão alterar ou esclarecer a situação em discussão.
- Não há tempo para discutir o tópico de maneira adequada.
- Fica claro que dois ou três participantes podem resolver a questão fora da reunião sem desperdiçar o tempo dos demais.

Ao final da reunião, faça um resumo do que o grupo conseguiu, anuncie a hora e o local da próxima reunião (se for o caso) e relembre os participantes das atribuições que eles receberam durante a reunião.

Notas

1. No Brasil, existe a expressão "rádio-corredor" com o mesmo sentido que a parreira, e refere-se às informações que são difundidas entre os funcionários nos corredores dos hotéis, repartições, empresas etc.

Termos-chave

pauta

panelinha

grupo de comando

parreira

ata da reunião

central de boatos

grupo-tarefa

Perguntas para Debate

1. Qual a diferença entre um grupo de comando e um grupo-tarefa?
2. Quais são algumas das maneiras com que os grupos de trabalho formais se intercomunicam?

3. Como é que um supervisor identifica os grupos informais num setor de hospitalidade?

4. Por que os supervisores devem tentar ser parte do sistema de comunicação informal na organização?

5. Por que é importante para um supervisor saber como os membros de um grupo podem se desenvolver em uma equipe produtiva?

6. Quais são alguns dos papéis que os supervisores podem desempenhar como líderes de equipe?

7. Quais são alguns papéis positivos e negativos que os indivíduos podem desempenhar em situações de grupo?

8. Como um supervisor pode usar uma pauta para planejar e conduzir uma reunião eficaz?

9. Quais são algumas técnicas que os supervisores podem usar nas reuniões para trazer para a discussão membros silenciosos do grupo?

10. A que sinais o supervisor deve estar atento no curso de uma reunião para saber quando interromper uma discussão do grupo?

Exercício de Revisão

Quando você achar que compreendeu todo o conteúdo deste capítulo, responda estas perguntas. Escolha a *melhor* resposta. Verifique suas respostas, comparando com as respostas corretas encontradas ao final deste livro em **Respostas aos Exercícios de Revisão**.

Verdadeiro (V) ou Falso (F)

V F 1. Divisões, departamentos e seções de trabalho são exemplos de grupos de trabalho formais.

V F 2. Cada setor de hospitalidade estabelece meios não-estruturados e informais de comunicação entre grupos de trabalho.

V F 3. Um boato é a informação transmitida pelos canais informais de comunicação e é baseado em um fato.

V F 4. Os supervisores sempre deveriam tomar providências para confirmar ou negar os boatos.

V F 5. Os novos funcionários nunca deveriam considerar sua própria influência no departamento até terem pelo menos seis meses no trabalho.

V F 6. Os grupos se tornam mais bem-sucedidos como unidade à medida que os membros se sentem à vontade para enfraquecer as habilidades e talentos do gerente.

V F 7. À medida que o respeito pelas diferenças individuais cresce, cada membro do grupo muda de preocupações individuais para coletivas.

V F 8. Em alguns casos, o supervisor pode desejar aconselhar um membro negativo, individualmente, após uma reunião e encorajá-lo a adotar uma atitude mais positiva.

V F 9. Não é sensato testar com antecedência as reações de possíveis participantes a itens da pauta, porque se torna muito óbvio que isto é uma maquinação.

V F 10. Durante uma reunião, se dois membros olham um para o outro e reviram os olhos, é melhor ignorá-los porque eles são criadores de caso.

Múltipla Escolha

11. A comunicação entre grupos de trabalho, que toma a forma de memorandos, cartas, relatórios, apresentações etc., é chamada:

    a. comunicação formal;

    b. comunicação informal.

12. O indivíduo no grupo que transforma generalizações em exemplos concretos é chamado de:

    a. elaborador;

    b. descrente

13. Quando fica evidente no decurso de uma reunião que é necessário obter a opinião de um especialista ou assistência técnica, é hora de:

    a. pedir alguma ajuda;

    b. encerrar a reunião.

14. Um setor de hospitalidade pode ser dividido em qualquer uma das divisões abaixo, *exceto*:

    a. hospedagem;

    b. alimentos e bebidas;

    c. gerente geral;

    d. engenharia.

15. Qual das seguintes alternativas seria uma das preocupações iniciais de um novo membro do grupo de trabalho?

    a. O que eu posso fazer para influenciar este grupo?;

b. Eu posso expressar livremente meus sentimentos para este grupo?;

c. Este grupo é realmente importante?;

d. Fazer parte deste grupo vai ser maçante ou excitante?

Tópicos do Capítulo

Conheça Seus Funcionários
Estratégias Motivacionais
Identificando Problemas de Motivação
Estilos de Liderança e Motivação
   Liderança Autocrática
   Liderança Burocrática
   Liderança Democrática
   Liderança *Laissez-faire*[1]
   Fatores Que Afetam os Estilos de Liderança
Aumentando a Participação dos Funcionários

Objetivos da Aprendizagem

1. Explicar por que os supervisores não conseguem motivar os funcionários.
2. Listar maneiras pelas quais os supervisores podem aprender sobre as necessidades, os interesses e as metas dos funcionários.
3. Explicar como os supervisores podem transformar funções básicas de recursos humanos em estratégias de motivação.
4. Determinar quando a falta de motivação de um funcionário pode ser a causa de seu fraco desempenho no trabalho.
5. Explicar como a liderança de um supervisor se relaciona com o nível de motivação dos funcionários.
6. Descrever quatro estilos de liderança.
7. Identificar fatores que afetam o estilo de liderança adotado por um supervisor.
8. Explicar como os supervisores podem aumentar a participação do funcionário nas atividades do departamento.

10
Motivação por Meio de Liderança

Ao contrário da crença popular, um supervisor não pode motivar funcionários; os funcionários precisam se automotivar. O estímulo é uma condição que é gerada dentro do indivíduo. Esta condição impele os esforços do indivíduo a atingir uma meta. A estratégia básica do supervisor deveria ser a de prover um ambiente de trabalho no qual os funcionários possam satisfazer suas necessidades pessoais, interesses e metas, enquanto atingem objetivos do departamento e da organização.

Liderança é a capacidade de atingir objetivos pelo trabalho com e através de pessoas. Um líder cria condições que motivam os funcionários pelo estabelecimento de metas e influenciando os funcionários a atingirem essas metas. O seu papel como supervisor é criar condições que encorajem os funcionários a se tornarem motivados.

Em um passado não tão distante, o supervisor poderia simplesmente ter dito ao funcionário o que fazer. Se o trabalho era feito, os funcionários e a alta gerência geralmente consideravam o supervisor um bom líder. Hoje, entretanto, com as mudanças no local do trabalho e nas mudanças de percepção do papel do supervisor pelos gerentes e funcionários, essa tática se tornou menos útil.

No ambiente de trabalho atual, liderança e supervisão implicam a necessidade de guiar e influenciar – em lugar de ordenar – os funcionários para que tomem a seu cargo ações específicas. A ação do supervisor está rapidamente se tornando a de um facilitador (aquele que arrebanha os recursos e dá orientação) em contrapartida ao "capataz ditatorial" de ontem. O supervisor que é flexível – capaz de selecionar um estilo de fácil convivência e adequado ao funcionário e à situação – provavelmente será mais capaz de proporcionar um ambiente dentro do qual a motivação possa florescer.

Conheça Seus Funcionários

Os supervisores desenvolvem um quadro motivado criando um clima em que os funcionários querem trabalhar *com* – em lugar de *contra* – os objetivos do departamento e os da organização.

Para ajudar os funcionários a se tornarem motivados, você precisa entender suas necessidades, interesses e objetivos. O que motiva um funcionário pode ter pouco efeito sobre outro, porque as necessidades, interesses e objetivos variam de funcionário para funcionário. Esses fatores de motivação são uma função da formação, personalidade, intelecto, atitudes e outras características de cada indivíduo. Seu desafio é ficar conhecendo os funcionários sob sua supervisão.

Para ser um motivador de sucesso, você precisa saber o que é necessário para que seus funcionários fiquem motivados. Isto não é uma tarefa fácil porque alguns funcionários podem não saber, ou ao menos não sabem, colocar em palavras suas necessidades e objetivos. Muito da motivação é subconsciente. Por exemplo, alguns funcionários que são "elétricos" podem ter desempenho altíssimo porque receiam a rejeição dos colegas se sua produção não tiver sempre resultado acima da média. Esses funcionários nem devem tomar consciência de que estão buscando a aprovação de seus pares.

O Quadro 10.1 resume os resultados de uma pesquisa e mostra as diferenças significativas existentes entre o que os supervisores *acreditam* que os funcionários querem e o que os funcionários *realmente* querem de seus trabalhos. Trabalhadores de todo o país foram convidados a classificar os fatores que mais afetam seu nível de moral e motivação. Da mesma forma, os supervisores foram solicitados a indicar o que eles entendiam ser mais importante para seus funcionários. Note que os três itens classificados como prioritários pelos funcionários (reconhecimento total do trabalho feito, sentir que fazem parte das coisas e ajuda com problemas pessoais) são os três últimos na classificação feita pelos supervisores.

Quadro 10.1 – O que os Funcionários Querem de seu Trabalho?

Fatores	Prioridade Atribuída por	
	Funcionários	Supervisores
Reconhecimento total pelo trabalho realizado	1	8
Sentir que fazem parte das coisas	2	10
Ajuda com problemas pessoais	3	9
Segurança no trabalho	4	2
Maiores vantagens	5	1
Trabalho interessante	6	5
Promoção na companhia	7	3
Lealdade pessoal do supervisor	8	6
Boas condições de trabalho	9	4

Fonte: Adaptado sob permissão de John W. Newstrom e Edward E. Scannel, *Games Trainers Play: Experimental Learning Exercise* (Nova York: McGraw-Hill, 1980), p. 121.

Os dois primeiros itens julgados mais importantes pelos funcionários estão totalmente sob controle do supervisor. Na verdade, há um grande número de coisas que você pode fazer para melhorar o clima de motivação com um custo muito pequeno, ou sem custo para a organização. Reconhecendo o bom desempenho dos funcionários e tornando isto público de maneira adequada, você demonstra ao funcionário que aprecia seu esforço. Também o supervisor ajuda os funcionários a sentirem que estão "por dentro" comunicando eficazmente os objetivos do departamento e os fatos significativos que afetem a organização.

O terceiro item julgado mais importante pelos funcionários pode não estar totalmente sob o controle do supervisor. Problemas pessoais normalmente são mais bem resolvidos por profissionais treinados. Entretanto, um supervisor pode comunicar compreensão e preocupação pelos funcionários atravessando problemas pessoais além do local de trabalho. Este tipo de atenção pode ser tudo o que os funcionários esperam e será muito apreciado.

Estratégias Motivacionais

O seu entendimento das necessidades, dos interesses e objetivos dos funcionários forma a base para o desenvolvimento das estratégias motivacionais. O Quadro 10.2 resume os princípios básicos da motivação. Incorporando esses princípios às estratégias motivacionais que você desenvolve, aumenta a possibilidade de que seus esforços tenham êxito.

Muitos dos tópicos cobertos em capítulos anteriores são, em si, estratégias de motivação. As seções seguintes sugerem como desenvolver estratégias de motivação em relação às funções básicas de recursos humanos executadas pelos supervisores.

Quadro 10.2 – Princípios da Motivação

1. **Compatibilidade de objetivos.** As pessoas sendo motivadas precisam: (a) ter objetivos claramente definidos e (b) esses objetivos precisam ser compatíveis com os da organização.
2. **Flexibilidade motivacional.** O tipo e grau dos esforços de motivação precisam ser variados.
3. **Força multidirecional.** O gerente precisa ser a força propulsora por trás dos esforços de motivação.
4. **Maturidade gerencial.** O tipo e a direção dos esforços de motivação precisam mudar à medida que a organização amadurece.
5. **Automotivação.** Os esforços de motivação pelo supervisor devem ser voltados para produzir a automotivação.
6. **Comunicação eficaz.** Para que os esforços de motivação sejam eficazes, deve haver um clima aberto e confiante baseado no respeito.
7. **Participação dos Funcionários.** Os funcionários devem ser capazes de, na extensão possível, se envolverem nos assuntos que os afetem.
8. **Reconhecimento e culpa.** O supervisor deve conceder reconhecimento aos funcionários, quando devido, e aceitar a responsabilidade de dividir a culpa quando ocorrem problemas.
9. **Autoridade, responsabilidade e compromisso.** Para motivar os funcionários, um supervisor deve dar-lhes a autoridade e a responsabilidade necessárias ao desempenho de seu trabalho e deve, ao mesmo tempo, mantê-los compromissados com o desempenho eficaz.
10. **Automotivação consciente.** O tipo de motivação mais eficaz é aquele que resulta de um esforço sério e deliberado do próprio funcionário.
11. **Respeito autêntico.** Um supervisor não será um motivador eficaz até que respeite de fato os funcionários, reconheça seus direitos e aceite sua capacidade de autodeterminação.

Recrutamento e Seleção. Suas entrevistas com candidatos a emprego oferecem uma excelente oportunidade para conhecer as necessidades individuais, os interesses e os objetivos dos possíveis funcionários. Com prática e experiência, você pode aguçar suas habilidades em entrevistar e identificar aqueles candidatos que, desde o início, parecem motivados a contribuir com seu departamento.

Orientação. Usualmente, os novos funcionários estão muito motivados para ter sucesso. É seu trabalho manter esse alto grau de motivação assentando os alicerces para o sucesso futuro.

Treinamento. Programas de treinamento eficazes criam as condições para que os funcionários fiquem motivados. O treinamento envia uma mensagem forte ao funcionário. Diz a ele que o supervisor, o departamento e a organização se preocupam com ele o suficiente para lhe dar instrução e orientação necessárias para garantir seu sucesso. Ferramentas, tais como organogramas, descrição de cargos, lista de cargos, tendem a tornar os requisitos para o trabalho rígidos e uniformes. Essa necessidade de consistência é boa do ponto de vista da organização, mas, ao mesmo tempo, você deveria tentar encontrar uma forma de acomodar entre as restrições estabelecidas as metas pessoais dos funcionários que desempenham tais funções.

O treinamento cruzado pode ser uma valiosa ferramenta de motivação e remover muitos dos obstáculos que podem bloquear o crescimento e o avanço do funcionário. Do ponto de vista do funcionário, o treinamento cruzado evita o sentimento de estar sendo preso a um trabalho em particular e permite que ele adquira habilidades adicionais no trabalho.

***Coaching* e Avaliação de Desempenho.** Deixar os funcionários saberem quão bem eles estão desempenhando seu trabalho é uma estratégia de motivação crítica. O *coaching* e a avaliação de desempenho estão entre as melhores ferramentas que um supervisor tem para aumentar a motivação do funcionário e levantar o moral do departamento. Esta estratégia é eficaz porque ela:

- Dá ao funcionário um retorno formal da avaliação de seu desempenho.

- Identifica os pontos fortes de desempenho e oferece um plano de melhoria para os fracos.

- Dá ao supervisor e ao funcionário a oportunidade de desenvolver em conjunto metas específicas e estabelecer datas para alcançar os resultados desejados.

Comunicações Eficazes. A comunicação é a chave para qualquer programa de motivação. Manter os funcionários informados sobre os eventos e as atividades no departamento e organização vai produzir resultados positivos. Os funcionários que sabem o que está acontecendo se sentem valorizados e participantes.

O desenvolvimento de um boletim informativo para o departamento ou a organização é um meio excelente de manter abertas as linhas de comunicação. O conteúdo do boletim informativo pode, por definição, ser relacionado ao trabalho ou pessoal e incluir tópicos tais como:

- promoções;

- transferências;

- novas contratações;
- demissões;
- dicas de qualidade;
- reconhecimento especial;
- funcionário do mês;
- aniversários;
- noivados, casamentos, nascimentos.

Um quadro de avisos oferece espaço para afixar programações, memorandos e outras informações importantes. Os quadros de aviso são mais eficazes quando colocados em uma área onde todos os funcionários têm acesso e quando são incentivados a olhá-los diariamente.

Identificando Problemas de Motivação

Como você pode identificar quando um funcionário está com um problema de motivação ou quando o moral em sua área de trabalho está caindo? Observações e bom senso ajudam; nem sempre são necessários estudos sofisticados. Você pode começar investigando o número de fatores que se relacionam indiretamente com baixos níveis de motivação ou moral. Esses fatores incluem:

- absenteísmo elevado;
- rotatividade alta;
- aumento do número de acidentes;
- quebras ou perdas excessivas;
- quantidade excepcionalmente alta de reclamações ou queixas recebidas dos funcionários.

Uma observação mais atenta vai mostrar uma falta de cooperação generalizada entre os funcionários e conflitos crescentes no ambiente de trabalho.

Você também precisa saber quando a falta de motivação do funcionário pode ser a causa de seu desempenho insatisfatório no trabalho. O desempenho insatisfatório resulta quando o comportamento do funcionário fica aquém dos padrões estabelecidos. O problema de motivação existe quando a diferença entre o desempenho esperado e o real é devida à falta de esforço por parte do funcionário.

O modelo de planilha de análise de problemas de desempenho mostrado no Quadro 10.3 pode ajudá-lo a identificar as causas possíveis para o desempenho insuficiente de um funcionário. Uma vez identificadas as causas, você pode gerar a estratégia adequada para lidar com a situação. O supervisor usa a planilha avaliando os funcionários segundo duas variáveis: quão bem o funcionário está desempenhando seu trabalho, e o nível de conhecimento/habilidades que o funcionário possui em relação ao trabalho. A escala (de baixo para alto) para medir o desempenho no trabalho está na parte inferior da planilha; a escala (também de baixo para alto), para medir o conhecimento/habilidades no trabalho, está ao longo do lado esquerdo da planilha. A avaliação de um funcionário pelas duas variáveis dará uma interseção que cairá em uma das quatro áreas:

Quadro 10.3 – Planilha de Análise de Desempenho

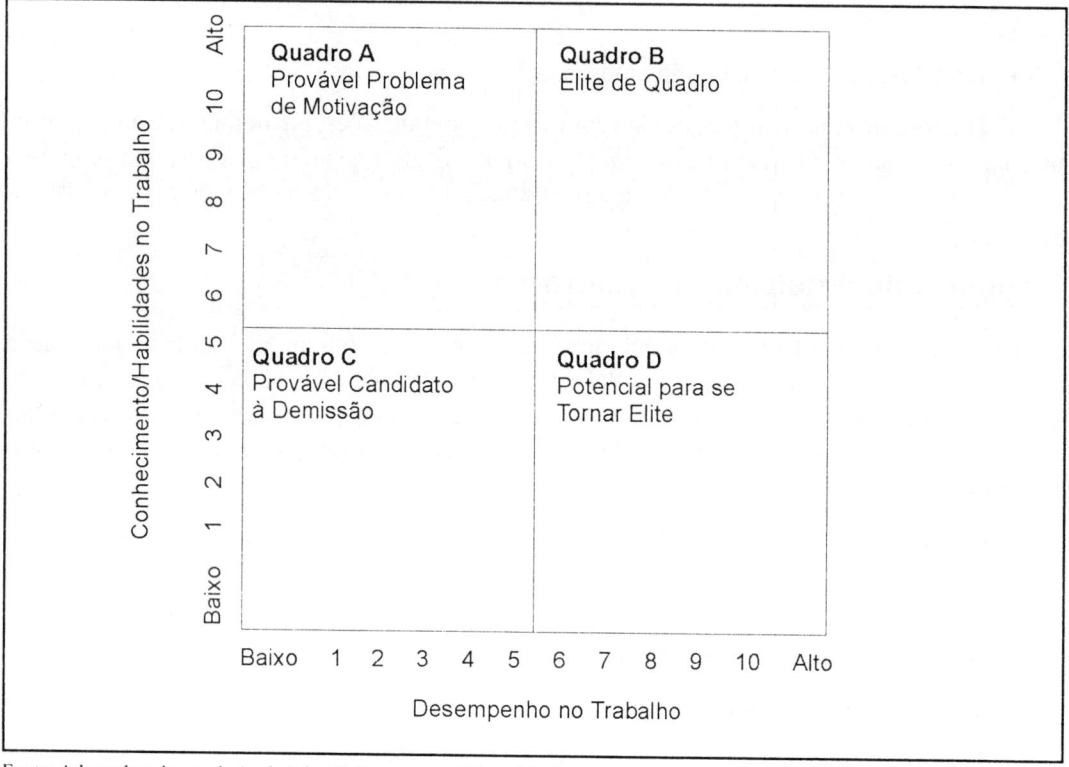

	Baixo 1 2 3 4 5	6 7 8 9 10 Alto
Alto 10 9 8 7 6	**Quadro A** Provável Problema de Motivação	**Quadro B** Elite de Quadro
5 4 3 2 1 Baixo	**Quadro C** Provável Candidato à Demissão	**Quadro D** Potencial para se Tornar Elite

Conhecimento/Habilidades no Trabalho

Desempenho no Trabalho

Fonte: Adaptado sob permissão de John W. Newstrom e Edward E. Scannel, *Games Trainers Play: Experimental Learning Exercise* (Nova York: McGraw-Hill, 1980), p. 33.

- Quadro A – Um funcionário com classificação alta em conhecimento/habilidades no trabalho, mas baixa em desempenho no trabalho pode indicar que existe um problema de motivação.

- Quadro B – Um funcionário com classificação alta tanto em conhecimento/habilidades no trabalho como em seu desempenho, provavelmente, é um membro valioso de seu quadro.

- Quadro C – Um funcionário com classificação baixa tanto em conhecimento/habilidades no trabalho como em seu desempenho pode indicar um sério problema, em especial se o funcionário tiver persistentemente rejeitado seus esforços de treinamento e *coaching*. A transferência ou demissão do funcionário pode ser a única alternativa que você tenha.

- Quadro D – Um funcionário com classificação baixa em conhecimento/habilidades no trabalho, mas alta em desempenho no trabalho pode indicar que o funcionário, mesmo com falta de treinamento, está conseguindo fazer seu trabalho. Proporcionando treinamento e *coaching* adequados, você pode tornar este funcionário um membro valioso de seu quadro.

Estilos de Liderança e Motivação

As seções a seguir examinam quatro estilos de liderança: autocrática, burocrática, democrática e *laissez-faire*. Cada estilo de liderança cria condições que podem afetar os níveis de motivação dos funcionários. Em lugar de adotar qualquer um desses estilos de liderança, você precisa desenvolver a flexibilidade com a qual transforma estilos em estratégias. Por exemplo, se precisa dar instruções detalhadas (tal como ao treinar uma nova camareira), você vai refletir isto no estilo de liderança que usa. Ao contrário, o diretor de alimentos e bebidas usará uma abordagem diferente ao supervisionar o trabalho de um chefe de cozinha criativo.

Olhados como estratégias, os estilos de liderança se tornam ferramentas com as quais você pode criar condições para que os funcionários se tornem motivados para alcançar as metas do departamento. O Quadro 10.4 é um resumo dos pontos principais tratados nas seções que seguem.

Liderança Autocrática

O **estilo de liderança autocrática** é uma abordagem clássica em administração. Os supervisores adotando este estilo tomam decisões sem informações de seus funcionários. Normalmente, dão ordens sem qualquer explicação e esperam que essas ordens sejam cumpridas. É comum o uso de um conjunto estruturado de recompensas e punições para garantir o cumprimento pelos funcionários. Embora todos os supervisores devam ser orientados para resultados, o supervisor autocrático coloca os resultados acima de qualquer preocupação com o nível de motivação dos funcionários. Parte-se do princípio de que os funcionários já estão motivados, ou, pelo menos, motivados o suficiente para simplesmente seguirem as ordens.

Os supervisores autocráticos aceitam a autoridade e a responsabilidade delegadas por seus chefes, mas geralmente são muito pouco inclinados a delegar aos funcionários sob sua supervisão. Como resultado, os funcionários, de um modo geral, são extremamente dependentes dos supervisores autocráticos. Como lhes é dado muito pouco, se algum, arbítrio sobre como desempenhar seu trabalho, eles aprendem a suprimir a iniciativa e simplesmente seguem ordens.

Quando praticado em situações erradas, ou com tipo errado de funcionários, este estilo de liderança pode ser desastroso. Funcionários com moral baixo, altos índices de absenteísmo e rotatividade, até obstrução do trabalho pode acontecer. Entretanto, há tempos em que este tipo de liderança é tão necessária quanto eficaz. Considere, por exemplo, a situação em que os almoços executivos inesperadamente dobrem em relação ao volume previsto. O pessoal da cozinha e

Quadro 10.4 – Visão Geral dos Estilos de Liderança

Nome	Também Chamado	Descrição Básica do Estilo de Liderança	Tipo de Funcionário com o qual Poderia Ser Usado
Autocrático	Autoritário ou Ditatorial	O supervisor concentra tanto poder e autoridade na tomada de decisões quanto possível. Age como ditador tomando as decisões sem consultar os funcionários. As ordens são dadas e têm que ser cumpridas sem discussão.	Novos funcionários, que devem aprender rapidamente as tarefas do trabalho, funcionários refratários à supervisão e que não respondem a outros estilos, e funcionários temporários.
Burocrático		Supervisor "administra pelo manual". A ênfase é dada a fazer as coisas como especificado em regras, políticas, regulamentos e procedimentos-padrão de operação. Supervisor precisa contar com a gerência superior para resolver os problemas não previstos nos manuais.	Funcionários que precisam seguir os procedimentos estabelecidos (tal como contadores envolvidos com assuntos tributários ou o pessoal de compras que precisa atender requisitos específicos na licitação/contratação) e funcionários trabalhando com equipamentos perigosos ou sob condições especiais.
Democrático	Participativo	O supervisor envolve os funcionários tanto quanto possível nos aspectos do trabalho que os afetam. Sua contribuição é solicitada; eles participam do processo decisório e recebem delegação de autoridade.	Funcionários com alto grau de habilidade e/ou extensa experiência, funcionários que precisarão fazer alterações substanciais no trabalho designado (havendo tempo), funcionários que desejam expressar queixas e grupos de funcionários com problemas comuns.
Laissez-faire	Rédea Solta	Supervisor mantém a política de "não meter a mão". "Delega por definição" aos funcionários a maior parte do arbítrio e do processo decisório. O supervisor dá pouca orientação e permite aos funcionários um amplo grau de liberdade.	Funcionários altamente motivados, tais como especialistas técnicos e, em alguns casos, consultores.

do salão de jantar precisa de instruções rápidas e específicas de como variar os procedimentos-padrão de modo a atender adequadamente todos os clientes. Neste tipo de situação, os funcionários esperam que o supervisor adote um estilo de liderança autocrática e diga a eles: "Isto é o que tem que ser feito. Vocês vão fazer isto assim. Agora, todos ao trabalho." As técnicas de liderança autocrática também podem ter sucesso quando:

- O supervisor sabe como fazer o trabalho dos funcionários.
- Existe um número de funcionários novos, sem treinamento, que não sabe que tarefas desempenhar ou que procedimentos seguir.
- A supervisão é conduzida através de ordens e instruções detalhadas.
- Um funcionário não responde positivamente a qualquer outro estilo de supervisão.
- A autoridade (poder) do supervisor é desafiada.

Liderança Burocrática

O **estilo de liderança burocrática** é aquele em que o supervisor foca em regras, regulamentos, políticas e procedimentos. Esses supervisores administram pelas regras e dependem da gerência de nível mais alto para tomar decisões sobre questões não cobertas "pelo manual".

Um supervisor burocrático é mais um oficial de polícia que um líder. Normalmente, este estilo de fazer cumprir é adotado somente quando todos os outros estilos são inadequados ou quando os funcionários não podem ter liberdade para alterar procedimentos. Por exemplo, é importante que as regras e os procedimentos sejam seguidos à risca quando os funcionários operam equipamentos potencialmente perigosos. Um estilo burocrático de liderança pode ser apropriado em muitas situações em que os procedimentos são estabelecidos para funcionários executando rotineiramente tarefas repetitivas. Por exemplo, o pessoal de escritório deve seguir exatamente os procedimentos estabelecidos para o preenchimento de formulários e informações.

Liderança Democrática

O **estilo de liderança democrática** (também chamada participativa) é praticamente o inverso do estilo autocrático discutido anteriormente. O supervisor democrático mantém os funcionários informados sobre todos os assuntos que afetam diretamente seu trabalho e reparte com eles as responsabilidades do processo decisório e da solução de problemas. Este tipo de supervisor enfatiza o papel dos funcionários na organização e proporciona oportunidades para os funcionários desenvolverem um alto senso de satisfação no trabalho. O supervisor democrático busca a opinião dos funcionários e considera com seriedade suas recomendações. Tipicamente, o supervisor democrático:

- Desenvolve planos para ajudar os funcionários a avaliarem seu próprio desempenho.
- Permite aos funcionários ajudar no estabelecimento de metas.
- Encoraja os funcionários a crescerem no trabalho e serem promovidos.
- Reconhece e encoraja realizações.

Com efeito, o supervisor democrático poderia ser comparado a um treinador liderando sua equipe.

Embora este estilo de liderança possa parecer muito mais interessante que as abordagens autocrática e burocrática, existem limitações e desvantagens potenciais a considerar. Por exemplo, pode levar mais tempo para se chegar à decisão ou à solução quando um número razoável de funcionários está envolvido no processo decisório ou na solução do problema. Algumas situações exigem ação mais imediata. Também a relação custo-benefício pode ser desfavorável quando se trata de assuntos singelos facilmente solucionáveis pelo supervisor.

O estilo de liderança democrática pode ser mais adequado para uso com funcionários experientes ou com um alto nível de habilidades. Este estilo pode ser eficaz na implementação de mudanças operacionais ou na solução de problemas individuais ou de grupo.

Liderança Laissez-Faire

O **estilo de liderança** *laissez-faire* (também chamado de rédea frouxa) refere-se à abordagem "não meter a mão", na qual o supervisor exerce pouquíssima liderança. O supervisor proporciona pouca ou nenhuma orientação e concede aos funcionários tanta liberdade quanto possível. Com efeito o supervisor dá toda a autoridade (poder) aos funcionários e confia neles para estabelecerem as metas, tomarem as decisões e resolver os problemas. O lema deste tipo de supervisor é "não balance o barco".

Ainda que sejam poucas as situações em que esta abordagem funcione a contento, ela pode ser adequada para uso com funcionários com um alto nível de experiência/habilidades e que tenham sido treinados em técnicas de processo decisório e de solução de problemas.

Fatores que Afetam os Estilos de Liderança

De um modo ideal, um supervisor eficaz adotará o estilo de liderança mais adequado à situação. Por exemplo, o supervisor conheceria as necessidades, os interesses e as metas de cada funcionário e, então, usaria o estilo de liderança mais adequado para otimizar a atmosfera apropriada para a motivação. Na prática, entretanto, raramente isto é possível. Você desenvolveu atitudes, sentimentos e uma personalidade baseado na sua vivência que é única. Esses fatores, normalmente, limitam a capacidade de se mover facilmente entre estilos de liderança tão radicalmente diferentes.

A seção a seguir examina os principais fatores que influenciam o estilo de liderança do supervisor. Esses fatores incluem:

- Os Antecedentes Pessoais do Supervisor.
- As Características dos Funcionários.
- O Ambiente da Organização.

Os Antecedentes Pessoais do Supervisor. Sua personalidade, seu conhecimento, seus valores e suas experiências moldam seus sentimentos sobre as reações aos funcionários. Alguns supervisores se sentem confortáveis com a delegação plena e gostam de envolver diversos funcionários numa abordagem de equipe para definir e resolver problemas. Outros supervisores gostam de fazer tudo eles mesmos. Colocado de uma maneira simples, seus sentimentos sobre a liderança adequada são importantes na determinação do estilo específico de liderança que você vai usar. Também, o sucesso que você tenha tido com um estilo em particular pode afetar sua disposição em adotar um estilo diferente. Se você teve sucesso com um estilo autocrático, maiores são as chances de você usar (ou preferir usar) este estilo de liderança em outras ocasiões. Ao contrário, se você teve sucesso usando a abordagem democrática, existe uma forte possibilidade de que você continue a usá-la.

As Características dos Funcionários. Os funcionários são indivíduos com diferentes personalidades e antecedentes. Assim como seus supervisores, eles também são influenciados por fatores específicos. Os funcionários que desejam independência ou responsabilidade no processo decisório, que se identificam com as metas da organização, e são cultos e experientes, podem trabalhar bem sob um líder democrático. Ao contrário, funcionários com diferentes expectativas e experiências podem requerer uma liderança mais autocrática. A capacidade dos funcionários para trabalhar eficazmente em grupo também afeta a aplicabilidade de determinado estilo de liderança.

O Ambiente da Organização. O ambiente da organização, a composição do grupo de trabalho, o tipo de trabalho a ser feito e os fatores relacionados também influenciam o estilo de liderança. As tradições e os valores da organização podem influenciar seu comportamento. Por exemplo, algumas organizações enfatizam as relações humanas. Outras organizações focalizam-se nos resultados financeiros, sacrificando, se necessário, a ampla participação dos funcionários no processo gerencial. Para ser eficaz em qualquer organização, você precisa ao menos considerar, e provavelmente adotar, a filosofia predominante na organização.

Aumentando a Participação dos Funcionários

O estilo democrático de liderança tenta elevar o nível de motivação dos funcionários pelo aumento de sua participação nas atividades do processo decisório e de solução de problemas. As seções a seguir examinam duas técnicas formais a serem usadas para aumentar a participação dos funcionários: programas de sugestão dos funcionários e grupos-tarefa departamentais. A seção final sugere ações informais de liderança democrática que o supervisor pode executar para aumentar o nível de motivação dos funcionários.

Programas de Sugestão dos Funcionários. Os programas de sugestão dos funcionários são exemplos de programas formais de participação dos funcionários. A caixa de sugestões e as cartas ao editor nos boletins de notícia da companhia são, muitas vezes, usadas no setor de hospitalidade para aumentar a comunicação entre gerentes, supervisores e funcionários.

Enquanto um programa formal de sugestões dos funcionários gera muitas idéias úteis, é necessário algum esforço para implementar e manter o programa. Os programas de sugestões dos funcionários têm que tornar sua participação simples. Por exemplo, se os funcionários tiverem que escrever suas sugestões, alguns podem achar que elas não valem o esforço envolvido. A resposta dos gerentes ou supervisores às sugestões dos funcionários é crítica para o sucesso (ou fracasso) de qualquer programa formal de sugestões dos funcionários. Por exemplo, se você reagir a uma sugestão como se fossem críticas diretas à sua capacidade de supervisionar, você pode desencorajar os funcionários a fornecerem comentários adicionais.

Outro elemento crítico no sucesso de um programa de sugestões é o retorno. Os supervisores e gerentes precisam responder aos funcionários que fizeram sugestões. A resposta deveria informar os funcionários das decisões tomadas em decorrência da sugestão apresentada. Este retorno não apenas aumenta o conhecimento dos funcionários sobre assuntos de negócio importantes, mas também motiva mais funcionários a participarem do programa de sugestões.

É necessário um esforço significativo da gerência para garantir o sucesso de um programa de sugestões dos funcionários. Normalmente, esses programas falham porque os supervisores não asseguram o retorno devido e não o levam até o final para que tenham sucesso.

Grupos-Tarefa Departamentais. Uma atividade comum de participação de funcionários envolve a formação de grupos-tarefa ou comitês de trabalho. Esta técnica é usada com freqüência em níveis de alta gerência, mas também pode ser usada em outros níveis da organização. Algumas empresas têm comitês com representantes de todos os níveis da organização que proporcionam informações em matérias de interesse da empresa como um todo. Você pode aplicar esse mesmo conceito para gerar participação em decisões de trabalho dentro de um departamento ou seção de trabalho específico. Por exemplo, você poderia nomear um grupo-tarefa formal para desenvolver uma lista de atividades ou divisões do trabalho, idéias para técnicas de gerência de energia, novas receitas etc. Se você usa esse método, esteja certo de que seus benefícios não serão superados por custos altos ou comprometimento de tempo.

Técnicas de Participação Informal. Na maioria das empresas, é relativamente simples para um supervisor preocupado e interessado usar métodos informais para conseguir a participação dos funcionários. Considere, por exemplo, a situação que acontece quando precisa ser tomada uma decisão, digamos que sobre um problema recorrente que precisa ser resolvido. Você deveria começar escrevendo todas as formas que possa imaginar para resolver o problema, então apresente isto aos funcionários afetados solicitando que eles dêem outras idéias. Fazendo isto, você poderia falar com:

- Todos os funcionários afetados pelo problema.

- Líderes de grupos informais.

- Somente funcionários experimentados.

- Funcionários selecionados, os quais você acha poderem ter idéias específicas ou que têm interesse especial em resolver o problema.

Falando com alguns ou todos os funcionários acima, possivelmente haverá a geração de alternativas proveitosas. À medida que você continua com a tarefa de resolver o problema, os funcionários participantes poderiam ser envolvidos na determinação de:

- Vantagens e desvantagens de cada alternativa.

- Procedimentos para implementação das soluções selecionadas.

- Métodos para avaliação da eficácia da solução.

- Maneiras pelas quais a solução possa afetar outros aspectos do departamento.

Quando você considera o envolvimento de funcionários no processo decisório, esteja ciente de que daí poderão resultar desacordos e que os desacordos terão que ser gerenciados. Você precisará voltar-se para resolver os interesses conflitantes e pode precisar de algum tempo adicional para a tomada de decisão. Também, às vezes, é difícil, mesmo para os funcionários mais bem intencionados, manter a objetividade; suas próprias prevenções e preocupações pessoais podem influenciar sua participação.

Quando você decide envolver funcionários em atividades do processo decisório e de solução de problemas, é importante que a tarefa realmente envolva a participação do funcionário e não apenas persuasão de sua parte. Os supervisores eficazes precisam usar a persuasão para "vender" decisões e soluções aos funcionários, mas isto não deve ser feito sob o rótulo de participação do funcionário. Quando você tem uma solução definida em mente, geralmente é melhor defender, justificar e vendê-la aos funcionários do que fingir que os funcionários estão tendo um papel ativo no processo.

Notas

1. N.R. *Laissez-faire* – expressão francesa que significa não-intervenção no que os outros fazem; não interferência nas atividades.

Termos-chave

estilo de liderança autocrática

estilo de liderança burocrática

estilo de liderança democrática

estilo de liderança *laissez-faire*

liderança

Perguntas para Debate

1. Por que os supervisores não podem motivar os funcionários?
2. Como os supervisores podem aprender sobre as necessidades, interesses e objetivos dos funcionários?
3. Como as funções de supervisão, tais como treinamento, *coaching* e avaliação se tornam estratégias pelas quais motivam os funcionários?
4. Que fatores deveria o supervisor investigar para determinar se existe um problema de motivação ou moral no departamento?
5. Como pode um supervisor determinar quando a falta de motivação pode ser a causa do desempenho insuficiente de um funcionário?
6. Como é relacionada a liderança do supervisor com o nível de motivação dos funcionários?
7. O que distingue um estilo autocrático de liderança de um estilo democrático de liderança?
8. Como o estilo de liderança burocrática difere do estilo de liderança *laissez-faire*?
9. Que fatores afetam o estilo de liderança adotado por um supervisor?
10. Como o supervisor aumenta a participação do funcionário nas atividades do departamento?

Exercício de Revisão

Quando você achar que compreendeu todo o conteúdo deste capítulo, responda estas perguntas. Escolha a *melhor* resposta. Verifique suas respostas, comparando com as respostas corretas encontradas ao final deste livro em **Respostas aos Exercícios de Revisão**.

Verdadeiro (V) ou Falso (F)

V F 1. Um supervisor eficaz pode motivar seus funcionários.

V F 2. Liderança é a capacidade de alcançar objetivos trabalhando através e com pessoas.

V F 3. Uma pesquisa recente com funcionários e empregadores indica que a maioria dos supervisores sabe o que motiva os funcionários.

V F 4. Os funcionários deveriam ter permissão para tratar das metas pessoais no trabalho.

V F 5. O treinamento cruzado é seguidamente um obstáculo ao progresso do funcionário.

V F 6. O número de acidentes no trabalho é um indicador do nível de motivação.

V F 7. Um estilo autocrático de gerência resulta tipicamente em alto nível de iniciativa dos funcionários.

V F 8. Um estilo de liderança burocrático é talhado para funcionários de muita experiência.

V F 9. Um supervisor precisa saber quais são as necessidades de seus funcionários para escolher o estilo de liderança mais adequado.

V F 10. A formação de grupos-tarefa no departamento é uma técnica formal para aumentar a participação do funcionário.

Múltipla Escolha

11. O nível de motivação é gerado:

    a. por um supervisor eficaz;

    b. dentro do indivíduo.

12. Qual dos seguintes fatores é mais provável que influencie a escolha de estilo de liderança pelo supervisor?

    a. o clima predominante na organização;

    b. o nível de habilidade do funcionário na solução de problemas.

13. Os comitês de trabalho de funcionários seriam mais facilmente formados sob que tipo de estilo de liderança?

a. democrático;

b. burocrático.

14. Qual dos seguintes fatores que afetam os níveis de motivação foi considerado um dos três mais importantes pelos funcionários na pesquisa recentemente feita?

    a. aumento salarial;

    b. a possibilidade de promoção;

    c. oportunidade de treinamento cruzado;

    d. ajuda em problemas pessoais.

15. A abordagem clássica ou tradicional em administração é:

    a. *laissez-faire*;

    b. autocrática;

    c. burocrática;

    d. democrática.

Tópicos do Capítulo

Benefícios do Conflito
Fontes de Conflito
Tipos de Conflitos Pessoais
   Conflitos Internos de um Indivíduo
   Conflitos entre Indivíduos
Gerenciando Conflitos Pessoais
   Resultados
   Estilos de Gerenciamento
   Transformando Estilos em Estratégias
Dicas para Negociar Conflitos Pessoais
   Mediando Conflitos entre Funcionários
   Resolvendo Conflitos entre Supervisor /Funcionário
   Aceitando Críticas de seu Chefe

Objetivos da Aprendizagem

1. Explicar os benefícios do conflito.
2. Listar e descrever brevemente as fontes de conflito em uma organização.
3. Identificar dois tipos de conflito pessoal.
4. Descrever três resultados de conflitos pessoais.
5. Descrever cinco estilos típicos de se gerenciar conflitos.
6. Explicar o que os supervisores devem fazer antes de eles se encontrarem com os funcionários em conflito.
7. Identificar seis passos que os supervisores devem seguir no decorrer de uma reunião com funcionários em conflito.
8. Descrever problemas especiais que os supervisores têm ao resolver conflitos entre supervisor/funcionário.
9. Explicar como os supervisores devem aceitar críticas de seus chefes.

11
Gerenciando o Conflito

O conflito pode ser tão simples quanto uma diferença de opinião ou tão complexo quanto uma longa batalha em questões de significativa importância. Um conflito pode ser causado por um evento ou pelo choque de personalidades. O conflito também pode ocorrer quando as pessoas têm visões opostas sobre uma situação e de como lidar com ela. Se deixados livres, os conflitos podem causar sérios problemas que evitam que seu departamento alcance suas metas. Se adequadamente gerenciados, entretanto, alguns tipos de conflitos podem ser construtivos.

Este capítulo não trata de explosões de funcionários causadas por pressão de estresse ou da "fúria do momento". Tais explosões, apesar de potencialmente poderem produzir rupturas a curto prazo, tipicamente não exigem esforços significativos da supervisão para serem resolvidas. As explosões, normalmente, se acalmam rapidamente e são, geralmente, muito mais fáceis de se gerenciar do que problemas mais significativos relacionados a conflitos.

Este capítulo, primeiramente, se volta para os possíveis benefícios do conflito nas operações dos setores de hospitalidade. Depois, as fontes comuns de conflito e os tipos de conflito que os supervisores devem gerenciar são discutidos. Seções posteriores examinam técnicas de negociação que os supervisores podem adotar ao resolver conflitos pessoais entre funcionários, entre eles e os funcionários ou entre eles e seus chefes.

Benefícios do Conflito

É fato que todas as operações dos setores de hospitalidade são passíveis de gerar conflitos. Uma visão tradicional de gerenciamento prega que os conflitos devem ser evitados porque eles causam rupturas em uma organização e impedem um desempenho ótimo. Uma outra visão mais precisa é que os conflitos não somente são inevitáveis, mas também são freqüentemente benéficos. Por exemplo, durante sessões de planejamento de orçamento, os gerentes de departamento competem pelos recursos limitados da operação. Suas visões conflitantes em como os recursos devem ser alocados levam a uma análise das metas e estratégias de toda a organização. Ao final de uma sessão de planejamento de orçamento com um grau saudável de conflito, todos devem ter uma idéia melhor de para onde está indo a organização e como ela chegará lá. Este resultado benéfico não aconteceria sem conflito. Entretanto, um elemento-chave no gerenciamento bem-sucedido dos conflitos é estar a par dos sentimentos de cada um envolvido no conflito. Em certo ponto da resolução do conflito, estes sentimentos devem ser compreendidos e tratados.

Certa quantidade de conflito é necessária para um bom desempenho de trabalho. Quando existe um baixo nível de conflito e os níveis de desempenho são baixos, a organização fica estagnada (ver Quadro 11.1). Por outro lado, quando existem altos níveis de conflito e desempenho, o caos é um resultado potencial. Como sugere o Quadro 11.1, existe uma relação ótima entre o conflito e o desempenho. Porém, não existe uma fórmula mágica para identificar esta relação. Como supervisor, você deve "percorrer uma linha tênue". Sua tarefa é promover uma oposição honesta e objetiva que ajudará o departamento, mas prevenir o tipo de conflito que leva à desorganização e a funcionários desmotivados. Você será mais capaz de desempenhar esta tarefa se compreender as fontes de conflito no setor de hospitalidade.

Quadro 11.1 – Conflito e Desempenho

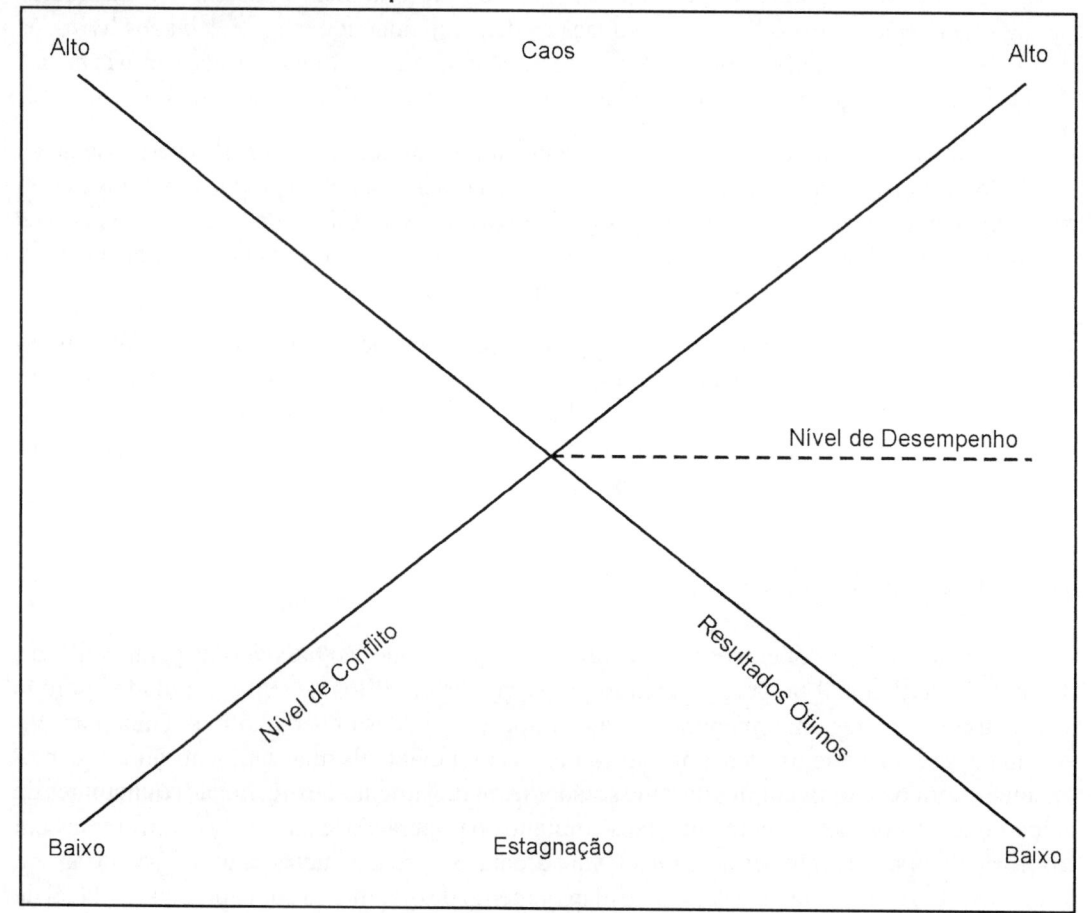

Gerenciando o Conflito   271

Fontes de Conflito

Existem inúmeras fontes de conflito em uma organização. Muitas surgem de situações ou personalidades exclusivas àquela organização. Contudo, existem fontes de conflito comuns à maioria das operações dos setores de hospitalidade, incluindo:

- Recursos limitados.
- Metas diferentes.
- Relações de trabalho.
- Diferenças individuais.
- Problemas organizacionais.
- Problemas de comunicação.

O Quadro 11.2 lista estas fontes típicas de conflito em uma organização. Como a figura sugere, a habilidade de um supervisor de gerenciar o conflito freqüentemente determina se as metas do departamento serão alcançadas através da cooperação ou se o departamento será impedido de alcançar suas metas devido a conflitos.

Quadro 11.2 – Supervisores e Conflitos

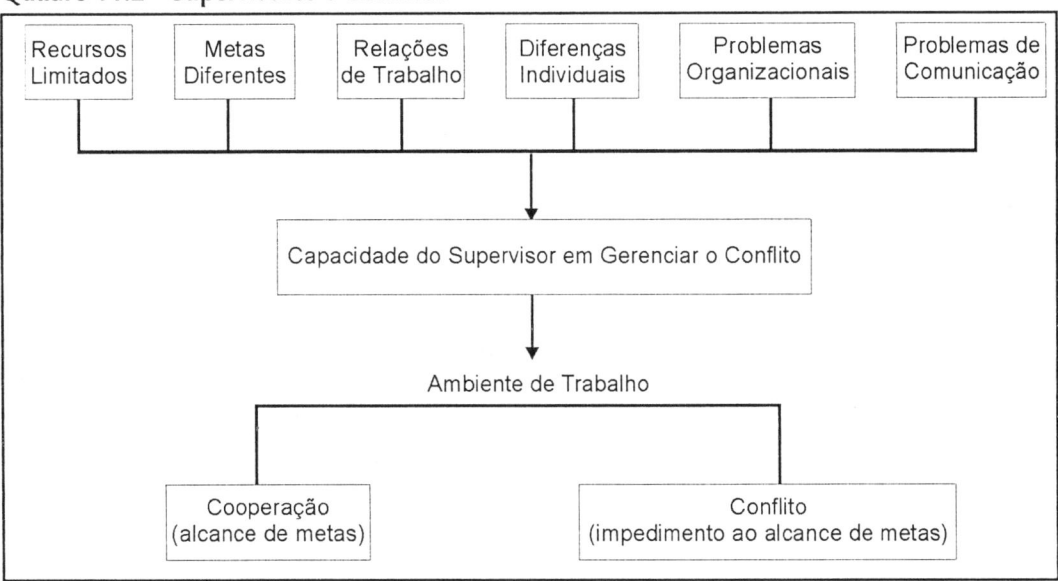

```
┌──────────┐ ┌──────────┐ ┌──────────┐ ┌──────────┐ ┌──────────┐ ┌──────────┐
│ Recursos │ │  Metas   │ │ Relações │ │Diferenças│ │ Problemas│ │Problemas de│
│ Limitados│ │Diferentes│ │de Trabalho│ │Individuais│ │Organizacionais│ │Comunicação│
└────┬─────┘ └────┬─────┘ └────┬─────┘ └────┬─────┘ └────┬─────┘ └────┬─────┘
     └────────────┴────────────┴──────┬─────┴────────────┴────────────┘
                                      ▼
              ┌───────────────────────────────────────────┐
              │ Capacidade do Supervisor em Gerenciar o Conflito │
              └───────────────────────┬───────────────────┘
                                      ▼
                            Ambiente de Trabalho
              ┌───────────────────────┴───────────────────┐
              ▼                                           ▼
    ┌──────────────────┐                      ┌──────────────────────────┐
    │   Cooperação     │                      │        Conflito          │
    │(alcance de metas)│                      │(impedimento ao alcance de metas)│
    └──────────────────┘                      └──────────────────────────┘
```

Recursos Limitados. Os recursos são limitados em toda a operação no setor de hospitalidade. Nenhum departamento possui todas as pessoas, tempo, dinheiro, equipamento e espaço que deseja. Freqüentemente, um departamento pode obter recursos somente às custas de um outro departamento. Por exemplo, se dois departamentos de uma organização precisam de um computador e só há dinheiro suficiente no orçamento para um, um departamento terá que ficar sem. Isto cria a possibilidade de conflito. Porém, como apontado anteriormente, este tipo de conflito pode se provar benéfico. Os recursos limitados (dinheiro no orçamento suficiente somente para um computador) força cada gerente de departamento a justificar a solicitação do computador em relação às metas gerais da organização. O gerente que convencer a gerência superior de que o maior interesse para a organização é servido tendo o computador em seu departamento, normalmente recebe o computador.

Metas Diferentes. Os departamentos e os indivíduos na mesma operação no setor de hospitalidade podem ter metas diferentes. Pode surgir um conflito sobre quem está certo e que estratégias devem ser buscadas.

Por exemplo, o departamento de vendas de um hotel pode querer aumentar a renda do hotel com alimentos e bebidas adicionando mais itens ao cardápio. Entretanto, isto pode ser incompatível com a meta do departamento de alimentos e bebidas de manter os custos com comida baixos. Da mesma forma, a meta do gerente geral de fornecer um serviço excepcionalmente cordial aos hóspedes quando eles chegam pode ser incompatível com a meta do gerente da recepção de diminuir o tempo de *check-in*[1].

Os supervisores sempre se encontram no meio destes tipos de conflito. Por exemplo, seu chefe, o diretor de alimentos e bebidas, pode pedir que você minimize os custos com mão-de-obra escalando menos garçons, enquanto que o diretor de marketing, que está interessado em aumentar as vendas, quer mais garçons escalados para que os hóspedes recebam um serviço rápido e muita atenção. Você somente pode seguir as ordens de seu chefe e esperar que a gerência superior chegue a um acordo sobre até que ponto cada meta deve ser alcançada.

Relações de Trabalho. O sucesso de uma operação do setor de hospitalidade depende da cooperação dos membros de todos os departamentos. Freqüentemente, as pessoas não podem fazer parte ou nada de seu trabalho até que outras pessoas tenham finalizado o seu. Por exemplo, para os recepcionistas venderem quartos para hóspedes que chegam, eles precisam das informações atualizadas, fornecidas pela governança, sobre o *status* dos quartos. O pessoal de alimentos e bebidas depende de que a lavanderia entregue a roupa de mesa limpa a cada período de refeição. Os garçons ou *commis* não podem pôr a mesa antes de as toalhas e guardanapos limpos estarem disponíveis. Pode surgir o conflito quando, por qualquer motivo, um funcionário ou gerente (1) deixar de fazer um trabalho a ele designado, (2) fizer o trabalho atrasado ou (3) não cooperar com as pessoas de outros departamentos. Estas situações exigem atenção imediata.

Diferenças Individuais. As diferenças entre funcionários, supervisores e gerentes, devido a atitudes e opiniões pessoais, passado educacional ou cultural, experiência, idade ou obrigações e responsabilidades relacionadas ao trabalho podem causar conflitos. Seções posteriores deste capítulo tratam de técnicas que os supervisores podem utilizar para gerenciar os conflitos que surgem das diferenças individuais.

Problemas Organizacionais. Os problemas organizacionais podem ser fontes de conflitos, quando um departamento acredita que seus esforços sejam mais importantes do que os dos outros departamentos. Outras fontes potenciais de conflitos organizacionais incluem responsabilidades de trabalho sobrepostas e descrições vagas de trabalho. Os funcionários, supervisores e gerentes podem experimentar emoções conflitantes se suas obrigações e responsabilidades não estiverem claramente definidas. Quando a amplitude da autoridade de um supervisor não é clara, por exemplo, podem surgir conflitos entre supervisores, entre o supervisor e os funcionários e entre o supervisor e seu chefe.

Problemas de Comunicação. Os problemas de comunicação se encontram na raiz da maioria dos conflitos. Uma comunicação eficaz sobre os recursos, metas de relações de trabalho, diferenças individuais e problemas organizacionais da empresa podem ter resultados muito bons aumentando a cooperação na organização e evitando o tipo de conflito que impede a realização de metas.

Tipos de Conflitos Pessoais

Os conflitos podem assumir muitas formas. Os tipos de conflito que os supervisores são mais freqüentemente convocados para gerenciar são os conflitos pessoais que ocorrem dentro de seu departamento ou da sua área de trabalho. Há dois tipos de conflitos pessoais: os conflitos internos de um indivíduo e os conflitos entre dois ou mais indivíduos.

Conflitos Internos de um Indivíduo

Qualquer pessoa em uma organização pode experimentar sentimentos confusos sobre algumas das metas da organização, certos indivíduos, tarefas e procedimentos de trabalho e a lacuna entre as metas pessoais e organizacionais. Os indivíduos podem lidar com conflitos internos se tornando quietamente frustrados ou expressando suas preocupações fisicamente – jogando ou chutando a peça de um equipamento, por exemplo. Eles também podem fugir de seus conflitos internos devaneando ou fingindo que não estão com raiva ou aflitos. Estas reações podem afetar o desempenho do trabalho.

Quando o conflito interno ocorre com um de seus funcionários, você deve primeiramente ficar a par do conflito e, então, tratar dele através da comunicação, treinamento, instrução, revisões de desempenho e outras técnicas discutidas neste livro.

É claro, também podem ocorrer conflitos com os supervisores. Um novo supervisor pode apresentar um bom exemplo de como o conflito pode surgir em um indivíduo, especialmente quando o supervisor foi promovido da categoria dos funcionários que agora ele deve supervisionar. A promoção coloca o supervisor em um novo papel de liderança. Com este papel vem a necessidade de reforçar as políticas e os procedimentos da propriedade. Como o novo supervisor gerencia funcionários que antes eram colegas, um conflito interno sobre onde termina a amizade e começam as relações de trabalho tende a surgir. O futuro sucesso de um novo supervisor pode depender de como ele lida com este inevitável conflito interno.

Conflitos entre Indivíduos

Podem ocorrer conflitos entre indivíduos em qualquer nível organizacional. Quando dois ou mais de seus funcionários discordam em uma situação, evento ou "problema de personalidade", você pode ter que servir de mediador – uma terceira parte objetiva – para ajudá-los a resolver seu conflito.

Devido ao seu papel de elo de ligação entre níveis mais altos e mais baixos de uma organização, podem ocorrer conflitos entre você e seus funcionários – por exemplo, quando você precisa reforçar regras e políticas impopulares ou quando deve implementar mudanças. Também podem ocorrer conflitos entre você e seu chefe quando você tenta representar os interesses de seus funcionários para a alta gerência.

As técnicas para se resolver conflitos pessoais através de negociações são examinadas mais tarde, neste capítulo. A próxima seção se focaliza em estratégias gerais que os supervisores podem utilizar para gerenciar conflitos pessoais.

Gerenciando Conflitos Pessoais

Para gerenciar de maneira eficaz os conflitos pessoais, um supervisor deve analisar cada situação em termos de seus resultados possíveis e compreender como seu estilo de gerenciamento pode afetar estes resultados. Finalmente, o supervisor deve desenvolver uma estratégia adequada para reduzir ou resolver o conflito.

Resultados

Três possíveis resultados de um conflito pessoal são perde-perde, perde-ganha e ganha-ganha.

Em um resultado **perde-perde**, ninguém envolvido no conflito satisfaz todas ou mesmo a maior parte de suas necessidades. Tipicamente, os motivos básicos do conflito permanecem e o conflito pode voltar a ocorrer.

Em um resultado **perde-ganha**, as necessidades ou preocupações de uma parte são satisfeitas, enquanto que as da outra não são. Como este tipo de resultado tipicamente não consegue resolver todos os problemas que criaram o conflito, um futuro conflito pode surgir em relação aos mesmos problemas ou a problemas similares. Portanto, um resultado perde-ganha pode reduzir o conflito temporariamente para a parte "vencedora", mas pode não resolver o conflito.

Em um resultado **ganha-ganha**, as necessidades de todas as partes são satisfeitas de alguma maneira e o conflito é resolvido. Para alcançar este resultado, aqueles em conflito devem compreender as necessidades um do outro, confrontar as questões e trabalhar juntos para resolver objetivamente a situação para que todos se beneficiem. Somente um resultado ganha-ganha é um conflito verdadeiramente resolvido a longo prazo.

Como supervisor, você pode determinar qual é o melhor resultado para cada conflito e tentar guiar as partes até este resultado. Por exemplo, se sua meta é reduzir o conflito temporariamente, você pode adotar uma estratégia adequada para um resultado perde-ganha ou perde-perde. Se sua meta é resolver o conflito completamente, você deve estar preparado para empregar o tempo e o esforço necessários para criar um resultado ganha-ganha.

Estilos de Gerenciamento

Muitos supervisores cometem o erro de adotar um único estilo ou abordagem para gerenciar todos os conflitos pessoais. Isto pode ser desastroso, porque determinado estilo de responder a conflitos pode em si mesmo determinar o tipo de resultado que ele produz. Portanto, os supervisores que gerenciam conflitos consistentemente com a mesma abordagem geralmente se encontram enfrentando o mesmo tipo de resultado – perde-perde, perde-ganha ou ganha-ganha – independente de que conflito é ou de qual resultado é mais apropriado.

O estilo de gerenciar conflitos de um supervisor varia em relação a seus níveis de assertividade e cooperação. Cinco típicos estilos de gerenciamento de conflitos são:

- Compromisso

- Fuga

- Acomodação

- Competição

- Solução Mútua de Problemas

As seções seguintes examinam cada estilo e identificam o resultado do conflito a que cada estilo tipicamente leva. O Quadro 11.3 dispõe em gráfico cada um destes estilos em relação ao grau de assertividade e cooperação do supervisor.

Compromisso. Um supervisor com níveis moderados tanto em assertividade quanto em cooperação provavelmente responderá a conflitos buscando um compromisso. Geralmente, um compromisso permite que cada parte satisfaça parcialmente algumas necessidades e preocupações. Dependendo de como as partes em conflito vêem a solução parcial, um compromisso poderia criar vários diferentes resultados. Por exemplo, um resultado perde-perde ocorre se nenhuma parte ficar satisfeita com a solução parcial; um resultado perde-ganha ocorre se uma parte sentir que ganhou (ou perdeu) às custas da outra; um resultado ganha-ganha poderia ocorrer se, ao longo do tempo, as partes em conflito aprendessem a aceitar a solução parcial.

Fuga. Um supervisor com baixos níveis de assertividade e cooperação provavelmente evitará o conflito. Comportamentos de fuga incluem se afastar de situações de conflito, manter-se "neutro", evitar as decisões reais ou constantemente adiar um confronto. Os supervisores que ignoram os problemas na esperança de que eles passem, freqüentemente, vêem o conflito au-

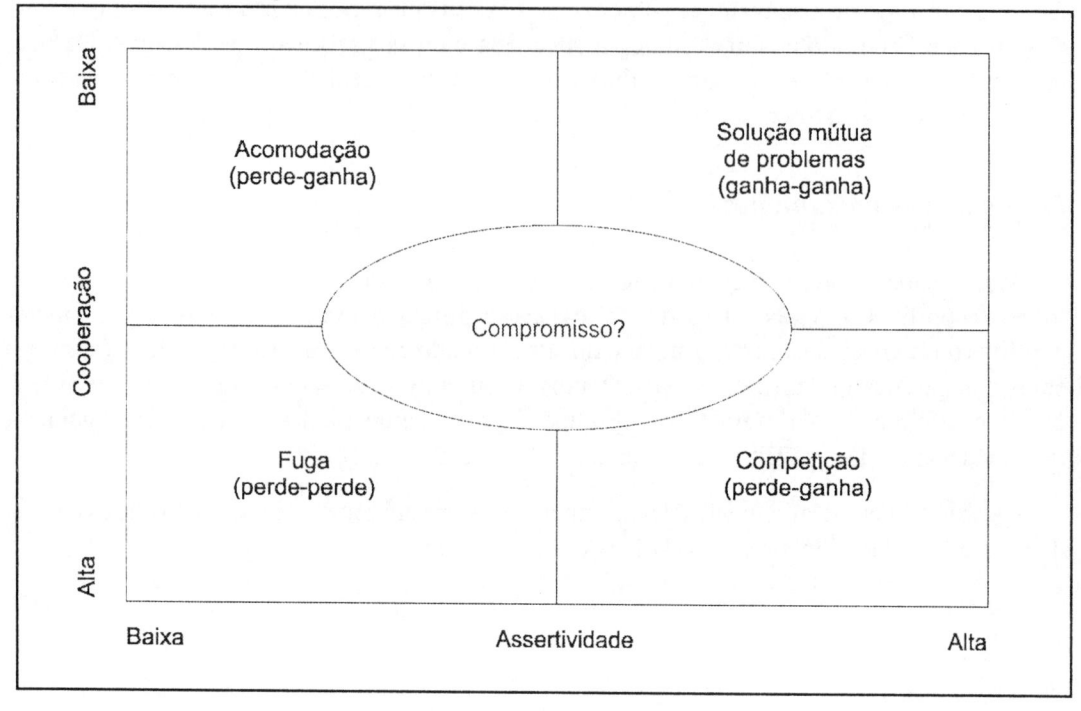

Quadro 11.3 – Abordagens do Conflito

	Baixa Assertividade	Alta Assertividade
Baixa Cooperação	Acomodação (perde-ganha)	Solução mútua de problemas (ganha-ganha)
	Compromisso?	
Alta Cooperação	Fuga (perde-perde)	Competição (perde-ganha)

mentar. A fuga como estilo de gerenciamento de conflitos encoraja os resultados perde-perde, nos quais as necessidades das partes em conflito não são tratadas.

Acomodação. Um supervisor com um baixo nível de assertividade e um alto nível de cooperação, provavelmente, irá querer acomodar as necessidades dos outros, mesmo que isto signifique negligenciar suas próprias necessidades. Os supervisores que sacrificam seus interesses inevitavelmente acabam do lado perdedor dos resultados perde-ganha.

Competição. Um supervisor com um alto nível de assertividade e um baixo nível de cooperação, provavelmente será competitivo em situações de conflito. Tal supervisor, freqüentemente, tenta dominar os outros usando de poder ou autoridade para garantir que suas necessidades sejam satisfeitas. Obviamente, as abordagens competitivas de conflitos, normalmente, forçam resultados perde-ganha. Quando seus funcionários perdem o tempo todo, seu ressentimento se acumula e seu desempenho sofre.

Solução Mútua de Problemas. Um supervisor com altos níveis de assertividade e cooperação, normalmente, resolverá conflitos colaborando com os outros para chegar a soluções de acordos mútuos. Nesta abordagem dos conflitos, as partes em conflito aprovam e aceitam as metas umas das outras. A honestidade e muita negociação levam a soluções criativas que podem atender as necessidades de todos os interessados. Esta abordagem encoraja resultados ganha-ganha.

Transformando Estilos em Estratégias

Em vez de adotar um destes estilos para responder a todos os conflitos, você deve desenvolver flexibilidade suficiente para usar todos estes estilos, dependendo do conflito em questão. Quando vistos desta maneira, os estilos se tornam estratégias – ferramentas com as quais você pode tentar direcionar as partes envolvidas em direção ao melhor resultado.

Por exemplo, a acomodação pode ser um estilo fraco, mas não é necessariamente uma estratégia fraca: depende da situação. Se você estiver em conflito com seu chefe, você pode querer acomodá-lo, evitando, por meio disso, um resultado perde-ganha no qual você provavelmente seria o perdedor. Apesar da solução mútua de problemas parecer ser o estilo mais atraente, você pode não ter habilidade, tempo ou desejo de gerenciar resultados ganha-ganha em todos os conflitos.

Você pode utilizar o Quadro 11.3 para analisar o estilo de gerenciamento de conflito dos outros envolvidos no conflito e identificar o tipo de resultado a que seus estilos parecem estar levando. Esta análise alerta suas mudanças comportamentais que possam ser necessárias para os envolvidos no conflito para que este tenha um resultado desejável. Por exemplo, um conflito pode envolver dois funcionários, um dos quais é muito assertivo, enquanto que o outro é não-assertivo. Se, nesta ocasião particular, o funcionário assertivo estiver (para simplificar o exemplo) "errado" e o funcionário não-assertivo estiver "certo", você deve encorajar o funcionário não-assertivo a ser franco e defender seu ponto de vista se você quiser que o conflito se mova em direção ao resultado desejado.

Dicas para Negociar Conflitos Pessoais

Uma grande parte de como você negocia os conflitos pessoais depende de quão bem você consegue negociar. Através dos séculos, os diplomatas fizeram os destinos de seus países, até mesmo suas vidas, dependerem das palavras que eles usavam, como eles as diziam, sua abordagem à audiência – em resumo, em como eles negociavam. Se você lidera um país, um negócio ou um clube de *bridge*, você deve ser bom em negociações. Como líder de seu departamento, você deve aperfeiçoar suas habilidades de negociação com o intuito de se tornar o melhor supervisor que você puder ser.

A maior parte das negociações ocorre em algum tipo de reunião. A reunião pode ser muito informal – em um corredor, por exemplo – ou muito formal – uma reunião de portas fechadas no escritório de seu chefe. Como supervisor, você deve escolher cuidadosamente onde você se reúne com seus funcionários, porque a localização afeta o tom da reunião e como seus funcionários lhe respondem.

O melhor para se reunir depende da natureza do conflito. Trate de um conflito sério entre você e seus funcionários em seu escritório, com a porta fechada. Se você não possuir um escritório, escolha uma área retirada que cause uma impressão formal – uma pequena sala de conferências, por exemplo, ao contrário de um local como a sala de intervalo do funcionário. Alguns supervisores pegam emprestada a sala de seu chefe para reuniões muito sérias. Se o conflito não for tão sério, ou se os funcionários envolvidos forem ficar intimidados demais em um ambiente formal, escolha os locais informais apropriados. Como já foi mencionado, com conflitos pequenos, uma reunião de cinco minutos nos corredores onde quer que os funcionários estejam é adequada. Às vezes, os supervisores escolhem presidir uma reunião fora da propriedade com o intuito de encorajar uma discussão franca.

Mediando Conflitos entre Funcionários

Os conflitos entre funcionários ocorrem mais freqüentemente do que os supervisores gostariam. Apesar do fato de lidar com personalidades e emoções poder ser difícil, isto tem que ser feito. Lidar com os conflitos dos funcionários é uma das contribuições mais importantes do supervisor para a eficiência de seu departamento.

Alguns supervisores preferem se encontrar com os funcionários em conflito individualmente antes de se encontrar com todos eles. Esta estratégia é adequada quando o conflito é complicado ou sério por natureza. Em raras ocasiões, dois ou mais funcionários não podem falar sobre o conflito na mesma sala sem discutir ou ficar descontrolados. Se este for o caso, é melhor falar com cada funcionário sozinho. Pequenos conflitos normalmente podem ser resolvidos quando todas as partes se encontram.

Uma vez que você tenha decidido sobre o local e tenha escolhido um horário para a reunião, há certas coisas que devem ser feitas antes, durante e depois da reunião com seus funcionários.

Antes da Reunião. Talvez a coisa mais importante a ser evitada antes da reunião é tirar conclusões. Apesar do que você pode sentir sobre os participantes ou o conflito (até onde você o conhece, a esta altura), você deve tentar manter a mente aberta.

Para alguns conflitos, você pode querer obter uma versão do conflito de terceiros. Pergunte a funcionários de outros departamentos que se mantiveram neutros do que se trata o conflito e se ele está afetando seu trabalho.

Se o conflito for sério, você deve se preparar para ouvir discursos negativos, desagradáveis, críticos e talvez confusos de seus funcionários. Eles podem ser muito emotivos e pode haver diferentes relatos e interpretações dos eventos ou situações que levaram ao conflito.

Durante a Reunião. Uma reunião para discutir um conflito pode se tornar desordenada e levar a quase lugar nenhum, se você deixar. Dicas para se ter em mente durante a reunião são:

- Providencie alguém para receber suas ligações durante a reunião.

- Impeça que as pessoas de fora da reunião interrompam, a menos que seja absolutamente necessário.

- Mantenha sua mesa organizada e livre de distrações.

- Mantenha-se concentrado durante a reunião. Não fique olhando para seu relógio ou remexendo as gavetas da mesa.

- Mantenha contato visual.
- Evite tomar notas, especialmente se os funcionários não souberem por que você está fazendo isso.
- Investigue as questões completamente.

Há seis passos que você deve seguir para manter a discussão organizada e sob controle:

- Estabeleça o tom.
- Descubra os sentimentos.
- Obtenha os fatos.
- Peça ajuda.
- Estabeleça um compromisso.
- Acompanhe.

Estabeleça o tom. Primeiro, você deve cumprimentar os funcionários cordialmente e tentar estabelecer um tom aberto e não ameaçador para a reunião. Isto pode ser feito com as palavras que você escolher e com a maneira que você disser quando iniciar a discussão. Você pode começar dizendo algo como: "Nos últimos dias não pude deixar de perceber que algo parece estar diferente com vocês dois. E isto parece estar afetando seu trabalho. Aconteceu alguma coisa sobre a qual vocês queiram falar?" Esta ou uma abordagem similar é melhor do que uma declaração mais abrupta, como "vocês têm um problema e vamos chegar ao fundo dele agora mesmo". Tais declarações colocam os funcionários em guarda e tornam difícil que haja uma reunião produtiva.

Descubra os sentimentos. Depois de estabelecer o tom, focalize em descobrir os sentimentos dos funcionários. Freqüentemente, o que você conseguirá dos funcionários inicialmente é uma torrente de palavras à medida que eles vão liberando emoções que estavam em xeque, talvez por muito tempo. Não interrompa ou busque esclarecimentos neste momento – é muito importante permitir que os funcionários desabafem suas frustrações. Permitindo que os funcionários "botem para fora" seus sentimentos, você estará ajudando a neutralizar o conflito e possibilitando que eles recobrem o controle de suas emoções. Uma vez que a pessoa tenha se expressado, você deve resumir os sentimentos expressos e reafirmá-los para esclarecimentos.

Às vezes, você tem o problema oposto – funcionários que ficarão em silêncio mesmo depois de você lhes ter perguntado como eles se sentem sobre a situação. Isto não é surpreendente, já que muitas pessoas têm dificuldade de falar sobre seus sentimentos. Se souber algo sobre o conflito, você pode tentar parafrasear o que acha que cada funcionário está sentindo. Isto, às vezes, pode encorajar os funcionários a começarem a falar. Porém, deve ser cuidadoso com esta técnica; você está tentando descobrir não alimentar seus sentimentos.

Por fim, é muito importante que você não se torne emotivo. Somente quando *você* se mantiver sob controle, poderá ajudar seus funcionários a resolverem as coisas eficazmente.

Obtenha os fatos. Uma vez que os funcionários tenham falado sobre seus sentimentos, você pode partir para a investigação dos fatos. Escute pacientemente o que eles têm a dizer, mesmo se você pensar que possa ser errado ou irrelevante. Você pode deixar os funcionários falando sem concordar com eles, acenando a cabeça ou ocasionalmente dizendo: "Compreendo" ou "Ah sei...". Mesmo agora, escute os sentimentos que os funcionários estão expressando além do conteúdo de sua mensagem.

Mantenha suas perguntas ao mínimo durante a etapa de descoberta dos fatos. Você pode revisar e esclarecer os fatos depois de eles estarem todos "sobre a mesa". Não diga "Isto não está certo", "Não acredito que isto seja verdade" e declarações similares, porque elas tendem a fazer os funcionários pararem de falar.

Escute o que não foi dito – pontos pertinentes que estejam faltando, por exemplo – ou rápidas concordâncias que pareçam evasivas. Estas podem ser pistas para um fato que um funcionário queira esconder. Observe também a comunicação não-verbal. As posturas, os gestos e as expressões faciais estão de acordo com o que está sendo dito?

Se a conversa para descobrir os fatos ficar presa em uma discussão, existem várias estratégias que você pode utilizar para levar a discussão a um nível mais produtivo:

- Tente despersonalizar o conflito. Fale sobre ele como se pudesse ter acontecido com qualquer pessoa. Falar sobre o conflito de uma maneira menos pessoal pode reduzir a tensão.

- Peça aos funcionários para deixarem seus sentimentos de lado por um momento e fingir que eles são terceiros tentando descobrir os fatores que contribuíram para o conflito.

- Procure maneiras de expandir a consciência dos funcionários de como eles podem atender suas necessidades.

- Peça a cada funcionário que adivinhe como o outro funcionário pode ter visto a situação que levou ao conflito. Isto pode revelar lacunas de informação ou suposições incorretas sobre de onde a outra pessoa estava vindo. Freqüentemente, os conflitos pessoais são parcial ou inteiramente baseados nestes mal-entendidos.

Poupe a maioria de seus comentários até que você tenha todos os fatos. Certifique-se de que você pode descrever precisamente a situação como cada funcionário a vê antes de fazer qualquer avaliação própria. Quando falar com os funcionários, escolha suas palavras e seu tom de voz com cuidado. Pergunte-se se você falaria com seu chefe ou com um colega da mesma maneira. Evite frases remanescentes de uma discussão entre pais e filhos como "Você sabe muito bem como deveria proceder" ou "Se você tivesse me escutado". Trate os funcionários como adultos responsáveis e a maioria responderá da mesma forma.

Peça ajuda. A esta altura, muito freqüentemente os supervisores dizem aos funcionários o que eles devem fazer para solucionar o conflito. É melhor encorajá-los a chegar a sua própria solução. Existe uma verdade simples que os supervisores tendem a esquecer: os funcionários são, no final das contas, responsáveis por lidar com seus conflitos; eles devem trabalhar mais do que você para resolvê-los.

Pedir a ajuda dos funcionários incita a participação e o compromisso. Também ajuda a aumentar a auto-estima deles, que se sentirão mais dispostos a resolver o conflito, especialmente se você utilizar as idéias que eles sugerirem.

Você pode pedir ajuda direta ou indiretamente. Uma abordagem direta pode ser tão simples quanto "Se você fosse eu, o que você faria nesta situação?" Maneiras indiretas incluem fazer perguntas ilimitadas que incitem os funcionários a identificarem causas e oferecer soluções. Porém, esta abordagem é mais eficaz quando o funcionário compreende todos os lados da questão.

Como mencionado anteriormente neste capítulo, para alguns conflitos, você pode ter um resultado desejável em mente. De maneira geral, é melhor direcionar gentilmente os funcionários a este resultado do que o impor a eles. Se os funcionários inventarem uma solução diferente para o conflito, é freqüentemente melhor ficar com ela. Eles seguirão mais provavelmente seu próprio plano porque são mais donos da solução e, portanto, têm mais a perder se a solução não funcionar.

Estabeleça um compromisso. Depois de tudo o que tiver sido acordado sobre o que fazer, faça os funcionários se comprometerem a cumprir sua parte da solução. Normalmente, isto é feito verbalmente. Você pode querer ajudar os seus funcionários a pôr seus planos no papel. O plano deve indicar o que deve ser feito, quem o fará, como deve ser feito, quando e com que ajuda (se houver alguma). Se o conflito for sério, pode ser adequado fazer os funcionários assinarem o plano que criaram.

Acompanhe. Se necessário, marque uma reunião subseqüente para verificar se a solução dos funcionários está sendo implementada e está funcionando. Informe que você não aceitará desculpas de funcionários que deixarem de cumprir sua parte. Diga a eles que, se o plano deles não funcionar, você já tem seu plano de trabalho pronto. (Este pode ser o que você tinha em mente antes de os funcionários criarem seu próprio.) Informe-os sobre seu plano e sob que condições você irá implementá-lo.

Depois da reunião. Depois da reunião, disponha de algum tempo – imediatamente depois se possível – para analisar o que aconteceu se fazendo perguntas como:

- O que eu fiz que funcionou?
- O que eu fiz que não funcionou?
- Que estratégia ou tática obteve mais sucesso?
- Que concessões cada funcionário fez e quando?
- Eu fiz alguma concessão, e quando?
- Quais são as conseqüências destas concessões?
- Que informações provenientes da reunião trarão um benefício a longo prazo?
- O que eu faria de maneira diferente da próxima vez?

Resolvendo Conflitos entre Supervisor/Funcionário

Resolver um conflito entre você e um funcionário é difícil porque você deve deixar de lado os seus sentimentos e tentar se ver objetivamente. Muitas das técnicas que você aplica a conflitos entre dois ou mais funcionários se aplicam aos conflitos entre você e um funcionário (ou grupo de funcionários). O truque é pensar em você como simplesmente mais uma parte no conflito, mantendo ainda seus papéis como supervisor e mediador.

Para alguns conflitos, os supervisores escolhem se reunir com o funcionário em um local neutro fora do departamento ou completamente fora da organização – em uma cafeteria local, por exemplo. Levar a reunião para um local onde o funcionário pode se sentir mais confortável ajuda a equiparar de algum modo a relação de poder entre vocês.

Antes da Reunião. Antes da reunião com o funcionário com quem está em conflito, você deve controlar suas emoções. Nunca tente resolver um conflito quando estiver irritado ou aflito. Estabeleça alguma distância entre a sua reação da situação e a reunião que você eventualmente marque. Entretanto, não demore muito. Em muitos casos, uma longa demora pode acentuar o conflito.

Tente analisar a situação impassivelmente. Focalize nos fatos, não na sua reação a eles. Procure maneiras pelas quais você possa ter exagerado aspectos da situação.

Durante a Reunião. Não comece a reunião lembrando o funcionário de planos organizacionais ou obrigações de trabalho e reuniões que estão por vir. Isto ressalta sua posição de autoridade e pode intimidar alguns funcionários a falarem honestamente. Se prenda ao propósito da reunião.

Muitas das mesmas coisas discutidas para resolver conflitos entre funcionários também se aplicam aqui. Cumprimente o funcionário cordialmente e comece a discussão de uma maneira que não seja ameaçadora. Tente estabelecer um tom descontraído e aberto com suas considerações iniciais. Pergunte, então, ao funcionário como ele se sente com a situação. Simplesmente deixar que seus funcionários saibam que seus sentimentos são importantes para você pode ajudá-los a liberar um pouco de sua raiva ou tensão. Não interrompa ou faça muitas perguntas – apenas deixe o funcionário expressar seus sentimentos.

Depois de você ter aceito os sentimentos do funcionário, peça a ele para explicar o conflito por seu ponto de vista. Quanto mais experiência os supervisores ganharem em resolver conflitos pessoais, mais perceberão o quão verdadeiro é o dizer "Toda história tem dois lados". Mesmo que você tenha estado presente quando o que quer que seja que motivou o conflito aconteceu, a versão da situação do funcionário é, freqüentemente, muito diferente e pode fazer com que você reavalie sua própria interpretação do que aconteceu.

Depois de você ter ouvido o funcionário – sem interromper, é claro –, conte o seu lado da história. Mesmo enquanto você conta o seu lado, esforce-se por uma reconciliação. Se for apropriado, identifique como você pode ter contribuído com o problema.

Como você não é somente o supervisor tentando resolver o conflito, mas uma das pessoas envolvidas nele, está sob muita pressão. Portanto, você pode ter uma tendência a reagir muito emocionalmente ao ser interrompido ou malcompreendido. Ver alguém o interromper ou dizer "Não entendo seu ponto de vista" tende a deixar as pessoas irritadas ou defensivas, mesmo em situação que não envolve estresse.

Se o funcionário não compreender o que você disse, reafirme sua posição de uma maneira diferente. Fale devagar e pause com mais freqüência para perguntar (de uma maneira não ofensiva) se o funcionário o está compreendendo até então.

Se o funcionário o interromper, fique calmo. Em vez de dizer "Você não pode me deixar terminar?" ou "Você não está escutando nada do que eu estou dizendo", tente ser diplomático. Diga algo como "Compreendo seu comentário, mas acho que nos comunicaremos melhor se cada um de nós deixar a outra pessoa terminar de falar antes de respondermos" ou "Isto pode ser difícil para você, mas não acho que compreenderá meu lado da situação a menos que possa terminar minha linha de pensamento".

Às vezes, o conflito é resolvido depois de ambos terem feito sua interpretação da situação. Um de vocês, ou ambos, pode não ter tido uma informação vital ou ter compreendido algo mal. Se o conflito não for resolvido tão facilmente, você deve tentar resolvê-lo com o funcionário. Pergunte-lhe quais são suas idéias. Ponha por escrito o que cada um concordar em fazer. Estabeleça um compromisso do funcionário para que ele siga o plano e prometa cumprir sua parte também.

Se a seriedade do conflito permitir, estabeleça a data para um encontro subseqüente, para monitorar o progresso de vocês.

Depois da Reunião. Exatamente como você faria depois de uma reunião com relação a um conflito entre funcionários, disponha de algum tempo depois desta reunião para analisar o que aconteceu. Está feliz com o resultado? Você foi competitivo, forçando o funcionário a ficar do lado perdedor de um resultado perde-ganha? Se acomodou demais por não gostar de conflitos ou por que queria que o funcionário gostasse de você? Se comprometeu – tomou uma direção em relação à parte do que você queria? Se o fez, se sente bem em relação a isso? Ou alcançou um resultado ganha-ganha? Analisar o resultado que obteve e como alcançou este resultado o ajudará nas negociações futuras.

Se o funcionário não cumprir sua parte do plano, deve-se exigir algum tipo de ação disciplinar. Ou, se o conflito for sério, você pode querer perguntar a um terceiro para atuar como mediador em uma outra reunião entre você e o funcionário. O mediador pode ser um outro supervisor, seu chefe ou algum outro gerente. Um mediador não envolvido no conflito traz um ponto de vista novo e objetivo para a situação e pode ser muito útil em resolver o que aconteceu e que ações devem ser realizadas.

Aceitando Críticas do seu Chefe

Há muitas possibilidades de conflito pessoal com seu chefe. Às vezes, os prazos de seu chefe não parecem ser razoáveis, por exemplo. Ou algumas de suas regras podem parecer desnecessárias. Mas, devido à relação organizacional que você mantém com ele, a maioria das situações que se revestem da possibilidade de um conflito pessoal é "resolvida" porque você, por comodismo, concorda com o seu chefe em vez de negociar com ele. Isto evita o conflito pessoal, embora quase sempre às custas de um conflito interno, dentro de você.

Muitos supervisores vêem a crítica de seus chefes como uma forma de conflito pessoal. A maioria dos chefes não deseja que seus comentários sejam percebidos desta forma, mas a crítica de seu chefe pode levá-lo a um conflito interno ou pessoal se você não for cuidadoso. Tudo depende de como você percebe a crítica dele.

Nunca leve a crítica de seu chefe como um ataque pessoal. Se perceber a crítica como um ataque pessoal, você se tornará ansioso, defensivo e muito emocionalmente envolvido para ver os pontos verdadeiros por trás da crítica. Todos cometem erros. A crítica de seu chefe, geralmente, identifica um erro que você cometeu. A crítica, geralmente, tenta fazer com que você adote novos comportamentos ou estratégias que evitarão que cometa o erro novamente.

Você não tem controle sobre onde seu chefe se reunirá com você para comentar sobre seu desempenho – seu chefe tem. O lugar que ele escolhe para fazer a reunião transmite uma mensagem, exatamente como você transmite uma mensagem a seus funcionários através de onde você se reunirá com eles. O local da reunião lhe fornece uma pista de quão séria a crítica de seu desempenho será.

Antes da Reunião. Evite tirar conclusões precipitadas antes de você se reunir com seu chefe. A crítica pode não ser tão séria quanto você teme. Se estiver nervoso, pergunte-se "Realisticamente, qual é a pior coisa que pode acontecer? O quão provável é isto? Como eu posso lidar com este resultado?"

Se seu chefe lhe deu uma idéia de sobre o que a reunião será, pense no problema ou comportamento que será discutido. Como ele afetou sua produtividade? Que passos você pode dar para retificar a situação?

Acima de tudo, diga a si mesmo que você não vai ficar irritado ou com raiva. Como mencionado anteriormente, a maioria dos chefes critica para ajudar as pessoas, não para machucá-las. Assuma a perspectiva de que o propósito da crítica é ajudá-lo a resolver problemas e a crescer profissionalmente. Um confronto irá somente colocar você e seu chefe em posições rígidas que dificultam a comunicação.

Durante a Reunião. Durante a reunião, certifique-se de que seu chefe sabe que você está escutando ativamente a crítica. Não se remexa em sua cadeira, olhe pela janela ou fantasie sobre ser rebaixado ou demitido. Mantenha-se calmo e se concentre na discussão.

Comunique a seu chefe que você aprecia o esforço de ajudar você a melhorar seu desempenho. Mantenha sua cabeça para o alto. Mantenha uma quantidade confortável de contato visual. Faça perguntas para esclarecer questões e parafraseie alguns dos pontos principais de seu chefe. Isto indica a seu chefe que você está pegando a mensagem.

Não é uma boa idéia mudar de assunto ou o humor da discussão. Mudar de assunto é uma tática defensiva ou evasiva. Nunca faça piadas sobre assuntos que sejam levantados na discussão. Isto também indica defesa e pode levar seu chefe a pensar que você realmente não liga para resolver a situação.

Depois de você ter escutado seu chefe – sem interromper –, assuma a responsabilidade do problema. Concentre-se no presente e ofereça soluções positivas. Trazer à tona experiências passadas ou oferecer desculpas somente focaliza em coisas que não podem ser mudadas agora.

A esta altura seu chefe pode lhe dizer seu plano para corrigir a situação. Se você acha que o plano vai funcionar, concorde com ele, a menos que você tenha sérias objeções. Levante diplomaticamente qualquer objeção que você tenha e forneça razões para cada uma delas. Se seu chefe não esboçar um plano, ofereça o seu próprio. Isto demonstra que você levou a crítica a sério e tem a iniciativa de corrigir problemas sozinho.

Com alguns problemas, é óbvio que você pode dar certos passos imediatos para rapidamente resolvê-los; outros problemas mais sérios e complicados podem levar tempo. Nestes casos, é normalmente uma boa idéia pedir um horário a seu chefe. Descubra quanto tempo é apropriado para resolver o problema e se esforce para alcançar ou se antecipar ao prazo.

Depois da Reunião. Depois da reunião, disponha de um tempo para analisar o que aconteceu. Você se sente bem em relação à discussão? Por que sim ou por que não? Seu chefe pareceu estar guiando a situação para um resultado específico – perde-perde, perde-ganha ou ganha-ganha?

Você aprendeu algo novo sobre o estilo de gerenciamento de seu chefe que o ajudará no futuro?

O mais importante é que você faça tudo o que pode para a solução do problema funcionar. Se necessário, solicite uma reunião subseqüente com seu chefe para garantir que o problema seja corrigido para a satisfação dele.

Notas

1. N.R. *Check-in* – registro de entrada do hóspede no hotel.

Termos-chave

acomodação

fuga

competição

compromisso

perde-perde

solução mútua de problemas

perde-ganha

ganha-ganha

Perguntas para Debate

1. Quais são alguns benefícios dos conflitos?
2. Quais são algumas fontes de conflitos em um setor de hospitalidade?
3. Em que dois tipos o conflito pessoal pode ser categorizado?
4. O que é um resultado perde-ganha?
5. Quais são alguns comportamentos comuns à fuga como estilo de gerenciar conflitos?
6. O que um supervisor deve fazer antes de presidir uma reunião com funcionários que estejam em conflito?
7. Que passos devem ser dados durante uma reunião com funcionários em conflito?
8. Por que não é uma boa estratégia dizer aos funcionários como solucionar seus conflitos?

9. Quais são alguns assuntos especiais com que os supervisores precisam lidar ao resolver conflitos entre supervisor/funcionário?

10. Como os supervisores lidam positivamente com a crítica de seu chefe?

Exercício de Revisão

Quando você sentir que compreendeu todo o conteúdo deste capítulo, responda estas perguntas. Escolha a *melhor* resposta. Verifique suas respostas comparando as respostas corretas encontradas ao final deste livro em **Respostas aos Exercícios de Revisão.**

Verdadeiro (V) ou Falso (F)

V F 1. O conflito é não somente inevitável, mas é freqüentemente benéfico.

V F 2. Para um desempenho de trabalho ótimo, todos os sinais de conflito devem ser eliminados.

V F 3. Os funcionários dos hotéis são sempre capazes de desempenhar seus trabalhos e suas obrigações independente do que acontece em outros departamentos.

V F 4. Alguns supervisores realmente acomodam as necessidades de outros às custas de negligenciar suas próprias necessidades.

V F 5. Em uma discussão de conflitos bem controlada, é muito importante *não* permitir que os funcionários desabafem suas frustrações.

V F 6. Os supervisores são os responsáveis finais pelo tratamento de conflitos de seus funcionários e pela aplicação dos resultados.

V F 7. Em uma reunião marcada para resolver um conflito entre supervisor/funcionário, o supervisor deve começar a reunião lembrando o funcionário de metas e planos organizacionais. Isto ajuda a estabelecer um tom positivo.

V F 8. Muitos supervisores vêem a crítica de seus chefes como um ataque pessoal.

V F 9. Um supervisor pode neutralizar a reunião sobre críticas de um chefe/supervisor ficando irritado. Então, o chefe não terá mais certeza se ele está certo.

V F 10. Depois de aceitar críticas do chefe, o supervisor deve assumir a responsabilidade pelo problema e oferecer soluções.

Múltipla Escolha

11. Quando os vários níveis de gerenciamento estão em conflito sobre as metas do setor de hospitalidade, os supervisores podem somente:

a. tentar acompanhar a última ordem;

b. seguir as ordens do chefe.

12. Um conflito no qual *nenhum* participante satisfaz todas ou mesmo a maior parte de suas necessidades é chamado:

    a. perde-ganha;

    b. perde-perde.

13. Em uma discussão para se obter os fatos, quando os supervisores falam com os funcionários, frases como "Você bem que sabia como deveria proceder" são:

    a. adequadas;

    b. inadequadas.

Parte IV

Aperfeiçoando a sua Eficácia como Supervisor

Tópicos do Capítulo	*Objetivos da Aprendizagem*

Mitos Relacionados ao Gerenciamento de Tempo
Análise Temporal
    Ladrões de Tempo
Ferramentas de Gerenciamento de Tempo
    Listas de Coisas a Fazer
    Guias de Planejamento Semanais
    Calendários
Delegação
    Barreiras à Delegação
    Passos para a Delegação Eficaz
	1. Identificar mitos comuns do gerenciamento de tempo.
	2. Explicar o registro do tempo diário e seus benefícios.
	3. Definir os ladrões de tempo e listar exemplos.
	4. Distinguir as interrupções de alta prioridade das de baixa prioridade e resumir as estratégias para lidar com as últimas.
	5. Descrever a importância das listas de coisas a fazer.
	6. Identificar estratégias para ajudar os supervisores a se prenderem às prioridades.
	7. Descrever a importância dos guias de planejamento semanais e dos calendários.
	8. Definir a delegação e explicar por que ela é importante.
	9. Descrever as barreiras comuns à delegação.
	10. Listar sete passos para a delegação eficaz.

12
Gerenciamento de Tempo

O tempo é um dos recursos mais escassos e preciosos para um supervisor. Poucos supervisores possuem todo o tempo de que necessitam para realizar o seu trabalho. Só há 24 horas em um dia e nenhum procedimento sofisticado de gerenciamento ou inovação tecnológica pode mudar isto. Esta limitação torna imperativo que os supervisores gerenciem com eficácia o tempo que possuem.

Apesar do trabalho que faz ser importante, você deve ter um tempo adequado para sua família, pequenas tarefas pessoais, crescimento profissional e, é claro, algum lazer. Os supervisores que gerenciam bem seu tempo levam vidas plenas. Os que não conseguem, freqüentemente tornam-se *workaholics* – trabalham durante o tempo que devia ser gasto em outras atividades. Se você puder aprender a gerenciar bem seu tempo, você realizará mais, tanto pessoal quanto profissionalmente e, ao mesmo tempo, terá menos estresse e se sentirá melhor sobre si mesmo.

Mitos Relacionados ao Gerenciamento de Tempo

Alguns supervisores acham que, apesar do conceito de gerenciamento de tempo ser bom, não conseguem gerenciar seu tempo devido à natureza do trabalho de um supervisor. Vejamos algumas das desculpas que os supervisores freqüentemente dão por não gerenciar seu tempo:

- *"Meu trabalho é lidar com pessoas, problemas e emergências que não se adaptam a horários específicos."* Isto é verdade algumas vezes. Há dias em que os supervisores enfrentam "um milhão de coisas para fazer ao mesmo tempo" – muitas das quais não podem ser planejadas. Entretanto, existem dias ou momentos durante um dia agitado que são mais lentos e menos exigentes e que podem ser planejados. Além disso, alguns problemas e emergências que consomem tempo podem ser evitados se os supervisores praticarem o gerenciamento de tempo.

- *"Não posso delegar porque mais ninguém pode fazer o trabalho."* Infelizmente, esta observação é geralmente verdadeira. Uma principal razão é que o supervisor não dispôs de tempo para treinar e desenvolver seus funcionários, para que eles pudessem assumir responsabilidades adicionais. Os supervisores que acreditam neste mito do gerenciamento de tempo estão, na verdade, dizendo que eles não deram prioridade a ajudar seus funcionários a crescerem no emprego. (Discutiremos a delegação com mais detalhes mais tarde, neste capítulo.)

- *"O gerenciamento de tempo não funciona com grandes projetos."* São necessários meses para planejar um orçamento ou para tomar providências em relação a eventos significativos. Entretanto, a maior parte dos projetos que consomem tempo podem ser quebrados em partes pequenas e gerenciáveis que podem ser trabalhadas durante um período de dias. Alguns supervisores alocam um período de tempo específico a cada dia para trabalhar em projetos a longo prazo.

- *"Não preciso de uma agenda formal para gerenciar meu tempo."* Isto pode ser verdade para alguns supervisores. Mas a maioria deles com muitas coisas para fazer não consegue fazer ou se lembrar de tudo sem algum tipo de horário escrito.

- *"Interrupções freqüentes tornam o gerenciamento de tempo impossível."* Se você tentou praticar os princípios do gerenciamento de tempo antes e foi desviado do horário por interrupções não planejadas, pode acreditar neste mito. Existem muitas maneiras práticas de gerenciar as interrupções. Elas serão discutidas neste capítulo.

Análise Temporal

O primeiro passo para aprender como gerenciar o tempo é analisar como você o gasta agora. Utilizar um **registro diário do tempo** pode ajudar (ver Quadro 12.1). Escolha um dia e registre suas atividades a cada meia hora. Seja honesto – ninguém além de você verá o registro. Se um funcionário ou visitante passar e vocês dois conversarem sobre assuntos não relacionados ao trabalho, anote. Faça notas explicativas sobre cada atividade. Por exemplo, se uma tarefa levou mais tempo do que o normal, escreva o(s) motivo(s).

No final do dia, observe se este dia foi típico, mais atarefado do que o normal ou menos. Some o tempo que você gastou em cada uma das principais atividades e observe estes totais juntamente com outros comentários na parte inferior do registro diário. Utilize o verso da folha se necessário.

Para melhores resultados, você deve registrar suas atividades todos os dias durante uma semana típica. No final da semana, disponha de algum tempo para analisar as informações que você reuniu. Surgiu algum padrão ou tendência? Quais foram seus maiores desperdiçadores de tempo e o que você pode fazer para resolvê-los? Você está delegando o suficiente? Quem ou o que responde pela maior parte de suas interrupções e como você pode controlar ou eliminar estas interrupções?

Outras perguntas que você pode se fazer incluem:

- Que parte de cada dia foi mais produtiva? Menos produtiva? Por quê?

Quadro 12.1 – Exemplo de Registro Diário do Tempo

Registro diário do tempo	
Dia da semana: STQQS	Data:
Hora:	Atividade/Comentários
7h	
7h30min	
8h	
8h30min	
9h	
9h30min	
10h	
10h30min	
11h	
11h30min	
12h	
12h30min	
13h	
13h30min	
14h	
14h30min	
15h	
15h30min	
16h	
16h30min	
17h	
17h30min	
Este dia foi: _____ Típico? _____ Mais atarefado? _____ Menos atarefado?	Comentários _____

- Que porcentagem da sua semana foi gasta em atividades produtivas? Você está surpreso com este valor?

- Você trabalhou em tarefas que lhe agradam em detrimento de tarefas de maior prioridade? Com que freqüência?

- Houve alguma tarefa que você evitou consistentemente?

- Quantas das suas atividades foram inadequadas ou não contribuíram para alcançar um de seus objetivos?

- Onde estão as melhores oportunidades para você aumentar sua eficiência?

Novamente, seja honesto ao analisar seus registros diários de tempo. Somente você saberá os resultados. Você não poderá resolver seus problemas de tempo antes de identificá-los.

Ladrões de Tempo

É provável que você tenha descoberto vários "ladrões de tempo" enquanto criou e analisou seu registro diário do tempo. Um **ladrão de tempo** é algo que exige tempo mas não contribui para alcançar os objetivos da organização. Os ladrões de tempo podem ser divididos em duas categorias: os que você gera ou os que outros geram. Obviamente, você possui mais controle sobre os ladrões de tempo que você gera sozinho. A maioria dos supervisores possui uma longa lista de ladrões de tempo por eles mesmos criados, incluindo: procrastinação, tentar demais, nunca dizer não, áreas de trabalho desorganizadas (incluindo mesa e arquivos), falta de planejamento, falta de objetivos, não determinar prioridades de trabalho, não trabalhar primeiro com as tarefas de alta prioridade, estimativas de tempo irrealistas e assim por diante.

Os ladrões de tempo que os outros criam incluem interrupções, reuniões, pedidos de ajuda, crises, erros de outros, ordens não muito claras, falta de informação, esperar pelos outros (funcionários, seu chefe, encontrar visitantes etc.) e correspondência inútil. Os supervisores têm mais dificuldade em controlar ou eliminar estes ladrões de tempo, mas existem estratégias que podem ajudar. Como os supervisores geralmente citam as interrupções como o ladrão de tempo sobre o qual eles têm menos controle, falemos sobre as interrupções mais detalhadamente.

Interrupções. As interrupções incluem telefonemas, visitantes inesperados, reuniões não marcadas, emergências e mesmo a auto-imposição de atividades não-planejadas. Quando você analisou seus registros de tempo diários, provavelmente não se surpreendeu com a descoberta de que uma porcentagem significativa do seu tempo é gasta com interrupções, muitas das quais parecem ser inevitáveis. Na verdade, algumas interrupções são muito importantes. Os supervisores prudentes não tentam evitar as interrupções, mas, em vez disso, tentam controlá-las com mais eficácia.

Antes de começar a poder gerenciar suas interrupções, você deve primeiro categorizá-las como interrupções de alta ou de baixa prioridade. Um exemplo de uma interrupção de alta prioridade é uma reunião não marcada com seu chefe. Com uma interrupção de alta prioridade, você deve normalmente deixar o que está fazendo para atendê-la. Felizmente, a maioria das interrupções de alta prioridade não ocorre com muita freqüência.

A maioria das interrupções – como telefonemas pessoais e outros supervisores parando para conversar – pode ser considerada de baixa prioridade. Uma boa maneira de gerenciar as interrupções de baixa prioridade é reservar uma quantidade de tempo por dia que seja a mais conveniente para você tratar delas e adiá-las até este momento. Se seus funcionários tendem a aparecer muitas vezes por dia, talvez uma reunião curta possa ser uma substituta aceitável. Você pode informar os outros visitantes que reservou uma hora do dia para eles aparecerem – 13h ou 13h30min, por exemplo. Se os visitantes aparecerem em outras horas, você pode dizer coisas como: "Desculpe, mas tenho um prazo que preciso cumprir. Você pode voltar às 13h" ou "Podemos falar sobre isso uma outra hora?"

Deslocando todas as interrupções, ou pelo menos a maioria das de baixa prioridade para um horário específico que lhe seja conveniente, você pode liberar muito de seu tempo e diminuir seu nível de frustração.

Ferramentas de Gerenciamento de Tempo

As ferramentas de gerenciamento de tempo incluem listas de coisas a fazer, guias de planejamento semanais e calendários. Utilizar estas ferramentas pode parecer complicado no início. Com a prática, porém, fica mais fácil e você encontrará atalhos que funcionem. Você descobrirá que planejar o seu tempo pode ajudá-lo a evitar crises, fazer as coisas mais importantes primeiro e ainda ter tempo para outras atividades que sejam importantes para você e para sua organização.

Listas de Coisas a Fazer

Muitos supervisores consideram as listas de coisas a fazer valiosas para acompanhar trabalhos e detalhes que eles poderiam, de outra maneira, esquecer. Você pode utilizar cadernetas, blocos e formulários pré-impressos. Não há uma maneira estabelecida de se manter uma lista de coisas a fazer. Utilize o formato com que você se sinta mais confortável.

Alguns supervisores escrevem suas listas de coisas a fazer no início do dia, alguns no final (para o dia seguinte). Alguns fazem este planejamento em seu próprio tempo. Você recuperará o tempo que se leva para fazer uma lista de coisas a fazer (provavelmente de 10 a 20 minutos) e ainda mais um pouco, já que fará uso eficiente do tempo ao longo do dia por estar tão organizado.

Quando escrever sua lista de coisas a fazer a cada dia, anote todas as tarefas em que você possa pensar. Não se preocupe com quais tarefas são mais importantes. Quando a lista estiver completa, leia e decida o que fazer em primeiro lugar, em segundo, em terceiro etc. Considere prazos, fluxo de trabalho, número de funcionários e outras variáveis. Elimine os itens que não tenham que ser feitos naquele dia.

Evite o erro de escrever uma lista tão longa que você se sinta desencorajado antes mesmo de começar. É preciso prática para escrever uma lista realista que inclua somente os itens que realmente devem ser feitos naquele dia. Um outro erro é ser demasiadamente geral. Em vez de uma declaração vaga como "organizar-se", escreva "arquivar adequadamente todos os papéis se acumulando em minha mesa".

Depois de você ter escrito uma lista de coisas a fazer e ter determinado prioridades, pergunte-se: "O que eu tenho que fazer sozinho e o que eu posso delegar?" Ao lado das tarefas que podem ser delegadas escreva os nomes das pessoas que as farão.

Se nunca utilizou uma lista de coisas a fazer no passado, você pode descobrir que levará algum tempo para se sentir confortável fazendo uma e planejar o seu dia adequadamente. Não desista! Os supervisores possuem muitas demandas em seu tempo. Seu chefe e outras pessoas geralmente lhe incumbem de tarefas que podem fazer com que você tenha que reorganizar suas prioridades. Não lute contra isto – reorganizar prioridades faz parte do seu trabalho. Sua lista de coisas a fazer o ajuda a manter-se flexível para que possa reorganizar suas prioridades sem ficar perdido e esquecer seus próprios planos. Uma vez que tenha concluído as tarefas a você incumbidas, pode retornar à sua lista e partir de onde parou. Você será mais organizado, fará mais coisas e se sentirá mais controlado.

Atendo-se às prioridades. Uma coisa é escrever uma lista de coisas a fazer, outra é segui-la. Quando for hora de realizar a tarefa, certifique-se de fazer os itens de alta prioridade primeiro. E se a sua tarefa mais importante for levar o dia todo? Então, você deve tomar uma decisão: posso me permitir deixar tudo de lado hoje para concluir esta tarefa ou posso dividir este grande projeto em pedaços menores que podem ser feitos no decorrer de vários dias?

Fazer as tarefas mais importantes primeiro é simples de se falar, mas, às vezes, difícil de se fazer. Você pode inventar várias desculpas para não se manter fiel às suas prioridades. Os supervisores podem se sentir oprimidos, às vezes, por todas as atividades, tarefas e prazos que enfrentam ao mesmo tempo. Porém, é precisamente no ponto em que você se sente oprimido que deve determinar e seguir suas prioridades, com o intuito de manter o controle e supervisionar eficazmente.

Você deve determinar prioridades para seus funcionários e também para você. Uma das responsabilidades mais importantes que você possui é a de criar um fluxo suave de trabalho para sua equipe. Se você continuamente puxar seus funcionários de um projeto para o seguinte, para cumprir prazos de última hora, você pode cumprir os prazos – por algum tempo, de qualquer forma –, mas também pode criar um senso de frustração e ressentimento que será contraproducente a longo prazo.

É mais possível que você possa evitar reordenar suas prioridades e puxar os funcionários de projeto para projeto se você determinar suas prioridades com a ajuda de seu chefe. Encontre-se com ele ocasionalmente para esboçar as prioridades de trabalho segundo seu ponto de vista e explique o que você fez até então. Indique obstáculos ou problemas significativos. Então, faça perguntas. "Você tem algum conselho sobre como se resolver este problema?" ou "Dada esta situação, que projeto deve ser feito primeiro?" são perguntas que podem poupar-lhe muito tempo. Se você explicou completamente a situação e todos os passos que deu até então, seu chefe será mais capaz de ajudá-lo com os problemas e a compartilhar suas idéias.

Se você consistentemente tiver problemas em determinar prioridades ou fazer as coisas, sente com seu chefe para rever suas responsabilidades. Uma discussão informal pode ser tudo o que é preciso. Entretanto, às vezes, vale a pena rever a descrição de sua função com seu chefe, especialmente se as descrições de funções de sua organização forem documentos desatualizados abandonados em um manual de políticas ou do funcionário. Você pode descobrir que as idéias de seu chefe sobre as responsabilidades de seu trabalho são diferentes das suas. Resolver qualquer diferença ou mal-entendido deste tipo pode eliminar vários problemas e ineficiências.

Guias de Planejamento Semanais

Além das listas diárias de coisas a fazer, os guias de planejamento semanais podem ajudá-lo a gerenciar seu tempo. Você pode utilizar estes guias para ajudá-lo a alocar tempo para as mais importantes atividades, projetos e pessoas que você precisa atender durante a semana. Um exemplo de um guia de planejamento semanal é exibido no Quadro 12.2. Modifique este formulário para atender as suas necessidades específicas ou crie seu próprio guia.

Quadro 12.2 – Exemplo de Guia de Planejamento Semanal

Guia de planejamento semanal				Semana de:		
	Prioridades			Horário		
Dia/Data	Atividades	Projetos	Pessoas	Manhã	Tarde	Noite
Segunda-feira	Inspecionar cozinha	Trabalhar em função especial	Reunião com diretor da A&B	6h	12h	6h Planejar função especial
				7h	1h	
			Reunião com Ronaldo – revisão do funcionário	8h Lista de coisas a fazer	2h Reunião – diretor da A&B	7h
						8h
				9h Inspecionar cozinha	3h	9h
					4h	10h
				10h Reunião com Ronaldo	5h	11h
				11h		
Terça-feira	Reunião com comitê de segurança	Concluir trabalho na função especial	Jorge — promotor de vendas	6h	12h	6h
				7h	1h	7h
				8h Lista de coisas a fazer	2h Jorge	8h
				9h	3h	9h
				10h	4h	10h

Determine um horário específico em cada semana para preencher seu guia de planejamento semanal. Isto deve levar apenas alguns minutos. À medida que o trabalho progredir, você provavelmente terá que atualizar o guia. Você pode ter que alterar prioridades, adicionar novas tarefas e reorganizar atividades. Ainda, utilizar o guia o ajudará a manter-se na linha.

Calendários

Muitos supervisores utilizam um calendário para anotar datas importantes, horários de reuniões e atividades ao longo do mês e ano atuais. Os calendários podem ajudá-lo a se lembrar dos compromissos de uma maneira geral e a longo prazo que você não pode esquecer. Você deve olhar o calendário todo dia antes de fazer sua lista de coisas a fazer. Informe seus funcionários de prazos a vencer que os afetem o quanto antes.

Delegação

No decorrer do capítulo mencionamos a delegação. A delegação envolve encarregar seus funcionários de tarefas pelas quais você ainda é responsável. O conceito está muito de acordo com uma definição básica de gerenciamento: "Conseguir que o trabalho seja feito corretamente por outras pessoas."

Por que a delegação é importante? Primeiro, ela é uma das melhores maneiras através das quais os supervisores podem poupar tempo para eles mesmos e para a organização. Segundo, ela é importante porque você não consegue fazer tudo. Isto parece óbvio, mas muitos supervisores tentam fazer justamente isto, porque "estas tarefas são importantes demais para designá-las a outra pessoa", "tem que ser feito corretamente", ou outros motivos. Como supervisor, você deve se lembrar que uma grande parte do seu trabalho é gerenciar o trabalho dos outros, e não fazer o trabalho dos outros.

A delegação também é importante para sua equipe. Se você está disposto a delegar, isto mostra que você confia em seus funcionários e os respeita. Eles podem se orgulhar mais de seu trabalho porque receberam um papel de tomada de decisões. Isto aumenta sua participação, seu envolvimento e comprometimento. Quando você delega, oferece a seus funcionários a oportunidade de se desenvolver tanto pessoal quanto profissionalmente. Se você delega uma tarefa, você também deve delegar a autoridade para realizá-la.

Você é bom em delegar? Existem muitos testes e listas de verificação que os supervisores podem utilizar para ajudá-los a descobrir se sabem delegar. O exemplo exibido em 12.3 é típico. Quanto mais vezes você responder "sim" às perguntas no Quadro 12.3, mais você precisa aprender a delegar.

Quadro 12.3 – Exemplo de Guia de Delegação

1. Você leva trabalho para casa regularmente?
2. Você trabalha por mais horas que seus funcionários?
3. Você é incapaz de ater-se às prioridades?
4. Você se apressa para cumprir prazos?
5. Você ainda está tratando de atividades ou problemas que você possuía antes da sua última promoção?
6. Você passa tempo em detalhes rotineiros de que outros poderiam tratar?
7. Você passa tempo fazendo para os outros o que eles poderiam estar fazendo sozinhos?
8. Você é constantemente interrompido com perguntas ou solicitações sobre projetos ou designações em andamento?
9. Você gosta de estar pessoalmente envolvido com cada projeto?
10. Quando você volta de férias ou alguma outra ausência do escritório, a sua caixa de entrada está demasiadamente cheia?

Barreiras à Delegação

Alguns supervisores são relutantes a delegar porque não confiam em seus funcionários ou não têm confiança em suas capacidades. Outros supervisores esquivam-se do risco envolvido. Eles acreditam que o fracasso de um funcionário reflete mal sobre o supervisor e mostra que ele é incapaz de delegar autoridade eficazmente. Outros ainda sabem que um funcionário pode realizar a tarefa bem, mas são relutantes a compartilhar o crédito com um funcionário por um trabalho bem-feito. Outras razões pelas quais os supervisores podem se sentir desconfortáveis em delegar incluem:

- Falta de experiência.
- Falta de habilidades organizacionais.
- Insegurança.
- Medo dos funcionários não gostarem de você.
- Perfeccionismo.
- Relutância a gastar o tempo necessário para treinar os funcionários.
- Deixar de estabelecer um controle eficaz ou procedimentos de acompanhamento.

Sua equipe pode ser uma outra barreira contra a delegação. Os funcionários podem não querer a liberdade e a autoridade envolvidas na delegação. Eles podem temer críticas ou o fracasso. Podem não possuir autoconfiança. Podem sentir que não serão recompensados por um trabalho bem-feito, mas que serão punidos se o trabalho não for feito corretamente. Ou, no passado, podem ter sido recompensados por perguntar a seu supervisor como fazer tudo e por estritamente seguir ordens.

A relutância de muitos funcionários em serem colocados no que eles percebem como uma situação incerta é uma barreira geralmente negligenciada contra a delegação. De modo geral, há três níveis de delegação e, a menos que você esclareça em que nível um funcionário está operando, ele pode resistir a seus esforços de delegar. Os três níveis são:

- *Nível 1:* Autoridade total é dada ao funcionário para realizar qualquer ação que seja necessária para executar a tarefa, sem consultar ou comunicar você.
- *Nível 2:* Autoridade total é dada ao funcionário para realizar qualquer ação que seja necessária para executar a tarefa, mas você deve ser informado das ações realizadas.
- *Nível 3:* A autoridade é limitada. O funcionário deve apresentar suas recomendações a você e não pode realizar ações até você tomar uma decisão.

Se seu próprio chefe, às vezes, não é claro sobre que nível de autoridade você possui quando ele delega uma tarefa a você, você terá uma idéia de o quão desconfortáveis seus funcionários podem se sentir quando você não for claro com eles. A melhor maneira de delegar é dizer aos funcionários de maneira direta exatamente o quanto de autoridade eles possuem para executar a tarefa.

Finalmente, a **falácia da onipotência** – ou conhecida como a falácia "Eu faço melhor sozinho" – é geralmente encontrada entre supervisores novos e talvez seja o maior obstáculo contra a delegação. Que os supervisores novos se sintam desta forma é compreensível. Sua determinação, senso de responsabilidade e capacidade de "fazer o trabalho" é freqüentemente o motivo pelo qual eles foram nomeados supervisores, em primeiro lugar. Como novo supervisor, você pode sentir que foi promovido a seu cargo porque mais ninguém pode realizar uma tarefa como você. Este raciocínio o leva a querer tudo sozinho. O problema com tal raciocínio é que toda vez que você concluir uma tarefa em vez de designá-la a um funcionário e fornecer qualquer orientação necessária, você está garantindo que terá que fazer o trabalho sozinho da próxima vez que ele surgir. Você não ensinou a ninguém como fazê-lo.

Mesmo que você possa fazer um trabalho melhor, a qualidade de seu trabalho é tão melhor que a dos seus funcionários que é melhor para a sua organização que você faça o trabalho – em vez de passar o tempo planejando, delegando, supervisionando, orientando e treinando? Estas são tarefas que seus funcionários não podem fazer e que você deve fazer. Os supervisores que confiam em seus funcionários e despendem tempo para treinar e criar uma boa equipe tipicamente superam o desempenho e a duração dos supervisores que se consomem tentando fazer tudo.

Passos para a Delegação Eficaz

Existem muitas maneiras de delegar eficazmente. Cada supervisor desenvolve seu próprio estilo particular. Entretanto, existem sete passos gerais que os supervisores devem dar ao delegar trabalho aos outros.

Reflita sobre todo o projeto. Reflita sobre o projeto antes de designá-lo a um funcionário. Que materiais ou recursos são necessários? Quais são os resultados que você deseja? Que opções você pode oferecer aos funcionários? Quanto mais opções você oferecer, mais o seu funcionário adquirirá um senso de responsabilidade e propriedade da tarefa e de sua solução.

Determine um prazo. Se couber a você determinar um prazo para o projeto, seja realista. Não determine um alvo que não pode possivelmente ser cumprido somente para impressionar seu chefe. O chefe não ficará impressionado quando você não cumpri-lo. Desenvolva uma reputação de alguém que conclui as coisas a tempo, mas não encha seus horários de horas extras para que você possa sempre cumprir seus prazos. Você estará acrescentando tempo desperdiçado ao horário e mais cedo ou mais tarde seu chefe descobrirá. Se você estabelecer consistentemente prazos realistas e cumprir a maioria deles, seu chefe provavelmente estará mais do que disposto a negociar quando um trabalho levar mais tempo do que você destinou a ele.

Muitos supervisores pedem ao funcionário que está executando o trabalho que ajude a determinar o prazo de sua conclusão. Incluir o funcionário neste processo de tomada de decisão é recomendado sempre que possível.

Se seu chefe determinar o prazo, você deve fazer tudo para cumpri-lo. Se possível, negocie com seu chefe se você sentir que não recebeu tempo razoável para concluir o projeto. Tenha em mente, porém, que seu chefe pode ter recebido o prazo limite de gerentes de nível mais alto.

Escolha um funcionário. Considere as capacidades e cargas de trabalho de seus funcionários, trabalhos que estarão chegando em um futuro próximo, a importância do projeto e outras variáveis antes de escolher um funcionário. Esteja certo de que o funcionário que você possui em mente tem tempo e habilidade para fazer o trabalho.

Reúna-se com o funcionário. Explique o projeto e sua importância integralmente para o funcionário e informe-o do prazo. Ocasionalmente, você pode precisar ajustar o prazo devido à sua discussão com o funcionário. Como mencionado anteriormente, você pode nem mesmo determinar um prazo até este ponto, quando pode pedir para o funcionário determiná-lo. Diga-lhe que nível de autoridade ele possui para concluir o trabalho. Indique quaisquer possíveis obstáculos que você prevê e sugira possíveis maneiras de superá-los. Encoraje o funcionário a fazer perguntas e ouça suas ideias sobre como abordar a tarefa. Termine a reunião somente quando ambos concordarem sobre como o projeto deve ser atacado. Por fim, mas não de menor importância, expresse sua confiança de que o funcionário possa fazer o trabalho. Além disso, lembre-o de que você está disponível se surgirem perguntas ou problemas.

Monitore o progresso. Não fique controlando constantemente o funcionário. Por outro lado, não espere até pouco antes do fim do prazo para checar seu progresso. Apesar dos seus maiores esforços, às vezes os funcionários compreendem mal o que é esperado deles. Veja como as coisas andam cedo e ajude o funcionário a corrigir qualquer problema inicial. Seja cordial e útil, não julgador. Observe o funcionário de vez em quando à medida que o projeto vai adiante.

Ofereça assistência, se necessário. Se um funcionário ficar preso ou disparar em uma direção errada, dê-lhe somente ajuda suficiente para voltar ao caminho certo. Somente em tarefas mais incomuns ou difíceis você deve oferecer mais ajuda. Não seja condescendente ou sarcástico e não assuma o projeto.

Elogie o funcionário. No decorrer do projeto, seja generoso com seus elogios. Isto ajudará a aumentar a autoconfiança do funcionário. Quando o projeto estiver terminado, agradeça a ele e certifique-se de que receba reconhecimento pelo trabalho. Nada é mais desanimador para um funcionário do que seu supervisor levar todo o crédito pela realização.

Termos-chave

registro diário do tempo

delegação

falácia da onipotência

ladrões de tempo

listas de coisas a fazer

guias de planejamento semanais

Perguntas para Debate

1. Quais são alguns dos mitos do gerenciamento de tempo?
2. Qual é o primeiro passo no aprendizado de como gerenciar seu tempo?
3. Em que categorias se pode classificar os ladrões de tempo?
4. Como você pode controlar as interrupções?
5. Como as listas de coisas a fazer são utilizadas pelos supervisores?
6. Por que você deve rever a descrição de seu emprego com seu chefe?
7. Como os supervisores utilizam os guias de planejamento semanais e os calendários?
8. Por que a delegação é importante?
9. Quais são algumas barreiras contra a delegação?
10. Quais são os sete passos para a delegação eficaz?

Exercício de Revisão

Quando você achar que compreendeu todo o conteúdo deste capítulo, responda estas perguntas. Escolha a *melhor* resposta. Verifique suas respostas comparando as respostas corretas encontradas ao final deste livro em **Respostas aos Exercícios de Revisão**.

Verdadeiro (V) ou Falso (F)

V F 1. Alguns problemas e emergências que consomem tempo podem ser evitados se os supervisores praticarem o gerenciamento de tempo.

V F 2. A maioria dos supervisores é capaz de fazer e de lembrar de tudo o que precisam sem nenhum tipo de horário escrito.

V F 3. Seu registro diário do tempo deve incluir seus maiores desperdiçadores de tempo.

V F 4. Os prazos não precisam ser considerados na lista de coisas a fazer de um supervisor.

V F 5. No ponto em que se sente oprimido, você deve esquecer as prioridades com o intuito de manter o controle e supervisionar eficazmente.

V F 6. A delegação de autoridade envolve risco e alguns supervisores têm medo de assumir riscos.

V F 7. A menos que esclareça em que nível de delegação um funcionário está operando, você pode descobrir uma relutância por parte de muitos funcionários a ter poderes a eles delegados.

V F 8. Quanto menos opções você oferecer a um funcionário para ajudá-lo a concluir uma tarefa a ele delegada, maior senso de responsabilidade e de propriedade da tarefa e de sua solução ele terá.

V F 9. É uma boa idéia determinar um prazo para um projeto que seus funcionários não consigam possivelmente cumprir para fazer seu pessoal trabalhar mais e para impressionar o chefe.

V F 10. Os supervisores devem encher seus horários de horas extras para que eles sempre possam cumprir seus prazos.

Múltipla Escolha

11. Um telefonema pessoal é um exemplo de uma:

    a. interrupção de alta prioridade;

    b. interrupção de baixa prioridade

12. As listas de coisas a fazer devem ser:

    a. gerais;

    b. específicas.

13. É mais provável que você possa evitar reordenar suas prioridades e ficar transferindo os funcionários de projeto para projeto se você determinar suas prioridades:

    a. com ajuda do seu chefe;

    b. com ajuda de seus funcionários.

14. O texto sugere que os guias de planejamento devem ser escritos:

    a. diariamente;

    b. semanalmente;

    c. mensalmente;

    d. anualmente.

15. Os supervisores utilizam calendários para registrar datas importantes, horários de reuniões e atividades no decorrer do mês e ano atuais. Os calendários também podem lembrá-lo:

    a. dos compromissos de uma maneira geral;

    b. de compromissos a longo prazo;

    c. ambas as respostas acima estão corretas;

    d. nenhuma resposta acima está correta.

Tópicos do Capítulo

As Forças de Estabilidade e Mudança
    Forças Externas de Mudança
    Forças Internas de Mudança
Um Modelo para Mudanças
    Descongele a Situação Existente
    Trabalhe em Direção às Mudanças Desejadas
    Recongele a Situação Revisada
Superando a Resistência às Mudanças
    Analise as Mudanças do Ponto de Vista dos Funcionários
    Estabeleça Confiança
    Envolva os Funcionários
O Supervisor como Agente de Mudanças
    Avalie a Resposta dos Funcionários às Mudanças
    Planeje a Implementação das Mudanças
    Avalie as Mudanças

Objetivos da Aprendizagem

1. Explicar como as mudanças podem afetar um único departamento ou uma organização inteira.
2. Identificar forças estabilizadoras que criam a continuidade em um setor de hospitalidade.
3. Distinguir forças externas e forças internas de mudança.
4. Identificar mudanças que afetam a estrutura de uma organização.
5. Explicar como um modelo de mudança pode guiar os supervisores no planejamento e implementação das mudanças.
6. Identificar maneiras pelas quais os supervisores podem se beneficiar da resistência à mudança por parte dos funcionários.
7. Explicar como os supervisores podem analisar as mudanças da perspectiva do funcionário.
8. Identificar ações que os supervisores podem realizar para superar a resistência dos funcionários às mudanças.
9. Explicar por que indicadores de mudanças efetivas são essenciais para a avaliação do processo de mudança.

13
Gerenciando Mudanças

As soluções de ontem podem não resolver os problemas de hoje. No mundo acelerado do setor de hospitalidade, as necessidades, os desejos e as expectativas de nossos clientes mudam. Os supervisores eficazes reconhecem isto, são desafiados por oportunidades de evoluir com estas mudanças e, no processo, ajudam a organização a alcançar melhor suas metas.

As soluções de hoje podem não resolver os problemas de amanhã. Aplicar procedimentos existentes a novas situações não pode substituir a necessidade de ser inovador e de pensar cuidadosamente sobre o futuro e como ele pode ser bem diferente do presente. Os supervisores que respondem positivamente à necessidade de mudança serão reconhecidos como contribuidores valiosos em suas organizações e podem ser considerados primeiro quando surgem oportunidades de promoção. Ao contrário, aqueles que resistem propositadamente às mudanças serão vistos como incapazes de contribuir com o crescimento contínuo e com o sucesso da empresa. Na maioria dos casos, isto levará a gerência a negligenciar estes indivíduos ao preencher posições que exigem uma responsabilidade maior.

As mudanças ocorrem quando há variação, alteração ou revisão na maneira através da qual as coisas são feitas. Quando ocorrem mudanças, elas geralmente afetam uma área inicial da organização e um grupo específico de funcionários. Por exemplo, o impacto de um novo equipamento, como uma frigideira com dispositivo de auto-inclinação na cozinha, pode causar um efeito pequeno em outras áreas da organização. Ainda assim, dentro da cozinha, os cozinheiros podem precisar modificar seus métodos para preparar certos itens e os cozinheiros ou garçons precisarão aprender como limpar e fazer a manutenção do novo equipamento.

Qualquer mudança que, superficialmente, pareça afetar somente um aspecto de um único departamento pode afetar toda a organização. Normalmente, quanto maior a quantidade de mudança planejada, maior a probabilidade de que outros – ou todos os – aspectos da organização serão afetados. Por exemplo, considere as implicações de mudança quando uma nova estratégia de marketing for implementada na empresa. Os executivos do alto escalão podem decidir atrair um novo segmento do mercado ou aumentar os negócios de determinado segmento de mercado como o de viajantes corporativos. Neste caso, é muito provável que a mudança na estratégia de marketing crie a necessidade de mudanças em praticamente todos os departamentos do hotel. Gerentes e supervisores adequados podem precisar ajustar os padrões de desempenho e produtividade, modernizar as facilidades, fornecer um serviço de *check-in* e *check-out* expressos, acelerar a entrega de pedidos de quartos e tratar de muitas outras preocupações.

Este capítulo começa identificando os tipos de forças que criam mudanças no ambiente de trabalho no setor de hospitalidade. A seguir, um modelo para analisar o processo da mudança é examinado. As seções posteriores do capítulo focalizam em como você pode ter êxito no papel de **agente de mudanças** e planejar, implementar e avaliar com eficácia as mudanças no local de trabalho.

As Forças de Estabilidade e Mudança

Nas operações nos setores de hospitalidade, as forças de estabilidade e mudança operam ao mesmo tempo. Cada operação precisa de alguma forma de continuidade. Com o intuito de planejar eficazmente, você deve ser capaz de supor que algumas condições que afetam como o trabalho é feito hoje persistirão ao tempo e afetarão a maneira com que o trabalho será feito amanhã.

Há muitos elementos de estabilidade no ambiente de trabalho, como as instalações físicas, os equipamentos disponíveis e as necessidades básicas dos clientes. Estes elementos geralmente não mudam rapidamente. Além disso, as relações estabelecidas entre os departamentos e entre os funcionários dos departamentos servem como forças estabilizadoras que fornecem consistência em atividades do dia-a-dia. Além disso, a tendência dos membros da equipe em todos os níveis organizacionais de resistir a mudanças pode servir como uma força estabilizadora. Ao contrário destas forças estabilizadoras estão as forças externas e internas que impulsionam as mudanças em uma organização.

Forças Externas de Mudança

As **forças externas de mudança** surgem de mudanças nas condições sociais, econômicas, políticas e legais. As mudanças nos desejos e nas necessidades dos clientes formam a força externa mais importante que afeta as operações no setor de hospitalidade. Muitas das mudanças de comportamento dos clientes refletem mudanças mais amplas da sociedade. Por exemplo, um público com uma consciência em relação à saúde pode exigir mais refeições nutritivas ou instalações próprias para ginástica nos hotéis. Além disso, uma preocupação pública com motoristas bêbados e o número de mortes relacionadas ao álcool em rodovias podem motivar os clientes a freqüentar hotéis e restaurantes que forneçam um serviço variado de bebidas não-alcoólicas.

O mercado de trabalho em retração serve como um outro exemplo de como as mudanças sociais externas podem causar mudanças em uma organização do setor de hospitalidade. À medida que vai se tornando cada vez mais difícil encontrar novos funcionários, os gerentes e supervisores podem precisar implementar mudanças na operação para minimizar a rotatividade. Mudanças políticas e econômicas, como o aumento do salário mínimo, podem exigir que os gerentes e supervisores encontrem maneiras mais inovadoras de reduzir as exigências trabalhistas com o intuito de controlar o aumento de custo com mão-de-obra. Mudanças no ambiente político e legal também podem causar mudanças em uma operação. Por exemplo, um foco maior sobre os direitos do trabalhador e um aumento resultante no número de ações judiciais movidas contra os empregadores por demissões injustas podem exigir que uma organização melhore os processos de selecionar, contratar e avaliar os funcionários.

Forças Internas de Mudança

As **forças internas de mudança** também atuam em uma organização. Estas forças são mais próximas à operação diária do negócio e geralmente estão mais no domínio de controle da gerência do que as forças externas.

As seções a seguir examinam brevemente as mudanças em relação a três aspectos dos negócios do setor de hospitalidade: funcionários, tecnologia e estrutura organizacional. Estes três aspectos são tão intimamente relacionados que uma mudança em um aspecto pode afetar os outros.

Funcionários e mudanças. Uma das suas mais importantes responsabilidades como supervisor é constantemente buscar maneiras de melhorar o desempenho do trabalho dos funcionários. Melhorar o desempenho do trabalho geralmente significa modificar o comportamento e as atitudes dos funcionários. É freqüentemente mais fácil, mais rápido e mais eficaz melhorar o trabalho dos funcionários focalizando seus esforços na mudança de seu comportamento do que na mudança de suas atitudes. Atitudes são difíceis de se definir. O comportamento, por outro lado, é observável e mensurável.

Os supervisores treinam, guiam e avaliam o desempenho como meio de modificar o comportamento de funcionários individuais. As atividades de criação de equipes e programas de treinamento em grupo são técnicas que os supervisores podem utilizar para tentar mudar o comportamento dos funcionários ao trabalhar com grupos. Os supervisores podem utilizar estas mesmas técnicas para tentar mudar as atitudes dos funcionários. Porém, tenha em mente que o processo de mudar as atitudes dos funcionários será no mínimo difícil, mesmo quando supervisores experientes aplicam estas técnicas.

Tecnologia e mudanças. Novas tecnologias geralmente criam a necessidade de mudanças em uma organização. Às vezes, a mudança é forçada em uma organização. Hoje em dia, por exemplo, um hotel precisa de um sistema de reservas moderno e computadorizado para ser competitivo. De vez em quando, a organização em si pode desejar mudanças tecnológicas. Por exemplo, um departamento de alimentos e bebidas pode escolher implementar um sistema de bebidas computadorizado para um controle adicional nas áreas de bar. Introduzir novas tecnologias exigirá mudanças nas habilidades que os funcionários precisam dominar eficazmente e, em alguns casos, criará a necessidade de reestruturar certos aspectos da organização.

Estrutura organizacional e mudanças. Existem muitas maneiras através das quais as mudanças podem afetar a estrutura de uma organização. Por exemplo, os proprietários ou executivos do alto escalão do setor de hospitalidade podem desejar descentralizar as operações. Descentralizar significaria estabelecer unidades organizacionais menores e auto-suficientes, com um maior poder de decisão. Como supervisor, você pode receber bem tal mudança porque ela pode oferecer maiores oportunidades de motivar os funcionários em unidades de trabalho menores e permitir-lhe estruturar mais cuidadosamente tanto a unidade de trabalho quanto as tarefas dos funcionários. As mudanças na estrutura organizacional também ocorrem quando os altos gerentes revisam a cadeia de comando, aumentando (ou diminuindo), por meio disso, as áreas de responsabilidade de departamentos ou cargos. As mudanças organizacionais como estas podem resultar na revisão das descrições de emprego dos cargos afetados. Além disso, à medida que novos funcionários entram para a organização e assumem cargos de liderança, eles provavelmente utilizarão sua influência para iniciar mudanças.

Uma outra abordagem estrutural das mudanças focaliza-se em melhorar o fluxo de trabalho na organização. Isto geralmente é feito para aumentar a produtividade dos funcionários. Pense em como as mudanças no fluxo de trabalho entre servir clientes à mesa, cozinha e banquetes (serviço e organização) poderiam melhorar o gerenciamento das atividades de banquete. Como resultado de uma quantidade limitada de treinamento cruzado, as tarefas poderiam ser redistribuídas com base no volume de negócios e no número de funcionários disponíveis em qualquer dia determinado. Por exemplo, as tarefas de banquete atualmente desempenhadas pela administração ou por funcionários de banquetes, como requerer porcelanas chinesas e prataria ou preparar a organização das mesas (colocar água, manteiga, sal, pimenta, etc.), poderiam ser repassadas para o setor de *steward*[1]. As tarefas normalmente designadas à equipe da cozinha, como colocar refeições nos pratos ou reabastecer os *réchauds*[2], também poderiam ser repassadas para o setor de *steward*. Ou, as tarefas que atualmente são designadas aos garçons, como pôr as mesas e reorganizá-las uma junto à outra para os banquetes, poderiam ser redistribuídas à equipe de organização de banquetes. Sob certas condições, algumas destas mudanças poderiam potencialmente melhorar a produtividade geral permitindo que uma equipe que estivesse disponível auxiliasse na conclusão das tarefas necessárias.

Um Modelo para Mudanças

Há muitos anos, Kurt Lewin propôs uma estrutura na qual o processo de mudança poderia ser estudado.[3] Ele e outros acreditavam que três procedimentos são necessários para que uma mudança ocorra: primeiro, a situação existente deve ser *descongelada*; depois, o agente de mudanças (o supervisor) deve trabalhar em direção à mudança desejada; então, a situação revisada deve ser *recongelada*. O Quadro 13.1 mostra o gráfico deste modelo de mudança ao operar sob as pressões exercidas pelas forças externas e internas de mudança.

Apesar de isto simplificar a discussão da mudança para sugerir que o processo é composto por três partes distintas, você deve se lembrar que as mudanças são um processo contínuo sem um começo ou final óbvios. As mudanças ocorrem em mais de um ponto da organização ao mesmo tempo. As seguintes seções examinam cada um dos passos do modelo de mudança.

Quadro 13.1 – Um Modelo para Mudança

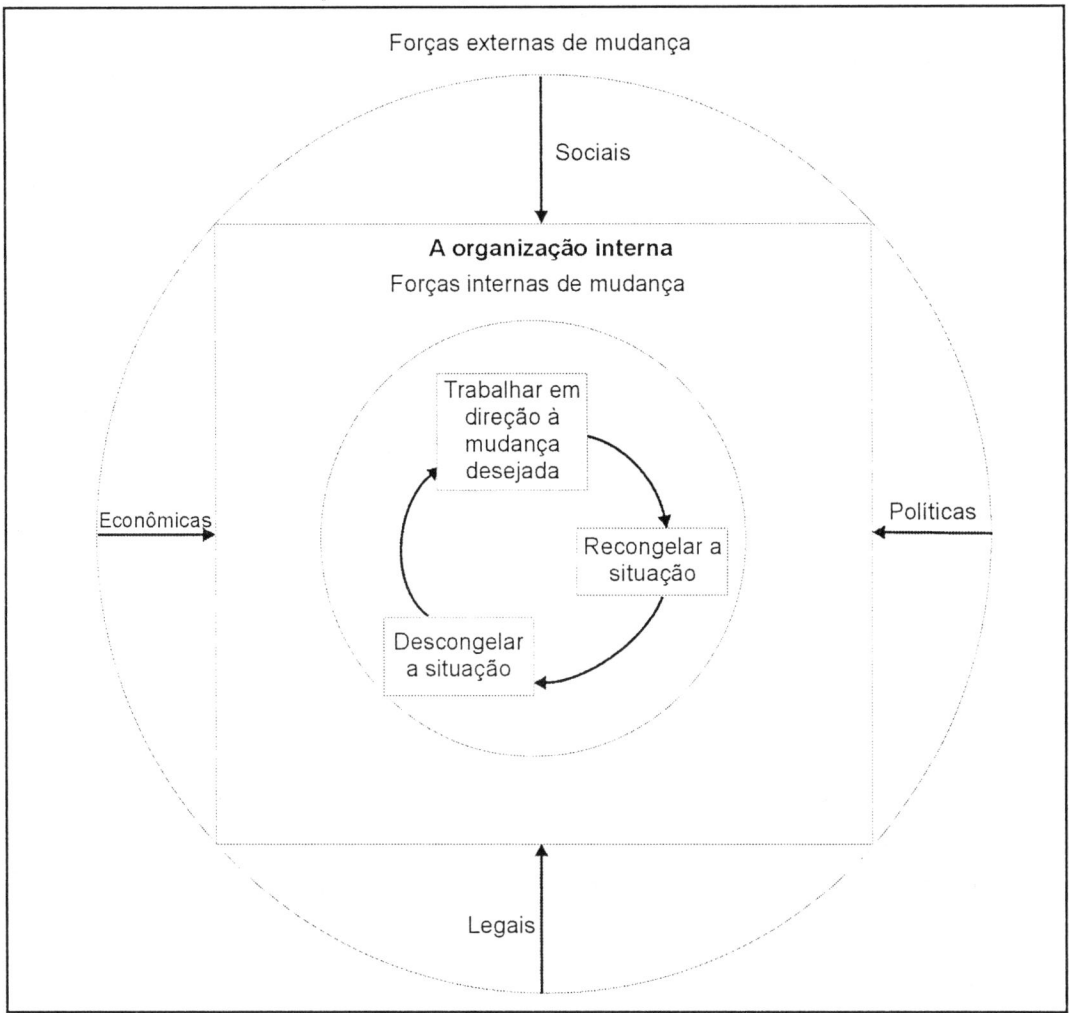

```
                    Forças externas de mudança
                              ↓
                           Sociais

                    A organização interna
                    Forças internas de mudança

                      Trabalhar em
                       direção à
                        mudança
                        desejada
    Econômicas →                          ← Políticas
                      Recongelar a
                        situação

                      Descongelar
                       a situação

                              ↑
                           Legais
```

Descongele a Situação Existente

Descongelar a situação existente se aplica aos que planejam a mudança (agentes de mudanças, como o supervisor) além de aos que serão finalmente afetados por ela. Para desenvolver estratégias através das quais se descongela uma situação, os que estão planejando as mudanças devem analisar as forças de impulsão e restrição atuando na situação existente. Por exemplo, considere uma alta rotatividade em um departamento. Podem existir inúmeras forças impulsionando-a, como as seguintes:

- Os funcionários não se sentem confortáveis em seus empregos porque o treinamento dado a eles foi inadequado.

- Os salários podem não ser competitivos na área, motivando os funcionários a procurar outros empregos em outras propriedades.

- Os funcionários podem sentir que as oportunidades de avanço são demasiadamente limitadas ou mesmo inexistentes.

Se deixadas de lado, estas forças de impulsão poderiam resultar em uma rotatividade ainda maior. Por outro lado, as forças de restrição que poderiam estar evitando que a rotatividade existente ficasse ainda maior poderiam incluir: condições e ambiente de trabalho agradáveis, práticas de gerenciamento justas, equipamentos confiáveis, reconhecimento pelo trabalho bem-feito etc.

Descongelando a situação existente, os que planejam as mudanças desta situação particular podem desenvolver estratégias que diminuirão o impacto de qualquer força de impulsão isolada, ou que aumentarão o impacto de qualquer força de restrição isolada. A chave do planejamento de mudanças é reconhecer que qualquer situação existente é o resultado de uma variedade de forças, qualquer uma das quais pode ser trabalhada para descongelar a situação.

Depois que os que planejam as mudanças tiverem descongelado a situação com o propósito de desenvolver estratégias, os agentes de mudanças devem considerar maneiras de descongelar a situação para aqueles que serão finalmente afetados pela mudança. O primeiro passo neste processo deve ser gerar uma necessidade de mudança nas mentes dos membros da equipe que são afetados. Como agente de mudanças, você deve mostrar aos funcionários por que *eles* devem estar insatisfeitos com a situação atual. Uma necessidade de mudança deve ser desenvolvida explicando razões para a mudança, aumentando a pressão por mudança (com recompensas ou punições) ou realizando ações para reduzir a resistência à mudança por parte dos funcionários. Uma seção posterior deste capítulo examina como os supervisores podem se preparar como agentes de mudanças analisando as mudanças do ponto de vista dos funcionários afetados por uma proposta mudança. Prevendo as vantagens e desvantagens das mudanças a partir da perspectiva dos funcionários, um supervisor pode desenvolver estratégias para descongelar a situação para os funcionários e levá-los em direção à mudança desejada no comportamento.

Trabalhe em Direção às Mudanças Desejadas

O processo de trabalhar em direção às mudanças desejadas geralmente exige que você tente modificar o comportamento dos funcionários e, ao mesmo tempo, analise as políticas afetadas e treine pessoal em métodos melhorados de trabalho e em técnicas operacionais. Estas tarefas são mais fáceis quando você tem o respeito de seus funcionários. Além disso, é melhor trabalhar primeiro com aqueles funcionários que são altamente respeitados por seus colegas ou são líderes de grupos informais no departamento.

Se os funcionários forem colocados em situações de trabalho nas quais eles se deparam com novos problemas (ou antigos problemas que devem ser resolvidos com novos métodos), o processo de mudança pode, por necessidade, ser mais fácil. Por exemplo, um funcionário que não quer utilizar um novo equipamento provavelmente terá que utilizá-lo quando o equipamento antigo não estiver mais disponível. Neste caso, o funcionário possui somente duas opções – continuar a "lutar" contra o equipamento ou se adaptar aprendendo como e para que utilizá-lo.

Recongele a Situação Revisada

Depois da mudança desejada ser implementada, as forças estabilizadoras tendem a criar um novo *status quo*. Isto é chamado de processo de recongelamento.[4] Novas relações são estabelecidas e novo comportamento, procedimentos e políticas tornam-se parte das atividades diárias. Entretanto, com o decorrer do tempo, a atual situação de trabalho (que continua a ser influenciada pela estrutura organizacional, pelos procedimentos de trabalho existentes e pelos membros da equipe atualmente empregados) será afetada pelas forças externas e internas que podem iniciar maiores mudanças nela. O processo de mudança evoluirá novamente. Este processo renderá uma situação de trabalho revisada que será ela mesma, com o decorrer do tempo, influenciada pelas forças externas e internas que estimulam a mudança. Devido a isso, então, o processo de mudança é cíclico e contínuo.

Superando a Resistência às Mudanças

Mudanças são geralmente difíceis de se implementar porque as pessoas que se sentem confortáveis com o que estão fazendo tipicamente querem manter rotinas estabelecidas. Os funcionários não são exceção; a maioria tem uma tendência natural a resistir a mudanças exigidas pelos procedimentos de trabalho revisados. Como supervisor, você deve compreender por que os funcionários podem resistir a mudanças específicas para que você possa desenvolver estratégias para superar sua resistência.

Alguns funcionários podem resistir simplesmente porque é inconveniente aprender novos procedimentos e assumir tarefas extras. Uma estratégia eficaz neste caso é conduzir sessões de treinamento apropriadas. No mínimo, você deve explicar novos procedimentos e outras exigências de trabalho aos funcionários. Além disso, se o treinamento for conduzido com técnicas informativas e persuasivas projetadas para reduzir a **resistência às mudanças**, as sessões de treinamento podem ser ainda mais valiosas.

Outros funcionários respondem às mudanças com sentimentos de incerteza e ansiedade. Eles podem se sentir ameaçados. Estes medos podem criar uma resistência emocional às mudanças. Alguns funcionários podem até mesmo se sentir ansiosos com "boas notícias" como promoções ou transferências. Uma estratégia eficaz para estas situações é se comunicar com os funcionários e explicar o "quem, o que, onde, quando e por que" por trás da mudança proposta. Os funcionários podem simplesmente estar resistindo às mudanças porque temem o desconhecido. Você pode reduzir ou eliminar este medo simplesmente fornecendo as informações adequadas àqueles envolvidos tanto direta quanto indiretamente na mudança.

As mudanças podem romper relações profissionais e pessoais. Os funcionários se relacionam com outros membros da equipe e grupos de trabalho no emprego; eles sabem sobre *status*, líderes e seguidores, especialistas em tarefas e outros aspectos de seus atuais grupos de trabalho. À medida que ocorrem mudanças no emprego, padrões de relações pessoais e profissionais podem se romper. Isto e dimensões sociais de mudança a isto relacionadas influenciarão a capacidade do funcionário de aceitar mudanças. Neste tipo de situação, técnicas de liderança persuasiva podem ser úteis. Durante uma sessão de aconselhamento individual, você pode descobrir as razões da resistência de um funcionário. Então, pode identificar quais são os problemas com o raciocínio dos funcionários, fornecer as informações adequadas e explicar por que a mudança será benéfica para eles. Utilizar esta abordagem com líderes de grupos informais pode torná-los "vendedores" da mudança proposta.

Antes de discutir outras estratégias que você pode utilizar para superar a resistência às mudanças, é importante ressaltar alguns aspectos positivos da tendência do funcionário de resistir às mudanças. Como supervisor, você deve buscar maneiras nas quais a resistência às mudanças por parte dos funcionários possa atuar a seu favor, não contra você.

Anteriormente, este capítulo identificou a resistência às mudanças como uma força estabilizadora em uma organização. Quase todos em uma organização resistirão a mudanças quando os motivos delas não forem claramente explicados. Sem uma explicação acompanhando, uma mudança proposta geralmente parece inútil, como meramente "a mudança pela mudança". Como a resistência do funcionário às mudanças cria a necessidade de uma explicação, você pode identificar mudanças malpensadas no início e assim evitar problemas. Além disso, decisões impulsivas tomadas por aqueles em mais altos cargos de autoridade podem ser avaliadas e revisadas.

Seu papel como supervisor é prever os tipos de resistência que os funcionários podem ter e preparar explicações plausíveis para a mudança proposta. Prevendo a resistência do funcionário, você pode ser capaz de identificar áreas específicas nas quais as mudanças poderiam, de fato, criar problemas, e você pode ser capaz de realizar ações corretivas antes que surjam problemas sérios. Esta é uma das maneiras através das quais você pode fazer a resistência do funcionário às mudanças atuar a seu favor, não contra você. A resistência o força a justificar uma mudança proposta e pode ajudá-lo a refinar aspectos de uma mudança que você e os outros podem ter negligenciado.

Prever a resistência às mudanças começa com conhecer seus funcionários e utilizar este conhecimento para modificar seus estilos de liderança para atender as necessidades da situação. Tente ver a situação a partir da perspectiva do funcionário. Como você se sentiria se fosse um funcionário? O que você poderia fazer caso se sentisse diferente em relação à necessidade de mudança?

Por exemplo, em alguns casos, a mudança pode causar um impacto econômico sobre os funcionários. Os funcionários podem estar muito preocupados com a segurança de seus empregos independente de se isto é uma ameaça real. Você deve prever as implicações econômicas das mudanças propostas e informá-las aos funcionários. Se eles perceberem que não há desvantagens econômicas na mudança e, na verdade, há vantagens nela, ficarão mais receptivos a ela. Você deve praticar suas habilidades de pensar sobre mudanças – e como discuti-las – a partir da perspectiva do funcionário. Isto ajudará a identificar questões importantes a se discutir e resolver com os funcionários. A necessidade de explicar, defender e justificar as razões das mudanças – a partir da perspectiva dos funcionários, quando possível – é crítica para o processo de planejar e implementar mudanças com sucesso. As seções seguintes apresentam estratégias que os supervisores podem utilizar para superar a resistência às mudanças por parte dos funcionários.

Analise as Mudanças do Ponto de Vista dos Funcionários

Com o intuito de implementar mudanças eficazmente, os supervisores precisam analisá-las a partir da perspectiva dos funcionários. Isto é alcançado identificando-se, do ponto de vista do funcionário, as vantagens e desvantagens da mudança proposta.

Por exemplo, considere a seguinte situação. O gerente da recepção deseja modificar a maneira pela qual as reservas são tratadas. Atualmente, os funcionários registram manualmente as reservas em cartões e, mais tarde, digitam os dados dos cartões no sistema de computador da recepção. Vários problemas vieram à tona em relação a estes procedimentos. Por exemplo, quando os cartões são perdidos, as reservas não entram no sistema de computador. Além disso, dados corretamente registrados manualmente são, às vezes, digitados incorretamente no sistema de computador. O gerente agora quer se livrar dos cartões escritos e digitar as reservas diretamente no sistema de computador.

O supervisor responsável por implementar esta mudança deve começar analisando como os funcionários podem ver a mudança. Esta análise geralmente assume a forma de identificar algumas das vantagens e desvantagens da mudança para os funcionários afetados. Por exemplo, a equipe de reservas pode ver a situação da seguinte maneira:

Vantagens

1. O gerente da recepção gostará mais de mim se eu cooperar.
2. Meu trabalho pode ficar mais fácil.
3. A maneira como ele é feito agora é incômoda e consome tempo.
4. Agora não vou mais ter problemas por que uma reserva não entrou no sistema cedo o bastante.

Desvantagens

1. Não vou receber mais salário.

2. Terei que fazer um esforço para aprender os novos procedimentos.

3. Não há garantia de que o novo método será melhor para mim de alguma maneira.

4. Estou preocupado com o fato de que não serei capaz de digitar as reservas rápido o bastante para dar conta dos telefonemas.

A mudança comportamental é provável se as vantagens superarem as desvantagens. Se, por outro lado, as desvantagens da mudança parecerem mais poderosas do que as vantagens, a mudança comportamental é menos provável. Se a mudança beneficiar, de fato, os funcionários, um novo *status quo* resultará dos novos procedimentos. Entretanto, se os funcionários julgarem que a mudança implementada é desvantajosa para eles, resistirão a ela e o supervisor pode esperar um período de transição muito complicado.

Estabeleça Confiança

Os funcionários que não confiam em seus supervisores ou não os respeitam provavelmente resistem às mudanças. Experiências passadas influenciam as reações de expectativas no presente ou futuro. Talvez as mudanças não tenham sido eficazes no passado: "Aí vem outra mudança, quero saber quanto tempo ela vai durar" pode ser um pensamento comum. Se houve problemas com mudanças antes – idéias não funcionaram, resultados inesperados ocorreram, os funcionários foram prejudicados pelas mudanças de maneiras inesperadas etc. –, será difícil convencer os funcionários de que as novas mudanças serão benéficas. Claramente, o supervisor que enfatiza uma coisa hoje e outra amanhã provavelmente será confrontado pelos funcionários que resistem às mudanças.

Algumas mudanças, porém, não são iniciadas pelo supervisor, mas são ordenadas pela alta gerência. A ênfase na operação pode mudar. As áreas de preocupação hoje – sobre as quais as mudanças podem ser propostas – podem dar lugar a outras prioridades amanhã. Os funcionários reconhecem isto e podem tentar resistir às mudanças com o pensamento de que a ênfase no assunto possa "passar". Você deve reconhecer, porém, que mudanças contínuas, independente da necessidade, podem frustrar os funcionários.

Em alguns casos, seu uso da autoridade pode ser útil – ou tudo o que é necessário – para implementar mudanças de maneira eficaz. Se você tiver uma forte autoridade de cargo, supervisionar em situações muito estruturadas e tiver relações fracas com os funcionários, o uso da autoridade pode ser uma das poucas ferramentas que você possui disponíveis. No mínimo, você deve estar certo de que possui a autoridade para tomar decisões e para implementar mudanças.

O supervisor com um histórico de problemas em implementar mudanças provavelmente terá que conseguir o apoio de líderes de grupos informais ou de níveis mais altos da gerência quando uma mudança for implementada. Novos supervisores lhe dirão para adiar mudanças, se possível, para possibilitá-los observar: (a) relações existentes com funcionários, (b) fatores que influenciam a maneira pela qual o trabalho está sendo feito e (c) exatamente como os procedimentos operacionais padrão estão sendo executados. Supervisores novos precisarão de tempo para gerar e cuidadosamente avaliar planos e procedimentos alternativos.

Talvez o fator mais importante na implementação bem-sucedida de mudanças é você desenvolver e manter uma atmosfera de confiança e respeito em todas as suas interações com os funcionários. Eles terão maior chance de responder favoravelmente às mudanças quando confiarem em você; isto é, quando concordarem com seus motivos declarados para a mudança e quando também concordarem com sua avaliação dos benefícios que terão com a mudança. Você não pode, porém, desenvolver uma atmosfera de confiança simplesmente com o propósito de implementar as mudanças. Uma história de honestidade, integridade e interesse pelos funcionários influencia o desenvolvimento de uma atitude positiva em relação a você; quando isto ocorre, a relação leva à aceitação da mudança.

Envolva os Funcionários

É importante os funcionários estarem envolvidos no processo de mudança. O envolvimento começa quando as mudanças são consideradas pela primeira vez (os funcionários podem ter idéias sobre alternativas), continua até o processo real de tomada de decisão (a contribuição dos funcionários é importante) e se conclui com o envolvimento do funcionário nos processos de tentativa, implementação, modificação e avaliação.

Conscientize os funcionários de um problema e dê a eles a oportunidade de gerar idéias para mudanças. Tanto quanto você puder utilizar a contribuição dos funcionários para desenvolver e selecionar alternativas, seu trabalho na fase de implementação será mais fácil (já que a resistência às mudanças tem mais chances de ser menor).

Os funcionários que se envolvem no processo de tomada de decisão que leva a mudanças aceitarão com maiores chances as mudanças do que os que são "mantidos no escuro". Alguns funcionários, provavelmente não todos, desejarão se envolver no processo. O quanto for possível, estes funcionários devem se tornar seus parceiros quando você implementar mudanças.

Envolver tanto grupos formais de funcionários quanto grupos informais no processo de tomada de decisões também pode ser útil. Alguns supervisores acham a técnica de "sessões de troca de idéias" útil. Por exemplo, você pode explicar o problema a um grupo e pedir soluções potenciais. Você pode, então, discutir vantagens e desvantagens. Os resultados podem ser novas idéias utilizáveis que você pode considerar ao tomar decisões. Como os funcionários foram envolvidos no processo, eles verão a decisão e a mudança subseqüente como "nossas" idéias, não as idéias "do supervisor".

O Supervisor como um Agente de Mudanças

Os supervisores servem como agentes de mudanças quando assumem a responsabilidade de ajudar a criar mudanças no comportamento de um funcionário ou na organização propriamente dita. Servir como agente de mudanças é uma parte integral do trabalho de um supervisor. Você deve constantemente estar alerta para problemas, manter-se aberto a novas idéias e apoiar mudanças que os que estão em níveis organizacionais mais altos impõem. Esta seção revê o material apresentado anteriormente neste capítulo e se focaliza no papel do supervisor como agente de mudanças.

Avalie a Resposta dos Funcionários às Mudanças

O Quadro 13.2 revisa fatores e implicações que ajudam os supervisores a determinar como os funcionários podem responder às mudanças. Quando uma mudança é proposta, os funcionários tipicamente avaliam a situação em relação a:

- Até que ponto eles confiam em seu supervisor.
- Suas experiências com mudanças no ambiente de trabalho.
- Implicações da mudança, dadas as informações disponíveis.
- Até que ponto pediram a eles sua contribuição para a decisão de mudança.

Com base nestes fatores e em fatores relacionados, os funcionários podem julgar o impacto da mudança como destrutivo, ameaçador, inseguro, bom ou muito positivo:

- Quando os funcionários julgam o impacto da mudança como destrutivo ou ameaçador, o supervisor pode esperar que eles se oponham e resistam às mudanças.

Quadro 13.2 – Resposta do Funcionário às Mudanças

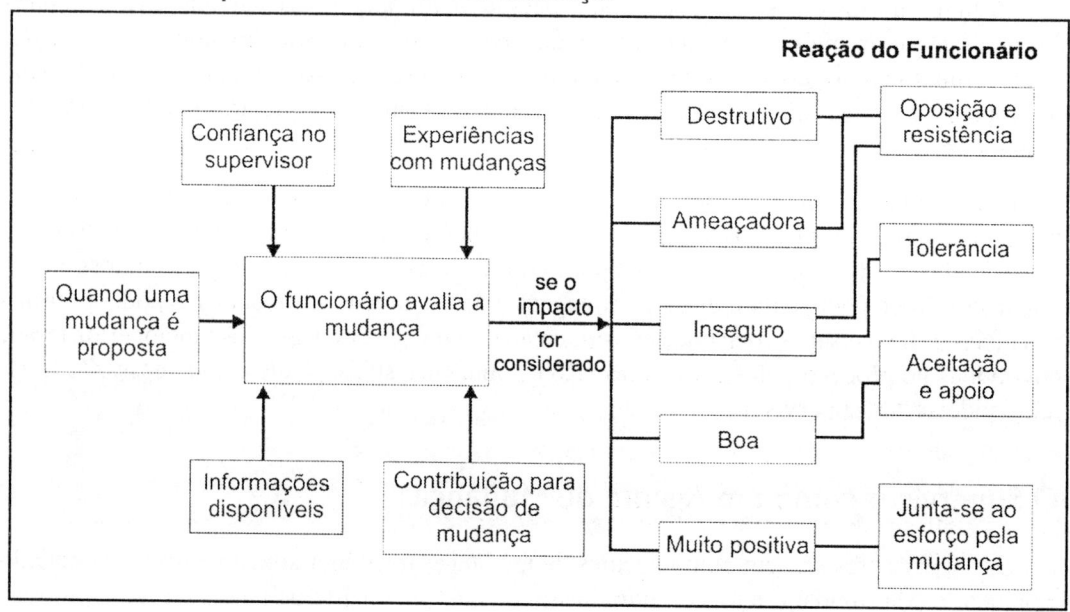

- Quando os funcionários estão inseguros sobre o impacto da mudança, o melhor que o supervisor pode esperar é que eles tolerem as mudanças.

- Quando os funcionários julgam a mudança como boa, o supervisor pode esperar aceitação e apoio.

- Quando os funcionários se sentem muito positivos em relação a uma mudança proposta, o supervisor pode esperar que eles se juntem ativamente ao esforço pela mudança.

Planeje a Implementação das Mudanças

O Quadro 13.3 revisa procedimentos úteis para os supervisores seguirem ao implementar mudanças. Como exibido no quadro, você precisará implementar mudanças quando (a) você determinar sua necessidade depois de um cuidadoso estudo, ou (b) a gerência superior exigir mudanças. Para que as mudanças ocorram, você deve primeiro ajudar os funcionários a rejeitarem a situação atual. Faça isto praticando técnicas projetadas para superar a resistência a mudanças e, ao mesmo tempo, criando (a partir da perspectiva do funcionário) uma necessidade de mudanças.

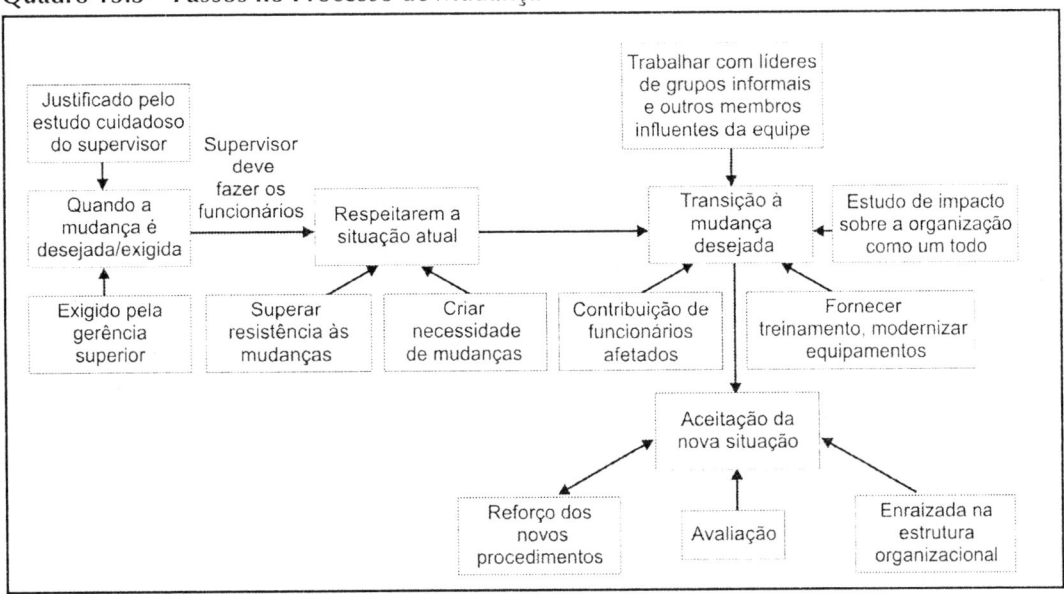

Quadro 13.3 – Passos no Processo de Mudança

[Diagrama: Justificado pelo estudo cuidadoso do supervisor → Quando a mudança é desejada/exigida; Exigido pela gerência superior → Supervisor deve fazer os funcionários Respeitarem a situação atual; Superar resistência às mudanças; Criar necessidade de mudanças → Transição à mudança desejada ← Trabalhar com líderes de grupos informais e outros membros influentes da equipe; Contribuição de funcionários afetados; Estudo de impacto sobre a organização como um todo; Fornecer treinamento, modernizar equipamentos → Aceitação da nova situação ← Reforço dos novos procedimentos; Avaliação; Enraizada na estrutura organizacional]

Segundo, você precisa liderar os funcionários através de uma transição à mudança desejada. Faça isto trabalhando com líderes de grupos informais, buscando a contribuição dos funcionários e fornecendo o treinamento e os equipamentos necessários. Da mesma maneira, há uma necessidade, a esta altura, de avaliar o impacto da mudança sobre a organização como um todo. Se você puder encarregar-se deste procedimento, pode conseguir a aceitação dos funcionários e organizacional da nova situação. Você deve, então, reforçar os procedimentos revisados, avaliar as atividades e, no processo, as mudanças agora se tornam "como as coisas são feitas".

Avalie as Mudanças

Os supervisores geralmente acham difícil avaliar mudanças que foram implementadas no ambiente de trabalho porque as informações necessárias ou não estão disponíveis ou são imprecisas. Em muitos casos, estas dificuldades surgem porque os resultados esperados das mudanças nunca foram declarados em termos mensuráveis.

Por exemplo, se as mudanças são implementadas para "aumentar a produtividade", o supervisor deve determinar o quanto a produtividade deve aumentar para que a mudança seja eficaz. Em situações onde a medição objetiva não é possível, você pode, pelo menos, estar alerta à possibilidade de que mudanças maiores possam se tornar necessárias. Se as diferenças entre o que é observado e o que é esperado forem significativas, é possível que a mudança não tenha sido bem-sucedida, porque ela não alcançou o que era esperado.

A importância de declarar objetivos ou **indicadores de mudanças efetivas** não pode ser demasiadamente enfatizada. Sem tais indicadores, o supervisor não possui alvo ou *benchmark* através do qual ele possa medir a eficácia da mudança. Outros aspectos de avaliar mudanças incluem:

- Determinar se mudanças adicionais são necessárias.
- Avaliar se a mudança criou algum problema colateral.
- Analisar os procedimentos através dos quais as mudanças foram feitas.

Avaliando todos estes aspectos das mudanças, os supervisores podem ser capazes de refinar e simplificar as tarefas quando mudanças forem novamente necessárias. O Quadro 13.4 revisa muitos dos fatores que devem ser incorporados ao processo através do qual a mudança é gerenciada eficazmente.

Quadro 13.4 – Lista de Verificação do Supervisor para Implementar Mudanças

	Sim	Não
1. A mudança é necessária?	☐	☐
2. Você compreende completamente – a partir de sua perspectiva como supervisor – por que a mudança é necessária – e o que exatamente espera-se que ela faça?	☐	☐
3. Você pensa sobre os possíveis motivos por que os funcionários devem resistir à mudança – e desenvolve contra-argumentos eficazes para estes motivos?	☐	☐
4. Você utiliza uma técnica de aconselhamento individual para discutir a mudança e suas implicações com cada funcionário afetado?	☐	☐
5. Você utiliza uma técnica persuasiva para descobrir as percepções dos funcionários sobre desvantagens – e para argumentar contra elas com informações que ajudariam os funcionários a verem vantagens na mudança?	☐	☐
6. Você envolve líderes de grupos – tanto formais quanto informais – e solicita sua ajuda para conseguir aceitação da mudança?	☐	☐

7. Você utiliza uma abordagem de tentativas (testar a mudança proposta e então modificá-la como necessário) em vez de implementá-la de uma maneira "tudo ou nada"? ☐ ☐
8. Você se certifica de que os funcionários afetados saibam o que deve ser feito de modo diferente antes de as mudanças serem implementadas? ☐ ☐
9. Você fornece experiências de treinamento cuidadosamente projetadas antes de as mudanças serem implementadas? ☐ ☐
10. Você supervisiona cuidadosamente os funcionários durante o desconfortável período de transição, quando as mudanças estão sendo implementadas? ☐ ☐
11. Você desenvolve indicadores de mudanças efetivas que descrevem mensuravelmente qual deveria ser a situação depois que as mudanças tenham sido feitas? ☐ ☐
12. Você avalia os resultados das mudanças baseado no ponto em que os indicadores de mudanças efetivas são vistos na situação de rede? ☐ ☐
13. Você tenta reconhecer algum benefício que possa resultar da resistência dos funcionários às mudanças? ☐ ☐
14. Você sabe como gerar uma necessidade de mudança? ☐ ☐
15. Você tem o respeito dos funcionários que devem mudar? ☐ ☐
16. Você possui um bom registro de acompanhamento para implementar mudanças com poucas surpresas para os funcionários? ☐ ☐
17. Você sabe que outras mudanças estão ocorrendo na organização neste momento? ☐ ☐
18. Você conhece o impacto da mudança proposta em outros departamentos? ☐ ☐
19. Você possui programas de treinamento necessários já planejados e prontos? ☐ ☐
20. Você sabe se os fluxos de trabalho existentes serão melhorados como resultado da mudança? ☐ ☐
21. Você sabe se a situação que exige mudanças é de importância contínua para a organização? ☐ ☐
22. Todos os funcionários têm permissão, na medida do possível, para participar de todas as atividades relacionadas às mudanças? ☐ ☐
23. Você sabe o que pode e deve fazer para aumentar a pressão pela mudança? ☐ ☐
24. Você possui todas as informações que precisa para realizar a mudança? ☐ ☐

Notas

1. N.T. – *Steward* – palavra que designa o setor responsável pela guarda e limpeza da louça e da prataria.

2. N.T. – *Réchauds* – fogareiro utilizado para manter o calor dos alimentos à mesa.

3. Kurt Lewin, *Frontiers in Group Dynamics: Human Relations Concept, Method and Reality in Social Science,* vol. 1, nº 1, 1947, p. 5-41.

4. Lewin, *Frontiers in Group Dynamics,* p. 5-41.

Termos-chave

agente de mudanças

forças externas de mudança

indicadores de mudanças efetivas

forças internas de mudança

resistência a mudanças

forças estabilizadoras

Perguntas para Debate

1. De que maneiras uma organização inteira pode ser afetada por mudanças implementadas por um único departamento?

2. Que papel as forças estabilizadoras desempenham na operação de negócios no setor de hospitalidade?

3. Como as forças externas de mudança diferem das forças internas de mudança?

4. Como a mudança pode afetar a estrutura de uma organização?

5. Como os supervisores utilizam um modelo de mudança para guiar seus esforços como agentes de mudanças?

6. Como os supervisores desenvolvem estratégias para implementar mudanças analisando as forças de impulsão e de restrição?

7. De que maneiras os supervisores se beneficiam da resistência dos funcionários a mudanças?

8. Por que os supervisores devem analisar mudanças a partir da perspectiva dos funcionários?

9. Por que os supervisores envolvem funcionários no processo de mudança?

10. Por que os indicadores de mudanças efetivas são essenciais para a avaliação de mudanças que foram implementadas?

Exercício de Revisão

Quando você achar que compreendeu todo o conteúdo deste capítulo, responda estas perguntas. Escolha a *melhor* resposta. Verifique suas respostas comparando as respostas corretas encontradas ao final deste livro em **Respostas aos Execícios de Revisão**.

Verdadeiro (V) ou Falso (F)

V F 1. É provável que todos os aspectos de uma organização sejam afetados se a quantidade de mudança planejada for grande.

V F 2. Em operações nos setores de hospitalidade, as forças de estabilidade e mudança operam em horas diferentes.

V F 3. Os equipamentos disponíveis, as instalações físicas e as necessidades básicas dos clientes são exemplos de elementos de estabilidade no ambiente de trabalho que mudam rapidamente.

V F 4. Os desejos e as necessidades em modificação dos clientes são a força externa mais importante afetando as operações nos setores de hospitalidade.

V F 5. As mudanças organizacionais têm pouco ou nenhum impacto sobre as descrições de emprego.

V F 6. O processo de modificar as atitudes dos funcionários em relação a mudanças é mais fácil para supervisores experientes.

V F 7. As mudanças ocorrem em mais de um ponto da organização ao mesmo tempo.

V F 8. Uma atitude positiva em relação ao supervisor baseada em um histórico de integridade e interesse pelos funcionários provavelmente acarretará na aceitação da mudança.

V F 9. Os funcionários individuais devem ser envolvidos no processo de mudança do início ao fim.

V F 10. Todos os funcionários provavelmente irão querer se envolver no processo de tomada de decisão sobre as mudanças.

Múltipla Escolha

11. Áreas maiores ou menores de responsabilidade para departamentos ou cargos podem ocorrer quando:

    a. as necessidades dos clientes mudam;

    b. os altos gerentes revisam a cadeia de comando.

12. No processo de mudanças de _____, novas relações podem ser estabelecidas e novas atitudes, procedimentos e políticas se tornam parte das atividades diárias.

    a. "recongelamento";

    b. "trabalhar em direção à mudança desejada".

13. Para implementar mudanças eficazmente, os supervisores precisam identificar as vantagens e desvantagens da mudança proposta a partir da visão:

    a. da gerência superior;

    b. dos funcionários.

14. Que procedimento é necessário antes que uma mudança ocorra?

    a. A situação existente deve ser descongelada;

    b. O agente de mudanças deve trabalhar em direção à mudança desejada;

    c. A situação revisada deve ser recongelada;

    d. Todas acima.

15. O processo de trabalhar em direção à mudança desejada geralmente exige:

    a. colocar funcionários em empregos diferentes;

    b. modificar o comportamento dos funcionários;

    c. controlar a rotatividade;

    d. introduzir novas tecnologias.

Capítulo 14

Tópicos do Capítulo

Certificação de Supervisores
Programas de Desenvolvimento Gerencial
  Etapas do Programa
Programas de Mobilidade Funcional
  Nem Todo Mundo Escolhe o Mesmo Caminho
  Implementando um Programa de Desenvolvimento Profissional
O Desenvolvimento Profissional em Ação
  Etapas no Planejamento do Seu Futuro
Preocupações Específicas nas Decisões de Gerenciamento de Carreira
Networking[1]: As Associações Auxiliam na Sua Aprendizagem
Tendências e Supervisores no Setor de Hospitalidade
  A Força de Trabalho do Futuro
  As Necessidades Variáveis dos Hóspedes
  Assuntos Relativos à Qualidade
  Técnicas de Supervisão
Conclusão

Objetivos da Aprendizagem

1. Identificar os passos que você pode tomar para o seu desenvolvimento profissional e explicar qual o efeito que as tendências futuras podem ter no setor de Hospitalidade e na sua carreira.

Observação: Este capítulo tem como objetivo auxiliá-lo no planejamento da sua carreira e dar-lhe uma idéia de como as tendências futuras podem afetar o setor de Hospitalidade. Os materiais para teste do curso não incluem perguntas sobre este capítulo.

14
Desenvolvimento Profissional e Tendências Futuras

Os supervisores, no setor de hospitalidade, devem ter conhecimento, habilidades e senso prático para poderem tomar boas decisões a respeito de diversos problemas de forma constante. Um desses problemas tem a ver com o seu próprio desenvolvimento profissional e pessoal. Muitas pessoas pensam que as carreiras se moldam tendo como base a boa ou a má sorte. Elas não compreendem que, da mesma forma que um mapa mostra o percurso entre um destino e o outro, um programa bem planejado de gerenciamento de carreira ajuda as pessoas a chegarem onde quer que elas queiram chegar.

As pessoas costumam retardar o seu planejamento de carreira. Entretanto, tanto na vida profissional, como na vida pessoal, é preciso estabelecer prioridades e realizar primeiro as coisas mais importantes. Reserve algum tempo hoje para rever as suas metas de carreira e as alternativas de que dispõe para atingi-las.

As organizações devem criar maneiras de os funcionários atingirem as metas que sejam importantes tanto para a operação como para cada um deles. Os gerentes devem levar em consideração o que for melhor, não somente para o estabelecimento, como para os funcionários, sempre que tiverem que tomar decisões relativas à colocação e contratação de pessoal. As capacidades e as necessidades dos funcionários devem combinar com as funções a serem executadas. Da mesma forma, o interesse dos funcionários, com relação ao seu futuro junto à organização, precisa estar presente no planejamento de carreira. Os funcionários devem estar sempre analisando os seus pontos fortes e pontos fracos, suas necessidades e seus interesses em termos de função. Ao mesmo tempo, as organizações devem oferecer oportunidades para que os funcionários possam crescer dentro da sua função.

As organizações podem desenvolver programas de desenvolvimento de carreira para ajudar os funcionários a crescerem e atingirem metas pessoais e profissionais dentro da função. Os programas podem abranger desde uma política de promoções interna até um treinamento planejado e práticas de desenvolvimento que ajudem o funcionário a galgar na escalada organizacional. Examinaremos vários aspectos dos programas de desenvolvimento de carreira neste capítulo.

Certificação de Supervisores

O *Educational Institute da American Hotel & Lodging Association* concede certificação profissional e reconhecimento a supervisores e executivos da hotelaria e a outros profissionais ligados ao setor que demonstrem um nível excepcionalmente alto de domínio técnico, competência e experiência. A certificação reconhece o compromisso profissional assumido e indica domínio tanto das habilidades operacionais quanto das habilidades gerenciais. Os programas de certificação e reconhecimento do Instituto elevam o profissionalismo e a imagem tanto do indivíduo quanto do setor como um todo.

O Programa de Certificação de Supervisor do Setor de Hospitalidade (*CHS – Certified Hospitality Supervisor*) oferece reconhecimento a essas pessoas especiais que possuem um potencial de carreira de longo prazo dentro do setor de hospitalidade. É o único programa de certificação profissional, destinado exclusivamente a supervisores no setor de hospitalidade, que é reconhecido no mundo todo e aprovado pela *American Hotel & Lodging Association*. O programa é aberto a qualquer pessoa que ocupe cargo de supervisor dentro de uma organização da área de hospitalidade. Qualificam-se os supervisores em todos os departamentos.

Quando você recebe uma designação de CHS, é porque demonstrou o compromisso e o talento necessários para uma carreira gerencial dentro do setor de hospitalidade. O programa CHS se distingue dos outros devido ao seu pessoal, que possui uma combinação de aprendizagem e de experiência que torna possível chegar-se a um nível mais alto de profissionalismo. Quando você se torna um CHS, tem a oportunidade de aperfeiçoar as suas habilidades dentro da função e isso pode vir a servir como base para a promoção do seu progresso na carreira.

Para se tornar um CHS, você precisa passar por um teste especial de certificação. Este teste engloba perguntas elaboradas para medir o seu conhecimento gerencial. Muitas das perguntas são baseadas nas próprias decisões que os supervisores precisam tomar no dia-a-dia.

Para poder realizar um teste CHS, você deve ter qualificações para se candidatar ao programa CHS. Se concluir com êxito o curso de Supervisão da Hospitalidade do Educational Institute (251) e o curso de Gerenciamento de Recursos Humanos da Hospitalidade (356), você poderá se candidatar ao programa CHS e prestar o exame. O certificado é concedido ao término bem-sucedido do exame e um mínimo de três meses de experiência em supervisão num cenário dentro da área da hospitalidade. Para maiores informações sobre o programa CHS, entre em contato com o Certificate Department pelo telefone (517) 353-5500 ou escreva para o seguinte endereço:

The Educational Institute
Certification Department
P. O. Box 1240
East Lansing, Michigan 48826 USA

Programas de Desenvolvimento Gerencial

Os supervisores poderão acabar participando mais do que efetivamente planejando os programas de desenvolvimento gerencial utilizados por suas organizações. Entretanto, se tiverem algum conhecimento prévio sobre as etapas necessárias ao planejamento desses esforços, isso pode resultar em reconhecimento do importante papel que eles venham a desempenhar ao colaborarem com a organização no desenvolvimento de seus gerentes.

Etapas do Programa

As quatro etapas seguintes analisam sucintamente os procedimentos gerais para se planejar e implantar um programa contínuo de desenvolvimento gerencial.

Etapa 1. Analise as Necessidades da Organização. A alta gerência deve efetuar uma previsão do crescimento do negócio e, depois, estudar a estrutura organizacional para poder avaliar quantos novos supervisores e gerentes serão necessários no futuro. São necessárias, para esta avaliação, descrições e especificações de cargo atualizadas.

Etapa 2. Analise a Capacidade dos Gerentes. Deve ser feito um levantamento do talento gerencial existente a fim de se determinar se a organização atualmente emprega pessoas que possam, com treinamento e desenvolvimento gerencial, desempenhar todas as tarefas identificadas como sendo importantes atualmente e no futuro.

Etapa 3. Planeje Programas Individualizados de Desenvolvimento de Carreira. Com base na análise feita na Etapa 2, deve-se desenvolver e implementar programas que satisfaçam às necessidades de cada um dos membros da equipe. Esta etapa será explicada mais tarde durante a nossa discussão sobre programas de mobilidade funcional.

Etapa 4. Utilize uma Variedade de Programas de Desenvolvimento Gerencial. A organização pode desenvolver programas especiais de treinamento. Pode encorajar os membros da equipe (por meio de assistência financeira) a participarem de seminários, reuniões da associação profissional e outras atividades educativas.

Os programas de desenvolvimento de funcionários, voltados especificamente para o setor de hospitalidade, são oferecidos pelo *Educational Institute da American Hotel & Lodging Association*. Como fundação educativa sem fins lucrativos, esse instituto desenvolve cursos, seminários e programas de certificação para o desenvolvimento profissional e pessoal das pessoas que atuam no setor de hospitalidade e para todos os que desejam entrar nessa área.

As habilidades necessárias para a função também podem ser aprendidas e aperfeiçoadas na prática, através de experiências planejadas. Dentro do contexto dos programas de desenvolvimento gerencial, entretanto, os programas de experiências na prática podem ser mais estruturados do que os programas de treinamento normais. Embora o setor de hospitalidade se preste a oportunidades para o desenvolvimento gerencial, o sucesso desses programas depende dos esforços de planejamento colocados neles. Exemplos de programas que podem ser planejados para proporcionar experiências voltadas para ampliação de carreira incluem os seguintes:

- Utilização de treinandos.
- Rodízio de funções.
- Ampliação de funções.
- *Coaching*.
- Instrução controlada pelo treinando (*LCI-Learner-controlled instruction*).
- Programas de mentores.

Utilização de Treinandos. Referimo-nos aqui como treinandos a funcionários que venham a assumir funções para as quais estão sendo treinados. Por exemplo, o gerente do departamento de habitações pode selecionar um supervisor promissor para colaborar no trabalho de um projeto especial que tenha sido designado ao departamento. Este supervisor, então, pode assumir mais algumas tarefas quando o gerente de habitações estiver ausente do seu posto. "Diretor-adjunto", "Gerente-adjunto" ou "Adjunto administrativo" são exemplos de títulos que, às vezes, se dá a esses treinandos.

Rodízio de Funções. Transferir funcionários promissores para outras funções é mais um exemplo de desenvolvimento profissional através de treinamento pela prática na função. Entretanto, esses funcionários devem ser utilizados em ocasiões outras que um socorro durante férias ou numa emergência. O rodízio de funções deve ser um programa planejado no qual se adquire conhecimento e habilidades à medida que os funcionários executam tarefas importantes em outras funções.

Ampliação de Funções. A ampliação de funções significa redesenhar as funções existentes para que incluam novas tarefas. Isto prepara os funcionários para a possibilidade de progresso depois que novas competências tenham sido adquiridas e demonstradas com sucesso.

***Coaching*.** Os supervisores podem aprender com as suas deficiências, discutir de que forma os problemas podem ser solucionados e receber uma avaliação formal do seu desempenho funcional quando as atividades referentes ao seu *coaching* forem efetuadas pelos seus chefes.

Instrução Controlada pelo Treinando (*LCI-Learner-Controlled Instruction*). A instrução controlada pelo treinando (LCI) combina o treinamento formal com a aprendizagem obtida e a prática. A LCI inclui uma lista de competências relacionadas ao trabalho que precisam ser dominadas. O estagiário em gerência, que progride dentro do seu próprio ritmo, adquire habilidades e conhecimento com a ajuda de membros mais experientes da equipe. Esta abordagem pode ser aplicada aos programas de desenvolvimento gerencial. As necessidades do estabelecimento podem ser traduzidas pelas tarefas estruturadas nos programas de LCI e podem ser aprendidas pelos estagiários em gerência.

Programas de Mentores. Programas de mentores referem-se ao relacionamento profissional entre um gerente sênior e, talvez, um supervisor que esteja interessado em aprender com um gerente de nível mais alto. Normalmente, o gerente sênior reconhece o potencial do supervisor. O supervisor, por sua vez, reconhece que o gerente sênior seria uma excelente fonte de apoio e orientação.

Os programas de mentores podem ser formais ou informais e os relacionamentos entre os gerentes seniores e os estagiários podem durar por períodos variáveis. Os estagiários se beneficiam de qualquer programa que tenha a participação de mentores. As informações adquiridas de um mentor podem ser relacionadas a procedimentos de trabalho, políticas internas e idéias a respeito do futuro e como atingir metas de carreira. Os mentores também se beneficiam do programa porque ganham assistentes habilitados.

Os mentores podem ter uma influência significativa de longo prazo nas carreiras dos jovens colegas. Entretanto, o relacionamento é desfeito quando o estagiário ultrapassa a responsabilidade direta do mentor. Embora as diferenças profissionais possam causar estresse no relacionamento, as vantagens imediatas para o mentor, o estagiário e a organização indicam uma utilização maior deste programa de desenvolvimento profissional.

Programas de Mobilidade Funcional

Um diagrama de mobilidade funcional é um roteiro que indica possíveis trajetórias de avanço de carreira através da organização. É uma ferramenta que visa ajudar *todos* os funcionários a planejarem, com lógica, estratégias para avançarem na carreira. Os diagramas de mobilidade funcional podem ser utilizados pelas pessoas que planejam a sua própria carreira e por gerentes que auxiliam os seus funcionários nas decisões referentes a desenvolvimento de carreira. Embora seja improvável que os funcionários progridam exatamente da mesma forma descrita num plano de longo prazo, ainda assim, o diagrama de mobilidade funcional pode ser uma ferramenta eficaz para o processo decisório e a análise. Os Quadros 14.1 e 14.2 são exemplos de guias para um diagrama de mobilidade funcional.

Há muitas vantagens possíveis num diagrama de mobilidade:

- Quando usado com programas de treinamento planejado, um diagrama de mobilidade funcional ajuda a reduzir a rotatividade de funcionários e aumenta a produtividade.

- Ele reafirma o compromisso gerencial para com a equipe de treinamento e promoções; é parte integral de um programa que visa levantar o ânimo dos funcionários.

- Auxilia no treinamento cruzado e no planejamento da ampliação de funções, no enriquecimento e rodízio de funções ou em programas relacionados.

- Os diagramas de mobilidade funcional ajudam a informar outras pessoas (como pessoas que estejam pensando em fazer carreira no setor de hospedagem) sobre o negócio, de que forma elas se encaixariam no setor atualmente e como poderiam progredir dentro do setor no decorrer de sua carreira.

- Os diagramas de mobilidade funcional são muito importantes quando se analisam organogramas, descrições de cargos e especificações de cargos.

Quadro 14.1 – Amostra de Diagrama de Mobilidade Funcional: Divisão de Quartos

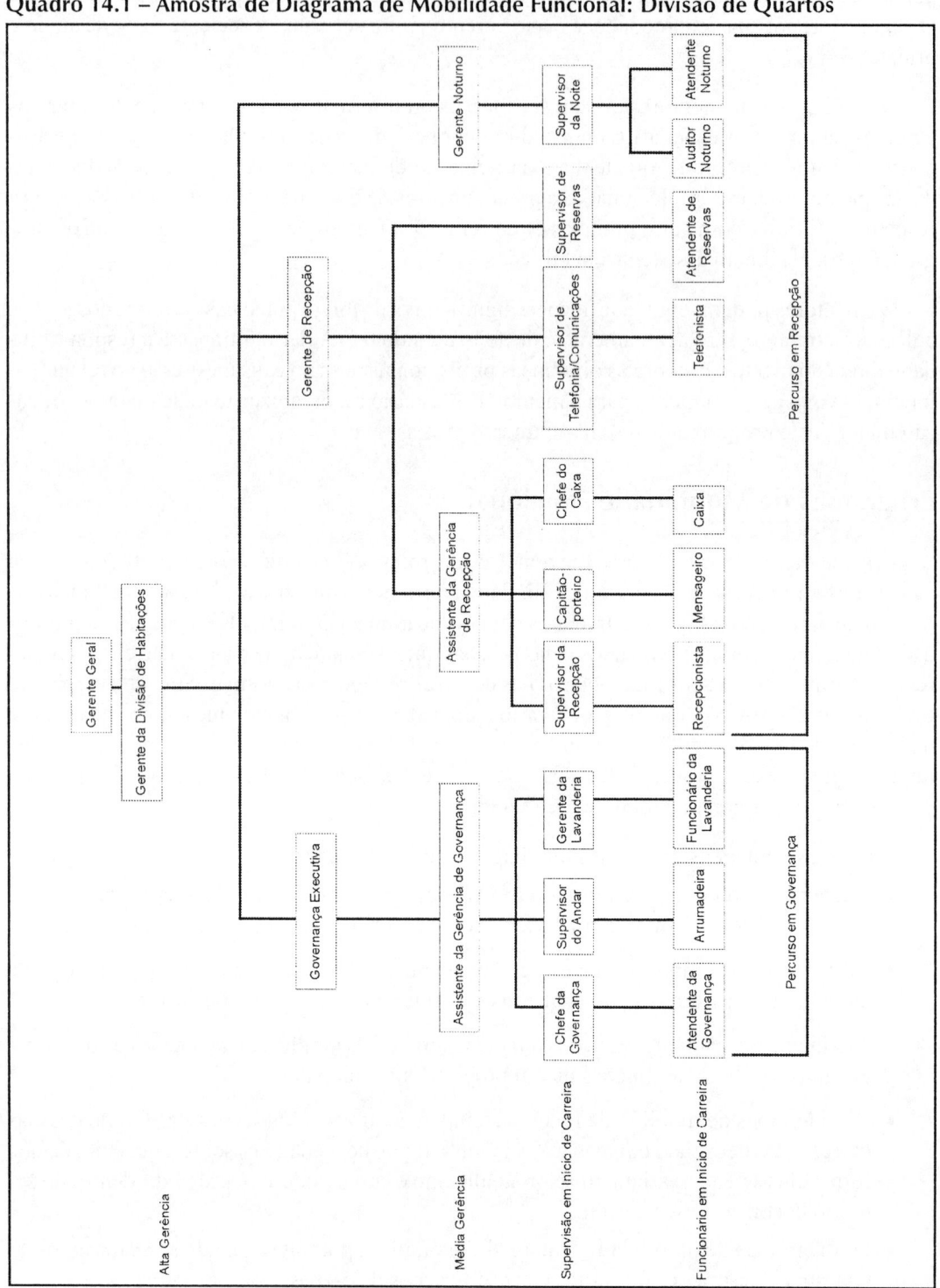

Desenvolvimento Profissional e Tendências Futuras 331

Quadro 14.2 – Modelo de Diagrama de Mobilidade Funcional: Alimentos e Bebidas[2]

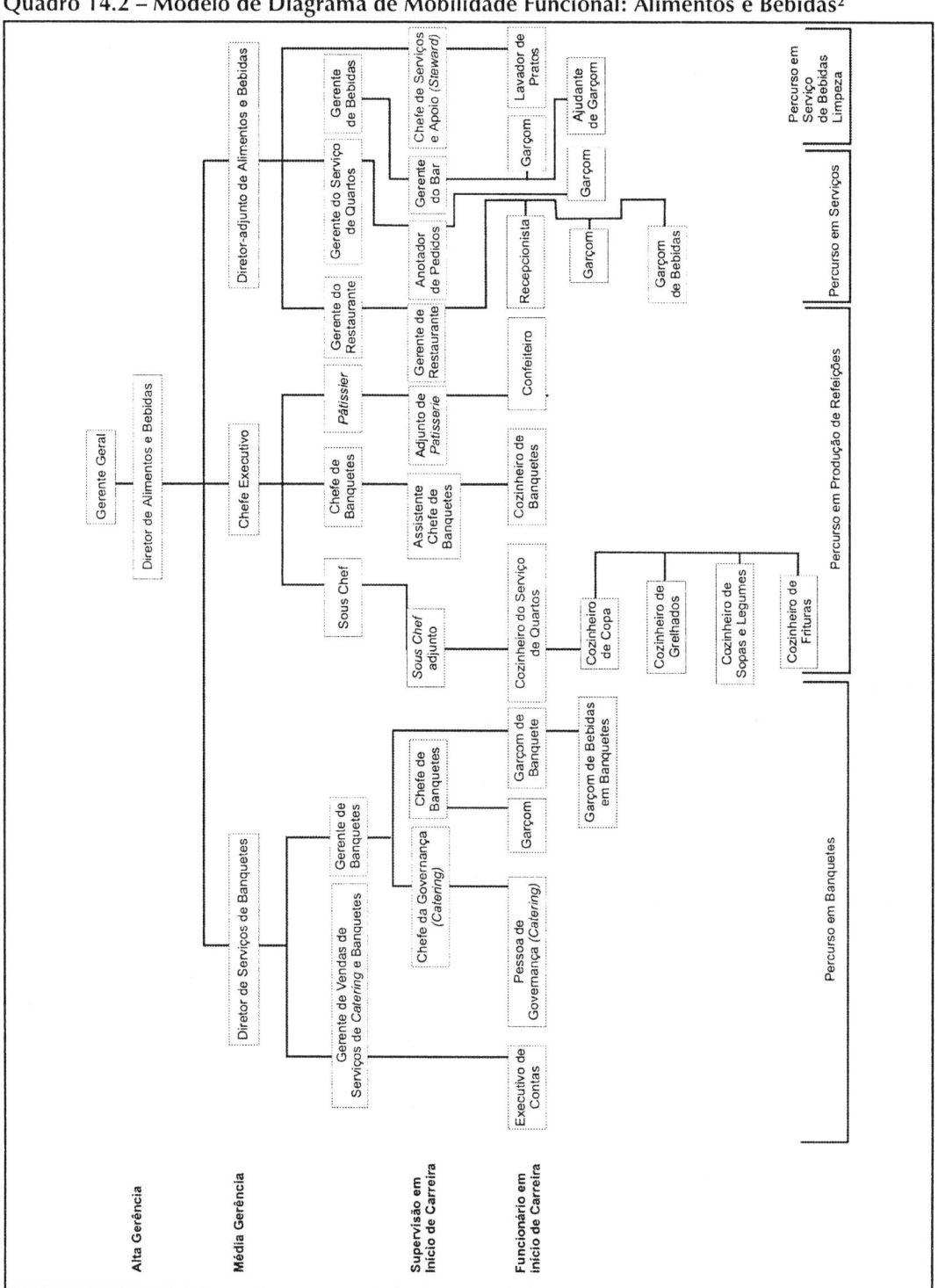

Alta Gerência: Gerente Geral

Média Gerência: Diretor de Alimentos e Bebidas; Diretor de Serviços de Banquetes; Diretor-adjunto de Alimentos e Bebidas; Chefe Executivo

Supervisão em Início de Carreira: Gerente de Vendas de Serviços de *Catering* e Banquetes; Gerente de Banquetes; Chefe da Governança (*Catering*); Sous Chef; Chefe de Banquetes; Assistente Chefe de Banquetes; *Pâtissier*; Gerente do Restaurante; Adjunto de *Pâtisserie*; Gerente de Restaurante; Gerente do Serviço de Quartos; Anotador de Pedidos; Gerente de Bebidas; Chefe de Serviços e Apoio (Steward); Gerente do Bar

Funcionário em início de Carreira: Executivo de Contas; Pessoa de Governança (*Catering*); Garçom; Garçom de Banquete; Garçom de Bebidas em Banquetes; *Sous Chef* adjunto; Cozinheiro do Serviço de Quartos; Cozinheiro de Copa; Cozinheiro de Grelhados; Cozinheiro de Sopas e Legumes; Cozinheiro de Frituras; Cozinheiro de Banquetes; Confeiteiro; Recepcionista; Garçom; Garçom de Bebidas; Ajudante de Garçom; Lavador de Pratos

Percursos: Percurso em Banquetes; Percurso em Produção de Refeições; Percurso em Serviços; Percurso em Serviço de Bebidas; Limpeza

- Os diagramas de mobilidade funcional ajudam a alta gerência a avaliar as necessidades de pessoal de longo prazo da operação.

- Utilizados como parte integral de um programa de orientação, os diagramas de mobilidade funcional reforçam as decisões sobre contratação tomadas por uma equipe nova.

Nem todo Mundo Escolhe o Mesmo Caminho

Não são só as estruturas organizacionais que diferem entre os estabelecimentos, os diagramas de mobilidade funcional também diferem dentro de uma única organização. Considere, por exemplo, a influência de fatores como:

- Os interesses de cada funcionário.

- As necessidades da organização em diferentes épocas.

- Acontecimentos fortuitos ou inauspiciosos (da perspectiva do funcionário) que alteram as metas e os planos de carreira de cada um.

- Mudanças na demanda do negócio.

- Tipo de estabelecimento (por exemplo, serviço completo em oposição a uma instalação limitada).

Esses e outros elementos significam que os planos de carreira freqüentemente têm que ser alterados. Ao mesmo tempo, esses fatores não devem reduzir os seus esforços no sentido de progredir na carreira. Os funcionários normalmente seguem planos de carreira ao pé da letra? Depende. Alguns estabelecimentos só permitem um desvio mínimo de seu diagrama de mobilidade funcional, enquanto que outros permitem uma latitude considerável. Há outros, ainda, que não possuem qualquer plano de carreira.

Implementando um Programa de Desenvolvimento Profissional

Como supervisor, você não está somente preocupado em progredir na sua própria carreira; você também desempenha um papel importante na ajuda que dá aos seus funcionários para que eles progridam nas suas. Se o seu estabelecimento tem um programa de desenvolvimento profissional, você deve encorajar os seus funcionários a se aproveitarem dele. Considere o seguinte:

- Como o aconselhamento sobre carreiras é importante, os supervisores devem ser treinados para poderem encorajar e orientar os funcionários no sentido de futuras oportunidades. Você também deve informar os funcionários a respeito da maneira como as suas avaliações de desempenho afetam o desenvolvimento da sua carreira.

- Discuta o programa de desenvolvimento profissional do seu estabelecimento com funcionários novos e em potencial durante as sessões de recrutamento e orientação. Mostre a eles os seus cargos atuais e explique a progressão de carreira normal da organização para o referido cargo. Dê exemplos de onde pessoas em cargos mais altos começaram e como foram promovidas.

- Encoraje os funcionários a se engajarem em treinamento de carreira. Sempre que for viável, permita algumas horas no trabalho para atividades de treinamento focalizadas nas necessidades da próxima trilha de carreira do funcionário. Desenvolva um programa de reembolso de taxa de matrícula para reembolsar total ou parcialmente os membros da equipe pelos estudos independentes e pelas pesquisas acadêmicas que se relacionem às suas funções.

- Enfatize o diagrama de mobilidade funcional e o programa de desenvolvimento profissional quando realizar avaliações de funcionários. Descubra o que você pode fazer para ajudar os funcionários a obterem conhecimento e habilidades adicionais.

- Promova um programa de desenvolvimento profissional numa base contínua. Oportunidades ideais apresentam-se através de assembléias gerais de equipe, anúncios sobre promoções de outros funcionários e cartazes e brochuras que anunciem programas de treinamento.

- Mantenha o programa atualizado examinando-o rotineiramente. Analise também o organograma, as descrições de cargo e as especificações de cargo, alterando-os conforme for sendo necessário. Certifique-se de que o programa de desenvolvimento profissional fornece as melhores e mais atuais diretrizes possíveis para a sua equipe.

- Disponibilize continuamente as experiências qualitativas de treinamento e ensino para todos os funcionários que as desejarem. Isso inclui reuniões de equipe e oportunidades externas como programas patrocinados por associações/universidades e programas oferecidos pelo *Educational Institute da American Hotel & Lodging Association*.

- Para ter sucesso, a gerência não deve se focalizar unicamente no progresso dos funcionários; em vez disso, deve tentar combinar os desejos dos funcionários com as oportunidades existentes.

O Desenvolvimento Profissional em Ação

Examinemos como um programa de desenvolvimento profissional pode ser planejado. O exemplo seguinte ilustra alguns elementos que podem ser incluídos num programa.

Suponha que um novo funcionário, que não tenha experiência em hospedagem, seja contratado para a recepção. Um programa de desenvolvimento profissional para esta pessoa poderia parecer-se com o exemplo no Quadro 14.3. As áreas gerais da disciplina são anotadas na Coluna 1; o cargo que o funcionário terá através da promoção, depois que dominar as áreas da disciplina, está indicado na Coluna 2; os métodos utilizados para que ele consiga esse domínio nas disciplinas necessárias são mostrados nas colunas subseqüentes.

Quadro 14.3 – Programa de Desenvolvimento Profissional para Funcionários em Início de Carreira na Recepção

Áreas Gerais da Disciplina (O que os Funcionários Devem Saber) (1)	Título do Cargo (2)	Programa de Orientação da Empresa	(Alternativas de Treinamento)			
			Treinamento na Função	Reuniões de Avaliação dos Funcionários	Curso do *Educational Institute*	Outros (cursos de universidade, reuniões de seminário, leitura)
1. Informação Geral sobre a Empresa	Estagiário	x	x	x		
2. Procedimentos Específicos da Empresa (Recepção)		x	x	x		
3. Procedimentos da Recepção	Recepcionista		x	x	x	
4. Operações da Governança						x
5. Gestão de Convenções	Supervisor da Recepção					x
6. Promoção nas Vendas do Hotel						x
7. Legislação Pertinente	Gerente-adjunto de Recepção					x
8. Introdução ao Setor Hoteleiro		x	x	x	x	
9. Supervisão Hoteleira	Gerente da Recepção		x	x	x	
10. Gerência dos Recursos Humanos da Hotelaria			x	x	x	
11. Treinamento no Setor de Hotelaria			x	x	x	
12. Responsabilidade Gerencial para o Setor Hoteleiro			x	x	x	

Como você pode ver, as informações gerais e específicas sobre a empresa serão fornecidas ao estagiário durante o período de orientação, treinamento na função e reuniões de equipe. Em seguida, o estagiário deve aprender sobre os procedimentos gerais da recepção antes de estar habilitado a uma promoção ao cargo de recepcionista. O estagiário pode aprender esses procedimentos tanto de programas internos quanto de programas externos. Depois de aprender sobre as operações da governança e a gerência de convenções, o funcionário pode estar habilitado a uma promoção ao cargo de supervisor da recepção. Duas áreas adicionais de disciplinas (promoção de vendas de hotel/motel e legislação pertinente) são pré-requisitos para uma possível promoção ao cargo de assistente da gerência de recepção. Quando dominar as informações e habilidades adicionais, o membro da equipe poderá continuar a progredir na carreira à medida que surjam vagas e outras oportunidades.

Etapas no Planejamento do seu Futuro

Este capítulo focalizou-se em formas através das quais a organização pode planejar e implementar programas de desenvolvimento gerencial para os funcionários. Entretanto, também é importante que você aprenda procedimentos específicos que sejam úteis ao planejar a sua própria carreira. O Quadro 14.4 descreve as etapas importantes quando se tomam decisões sobre carreira.

Quadro 14.4 – O Processo de Gerenciamento de Carreira

Etapa 1. O que desejo fazer?
  1. O que você gostaria de fazer?
  2. O que é que você faz bem?

Etapa 2. Descubra as oportunidades.
  1. Analise a personalidade.
  2. Considere cargos importantes.

Etapa 3. Selecione metas de carreira.
  1. Considere prazos longos e curtos.
  2. Analise as alternativas à luz das metas.

Etapa 4. Selecione o seu plano.
  1. Avalie o potencial.
  2. Analise as vantagens e desvantagens.

Etapa 5. Selecione a organização.
  1. Promova a si mesmo.
  2. Tome uma decisão quanto a emprego.

Etapa 6. Desempenhe bem suas funções no seu primeiro emprego.
  1. Não se "acomode".
  2. Aprenda o máximo que puder.

Etapa 7. Monitore o progresso.
  1. Mantenha as "opções".
  2. Reavalie continuamente as opções de carreira.

Etapa 8. Planeje novas experiências.
  1. Examine as possibilidades dentro da organização.
  2. Abandone a organização se – e quando – necessário.

Etapa 1. "O que desejo fazer?" A primeira coisa que você deve fazer é decidir que tipo de trabalho lhe agrada. Leve em consideração as suas aptidões, as coisas que você faz bem e os seus interesses. Você provavelmente vai querer fazer coisas que lhe interessem e nas quais você se dá bem no momento. Levar em consideração aquilo que você gosta, desgosta, seus pontos fortes e fracos vai lhe dar uma visão geral a respeito do que gosta e pode fazer bem. O Quadro 14.5 é uma lista de verificação que engloba perguntas pessoais contendo um levantamento que pode ajudá-lo a se conhecer melhor através das suas próprias respostas.

Pensar a respeito de como chegou ao seu atual cargo pode ser útil. Se você está atualmente trabalhando no setor de hospitalidade, como foi que você conseguiu o seu primeiro emprego? Quais são os fatores que levaram você a considerar as oportunidades profissionais no setor? Se você não está ainda no setor de hospitalidade, por que está pensando nele para fazer carreira? Por que ele é mais atraente para você do que outros setores?

Etapa 2. Descubra as oportunidades. Assim que você tiver uma idéia geral a respeito do que deseja fazer, pense nas maneiras como você pode fazer o tipo de trabalho que gosta. Aconselhe-se com os seus supervisores, professores, conselheiros e representantes do pessoal da área de recursos humanos. Os alunos nas escolas que recebem a visita de recrutadores de empresas devem discutir alternativas de emprego através de todo o setor assim como a empresa específica dos recrutadores.

Quadro 14.5 – Lista de Perguntas para Autopesquisa

1. Sei quais são os meus pontos fortes?	Sim_____	Não_____
2. Sei quais são os meus pontos fracos?	Sim_____	Não_____
3. Estou engajado num programa para aperfeiçoar as minhas deficiências?	Sim_____	Não_____
4. Estou saudável física e mentalmente?	Sim_____	Não_____
5. Estou seguindo um programa planejado para melhorar a minha saúde e o meu bem-estar?	Sim_____	Não_____
6. Estou disposto a me mudar?	Sim_____	Não_____
7. Trabalharei muitas horas?	Sim_____	Não_____
8. Trabalharei à noite, nos finais de semana e nos feriados?	Sim_____	Não_____
9. Gosto de trabalhar com gente?	Sim_____	Não_____
10. Estou disposto a começar de baixo, ou quase de baixo, numa organização, e trabalhar até chegar a um nível mais alto?	Sim_____	Não_____
11. Gosto de assumir responsabilidades?	Sim_____	Não_____
12. Consigo lidar com responsabilidade?	Sim_____	Não_____
13. Sou confiável?	Sim_____	Não_____
14. Consigo tomar decisões maduras?	Sim_____	Não_____
15. Consigo obedecer ordens?	Sim_____	Não_____
16. Consigo trabalhar em equipe?	Sim_____	Não_____
17. Gosto de trabalhar sob estreita supervisão?	Sim_____	Não_____
18. Gosto de trabalhar com detalhes?	Sim_____	Não_____
19. Sinto-me bem em trabalhar numa função que envolva muitas rotinas?	Sim_____	Não_____
20. Estou capacitado para gerenciar outras pessoas?	Sim_____	Não_____
21. Gosto de acompanhar o meu trabalho do início ao fim?	Sim_____	Não_____
22. Gosto de tomar decisões e solucionar problemas?	Sim_____	Não_____
23. Prefiro mais trabalhar com gente do que com coisas?	Sim_____	Não_____
24. Relaciono-me bem com as pessoas?	Sim_____	Não_____
25. Consigo trabalhar bem sob pressão?	Sim_____	Não_____
26. Posso fazer trabalho manual?	Sim_____	Não_____
27. Gosto de buscar maneiras criativas de fazer as coisas quando não há procedimentos preestabelecidos?	Sim_____	Não_____
28. Os princípios na "arte e ciência" do gerenciamento me interessam?	Sim_____	Não_____
29. Eu gostaria de ser um gerente profissional?	Sim_____	Não_____
30. Gosto de analisar as pessoas?	Sim_____	Não_____
31. Costumo aprender com os meus erros do passado?	Sim_____	Não_____
32. Acredito que o hóspede sempre tenha razão?	Sim_____	Não_____
33. Reconheço o fato de que há sempre uma maneira melhor?	Sim_____	Não_____
34. Acho divertido aprender?	Sim_____	Não_____
35. Sou uma pessoa criativa e inovadora quando se trata de tomar decisões?	Sim_____	Não_____

Leia publicações comerciais quando estiver buscando listagens de emprego. Participe de feiras de recrutamento. Converse com os funcionários nos outros departamentos, com o seu chefe e com qualquer outra pessoa que possa dar-lhe informações.

Etapa 3. Selecione metas de carreira. Depois que tiver uma idéia a respeito do que deseja fazer e tiver se informado a respeito das oportunidades disponíveis, você deve selecionar as metas de carreira. Tomar uma decisão de carreira não é uma ciência exata. O tipo de auto-análise e de exploração das informações que acabamos de descrever ajudarão a reduzir a margem de erros.

Tomar decisões de carreira é um processo contínuo. As pessoas mudam, assim como os seus interesses e as oportunidades. Além disso, à medida que o ambiente muda, aparecem novas oportunidades de carreira.

Não há como se ter uma visão geral perfeita a respeito das decisões sobre gerenciamento de carreira. Testes de aptidão, interesses, habilidades e conhecimento podem ser úteis. Mesmo assim, eles não dão resposta a uma escolha de carreira. Portanto, seja flexível quanto às decisões tomadas a respeito de gerenciamento de carreira.

O retardamento das decisões quanto a gerenciamento de carreira não é aconselhável. Querer "pensar sobre isso por um ou dois anos" geralmente traduz-se em procrastinação em vez de uma tentativa sincera de tomar uma decisão melhor.

Ao selecionar metas de carreira, você deve honestamente tentar combinar as informações obtidas nas Etapas 1 e 2 com uma avaliação realista do que deve tentar conseguir. Lembre-se de que, na realidade, o número de hotéis onde você pode se empregar é limitado. Desenvolva uma estratégia que leve isto em consideração:

- Onde você está agora.

- Onde você vai querer estar em um ano, em cinco anos e em dez anos.

- Que etapas intermediárias você pode tomar para tornar as suas metas possíveis.

Ao tentar selecionar metas de carreira, pode-se utilizar uma "abordagem de balancete". Através desta abordagem, você analisa as vantagens e desvantagens de atingir cada uma das metas. Por exemplo, uma das metas pode exigir que você continue os seus estudos, mude para outra região do país ou aceite um emprego que pague menos numa área diferente de carreira. Esses aspectos indesejáveis devem ser pesados contra a importância que a meta em questão tenha no seu plano de carreira.

Etapa 4. Selecione o seu plano. Depois que as metas de carreira forem estabelecidas, você deve decidir que plano utilizará para atingi-las. Talvez agora você esteja na organização certa e no primeiro degrau do seu plano de carreira. Por outro lado, talvez compreenda que o seu emprego atual não possui o potencial para crescimento que você necessita. Ou você pode estar ainda estudando e esteja considerando as oportunidades vocacionais para depois da formatura. Seja como for, o processo para se tomar esta primeira decisão sobre carreira (permanecer onde está, mudar ou entrar para uma organização) é basicamente o mesmo. Considere as suas metas de carreira de curto e longo prazos e decida de que forma a sua carreira pode ser desenvolvida. A sua avaliação da situação dependerá das informações que tenha coletado e de como você analisa as vantagens e desvantagens de se atingir uma meta para cada alternativa.

Etapa 5. Selecione a organização. Depois do processo de análise, selecione a organização que você acredita que mais vai ajudar você a atingir as suas metas. Primeiro, você tem que descobrir que qualidades a organização espera dos funcionários no cargo que você cobiça. Depois, você precisa convencer os recrutadores de que possui essas qualidades. Um bom currículo e domínio das habilidades de entrevistas podem ajudar. Ter conhecimento sobre a empresa e sobre si mesmo também pode ajudá-lo a conseguir o emprego de sua escolha.

A disponibilidade e o tipo de programas de desenvolvimento gerencial oferecidos pela empresa são fatores importantes ao se tomar uma decisão quanto à seleção de emprego. Uma empresa com programas formais pode ser uma escolha melhor do que uma organização que não tenha qualquer programa bem definido de desenvolvimento de carreira.

Depois de fazer entrevistas e de analisar o maior número possível de organizações, você terá que tomar uma decisão. A sua decisão deve ser a que pareça mais provável de mantê-lo no caminho certo para poder atingir as suas metas de gerenciamento de carreira.

Etapa 6. Desempenhe bem suas funções no seu primeiro emprego. Ao ser contratado, você deve desempenhar bem as suas funções. Avalie constantemente a forma como as suas novas experiências e informações sobre a função podem beneficiar você e a empresa. Não se acomode, fazendo o seu trabalho de forma rotineira. Contribua com novas idéias sempre que possível; pergunte ao seu supervisor de que maneira você pode melhorar; estude e aprenda, por sua conta, informações relacionadas ao trabalho.

Se você tiver um bom desempenho, é possível que seja reconhecido como candidato a uma promoção. Lembre-se: a maneira mais certa de conseguir uma promoção é sendo sempre o melhor que puder na função que estiver desempenhando no momento.

Etapa 7. Monitore o progresso. Certifique-se de que o seu trabalho atenda aos padrões e expectativas do seu chefe. Pelo menos uma vez por mês, pergunte ao seu chefe se o seu desempenho está sendo satisfatório na realização das tarefas importantes da sua função. Ao mesmo tempo, assegure-se de estar atingindo as suas metas de carreira. Decida se você quer continuar assim ou mudar as suas metas de carreira. Examine a sua situação atual e, caso não esteja se sentindo à vontade com essa situação, reinicie o processo de encontrar e avaliar alternativas que sejam compatíveis com as suas metas de carreira.

Etapa 8. Planeje novas experiências. Você vai querer planejar novas experiências. Examine as possibilidades de desenvolvimento de carreira na sua organização atual. Considere outras alternativas se elas tiverem possíveis benefícios.

Preocupações Específicas nas Decisões de Gerenciamento de Carreira

Lembre-se desses pontos ao planejar a sua carreira:

- Estabeleça metas realistas.
- Algumas funções não apresentam desafios significativos para você, mas podem ser etapas necessárias para levá-lo ao topo. Embora esteja trabalhando em cargos de início de carreira, é mais produtivo aprender tudo que puder sobre a organização e seus procedimentos em vez de ficar ressentido com a empresa por estar desperdiçando os seus talentos.
- Tente encontrar desafios na sua função atual. Descubra maneiras de tornar o trabalho melhor.
- Reconheça que as experiências obtidas durante os seus primeiros empregos podem não ser semelhantes àquelas nos empregos subseqüentes. Geralmente, é preciso abrir mão das necessidades de se satisfazer o ego e se obter *status* durante as primeiras experiências de trabalho.
- É improvável que todos os princípios sobre supervisão discutidos neste livro sejam praticados onde você trabalha. Às vezes, o seu supervisor poderá fazer coisas que pareçam incorretas. O trabalho nem sempre é feito "ao pé da letra".

O ponto mais importante a ser lembrado é que você pode influenciar diretamente o seu futuro. A pessoa que puder atender às necessidades do nosso setor em constante evolução, provavelmente estará mais bem preparada para atingir as suas metas. Lembre-se: se você não souber o rumo que a sua carreira está tomando, nunca chegará onde quer chegar.

Networking: As Associações Auxiliam na sua Aprendizagem

Uma das melhores oportunidades para a educação e o treinamento profissional no setor de hospedagem é a *American Hotel & Lodging Association* (AH&LA) e sua subsidiária sem fins lucrativos, o *Educational Institute da American Hotel & Lodging Association*.

A AH&LA é uma federação com mais de nove mil hotéis, motéis, pousadas, balneários e outros estabelecimentos de hospedagem que oferece muitos benefícios e serviços aos seus membros. Uma variedade de comitês atende a assuntos especializados como tecnologia, turismo, recursos humanos e gerenciamento de alimentos e bebidas.

As associações profissionais atuam em muitas áreas e fornecem boas oportunidades de interação com outras associações que tenham assuntos e interesses mútuos. As associações fornecem benefícios com relação à legislação, assuntos profissionais, sociais e outros para os seus integrantes. Muitos profissionais acreditam na necessidade de retribuírem aos seus setores em reconhecimento à ajuda que receberam quando estavam no início de sua carreira. Trabalhar com associações, a níveis estadual e nacional, fornece uma oportunidade de crescimento profissional ao mesmo tempo em que fornece uma contribuição prática ao setor.

Tendências e Supervisores no Setor de Hospitalidade

Onde quer que você olhe atualmente, há pessoas falando sobre como será o mundo no futuro. Os futuristas se especializam em transmitir o que o futuro nos reserva. Os ambientalistas falam a respeito das condições cada vez piores do nosso planeta e do que isso significa para os nossos filhos e netos. Os economistas falam das conseqüências de uma economia mundial. Os políticos nos dizem o que deveríamos fazer com o nosso dinheiro, a nossa vida e os nossos votos. Finalmente, os educadores nos dizem o que pensam que precisamos saber a fim de termos sucesso no futuro.

Algumas dessas mensagens são encorajadoras. Por exemplo, uma economia mundial fornece muitas oportunidades estimulantes. Podemos esperar uma melhor qualidade de vida – a grande maioria pode esperar um número maior de horas livres. E haverá novas tecnologias maravilhosas para nos auxiliar em todos os aspectos da nossa vida profissional e pessoal.

O objetivo desta seção é dar a você um vislumbre do seu futuro, como supervisor no setor de hospitalidade. A seção começa com uma discussão das tendências que estão alterando dramaticamente a força de trabalho que você estará supervisionando do ano 2000 em diante. A seção também discute as necessidades, em constante mutação, dos hóspedes, os assuntos referentes à qualidade e às novas técnicas de supervisão.

A Força de Trabalho do Futuro

A *Workforce 2000*, um relatório de 1988 sobre a futura força de trabalho dos Estados Unidos pintava um quadro desafiador para os empregadores americanos. De acordo com o relatório, quatro tendências principais moldariam a força de trabalho nos últimos anos do século XX:

- A economia americana deve crescer a um ritmo relativamente saudável, impulsionada por uma recuperação das exportações americanas, um renovado crescimento da produtividade e uma forte economia mundial.

- Apesar da sua volta ao mercado internacional, a indústria manufatureira dos Estados Unidos reivindicará uma fatia muito menor da economia no ano 2000 do que reivindica atualmente. As indústrias de serviços criarão a maioria dos novos empregos e a maioria das novas fortunas durante os próximos anos.

- A força de trabalho crescerá lentamente e será mais diversificada culturalmente. Além disso, haverá mais funcionários mais velhos e do sexo feminino.

- Os novos empregos no setor de serviços exigirão níveis de habilidade muito maiores do que os empregos de hoje em dia. Muito poucos novos empregos serão criados para as pessoas que não souberem ler, seguir instruções e usar a matemática. Ironicamente, as tendências demográficas na força de trabalho, combinadas com maiores exigências de habilidades da economia, levarão a um desemprego tanto maior quanto menor. Haverá maior desemprego entre as pessoas com menos habilidades e pouco ou nenhum desemprego entre os trabalhadores que tiverem mais qualificações e/ou habilidades.

Essas tendências criaram diversos desafios para os supervisores no setor de hospitalidade. Você precisa melhorar a produtividade aumentando a velocidade e o rendimento do trabalhador no futuro. Ao mesmo tempo, você deve encontrar estratégias para manter as energias de uma força de trabalho que está envelhecendo. Como a idade média dos trabalhadores americanos subiu para 40 anos, você deve garantir que os seus funcionários não percam a capacidade de se adaptar e a disposição para aprender novas habilidades.

Outro grande desafio com o qual o setor de hospitalidade se depara é como reconciliar as necessidades conflitantes das mulheres com o trabalho e a família. Quase dois terços das pessoas que entraram na força de trabalho foram mulheres; espera-se que hoje 61% de todas as mulheres com idade para trabalhar tenham empregos. Isto apresenta um desafio significativo para as organizações, porque a maioria das políticas e dos procedimentos atuais que envolvem pagamentos, benefícios, tempo gasto longe do trabalho, pensões, assistência social e outros assuntos foram projetados para uma sociedade na qual os homens trabalhavam e as mulheres ficavam em casa.

Nos próximos anos, os funcionários não-tradicionais constituirão uma fatia maior do que nunca de estreantes na força de trabalho. A velocidade acelerada das mudanças tecnológicas no setor de hospitalidade e as necessidades cada vez maiores de habilidades do setor tornam particularmente urgente a tarefa de se aproveitar integralmente esses trabalhadores. O desafio para os empregadores será educar e treinar esses grupos que carecem das habilidades necessárias para trabalhar no cenário profissional do futuro.

Os imigrantes representarão a maior fatia do aumento na população e a força de trabalho desde a Primeira Guerra Mundial. Mesmo depois do *Immigration Reform and Control Act*, de 1986, espera-se que aproximadamente 600 mil imigrantes legais e ilegais terão entrado nos Estados Unidos anualmente através da balança do século. Dois terços deste número entrará na força de trabalho. Mais uma vez, muitos desses imigrantes precisarão de educação e treinamento especiais.

Fica claro que o setor de hospitalidade e você, como supervisor, deverão desenvolver melhores estratégias para atrair, contratar, treinar, motivar e manter as pessoas a fim de lidarem com variações demográficas e empregatícias. Haverá muitas oportunidades para os supervisores que conseguirem se adaptar e superar os desafios apresentados por uma força de trabalho em mutação.[3]

As Necessidades Variáveis dos Hóspedes

Os hóspedes futuros exigirão mais do que os hóspedes atuais. Além de terem renda e níveis de formação mais altos, seis outras mudanças são previstas para o estilo de vida dos nossos futuros hóspedes:

- Com um número maior de horas de lazer e mais dinheiro para gastar em itens não-essenciais, as pessoas viajarão mais do que nunca.

- A diversidade da população está crescendo e haverá uma aceitação maior das diferenças culturais na nossa sociedade.

- As pessoas terão expectativas cada vez maiores de sucesso, principalmente de sucesso econômico.

- As pessoas poderão esperar níveis mais altos de atendimento médico. Haverá um crescimento da medicina preventiva e os movimentos "pró-saúde" enfatizarão os estilos de vida focalizados em exercícios, nutrição e manutenção da saúde.

- Os consumidores se transformarão em compradores mais inteligentes em virtude do crescimento contínuo do movimento contra o consumismo.

- As tendências familiares incluirão um declínio nas taxas de natalidade, uma diminuição nas taxas de divórcio e um crescimento em horas de lazer e atividades do tipo "faça você mesmo". Haverá um aumento de chefes de família solteiros (os "novos pobres") e da população da terceira idade.

Cada uma das tendências acima sugere um aumento em potencial na utilização de produtos e serviços oferecidos pelo setor de hospitalidade. As organizações de hospitalidade bem-sucedidas do futuro serão as organizações que identificarem e usarem as suas oportunidades para uma distribuição coerente dos produtos e serviços desejados pela sociedade.

Assuntos Relativos à Qualidade

A atual ênfase na qualidade continuará e deve aumentar no futuro. Isto terá um impacto direto sobre você, já que os supervisores ajudam a definir qualidade e a garantir que a qualidade seja distribuída de uma forma consistente.

Embora o termo "garantia de qualidade" seja freqüentemente utilizado no nosso setor, existem poucas organizações nos setores de hospitalidade que tenham programas de garantia de qualidade de longo prazo. Às vezes, esses programas são malconcebidos ou implementados ou não recebem apoio da alta gerência. Outros, que começam bem, podem acabar abruptamente devido a uma mudança na gerência, ou simplesmente porque os gerentes perdem o interesse. A despeito de terem ou não um programa de garantia de qualidade já montado, as operações no setor de hospitalidade no futuro devem enfatizar a qualidade. A produção de produtos e serviços de qualidade depende tanto de uma filosofia ou atitude quanto de procedimentos. Uma das formas que os supervisores terão para atingir as metas de qualidade é permitir que os seus funcionários planejem e implementem maneiras de desempenhar melhor as suas funções.

Técnicas de Supervisão

As futuras mudanças no setor afetarão os estilos e as técnicas de supervisão. Esta seção apresenta as idéias que os especialistas de hoje têm a respeito de como o seu papel como supervisor pode vir a mudar.

O Supervisor como Planejador e Estrategista. No setor de hospitalidade, cada vez mais competitivo, o planejamento se tornará mais importante para os gerentes de todos os níveis, incluindo os supervisores. Os supervisores terão que fazer mais planejamento do que nunca para controlar custos incorridos com mão-de-obra e outros custos. E eles não estarão mais realizando planejamento somente para as atividades do dia-a-dia. Eles terão, cada vez mais, que contribuir para os planos comerciais, financeiros e de marketing de longo prazo da organização.

Empowerment. O termo *"empowerment"* refere-se à delegação de autoridade no processo decisório dentro da organização onde a decisão específica precisa ser tomada. Já que as situações mudam constantemente, assim como as necessidades dos hóspedes, é improvável que procedimentos operacionais padrão sirvam para todas as situações. O resultado disso é que mais operações no setores de hospitalidade estarão dando aos funcionários uma liberdade maior para determinarem o que for melhor em situações específicas. Os supervisores que esclarecerem os seus funcionários a respeito da missão e dos objetivos da organização e que os treinarem bem para fazerem um bom trabalho, provavelmente terão funcionários que possam ter *empowerment* para tomar mais decisões sozinhos.

Autogestão. A nova força de trabalho desejará ser autogerida. Isto significa mais do que simplesmente ter direito a dar a sua opinião em assuntos que os afetem. Os funcionários desejarão a liberdade de planejar e desempenhar partes significativas de suas funções. E eles desejarão ser recompensados com base na eficiência com que fazem este trabalho.

A "autogestão" será uma habilidade crítica para você desenvolver no futuro. Assim como o seu chefe dá a você autoridade e responsabilidade mais amplas, você deve aprender como fazer o mesmo com os seus funcionários. O seu desafio será executar tarefas eficientemente e dentro do prazo sem estar constantemente recorrendo ao seu chefe para fazer perguntas que digam respeito a assuntos que você está autorizado a resolver. Em troca, você deve confiar no julgamento dos seus funcionários e encorajá-los a não recorrerem a você no que disser respeito a cada pequeno detalhe. Os supervisores ditatoriais terão papéis cada vez menores nas organizações de hospitalidade do futuro.

Estruturas Organizacionais. É possível que as organizações nos setores de hospitalidade se tornem mais "achatadas". Isto significa que muitos cargos tradicionais da média gerência serão eliminados. À medida que esses cargos forem sendo eliminados, os supervisores e funcionários assumirão maiores responsabilidades. Os supervisores tomarão mais decisões e serão mais responsáveis pelo sucesso ou fracasso da sua organização.

As estruturas organizacionais mudarão sob um outro aspecto. No passado, a maioria das organizações raramente mudava, exceto para se tornar mais burocrática, na sua essência. As suas estruturas se tornavam rígidas e, em muitos casos, ficavam incapazes de reagir a novas oportunidades e problemas. Cada vez mais, as estruturas burocráticas serão substituídas por equipes, unidades comerciais de planejamento, círculos de qualidade ou outros grupos de funcionários. Esses grupos de funcionários se reunirão para trabalhar em problemas específicos e depois, quando os problemas estiverem resolvidos, se dissolverão. Eles podem beneficiar a organização oferecendo uma assistência rápida, flexível, sem qualquer conseqüência improdutiva de longo prazo. Esta estruturação em grupos talvez agrade aos funcionários porque lhes proporcionará agilidade a respeito de problemas específicos, dando às suas funções mais variedade e interesse.

Tecnologia e Robótica. A tecnologia e a robótica substituirão a necessidade de gente no setor de hospitalidade no futuro? A maior parte das autoridades no assunto acha que não. Até o presente, a computação tem ajudado o setor apenas nas áreas que necessitam do menor número de pessoas. Por exemplo, a recepção, o departamento de contabilidade e o departamento de compras foram informatizados. Entretanto, os dois departamentos que mais exigem mão-de-obra – alimentos e bebidas, e governança – não foram muito afetados pelos computadores. É bem provável que, só depois de estarmos há bastante tempo no próximo século, a tecnologia possa eliminar qualquer número significativo de cargos nesses departamentos.

O conceito *"hi-tech-hi-touch"*[4] tem um verdadeiro significado no nosso setor. Colocado de forma simplista, muitas pessoas acreditam que, à medida que a tecnologia for diminuindo, a quantidade de interação humana, a qualidade do contato pessoa-a-pessoa se tornará mais importante do que nunca. Por exemplo, embora alguns estabelecimentos tenham máquinas de *check-in* automatizadas, ainda disponibilizam um funcionário. Alguns estabelecimentos oferecem *check-out*[5] dentro do quarto, mas também disponibilizam funcionários para isso. Os hóspedes de hoje – e provavelmente os de amanhã também – acreditam em serviços fornecidos por pessoas, não por máquinas. Em decorrência disso, a capacidade de distribuir os aspectos *"hi-tech"* do serviço continuarão sendo uma parte importante na forma como as operações de hospitalidade fornecem serviços.

Assuntos Legais. Os supervisores do futuro terão que lidar com desafios ainda mais legais do que as suas contrapartes de hoje em dia. Os funcionários cada vez mais utilizarão meios legais quando acreditarem que foram injustiçados. Uma variedade de leis e regulamentos, que envolvem remuneração, discriminação, segurança e outros assuntos importantes, estabelece limites dentro dos quais os supervisores devem trabalhar. Através de educação e treinamento, os supervisores terão que se conscientizar mais de como as suas próprias responsabilidades civis e as da sua organização são afetadas por suas ações.

Conclusão

Não há dúvida de que o setor de hospitalidade está mudando. Os desejos e as necessidades dos consumidores estão mudando e eles ditam o que o segmento de negócios do setor deve fazer. As instituições sem fins lucrativos que prestam serviços na área de alimentação também estão mudando. Elas estão reconhecendo que, para manter os preços baixos, é preciso empregar efetivamente os princípios gerenciais básicos.

O crescimento no setor criará muitos cargos que não serão preenchidos. Isto fará com que as organizações disputem pessoal umas com as outras. Haverá uma pressão cada vez maior de atender às necessidades dos funcionários dentro das suas funções para retê-los. Os funcionários em início de carreira que os supervisores terão que gerenciar no futuro provavelmente chegarão até os seus cargos com expectativas maiores a respeito da qualidade de sua vida no trabalho. Os supervisores terão que praticar os melhores princípios de gerenciamento, relações humanas e motivação para atender a essas expectativas.

A nova tecnologia solucionará muitos dos problemas atuais. Poderemos contar com equipamentos, sistemas e instalações adicionais e melhores. Portanto, o supervisor do futuro deverá conhecer e praticar eficazmente as habilidades relacionadas às pessoas ao mesmo tempo em que deverá aprender a gerenciar novas tecnologias. Se a função de um supervisor é difícil hoje, ela será ainda mais difícil no futuro. Os princípios de supervisão discutidos neste livro devem formar a base sobre a qual as novas habilidades – algumas das quais talvez nem sejam conhecidas ainda – podem ser construídas.

Esperamos que você esteja animado com o futuro no setor de hospitalidade e deseje se tornar – e permanecer – parte dele. Não se intimide pela quantidade de conhecimento, habilidades e capacidades que será necessária no futuro. Em vez disso, aproveite todas as oportunidades que o setor de hospitalidade tem para lhe oferecer. Fazendo isso, você vai crescer pessoal e profissionalmente e estará mais do que preparado para enfrentar os desafios do futuro.

Notas

1. N.T. – No Brasil, utiliza-se tanto a expressão *networking* quanto a expressão "rede de contatos".

2. N.T. – No Brasil, em vários hotéis, os cozinheiros com funções específicas são denominados por palavras francesas, tais como *Entremetrier* (prepara sopa e legumes), *Rôtisseur* (prepara grelhados), *Pâtissier* (prepara sobremesas) e *Sous Chef* (substituto de Chefe Executivo).

3. Muitas das estatísticas citadas nesta seção são tiradas de *Workforce 2000: Work and Workers for the 21st Century, Executive Summary* (Indianapolis, Indiana: Hudson Institute, Inc., 1988).

4. N.T. – A expressão *hi-tec-hi-touch* que significa alta tecnologia (*high technology*) aliada a um intenso contato pessoal (*high touch*).

5. N.T. – Check-out – procedimentos relativos à saída do hóspede do hotel.

Glossário

A

ACOMODAÇÃO

Um estilo de gerenciamento de conflitos geralmente praticado por supervisores que possuem um nível baixo de assertividade e um alto nível de cooperação. Este estilo normalmente leva a resultados em que uma parte ganha e a outra perde. Os supervisores com este estilo acomodam as necessidades dos outros mesmo que isso signifique negligenciar as suas próprias necessidades. Aqueles que sacrificam os seus interesses inevitavelmente acabam ficando do lado perdedor.

ABUSO DE SUBSTÂNCIAS TÓXICAS

Consumo de drogas (incluindo bebidas alcóolicas) que chegue ao ponto em que a saúde e a vida pessoal e profissional de uma pessoa são negativamente afetadas.

ACONSELHAMENTO

Uma técnica de solução de conflitos que utiliza o diálogo indivíduo – indivíduo para auxiliar os funcionários a solucionarem seus próprios problemas. O aconselhamento relacionado ao trabalho concentra-se nas atitudes do funcionário em relação a seu trabalho e ao local de trabalho. O aconselhamento não relacionado ao trabalho envolve problemas pessoais que não são diretamente vinculados ao trabalho.

AGENTE DE MUDANÇAS

Uma pessoa responsável pelo planejamento, implementação e avaliação das mudanças dentro do local de trabalho.

ARBITRAGEM

Um método para resolver conflitos e disputas entre pessoas, pelo qual as partes se reúnem com uma terceira parte neutra – um árbitro – que analisa a disputa e toma quaisquer decisões que ache necessárias para resolver essa disputa. As partes envolvidas devem acatar essas decisões.

ARQUIVO DE PESSOAL

Um arquivo com registros históricos sobre cada funcionário, normalmente mantido no departamento de pessoal e utilizado para se tomar decisões relacionadas a emprego.

ASSÉDIO SEXUAL

Conduta que seja (1) essencialmente sexual e (2) inoportuna. O assédio sexual pode ser físico, verbal (incluindo comentários sugestivos) ou visual (por exemplo, exibindo fotografias pornográficas).

ATAS DE REUNIÃO
Um registro dos participantes, acontecimentos e ações de uma reunião.

AUTO-ESTIMA
Sentimentos seguros e positivos a respeito de si mesmo; auto-respeito.

AUTORIDADE FORMAL
A autoridade que acompanha o cargo que uma pessoa ocupa na organização.

AUTORIDADE INFORMAL
Poder que alguém detém em decorrência de sua capacidade, seu carisma ou outras características pessoais. Também conhecido como autoridade pessoal.

AVALIAÇÃO
A tarefa, em nível de supervisão, de: (1) analisar o progresso da operação em direção às metas organizacionais e (2) medir o desempenho do funcionário segundo os padrões da organização.

AVALIAÇÃO DE DESEMPENHO
Uma avaliação periódica de um funcionário por um supervisor ou gerente. O supervisor/gerente e o funcionário avaliam, em conjunto, o desempenho no trabalho e discutem os passos que o funcionário pode tomar para melhorar suas habilidades e seu desempenho no trabalho.

B

BENCHMARKING
Um padrão através do qual o progresso pode ser medido ou avaliado; um ponto de referência a partir do qual o progresso pode ser medido ou avaliado.

BOATOS
Um termo utilizado para caracterizar as informações não-confirmadas que circulam entre os grupos informais dentro de uma organização.

C

CARGOS FIXOS NO QUADRO DE PESSOAL
Cargos que devem ser preenchidos não obstante o volume dos negócios.

CARGOS TEMPORÁRIOS NO QUADRO DE PESSOAL
Cargos que são preenchidos em função de mudanças no volume dos negócios.

CENTRAL DE BOATOS
Termo usado para descrever a geração e transmissão de informações não-confirmadas dentro de uma organização.

COACHING FORMAL

Sessão de treinamento individual conduzido longe do posto de trabalho. Ele se focaliza no conhecimento, nas habilidades ou nas atitudes que afetam negativamente uma grande parte do desempenho funcional do funcionário. Uma sessão de *coaching* formal também pode ser chamada de sessão para aperfeiçoamento do desempenho.

COACHING INFORMAL

Um tipo de treinamento que normalmente é conduzido no local de trabalho do funcionário. Ocorre durante as operações normais do dia-a-dia. Geralmente é conduzido para aperfeiçoar uma habilidade, transmitir algum conhecimento ou ajustar um comportamento inadequado.

COMPARTILHAMENTO DE CARGO (*Job Sharing*)

Uma escala alternativa de trabalho que permite que dois ou mais funcionários de meio expediente assumam as responsabilidades de uma ocupação/cargo de expediente integral. Os participantes podem ser responsáveis por todas as tarefas da ocupação ou podem dividir as tarefas entre eles.

COMPETIÇÃO

Um estilo de gerenciamento de conflitos geralmente praticado por supervisores que têm um nível alto de assertividade e um nível baixo de cooperação. Este estilo normalmente leva a resultados onde uma parte perde e outra ganha (perde-ganha). Um supervisor com este estilo geralmente tenta dominar os outros valendo-se da autoridade para garantir que as suas necessidades sejam satisfeitas.

COMPROMISSO

Um estilo de gerenciamento de conflitos geralmente praticado por supervisores com níveis moderados tanto de assertividade quanto de cooperação. Este estilo pode levar a resultados do tipo ganha-ganha, perde-ganha ou perde-perde, dependendo da maneira pela qual as partes conflitantes encarem o compromisso. Os supervisores com este estilo reagem aos conflitos tentando satisfazer algumas das necessidades de todos os envolvidos.

COMUNICAÇÃO DE BAIXO PARA CIMA (OU VERTICAL ASCENDENTE)

A passagem de informações dos níveis hierárquicos mais baixos para os níveis hierárquicos mais elevados de uma organização.

COMUNICAÇÃO DE CIMA PARA BAIXO (OU VERTICAL DESCENDENTE)

A transmissão de informações dos níveis hierárquicos mais altos para os níveis hierárquicos mais baixos de uma organização.

COMUNICAÇÃO LATERAL

A transmissão de informações entre pares ou integrantes de um mesmo nível hierárquico.

COMUNICAÇÃO NÃO-VERBAL (LINGUAGEM CORPORAL)

Os gestos e os movimentos corporais que uma pessoa utiliza, incluindo expressão facial, contato ou movimento visual e postura. A nossa linguagem corporal pode contradizer as nossas palavras ou revelar informações que não tencionamos revelar. Podemos ouvir determinados tipos de comunicação não-verbal, como risos, choro, assobio ou tom de voz.

CONTROLE

A tarefa de medir os resultados alcançados em relação aos resultados esperados. O controle também se refere à proteção dos bens e da receita do estabelecimento.

COORDENAÇÃO

A tarefa de designar trabalho e organizar as pessoas e os recursos para satisfazer os objetivos do estabelecimento.

D

DECLARAÇÕES AUTO-REVELADORAS

Declarações que você pode fazer para mostrar a um locutor como se sente sobre o que ele disse. Quando você relata experiências ou emoções semelhantes às do locutor, mostra que ele não é o único que pensa ou se sente de uma determinada maneira.

DECLARAÇÕES DE SÍNTESE

Declarações que condensam partes do que o locutor disse e enfatizam os pontos importantes. Utilize-as para focalizar a atenção sobre um determinado tópico, para mostrar que você está de acordo com determinados pontos, para direcionar o locutor para uma outra parte do assunto e para chegar a um acordo sobre pontos específicos a fim de encerrar a conversação.

DELEGAÇÃO

A tarefa de designar autoridade aos funcionários para desempenharem tarefas ou tomarem decisões pelas quais o supervisor continua sendo responsável.

DEPARTAMENTO DE APOIO ADMINISTRATIVO

Um departamento que dá apoio e aconselhamento aos departamentos de linha ou operacionais. Não fornece serviços ou produtos diretamente aos hóspedes.

DEPARTAMENTO DE LINHA

Um departamento que fornece serviços ou produtos diretamente aos hóspedes. Também chamado de departamento operacional.

DEPARTAMENTO DE PESSOAL

Também conhecido como departamento de recursos humanos, uma das responsabilidades desse departamento é ajudar você a definir, identificar e recrutar o tipo de funcionário que o seu departamento necessita. Os integrantes da equipe de pessoal envolvem-se praticamente em todos os aspectos do histórico profissional do funcionário.

DESCRIÇÃO DE CARGO
Definição por escrito de um cargo e das responsabilidades inerentes a este e as competências necessárias a seu ocupante.

DESCRIÇÃO DE TAREFA
Um conjunto de detalhes por escrito, o "passo a passo" de como executar cada tarefa.

DIRECIONAR
A tarefa, em nível de supervisão, de gerenciar, programar e disciplinar os funcionários. A direção inclui coisas como treinamento e motivação dos funcionários.

DISCIPLINA
Num sentido positivo, a disciplina consiste nas atividades que corrigem, reforçam e aperfeiçoam o desempenho do funcionário. A disciplina pode envolver leves correções no local de trabalho ou pode fazer parte de um programa formal com etapas cada vez mais severas.

DISCRIMINAÇÃO
A prática de tratar alguém de forma diferente – geralmente injustamente – baseada em fatores como a raça ou a nacionalidade de alguém.

E

EMPATIA
A capacidade de ver as circunstâncias do ponto de vista dos outros ou de compreender os sentimentos dos outros.

ENTREVISTA DE DESLIGAMENTO
Uma reunião entre um funcionário que esteja saindo da organização e um supervisor ou gerente da organização (geralmente que não seja o supervisor imediato do funcionário). A reunião serve para discutir aspectos relacionados ao trabalho/cargo/função/ocupação, à empresa e ao motivo pelo qual o funcionário está se desligando da empresa.

ESPECIFICAÇÃO DE CARGO
Uma ferramenta de seleção que lista as qualidades pessoais que os funcionários precisam ter para desempenhar um cargo adequadamente.

ESPELHAMENTO
A repetição exata das palavras-chave de um locutor para mostrar a ele como uma palavra-chave ou frase-chave soa. Indica o interesse do ouvinte pelas palavras do locutor e seu desejo de compreendê-las. O espelhamento ajuda tanto você quanto o locutor a determinarem a importância de quaisquer palavras que ele use. Também chamado de reafirmação.

ÉTICA

Princípios ou normas a respeito do que é "certo" e "errado".

F

FALÁCIA DE ONIPOTÊNCIA

Também conhecida como falácia do "Posso fazer melhor", esta falácia geralmente é encontrada entre os novos supervisores. É a impressão que o supervisor tem de que "Ninguém mais pode fazer o trabalho tão bem quanto ele". Talvez seja o maior obstáculo à delegação.

FEEDBACK

A reação de um ouvinte ou leitor à comunicação verbal e não-verbal de um orador ou escritor. O *feedback* pode avaliar algo que o orador/escritor tenha dito ou feito e pode suprir informações corretivas.

FIANÇA

Um tipo de seguro que reembolsa a empresa por furtos praticados por funcionários que façam mau uso do dinheiro da empresa.

FORÇAS ESTABILIZADORAS

Condições que provocam a continuidade das coisas e situações em uma organização e funcionam em oposição às forças externas e internas de mudanças.

FORÇAS EXTERNAS DE MUDANÇA

Condições sociais, econômicas, políticas e legais que geram mudanças no interior de uma organização.

FORÇAS INTERNAS DE MUDANÇAS

Condições em um estabelecimento do setor de hospitalidade que levam a mudanças no interior da organização.

FORMAÇÃO

Conjunto de ações educacionais, previstas para um determinado período de tempo e determinada área do conhecimento, que confere aos participantes uma bagagem de conhecimentos, habilidades e atitudes.

FORMAÇÃO DO QUADRO DE PESSOAL

A atividade de supervisão que recruta e contrata funcionários.

G

GANHA-GANHA

O resultado de um conflito no qual as necessidades de todas as partes envolvidas são satisfeitas e o conflito é resolvido. Para alcançar um resultado ganha-ganha, os envolvidos devem conhecer as necessidades das partes oponentes e trabalhar juntos para resolver a situação de forma que todos atinjam benefícios.

GERENCIAR
O processo de se utilizar recursos para alcançar os objetivos da organização.

GERÊNCIA DE RISCOS
Programas projetados para descobrir e remediar situações arriscadas num estabelecimento (corrimãos de escada inseguros, material inflamável etc.) e prevenir acidentes. A gerência de riscos envolve mais do que a aquisição de seguros.

GRUPO DE COMANDO
Tipo mais comum de grupo de trabalho formal, normalmente constituindo-se de um gerente, supervisores e funcionários.

GRUPO DE TAREFA
Um tipo de grupo de trabalho formal, criado para executar tarefas não-rotineiras numa organização. Às vezes, é constituído de supervisores e funcionários que trabalham em conjunto.

GUIA DE QUADRO DE PESSOAL
Um sistema utilizado para determinar o número necessário de trabalhadores.

GUIAS SEMANAIS DE PLANEJAMENTO
Guias utilizados pelos supervisores para ajudá-los a alocar tempo às atividades, projetos e pessoas que deverão ser alvo de sua atenção durante a semana. Podem ser preenchidos em um formulário pré-impresso, ou os supervisores poderão criá-lo no formato que melhor atenda às suas necessidades.

H

HABILIDADES CONCEITUAIS
Uma das três habilidades críticas da supervisão. As habilidades conceituais são as habilidades intelectuais que os supervisores necessitam para desempenhar bem as suas funções, incluindo a capacidade de visualizar problemas, pensar nas soluções e tomar decisões.

HABILIDADES EM RELAÇÕES HUMANAS
Uma das três habilidades críticas de supervisão. As habilidades em relações humanas incluem todas as habilidades necessárias para lidar eficazmente com os funcionários em um nível pessoal (comunicação, liderança, compreensão de como as pessoas trabalham em grupo etc.).

HABILIDADES TÉCNICAS
Uma das três habilidades críticas da supervisão. Essas habilidades formam os comportamentos básicos de trabalho de qualquer ocupação. Por exemplo, as habilidades técnicas necessárias de

um garçom são noções de matemática básica, boa coordenação entre olhos e mãos, equilíbrio, boa comunicação etc.

HORÁRIO COMPRIMIDO

Horários de trabalho alternativos que permitem que os funcionários trabalhem o equivalente ao número de horas normais de uma semana de trabalho em menos dias do que os cinco dias normais. Uma adaptação típica é uma semana de trabalho composta por quatro dias de dez horas.

HORÁRIO FLEXÍVEL

Um sistema de programação de horários de trabalho que permite que os funcionários variem os seus horários de chegada e saída. Geralmente, há um período de tempo durante cada turno (horário essencial) quando todos os funcionários devem estar presentes.

HOSPITALIDADE

Conjunto de competências, serviços, infra-estrutura e outros recursos destinados a receber bem turistas e visitantes, acolhendo com satisfação e servindo com excelência. Constitui-se como condição para receber mais e sempre turistas e extrapola a idéia de calor humano.

I

INDICADORES DE MUDANÇA EFICAZ

Resultados esperados, mensuráveis, que são utilizados para avaliar a eficácia das mudanças implementadas no ambiente de trabalho.

L

LADRÕES DE TEMPO

Pessoas ou atividades que consomem tempo, mas que não contribuem para realizar os objetivos da organização. Os ladrões de tempo podem ser divididos em duas categorias: os gerados por supervisores e os gerados por subordinados e outros.

LIDERANÇA

A capacidade de alcançar os objetivos trabalhando com e através das pessoas. Um líder cria condições que motivam os funcionários estabelecendo metas e influenciando-os a atingirem essas metas.

LIDERANÇA AUTOCRÁTICA

Um estilo de liderança pelo qual o supervisor retém o máximo de poder e autoridade possível no processo decisório.

LIDERANÇA BUROCRÁTICA

Um estilo de liderança pelo qual o supervisor gerencia "ao pé da letra" e faz vigorar as regras, as políticas, os regulamentos e os procedimentos operacionais padrão.

LIDERANÇA DEMOCRÁTICA
Um estilo de liderança através do qual o supervisor envolve os funcionários tanto quanto possível em aspectos do trabalho que os afetem.

LIDERANÇA *LAISSEZ-FAIRE*
Um estilo de liderança pelo qual o supervisor mantém uma política de não-intervenção e delega aos funcionários o máximo de autoridade possível para usar seus próprios critérios no processo decisório.

LISTA DE *CALL-BACK*
Uma lista que o supervisor mantém que inclui os nomes de todos os candidatos talentosos internos e externos que estejam interessados em cargos no departamento do supervisor. A lista pode conter nomes de ex-funcionários dispostos a colaborar em bases temporárias.

LISTA DE TAREFAS
Uma lista das tarefas que um funcionário, num determinado cargo, deve executar.

LISTAS DE COISAS A FAZER
As listas que os supervisores podem criar todos os dias para auxiliá-los a determinar e estabelecer prioridades para as tarefas que precisam ser realizadas. As listas de coisas a fazer podem ser guardadas em bloquinhos que caibam dentro do bolso, blocos em tamanho ofício, formulários pré-impressos ou em outros formatos.

M

MANOBRA DE HEIMLICH
Uma técnica de primeiros socorros que força o ar através dos pulmões, para desalojar uma obstrução na traquéia de uma pessoa que engasga.

MEDIAÇÃO
Um método para solucionar disputas entre gerentes e representantes sindicais pelo qual as partes discordantes se reúnem com uma terceira parte neutra – um mediador – que analisa a disputa e aconselha a respeito de como solucioná-la. O conselho do mediador não precisa ser acatado.

MÉTODO DE AVALIAÇÃO DE DESEMPENHO ATRAVÉS DE GERÊNCIA POR OBJETIVOS (*MBO-MANAGEMENT BY OBJECTIVES*)
Um método através do qual o avaliador trabalha com o funcionário para determinar um conjunto de metas e a forma como o funcionário atingirá essas metas. Depois, eles trabalham juntos para estabelecer rotinas de avaliação. Os procedimentos de um plano MBO envolvem quatro etapas.

MÉTODO DE PADRÕES ABSOLUTOS
Método de avaliação pelo qual o avaliador analisa o desempenho funcional de cada funcionário independentemente dos outros funcionários. Geralmente, há três dinâmicas mais comuns: a di-

nâmica dos incidentes críticos, a dinâmica com listas de verificação ponderadas e a dinâmica de escolha forçada.

MÉTODO DE TOMADA DE DECISÃO PROGRAMADA

A tomada de decisão que depende de manuais de procedimentos, guias para preenchimento de vagas, descrições de cargo etc. para lidar com problemas de rotina.

MÉTODO DE TREINAMENTO DE QUATRO ETAPAS

Um método de treinamento no local de trabalho baseado no sistema de parceiros. O instrutor trabalha com o funcionário numa base individual, conduzindo o treinamento no próprio posto de trabalho do funcionário. As quatro etapas são: Preparar para treinar, conduzir o treinamento, fazer o *coaching* de trabalhos experimentais e dar acompanhamento.

MÉTODOS COMPARATIVOS DE AVALIAÇÃO DE DESEMPENHO

Métodos de avaliação de desempenho que envolvem a comparação de funcionários uns com os outros. Há quatro tipos de métodos comparativos: a dinâmica da classificação simples, a dinâmica da classificação alternativa, a dinâmica da comparação por pares e a dinâmica da distribuição forçada.

MÉTODOS PARA TOMADAS DE DECISÃO NÃO-PROGRAMADAS

Métodos para tomadas de decisão utilizados para decisões ou problemas que não sejam rotineiros e que exijam uso de lógica, julgamento, criatividade, intuição e experiências passadas.

N

NETWORKING

A utilização de contatos pessoais, como amigos, colegas em outros estabelecimentos, parceiros comerciais, fornecedores, prestadores de serviço e outros, para ajudar a localizar candidatos em potencial para vagas em aberto.

O

OCUPAÇÃO/CARGO

É a posição que a pessoa ocupa dentro da estrutura hierárquica da empresa. Exemplos: Gerente de Hotel, Maître de Hotel, camareira, recepcionista etc.

OCCUPATIONAL SAFETY AND HEALTH ADMINISTRATION (OSHA)

Agência do governo federal americano, responsável pelo desenvolvimento e pela gestão de regulamentos e normas de segurança e saúde de funcionários no local de trabalho.

OMISSÃO

Um estilo de gerenciamento de conflitos geralmente praticado por supervisores que tenham baixos níveis de assertividade e cooperação. Este estilo normalmente leva a resultados do tipo perde-perde. Entre os comportamentos de omissão estão a fuga, o afastamento, permanecer "em cima do muro", "tirar o corpo fora", evitar a situação ou assunto ou adiar um confronto.

ORGANIZAR
A atividade de supervisão que melhor tenta reunir e utilizar pessoal e outros recursos limitados para atingir os objetivos organizacionais. Envolve o estabelecimento de um fluxo de autoridade e de comunicação entre as pessoas.

ORIENTAÇÃO GERAL SOBRE O ESTABELECIMENTO
Também conhecido como orientação do novo funcionário, este tipo de orientação ensina os novos funcionários sobre a organização, sua missão, suas políticas e procedimentos, utilizando fitas de vídeo, slides e alto-falantes. Os novos funcionários também aprendem sobre benefícios sociais e relações com hóspedes e recebem formulários do departamento de pessoal e a oportunidade de visitar todo o estabelecimento.

ORIENTAÇÃO SOBRE UMA OCUPAÇÃO/CARGO ESPECÍFICO
A orientação que ensina o novo funcionário como realizar as tarefas da ocupação específica para a qual ele foi contratado. O funcionário também aprende de que forma a ocupação se relaciona às outras funções e como utilizar o equipamento apropriado. O funcionário pode receber uma descrição de cargo, um organograma e um formulário de avaliação de desempenho.

P
PADRÃO DE DESEMPENHO
Um nível necessário de desempenho que determine a qualidade do trabalho que precisa ser feito.

PADRÃO DE PRODUTIVIDADE
Uma quantidade aceitável de trabalho que precisa ser feito dentro de um prazo específico de acordo com um padrão de desempenho estabelecido.

PANELINHA
Um tipo de grupo informal potencialmente prejudicial, composto por dois ou mais membros, que colocam as metas do grupo na frente das metas da organização.

PARAFRASEAR
Utilizar as suas próprias palavras para reafirmar o que um orador está dizendo ou para refletir o conteúdo de uma mensagem assim como as emoções por trás do conteúdo. Parafrasear ajuda a esclarecer o que o locutor está dizendo. Também ajuda o locutor porque uma paráfrase revela como a sua mensagem soa aos ouvidos dos outros.

PAUTA
Um plano de reunião que relaciona quando e onde a reunião irá ocorrer, assim como os objetivos da reunião e a duração das discussões.

PERDE-PERDE

Resultado de um conflito durante o qual nenhum dos envolvidos satisfaz todas ou a maior parte das suas necessidades. Com um resultado perde-perde, os motivos básicos para o conflito permanecem e o conflito pode voltar a acontecer.

PERDE-GANHA

O resultado de um conflito no qual as necessidades de uma das partes são satisfeitas enquanto as da(s) outra(s) parte(s) não o são. Um resultado do tipo perde-ganha deixa de abordar todos os problemas geradores do conflito, que, portanto, poderá vir a ressurgir no futuro em função dos mesmos problemas.

PERGUNTAS ABERTAS (INDIRETAS OU COM RESPOSTA EM ABERTO)

As perguntas que dão margem para o candidato responder de uma forma livre, espontânea. Essas perguntas são amplas e exigem respostas que envolvem mais do que algumas poucas palavras.

PERGUNTAS ESPECÍFICAS

Perguntas que comecem com palavras como *quem, o que, onde, quando, por que, qual*. Elas buscam informações adicionais a respeito de declarações pouco nítidas e pedem detalhes específicos quando o locutor tiver fornecido apenas informações gerais.

PERGUNTAS FECHADAS (DIRETAS OU COM RESPOSTAS SIM/NÃO)

Perguntas que pedem respostas bastante sucintas, geralmente do tipo *sim* ou *não*. Usadas para verificar os fatos ou para cobrir muitas coisas rapidamente.

PIRÂMIDE INVERTIDA

Um estilo de redação que os jornalistas e escritores utilizam. Envolve colocar a informação mais importante no início de uma matéria escrita e deixar os detalhes menos importantes para os parágrafos finais. Os repórteres escrevem sabendo que os leitores podem pular parágrafos de fechamento ou que os editores podem apagá-los inteiramente para poderem encaixar toda a matéria no espaço disponível.

PLANEJAMENTO

A tarefa, em nível de supervisão, de determinar objetivos e planos de ação para atingir esses objetivos. O planejamento deve ser feito antes das outras tarefas de supervisão.

PLANO DE MELHORIA DE DESEMPENHO

Durante ou após as avaliações de desempenho, o avaliador e o funcionário preparam ações e dinâmicas práticas, específicas e com prazos determinados, que o funcionário deverá adotar para melhorar o seu desempenho funcional.

PROGRAMAÇÃO ALTERNATIVA

Programa a equipe para trabalhar em horários diferentes dos horários típicos, como de 9 às 17 horas. As variações incluem horários flexíveis e de meio expediente, horários de trabalho comprimidos e compartilhamento de ocupação/cargo.

PROGRAMAS DE AUTO-APRENDIZAGEM

Um método de treinamento pelo qual os treinandos lêem e estudam a matéria sozinhos, geralmente nas suas horas de folga. Os treinandos prestam os exames e os submetem à organização que oferece o curso, para receberem avaliação e créditos.

PROGRAMAS DE ESTÁGIO (Convênio empresa-escola)

Convênios entre instituições acadêmicas e empregadores, que permitem que os alunos obtenham experiência real de trabalho, geralmente ganhando créditos de curso.

PROGRAMAS DISCIPLINARES PROGRESSIVOS

Os programas disciplinares progressivos compreendem várias etapas, como: (1) uma advertência oral; (2) uma advertência oral, possivelmente seguida de uma advertência por escrito, arquivada; (3) uma repreensão oficial por escrito com registro no histórico do funcionário; (4) uma suspensão de algumas horas ou vários dias sem vencimentos; (5) uma transferência disciplinar ou rebaixamento de cargo; (6) uma etapa de "última chance" imediatamente antes da rescisão de contrato e, finalmente; (7) a rescisão do contrato de trabalho.

Q

QUALIFICAÇÃO OCUPACIONAL EM BOA-FÉ *(BFOQ – BONA FIDE OCCUPATIONAL QUALIFICATION)*

Uma cláusula na Lei dos Direitos Civis dos EUA que permite que um empregador contrate pessoas com base na necessidade de características específicas, como idade, sexo, religião ou origem nacional, para o desempenho de uma ocupação *(BFOQ – BONA FIDE OCCUPATIONAL QUALIFICATION)*.

R

RASCUNHO ESQUEMÁTICO

Uma lista dos pontos significativos preparada por alguém antes de redigir um memorando, uma carta ou um relatório. Tem como propósito ajudar o autor a organizar suas idéias antes de redigir o texto definitivo.

RECRUTAMENTO

Processo pelo qual candidatos qualificados são procurados e testados para preencherem vagas em aberto ou que serão abertas no futuro. O processo envolve a colocação de cartazes ou anúncios dos cargos vagos e avaliação dos candidatos para decidir quem contratar.

RECRUTAMENTO INTERNO
Um método utilizado pelas organizações para preencher rapidamente os cargos vagos com candidatos de dentro da organização.

REFORÇO POSITIVO
Recompensas na forma de elogio, remuneração ou outros incentivos. O reforço positivo pode ser uma ferramenta poderosa num programa disciplinar positivo e contínuo. Ele tende a aumentar a probabilidade de comportamentos aceitáveis e a diminuir a probabilidade de comportamentos inaceitáveis. Para que o reforço positivo dê certo, a recompensa oferecida deve ser oportuna, freqüente e significativa para o funcionário em questão.

REGISTRO DIÁRIO
Um formulário padrão utilizado para controlar as atividades de um supervisor durante o dia.

RESCISÃO
Término do contrato de trabalho de um funcionário.

RESISTÊNCIA A MUDANÇAS
A tendência das pessoas de persistirem nas rotinas estabelecidas.

ROTATIVIDADE
O índice de desligamentos de funcionários em uma organização ou unidade de serviço.

S

SENTENÇA-CHAVE DO TÓPICO
Uma sentença – ou argumento principal – que mostra do que se trata um determinado parágrafo. Utilizando-se a sentença do tópico como diretriz, o escritor desenvolve o resto do parágrafo de maneira lógica.

SINDICATO TRABALHISTA
Uma organização de trabalhadores formada com o objetivo de desenvolver os interesses dos seus integrantes com relação a salários, benefícios e condições de trabalho.

SOLUÇÃO MÚTUA DE PROBLEMAS
Um estilo de gerenciamento de conflitos normalmente praticado por supervisores dotados de alto nível de assertividade e cooperação. Este estilo normalmente leva a resultados do tipo ganha-ganha. Os supervisores com este estilo resolvem conflitos aceitando as necessidades de outras pessoas e negociando as soluções que atendam a todas, ou a quase todas, as necessidades de todos os envolvidos.

SUPERVISOR
Alguém que gerencia os novos funcionários ou outros funcionários que não tenham responsabilidades de supervisão.

T

TEMPO DE INVESTIDA
A quantidade de tempo necessária para contratar o melhor candidato possível para um cargo.

TITLE VII (ARTIGO VII)
Uma seção na emenda da Lei (norte-americana) dos Direitos Civis de 1964, que garante o direito de uma pessoa trabalhar num ambiente sem discriminação com respeito à raça, ao sexo, à religião ou à origem nacional. O *Title VII* também trata de alguns aspectos da seleção de funcionários.

TRANSFERÊNCIA LATERAL
A transferência de um funcionário atual de uma seção ou departamento para outro no mesmo nível de responsabilidade.

TREINAMENTO
Um processo que fornece aos funcionários competência, conhecimento, habilidades e atitudes necessários para executar as tarefas exigidas de seus cargos.

TREINAMENTO CRUZADO
Uma forma de treinamento pela qual os funcionários aprendem competências adicionais para atenderem às necessidades de mais de um cargo.

TREINAMENTO EM GRUPO
Um método de treinamento utilizado para fornecer as mesmas competências para muitos funcionários ao mesmo tempo. Pode incluir palestras, demonstrações, simulações e encenações, conferências ou estudos de caso.

TREINAMENTO NO TRABALHO *(OJT – ON-THE-JOB TRAINING)*
Treinamento através do qual os treinandos aprendem rotinas de trabalho, no próprio local de trabalho, enquanto observam, conversam e colaboram com funcionários experientes. O método de treinamento de quatro etapas é um método popular de OJT.

V

VOZ ATIVA
Na voz ativa, o sujeito da locução pratica a ação. A voz ativa geralmente é mais forte porque é mais direta e utiliza menos palavras do que a voz passiva. Veja Voz Passiva.

VOZ PASSIVA
Os verbos na voz passiva são fáceis de identificar. O verbo principal está sempre no particípio passado, como *feito*, *encontrado* ou *decidido*. Uma forma dos verbos ser ou estar sempre aparece antes do particípio passado, como em *será feito*, *foi encontrado* ou *tinha sido decidido*. Na voz passiva, o verbo principal perde um tanto de sua força, uma vez que o sujeito passa a sofrer a ação em vez de praticá-la. Ainda que gramaticalmente correta, a voz passiva tende a ser mais branda. Além do mais, a voz passiva geralmente usa palavras demais, o que pode dar à sentença um tom burocrático ou presunçoso. Veja Voz Ativa.

Índice Remissivo

A

Abuso de drogas, 210-215
    diretrizes para a ação para o, 213
    política para o, 211-214
Acomodação, 276
Aconselhamento, 172
Administração da Segurança e Saúde no Trabalho, 205
Americans with Disabilities Act (Lei Americanos com Deficiências), de 1990, 203
Ampliação de função, 328
Ânimo (moral), 238-239
Anúncio de vaga, 73
Arbitragem, 221-222
Arquivo
    de incidente do funcionário, 192
    pessoal, 162
Assédio sexual, 204-205
Auto-aprendizagem, 107-108
Autoridade, 7
    formal, 7
    informal, 7
Avaliação, 13-14
Avaliações de desempenho, 100, 157-173
    apelações, 166
    benefícios das, 152-159
    dinâmicas para, 162-165
    etapas nas, 167-172
    motivação, 256
    obstáculos às, 159-162
    papel do supervisor na, 166-167, 168-169
    preparação da, 167-171
    regras de, 168

B

BFOQ. *Ver* Qualificações ocupacionais em boa fé.
Boatos, 235

C

Calendários, 297
Central de boatos, 235
Certificação de supervisores, 326
Classificação
    alternativa, 163
    simples, 162
Coaching, 172-179, 328
    ações de, 174
    formal, 175
    informal, 172, 174-175
    motivação, 256
    princípios do, 173-174
Códigos de vestuário, 203
Comparações entre pares, 163
Compartilhamento de cargo, 76
Competição, 276
Composição do quadro de pessoal, 11-12, 133-138
Compromisso, 275
Comunicação, 25-63
    barreiras à, 33-38
    entre grupos de trabalho, 230-231, 234-235
    falando de, 39-40
    memorandos de, 59-63
    motivação, 256
    multicultural, 208-209
    não verbal, 26, 50-54
    ouvindo as, 41-50
    paradigmas da, 26-27
    por escrito, 45-63
    processo de, 27-33
Conflito
    benefícios do, 269-270
    dicas para negociação de, 277-286
    estilos de gerenciamento de, 275-276

fontes de, 271-273
gerenciando, 269-286
resultados possíveis do, 274-275
Controle, 13
Controles preventivos, 13
Convênios com escolas. *Ver* Programas de residência.
Coordenação, 11
Custos com folha de pagamento, 129

D

Declarações
de auto-exposição, 48
de esclarecimento, 48
Delegação, 7, 12, 297-301
Demissão, 197
Departamentos
administrativos, 69
de linha, 69
Desempenho
conflito e, 270
de papéis, 107-108
em grupos, 240-244
Diário do gerente, 163
Dinâmica
da escolha forçada, 164, 165
de incidentes críticos, 163-164
de tarefas com peso relativo, 163-164
Disciplina, 183-196
administrando a, 188-196
diretrizes da, 190
documentação da, 190
mitos da, 183-185
problemas e causas da, 187-188
progressiva, 191, 196
sindicatos e, 188-189
Discriminação, 203
Distribuição forçada, 163
Diversidade cultural, 208-209

E

Educational Institute, 326, 349
EEOC. *Ver* Igualdade de oportunidade de emprego

Efeito
anjo, 38
contraste, 38
demônio, 38
severidade, 38
tolerância, 38
Elogio, 186
Empatia, 49
Entrevistas, 78-87
de desligamento, 76, 77
dirigidas e não-dirigidas, 176
modelos de perguntas, 82-86
técnicas de, 80-81
Envolvimento dos funcionários, 173
na mudança, 315
participação, 263
Equipe
construção de, 229-248
etapas do desenvolvimento de, 235-238
liderança de, 235-238
Escassez de mão-de-obra, 201-202
Escrevendo, 54-63
memorandos, 59-63
Especificações de cargo, 12, 72-73
Espelhamento, 46
Estereótipos, 37
Estrutura e mudança organizacionais, 307-308
Ética, 209-210
teste de, 210
Expressão corporal, 50-54

F

Falácia da onipotência, 299-300
Falando, 39-40
Fayol, Henri, 6
Feedback, 27
Forças
de mudanças, 307-308
de estabilidade, 306
Formulários de preenchimento do candidato, 78
Frase de tópico, 59

G

Garantia da qualidade, 342
Gerenciamento
    de riscos, 208
    de tempo, 211-301
        ferramentas para o, 295-297
        mitos do, 291-292
Gestão
    componentes da, 7-14
    definição de, 3-7
    direitos da, 222
    princípios básicos de, 6-7
    processo de, 3-20
    programas de desenvolvimento da, 327-329
Gestos, 52-53
Grupos
    de comando, 230
    de trabalho,
        formais, 230-231
        informais, 231-235
        Workforce 2000, 340
Guias de planejamento semanais, 296-297

H

Habilidades
    cognitivas, 15-16
    de supervisor, 14-17
    interpessoais, 15
    técnicas, 14-15
Horário flexível, 75
Horários
    comprimidos, 75-76
    de trabalho dos funcionários, 146-148
        empowerment, 343
Horas extras, 147-148

I

Igualdade de oportunidade de emprego, 202-204
Indicadores de mudança efetiva, 318
Indulgência, 184

Instrução controlada pelo treinando (LCI), 328

L

Ladrões de tempo, 294
Laissez-faire, 260, 262
    estilos de, 259-263
Lei
    dos Direitos Civis de 1964, 202-205
    Federal de Direitos à Privacidade nos EUA, 204
Lewin, Kurt, 308
Liderança, 12, 238-240, 253-265
    autocrática, 259-260
    burocrática, 261
    democrática, 260, 261
    laissez-faire, 260, 262
    participativa, 260, 261
Líderes de grupo, 233
Lista de *call back*, 74
Listas
    de coisas a fazer, 295-296
    de tarefas, 112-113
Lutas pelo poder, 184

M

Mandado de busca, 212
Manobra de Heimlich, 206
Manual do funcionário, 98, 100-102
Mediação, 221-222
Memorandos, 59-63
Método do índice direto, 165
Métodos
    comparativos de avaliação de desempenho, 162-163
    decisórios
        não-programados, 16
        programados, 16
    do padrão absoluto, 163-164
Motivação, 253-265
    identificando problemas de, 257-259
    princípios da, 255

Mudanças
   agentes de, 310, 315-320
   envolvimento dos funcionários nas, 315
   forças das 306-308
   gerenciamento das, 305-319
   lista de verificação das, 318-319
   modelo das, 308-311
   resistência às, 311-315
   tecnologia e, 307

N

Negociações coletivas, 217-218
Networking (rede de contato), 74-75, 339
Níveis de produtividade
   aumento de, 149-151
   monitorando e avaliando os, 149-151

O

Onipotência, falácia da, 299-300
Opryland, 123
Organização, 9-11
   de campanhas, 218-220
Orientação, 98-105
   específica para o cargo, 98-103
   geral, 98
   lista de verificação da, 103-105
OSHA (Administração de segurança e saúde no trabalho), 205
Ouvindo, 41-50
   dicas, 44
   modelo de quatro estágios, 43-46
   obstáculos, 42-43
Ouvir ativo
   técnicas do, 46-50

P

Padrões
   de desempenho, 113, 130-134, 150-151, 166-167
   de produtividade, 130-133
   planilhas dos, 131, 132
Panelinhas, 234
Paráfrases, 45, 46-47

Pautas de reuniões, 243-244
Penalidade, 183, 189
Perguntas
   abertas, 48-49, 81
   fechadas, 81
   indiretas, 81
Pessoal
   administração de, 90-91
   de atendimento aos hóspedes, 220
   departamento de, 69-70
   planejamento de, 89-90
Pirâmide invertida, 59
Planejamento, 8-9
Plano de melhoria de desempenho, 171-172
Postura, 51
Preconceito, 35-36
Previsões, 139-144
   a natureza das, 140-141
   com base na média móvel, 143-144
   com base no ajuste dos dados, 143
   de curto-prazo, 141-143
   de volume de dez dias, 138, 139
   revisada de três dias, 139, 140
Primeiros socorros, 206
Princípios da aprendizagem em adultos, 110-111
Processo decisório, 15-16
Programação, 144-148
   planilhas de, 144-146
Programas
   de desenvolvimento profissional, 333-338
   de mentores, 328-329
   de mobilidade funcional, 329-333
   de sugestões, 263
   profissionalizantes, 74
Promoção, 71
   interna, 71

Q

Quadro de pessoal, fixo e temporário, 134
Quadros de aviso, 257
Qualificações ocupacionais em boa fé, 203
Queixas, 220-222

R

Recrutamento
   avaliação do, 91
   e seleção, 69-91
   externo, 74-75
   fontes de funcionários para, 71
   interno, 73
   motivação e, 256
   papel do supervisor no, 72-76
   planejamento de pessoal, 89-90
Recursos, 3-5
Reforço positivo, 175, 186
Registro diário, 292, 293
Relatório
   de horas trabalhadas, 147, 148
   semanal das horas de trabalho, 147, 148
Resistência a mudanças, 311-315
Responsabilidade, 7
Resumindo as declarações, 47-48
Reuniões, 243, 244, 244-248
   atas 245
   pautas, 243-244
Robótica, 344
Rodízio de funções, 328
Rotatividade de funcionários, 76

S

Segurança, 205-208
Seguro fiança, 88
Seleção, 87-88
   avaliação de, 91
Sindicatos, 215-222
   campanhas de organização de, 218-220
   estrutura dos, 217
   motivos para filiação, 216
   queixas, 220-222
   representantes, 220
   trabalhistas, 215-222
Solução mútua de problemas, 276
Supervisor
   Certificado no Setor da Hospitalidade, 326
   definição de, 3-4
   fracasso do, 16-17
   habilidades do, 14-17
   responsabilidades do, 17-18, 67, 225
   sucesso do, 19-20

T

Tecnologia, 344
   e mudança, 307
Title VII, 202
Tolerância. *Ver* Indulgência
Transferências, 71
   laterais, 71
Treinamento, 105-123
   aprendizagem em adultos, 110-111
   auto-aprendizagem, 107-108
   benefícios do, 106-107
   cruzado, 73-74
   grupo de, 107-108
   método de quatro passos, 117-123
   motivação e, 256
   necessidades de, 159
   no trabalho, 109-110, 117-123
   on-the-job (OJT), 109-110, 117-123
   redija os objetivos do, 119
   tipos de, 107-110
Turnos divididos, 146

V

Voz
   ativa, 56
   passiva, 56-57

**Entre em sintonia
com o mundo**

QualityPhone:
0800-263311
Ligação gratuita

Rua Teixeira Júnior, 441
São Cristóvão
20921-400 – Rio de Janeiro – RJ
Tel.: (0xx21) 3860-8422
Fax: (0xx21) 3860-8424

www.qualymark.com.br
E-mail: quality@qualitymark.com.br

Dados Técnicos	
Formato:	18 x 25
Mancha:	14,5 x 21,0
Corpo	11
Entrelinhamento:	13
Fonte:	Times New Roman
Total de páginas:	388